Mobilitätsmanagement
im Tourismus

von

Dr. rer. pol.
Sven Groß

Dresden 2005

Groß, Sven:

Mobilitätsmanagement im Tourismus

Dresden: FIT 2005

ISBN 3-925958-34-7

Band 1 der Dresdner Schriftenreihe „Tourismus-Forschung"

(Zugl.: Diss., Technische Universität Dresden, 2004)

Layout Umschlag: TU Dresden, Universitätsmarketing

Fotos Umschlag: Martin Schmidt/VVO, Hapag Llyod Express

Druck: addprint AG, Possendorf

Verlag u. Vertrieb FIT-Forschungsinstitut für Tourismus, Dresden

Inhaltsverzeichnis Seite

Geleitwort des Herausgebers V
Vorwort VI

1 Einleitung 1
1.1 Ausgangslage und Problemstellung 1
1.2 Forschungsstand 2
1.3 Zielsetzung und Adressaten der Untersuchung 6
1.4 Aufbau der Arbeit 8

2 Theoretische Grundlagen 11
2.1 Wissenschaftlicher Zugang zur Untersuchung 11
2.1.1 Verkehr und Wissenschaft 11
2.1.1.1 Die wissenschaftliche Betrachtung des Verkehrs im Rückblick 11
2.1.1.2 Neuorientierung der Verkehrswissenschaft 14
2.1.1.3 Neuorientierung der Verkehrsplanung und -politik 15
2.1.2 Tourismus und Wissenschaft 17
2.1.2.1 Die wissenschaftliche Betrachtung des Tourismus
im Rückblick 17
2.1.2.2 Diskussion um eine eigenständige Tourismuswissenschaft 19
2.1.3 Ableitungen für die vorliegende Untersuchung 27
2.2 Charakterisierung der Untersuchungsgegenstände 29
2.2.1 Definition von Tourismus 29
2.2.1.1 Der Begriff Tourismus bzw. Fremdenverkehr 29
2.2.1.2 Definition von Tourismus 31
2.2.1.3 Systematisierung des Tourismus 34
2.2.1.4 Ableitungen für die vorliegende Untersuchung 34
2.2.2 Verkehr und Mobilität 36
2.2.2.1 Der Begriff „Mobilität" 36
2.2.2.2 Abgrenzung von Mobilität und Verkehr.................................... 39
2.2.2.3 Indikatoren zur Messung von Mobilität und Verkehr 41
2.2.2.4 Systematisierung des Verkehrs 42
2.2.2.5 Ableitungen für die vorliegende Untersuchung 44
2.2.3 Touristischer Verkehr 45
2.2.3.1 Zusammenhang zwischen Tourismus und Verkehr 46
2.2.3.2 Definition des touristischen Verkehrs 49
2.2.3.3 Systematisierung des Freizeit- und Urlaubsverkehrs 49
2.2.3.4 Systematisierung des touristischen Verkehrs 53
2.2.3.5 Ableitungen für die vorliegende Untersuchung 55
2.3 Notwendigkeit einer nachhaltigen Mobilität und eines
Mobilitätsmanagements im Tourismus....................................... 56
2.4 Fazit... 64

3	**Grundlagen des Mobilitätsmanagements**	**65**
3.1	Entwicklung des Managements von Verkehr	66
3.1.1	Verkehrsreduktionsmanagement	66
3.1.2	Verkehrsmanagement/Verkehrssystemmanagement	68
3.1.3	Zwischenfazit	70
3.2	Mobilitätsmanagementansätze im Vergleich	70
3.2.1	Entwicklung des Mobilitätsmanagements in Deutschland	71
3.2.2	Mobilitätsmanagement nach der „Wuppertaler Schule"	72
3.2.2.1	Definition und Zielsetzung	72
3.2.2.2	Konzeptioneller Aufbau	73
3.2.2.3	Umsetzung	77
3.2.3	Mobilitätsmanagement nach MOMENTUM/MOSAIC	78
3.2.3.1	Definition und Zielsetzung des „Common-Konzeptes"	78
3.2.3.2	Konzeptioneller Aufbau	79
3.2.3.3	Umsetzung	89
3.2.4	Strategisches Mobilitätsmanagement	90
3.3	Diskussion der Mobilitätsmanagementansätze sowie Abgrenzung von Verkehrssystem- und Mobilitätsmanagement.	92
4	**Besonderheiten eines touristischen Mobilitätsmanagements**	**99**
4.1	Das Produkt „Reise"	99
4.2	Notwendigkeit von intermodalem Mobilitätsmanagement	100
4.3	Kooperative Leistungserstellung im internationalen Verkehr	111
4.4	Berücksichtigung interkultureller Aspekte	114
4.5	Zielgruppenspezifische Ansprache	116
4.6	Berücksichtigung von saisonalen Einflüssen	119
4.7	Konzeptioneller Aufbau eines touristischen Mobilitätsmanagements	121
4.8	Fazit	127
5	**Touristisches Mobilitätsmanagement auf städtischer/ regionaler Ebene**	**129**
5.1	Mobilitätszentralen als operative Basis eines Mobilitätsmanagements im Tourismus	130
5.1.1	Mobilitätsservice in den einzelnen Reisephasen	133
5.1.2	(Potentielle) Partner eines touristischen Mobilitätsmanagements auf städtischer/regionaler Ebene	134
5.2	Der Mobilitätsplan auf städtischer/regionaler Ebene	140
5.2.1	Grundlagenuntersuchung	141
Exkurs:	Methodenstudie zur Erfassung des touristischen Mobilitätsverhaltens im Zielgebiet	147
5.2.2	Mobilitätsplan	154

5.3   Mobilitätsdienstleistungen für die Nutzer des touristischen
          Mobilitätsmanagements 158
5.3.1   Mobilitätsserviceleistungen einer Mobilitätszentrale 158
5.3.2   Mobilitätsdienstleistungen (potentieller) touristischer Akteure 163
5.3.3   Mobilitätsdienstleistungen zur Verbesserung der
          Schnittstellenübergänge innerhalb einer Reise-/Wegekette 174
5.4   Fazit 177

6   Standortbezogenes Mobilitätsmanagement im Tourismus 181
6.1   Übergreifende Charakteristika von standortbezogenem
          Mobilitätsmanagement im Tourismus 182
6.1.1   Strategien bei unterschiedlichen Ausgangslagen 182
6.1.2   Einzubeziehende Verkehrsarten 183
6.1.3   Träger und Organisation des standortbezogenen Mobilitäts-
          managements 185
6.1.4   Mobilitätsplan für standortbezogenes Mobilitätsmanagement. 187
6.2   Mobilitätsmanagement für Events 189
6.2.1   Abgrenzung und Vielfalt von Events 191
6.2.2   Ausgangssituation bei Events 196
6.2.3   Event-Planung 203
6.2.4   Mobilitätsmanagement im phasenorientierten Event-
          Marketing 206
6.2.4.1   Potentialphase 208
6.2.4.2   Prozessphase 209
6.2.4.3   Ergebnisphase 209
6.2.5   Eventbezogene Mobilitätsdienstleistungen 211
6.2.5.1   Potentialphase 211
6.2.5.2   Prozessphase 212
6.2.5.2.1 Alltäglicher Verkehr 212
6.2.5.2.2 An- und Abreise zum Ort des Events 213
6.2.5.2.3 (Stadt-)Verkehr von, zu und zwischen Veranstaltungsorten.... 216
6.2.5.2.4 Binnenverkehr auf dem Eventgelände 217
6.2.6   Träger des eventbezogenen Mobilitätsmanagements 218
6.2.7   Fazit 218
6.3   Mobilitätsmanagement für Flughäfen 220
6.3.1   Abgrenzung von Flughäfen 220
6.3.2   Ausgangssituation bei Flughäfen 220
6.3.3   Flughafenbezogene Mobilitätsdienstleistungen 223
6.3.4   Träger des flughafenbezogenen Mobilitätsmanagements 230
6.3.5   Fazit 231

6.4   Mobilitätsmanagement für Freizeitgroßeinrichtungen 232
6.4.1   Abgrenzung von Freizeitgroßeinrichtungen 232
6.4.2   Ausgangssituation bei Freizeitgroßeinrichtungen....................236
6.4.3   Einrichtungsbezogene Mobilitätsdienstleistungen 238
6.4.4   Träger des einrichtungsbezogenen Mobilitätsmanagements 241
6.4.5   Fazit 242
6.5   Fazit zum standortbezogenen Mobilitätsmanagement im
         Tourismus 242

7   Umsetzung eines touristischen Mobilitätsmanagements.....243
7.1   Umsetzungsstufen 243
7.2   Erfolgsfaktoren der Umsetzung 245
7.2.1   Personal 247
7.2.2   Finanzierung 249
7.2.3   Bewertung/Evaluation 253
7.2.4   Marketing einer Mobilitätszentrale 258
7.2.5   Berücksichtigung der Besonderheiten eines touristischen
         Mobilitätsmanagements 264
7.3   Hindernisse der Umsetzung 266
7.4   Fazit 269

8   Zusammenfassung und Ausblick 271
8.1   Zusammenfassung und Würdigung der Untersuchungs-
         ergebnisse 271
8.2   Weiterer Forschungsbedarf und Ausblick 284

Anhang 287
Anhangsverzeichnis 289
Literaturverzeichnis 319
Abbildungsverzeichnis 355
Tabellenverzeichnis 358
Abkürzungsverzeichnis 359

Geleitwort des Herausgebers

Tourismus und Mobilität bzw. Verkehr sind eng miteinander verwoben, die Bereiche werden in der wissenschaftlichen Diskussion bislang aber eher separat behandelt. Dies ist umso erstaunlicher, als dass die Beförderung von Personen eines der wichtigsten Elemente im Tourismus ist und der Verkehr bzw. die Mobilität von Reisenden ähnlich wie Natur, Landschaft, Attraktionen und Städte eine „Lebensgrundlage" für den Tourismus darstellt, denn ohne Verkehr gibt es keinen Fremdenverkehr.

Der touristische Verkehr spielt auch in den Überlegungen von Verkehrsplanern, Tourismusfachleuten und politischen Entscheidungsträgern eine untergeordnete Rolle. In den letzten Jahren gab es zwar intensive Lösungsversuche für die sog. „Zwangsverkehre", wie Berufs-, Ausbildungs- und Wirtschaftsverkehr. Es gibt aber bisher kaum gesicherte Forschungserkenntnisse über grundlegende Abgrenzungen, Art und Ausmaß sowie Lösungsstrategien zur Eindämmung der negativen Effekte der sog. „Wunschverkehre" (z. B. Freizeit-, Urlaubs- und Einkaufsverkehr), obwohl sie immer häufiger als die großen Wachstumsbereiche gesehen werden.

Sven Groß, Verfasser der vorliegenden Untersuchung, die 2004 als Dissertation an der Fakultät Verkehrswissenschaften „Friedrich List" der Technischen Universität abgeschlossen wurde, versachlicht die Diskussion um die Schnittmenge von Tourismus und Verkehr und widmet sich dem relativ jungen Mobilitätsmanagement als Lösungsansatz für die nachhaltige Bewältigung des durch touristische Reisen entstehenden Verkehrs.

Insgesamt beinhaltet die auf hohem theoretisch-konzeptionellen Niveau verfasste Arbeit wichtige Impulse für die theoretische Diskussion um das Mobilitätsmanagement im Tourismus und für die weiteren notwendigen praktischen Schritte zum Auf- und Ausbau von Mobilitätsdienstleistungen für Touristen, mit denen eine nachhaltige Gestaltung des touristischen Verkehrs gefördert werden kann.

Herausgeber und Verlag der neuen Schriftenreihe „Tourismus-Forschung" freuen sich, diese richtungsweisende Untersuchung der Öffentlichkeit vorstellen zu können und hoffen darauf, dass hierdurch neue Impulse für Forschung und Praxis gegeben und sie eine lebhafte Nutzung erfahren wird. Mit Blick auf die prognostizierende weiter ansteigende Tourismus- und Verkehrsentwicklung und der Notwendigkeit diese nachhaltig(er) zu gestalten, ist die Untersuchung von hoher Aktualität.

Der Herausgeber

Prof. Dr. Walter Freyer

Vorwort

Die vorliegende Arbeit entstand während meiner Tätigkeit als wissenschaftlicher Mitarbeiter am Lehrstuhl für Tourismuswirtschaft der Technischen Universität Dresden. Ohne die Unterstützung vieler Kräfte wäre sie in der vorliegenden Form kaum möglich gewesen, so dass ich verschiedenen Personen und Institutionen an dieser Stelle danken möchte.

Mein besonderer Dank gilt allen voran meinem tourismuswissenschaftlichen Lehrer, Herrn Prof. Dr. Walter Freyer, der die Themenstellung mit anregte und meine Arbeit von Anbeginn an als anspruchsvoller und kritischer Partner betreut hat. Ebenso danke ich ihm für das Vertrauen, das er mir mit der Übertragung leitender Funktionen bei mehreren Forschungsprojekten im Forschungsschwerpunkt „Sport – Freizeit – Tourismus" entgegengebracht hat.

Herrn Prof. Dr. Claude Kaspar und Herrn Dr. Herbert Kemming danke ich für ihre unproblematische Bereitschaft zur Übernahme der weiteren Gutachten. Auch Herrn Prof. Dr. Axel Dreyer gilt mein Dank für die Bereitschaft ein Gutachten zu erstellen, was aber auf Grund einer anderern Schwerpunktsetzung der Dissertation letztendlich nicht zum Tragen kam.

Dank schulde ich auch allen Kollegen am Lehrstuhl für Tourismuswirtschaft der Technischen Universität Dresden, die mich während der Abfassung der Arbeit in vielfältiger Art unterstützt und, so gut es bei der Studierendenanzahl ging, von anderen Arbeiten entlastet haben. Ganz besonders danken möchte ich Frau Diplom-Betriebswirtin (FH) Michaela Naumann und Herrn Diplom-Verkehrswissenschaftler Alexander Schröder, die mir jederzeit motivierende und kompetente Ansprechpartner waren sowie wertvolle Anregungen nach der Durchsicht des Manuskriptes gaben. Ebenso in den Kreis derer, denen mein Dank gilt, gehören die Studierenden am Lehrstuhl für Tourismuswirtschaft, die mir mit ihren im Rahmen von Seminar- und Diplomarbeiten erstellten Beiträgen Anregungen und Hilfestellungen gaben.

Auch bei der Literaturbeschaffung und weiteren Forschungen waren mir viele Personen behilflich. Vor allem die Berührung von zwei Wissenschaftsdisziplinen (Tourismus und Verkehr) hat dazu beigetragen, Kontakte mit Vertretern ganz unterschiedlicher Fachrichtungen aufzunehmen, die mir größtenteils schnelle und unbürokratische Unterstützung zuteil kommen ließen. Ihnen allen möchte ich meinen Dank aussprechen. Herrn Guido Müller vom Institut für Landes- und Stadtentwicklungsforschung des Landes Nordrhein-Westfalen möchte ich besonders hervorheben.

Guido hat mir mit seinem fachkundigen Wissen zum Mobilitätsmanagement viel Arbeit erspart und mir Quellen zugänglich gemacht hat, die er selbst in jahrelanger Kleinarbeit zusammengetragen hat. Frau Anne Haars gilt mein herzlicher Dank für ihre vielfältigen Anregungen und Anmerkungen nach der Durchsicht des Manuskriptes.

Besonderer Dank gilt schließlich meiner Familie, die mich in allen – manchmal auch schwierigen – Phasen meiner Ausbildung unterstützt und mir die Freiheit eigener Entscheidungen gelassen sowie ihr Verständnis und ihre Hilfe entgegengebracht hat.

Meiner langjährigen Freundin und heutigen Frau Matilde zu danken, ist mir ein besonderes Anliegen, da ihre Inspirationen und Unterstützungen in der Arbeit nicht immer nachlesbar sind, ihr Gelingen aber erst ermöglichten. Trotz eigener Arbeitsbelastung war sie mir mit ihrer Ausgeglichenheit, ihrem Zuspruch, ihrer Hilfsbereitschaft und liebevollen Art nicht nur in der Zeit der Promotion eine unentbehrliche Ratgeberin und Partnerin. Sie hat mir den nötigen Rückhalt gegeben, um das erlittene Auf und Ab sowie die harte Arbeit durchzustehen.

Dresden, im Februar 2005
Sven Groß

Vorbemerkung:

Für allgemeine Personen- und Berufsbezeichnungen werden in dieser Arbeit aus Gründen der Lesbarkeit die maskulinen Formen verwandt. Die entsprechenden femininen Formulierungen sind fallweise mitzudenken. Die Leserinnen und Leser werden dafür um Verständnis gebeten.

1 Einleitung

1.1 Ausgangslage und Problemstellung

Obwohl der Ortswechsel und damit das Problem räumlicher Mobilität als ein Grundproblem und zentraler Gegenstand der Tourismusforschung angesehen wird, setzt sich die Tourismusforschung bisher wenig mit Mobilitätsmanagementfragen auseinander. Generell ist die Forschung in der „Schnittmenge" von Tourismus und Mobilität wenig ausgeprägt.

> „Gerade im systematisch wenig erforschten Gebiet von Freizeitmobilität und Tourismus wird zukünftig verstärkt Grundlagenforschung ohne unmittelbares und vor allem kurzfristiges Verwertungsinteresse nötig sein." (Dierkes/Rammler 2000, S. 184)

Mobilität ist jedoch zu einem bedeutenden Faktor in den Industrieländern geworden. Großen Einfluss auf die zunehmende Mobilität und das Bedürfnis mobil zu sein, hat die Entwicklung der zur Verfügung stehenden freien – nicht durch Verpflichtungen, wie z. B. Ausbildungs-, Erwerbs- und Versorgungstätigkeiten, belegten – Zeit sowie die Faszination von der Mobilität bzw. der Bewegungsfreiheit, weil sie den Wunsch nach Horizonterweiterung, kulturellem Austausch und globalem Bewußtsein verwirklichen kann (vgl. Gleich 1998, S. 5).

Für den Einzelnen ist die Nutzung des motorisierten Individualverkehrs (z. B. Pkw oder Motorrad) bzw. Flugzeuges zur Befriedigung seiner Mobilitätswünsche oft selbstverständlich. Problemfelder, wie der Treibhauseffekt, Klimaveränderungen, Gesundheitsschäden durch Verkehrslärm und zu hohe Luftbelastungen (z. B. Sommersmog), Schädigungen der Tier- und Pflanzenwelt, Flächenverbrauch, Trenneffekte durch die Verkehrsinfrastruktur, Unsicherheit und Unfälle, Beeinträchtigung der Landschafts- und Ortsbilder sowie psychosoziale Wirkungen[1] werden dabei häufig außer Acht gelassen.

Neben der An- und Abreise zum Aufenthaltsort spielt im Tourismus die Mobilität am Zielort eine wichtige Rolle. Problematisch ist dabei auch der sog. Sekundärverkehr in Reisegebieten außerhalb der öffentlichen Verkehrsflächen, insbesondere wenn er in naturnahen Räumen statt findet

---

[1] Die psychosozialen Wirkungen resulticren aus den anderen Wirkungen. Beispiele sind durch Verkehr verursachte Angst sowie Gefühle der Hilflosigkeit und Minderwertigkeit, durch Unfälle verursachtes Leid oder der Verlust an Bewegungsmöglichkeit und Wahlfreiheit (vgl. Schellhase 2000, S. 41).

(z. B. auf Wanderwegen, Loipen oder Mountain-Bike-Pfaden). Die aufgezeigten Problemfelder zählen zu den größten Aufgaben, die es gegenwärtig
im Tourismus bzw. touristischen Verkehr zu lösen gilt.

Nicht nur in der Wissenschaft, auch in den Überlegungen von Verkehrsplanern, Tourismusfachleuten und politischen Entscheidungsträgern spielen
der durch touristische Aktivitäten bedingte Verkehr und seine negativen
Folgen eine untergeordnete Rolle. Es wurden in den letzten Jahren intensiv
Lösungen für die sog. „Zwangsverkehre", wie Berufs-, Ausbildungs- und
Wirtschaftsverkehr gesucht. Es wird jedoch immer öfter konstatiert (vgl.
z. B. Brannolte et al. 1999, S. 16; Heinze/Kill 1998, S. 11; Kagermeier
2003, S. 259; Lanzendorf 2001, S. 39f.; Opaschowski 1999, S. 57f.; Schei-
ner/Steinberg 2002, S. 107ff.), dass die großen Wachstumsbereiche die sog.
„Wunschverkehre", wie Freizeit-, Urlaubs- oder Einkaufsverkehr sind. Dagegen stehen bisher kaum gesicherte Forschungserkenntnisse z. B. über
grundlegende Abgrenzungen und Begrifflichkeiten oder Lösungsstrategien
zur Eindämmung der negativen Effekte dieser Verkehrsarten sowohl in der
Verkehrs- als auch Tourismusforschung zur Verfügung. Hinzu kommt,
dass die einzelnen touristischen Verkehrsträger und -mittel meist unabhängig von den jeweils anderen gesehen werden, so dass Maßnahmen meist
nur auf einen Verkehrsträger bzw. ein Verkehrsmittel wirken. In diesem
Zusammenhang kann auch auf das geringe Gewicht touristischer (Ver-
kehrs-) Ansprüche und Inhalte bei der Erstellung von städtischen/regio-
nalen Verkehrskonzepten hingewiesen werden.

> „As regards the inclusion of tourism mobility in local transport planning
> process, the low weight of tourism within mobility plans must be stressed.
> (...) Public Administrations do not usually introduce tourism-oriented poli-
> cies within transport planning documents." (Jansen/Vanderschuren 2000,
> S. 10)

1.2 Forschungsstand

Lösungsansätze für eine nachhaltige[2] Bewältigung des tourismusbedingten
Verkehrs können an der Verkehrsverlagerung, verträglichen Verkehrsab-
wicklung (z. B. durch technisch-bauliche oder organisatorische Eingriffe in
den Verkehrsablauf oder die Fahrzeugtechnik) und Verkehrsvermeidung
ansetzen, wobei letzteres durch den bei Reisen notwendigen Ortswechsel
schwierig zu realisieren ist (vgl. Enquete-Kommission 1994; Holz-Rau

---

[2] In Kapitel 2.3 (S. 56ff.) wird ausführlich auf den Begriff der Nachhaltigkeit und seine Anwendung im Verkehr eingegangen.

2000, S. 249ff.; Lanzendorf 2001, S. 16f.).[3] Hinweise zur Anwendung dieser Ansätze im touristischen Verkehr sind z. B. bei FGSV 1998, Fiedler 1995, FIF 1999, Flügel/Stettler 1999, Freyer/Lübbert 1996, S. 89ff., Frey Marti 1996, Götz et al. 2003, Hamann 1999, BTE 1998, Hautzinger/Pfeiffer 1999, Kagermeier 2003, S. 266f. und Müller 1999b zu finden. Es werden hier Maßnahmen für eine nachhaltigere Bewältigung des tourismusbedingten Verkehrs diskutiert, die zumeist bei der An- und Abreise sowie im Zielgebiet ansetzen, wobei sich im Zielgebiet v. a. darum bemüht wird, den Verkehr neu zu ordnen. Eine umfassende Verlagerung des Verkehrs auf nachhaltige Verkehrsmittel wird i.d.R. nicht angestrebt. „Dies trägt dazu bei, touristische Brennpunkte zu entlasten, eine Lösung des Kernproblems – die Minderung der verkehrlichen Belastungen insgesamt – bewirkt dies im allgemeinen jedoch nicht." (BTE 1998, S. 1)

Das Dilemma der heutigen Situation besteht daher v. a. darin, dass Maßnahmen und Ansätze existieren, die tourismusbedingten Verkehrsprobleme anzugehen, es jedoch auf Grund keiner vorhandenen Gesamtkonzeption mit integrativer Anwendung der Einzelmaßnahmen nur zu einer unzureichenden Problemlösung kommt. Anstatt nur in theorielosem Aktionismus zu versuchen, einzelne Maßnahmen zu realisieren, sollte analysiert werden, wie solche Lösungsansätze in einen theoretischen wie organisatorischen Rahmen eingepasst werden können, um abgeleitet aus einer theoretischen Konzeption und der jeweiligen Situation adäquat, ein schlüssiges Gesamtkonzept zu entwickeln und anzupassen.

In der Einführung von Mobilitätsmanagement, welches v. a. auf Konzepte zur Verkehrsvermeidung und -verlagerung unter Beteiligung neuer Kooperationspartner abzielt und nicht nur die einzelnen Verkehrsträger betrachtet, wird in der neueren verkehrswissenschaftlichen Diskussion diese Chance gesehen. Mobilitätsmanagement ist dabei nicht losgelöst anzugehen, sondern eine Abstimmung mit weiteren Maßnahmen der Verkehrsplanung und -politik ist notwendig (vgl. Heine 1997a, S. 96; Müller 2004, S. 371; Thiesies 1998, S. 13).

---

[3] Ansätze einer Vermeidung des touristischen Verkehrs werden z. B. im sog. „Virtuellen Reisen" oder der veränderten Zielortwahl gesehen. Eine Verbesserung der technischen Möglichkeiten kann dazu führen, dass neben den optischen Reiseeindrücken auch physische Elemente (z. B. Gerüche, Wärme, UV-Strahlen) vermittelt werden. Hierdurch werden Reisen immer mehr auch zu Hause „erlebbar" und „Virtuelle Reisen" können ein möglicher Ersatz für die traditionelle Urlaubsreise werden (vgl. Freyer 2000, S. 269ff.). Durch das verstärkte Aufkommen von Urlaub im eigenen Lande („Urlaubsland Deutschland") kann es beispielsweise zu einer Reduktion der Distanzen im touristischen Verkehr kommen.

Mobilitätsmanagement ist selbst in der Verkehrsforschung als relativ junger Ansatz zu bezeichnen, der jedoch auf immer größeres Interesse stößt. Er wurde seit den 1990er Jahren vielfach in der wissenschaftlichen Literatur behandelt und seither hat sich die Auseinandersetzung mit dem Thema intensiviert. Dafür spricht eine zunehmende Zahl von Monographien und Sammelbänden (z. B. Beutler/Brackmann 1999, Feigl/Vennefrohne 1999a, FGSV 1995, Freudenau 2000, Stadt Münster/Europäische Kommission 2000, Thiesies 1998, UBA 2001a, VCD 1996), Handbüchern (z. B. MOMENTUM/MOSAIC 1999, BMVBW 2004)[4] und Fachaufsätzen der Praxis wie auch der Wissenschaft zum Thema (siehe v. a. in den Fachzeitschriften „Internationales Verkehrswesen", „Der Nahverkehr", „Nahverkehrspraxis" und „Verkehrszeichen"). Auch die Austragung zahlreicher internationaler Kongresse (z. B. European Conference on Mobility Management (E-COMM), Konferenzen der Association for Commuter Transportation (ACT) in den USA) und Messen (z. B. intermove 1999 in Münster), die Etablierung von Diskussionsforen (z. B. im Internet via http://de.groups. yahoo.com/group/mzm-mail) und Informationsplattformen (z. B. www. mobilitaetsmanagement.nrw.de, http://mo.st, www.epomm.org, www.nemo.at), die Vergabe von Forschungsprojekten (z. B. EU-Projekte MOMENTUM, MOSAIC, MOST)[5] und schließlich die Etablierung von Aus- und Weiterbildungsangeboten zum Mobilitätsmanagement (z. B. Aufbaustudium „Regionales Mobilitätsmanagement" an der Gesamthochschule Kassel, Integration von Mobilitätsmanagementinhalten in den Studiengang „Tourismus und Mobilität" an der Fachhochschule Luzern, Schweiz) können als Indizien für eine zunehmende Bedeutung des Mobilitätsmanagements sowie für ein gestiegenes Interesse am Mobilitätsmanagement gewertet werden.

Bisherige Bausteine des Mobilitätsmanagements sowie Pilotprojekte konzentrieren sich primär auf andere Verkehrszwecke als Freizeit und Urlaub bzw. – übergreifender – den Tourismus. „Zielgerichtete Maßnahmen eines Managements von Freizeit- und Tourismusverkehren sind lediglich in Ansätzen vorhanden. Es fehlen institutionalisierte Einrichtungen, die flächendeckend und umfassend über regionale Leistungsangebote informieren und gleichzeitig adäquate Mobilitätsdienstleistungen bereitstellen." (Fontanari/ Hörning 2000, S. 246) Mobilitätsmanagement bezieht den touristischen

---

[4] Im Handbuch „Mobilitätsmanagement – Ziele, Konzepte und Umsetzungstrategien" des Bundesministeriums für Verkehr, Bau- und Wohnungswesen wurde eine aktuelle Übersicht zu Verbänden, Praxisbeispielen, Literaturquellen und Forschungsprojekten zusammengestellt.

[5] MOMENTUM = Mobility Management for the Urban Environment; MOSAIC = Mobility Strategy Applications in the Community; MOST: Mobility Management Strategies for the Next Decades

Verkehr jedoch ausdrücklich mit ein, wohl wissend, dass dies auf Grund der sich in der Praxis ergebenden Wegeketten schwierig ist (vgl. Klewe 1997, S. 97). Andererseits können diese unregelmäßigen Verkehrsströme das entscheidende Arbeitsfeld für Mobilitätsmanagement sein, da hier der Ansatz wahrscheinlich effizienter als die klassische Verkehrsplanung sein wird.

So gab bzw. gibt es z. B. erste Pilotprojekte mit touristischer Schwerpunktsetzung (z. B. ArMont, ARTIST, MobiHarz, MobiTour, MOST, MusTT, NahviS)[6], wobei die Projekte MOST und MobiHarz herauszuheben sind. Ersteres hat sich v. a. mit der Frage beschäftigt, ob sich eine Mobilitätsagentur etablieren lässt, die für den touristischen Verkehr sich selbst tragende Mobilitätsdienstleistungen auf Basis des Umweltverbundes entwickelt oder wie man bei Großereignissen in Kultur und Sport Mobilität managen kann (vgl. Müller 2001a, S. 8). Im Rahmen von MOST wurden Pilotprojekte in fünf Städten mit jeweils mehreren Maßnahmen entwickelt und umgesetzt (Camden, Großbritannien; Islantilla, Spanien; Málaga, Spanien; Sintra, Portugal und Zug, Schweiz).[7] MobiHarz beschäftigt sich zwar „nur" mit dem Tages- und Kurzurlaubsverkehr (ein bis drei Übernachtungen), bietet aber mit den angestoßenen Maßnahmen und Inhalten viel versprechende Anhaltspunkte für ein touristisches Mobilitätsmanagement.

> „Durch ein zielgruppenspezifisches touristisches Mobilitätsmanagement soll eine Verlagerung vom MIV auf den Umweltverbund ohne Beeinträchtigung der Erreichbarkeit der touristischen Gebiete erfolgen. Ein umfassendes Angebotsspektrum alternativer Beförderungsgelegenheiten, einschließlich der notwendigen Informationen und Beratung, soll dem Kurzurlauber und dem Tagesausflügler behilflich sein, sich teilweise oder gänzlich gegen die Nutzung des eigenen Autos zu entscheiden. Nicht zuletzt zielt das Mobilitätsmanagement darauf ab, die zum Teil unabgestimmten Aktivitäten der verschiedenen Institutionen zur besseren Beherrschung des starken Verkehrsaufkommens und zur Veränderung des Verkehrsverhaltens zu koordinieren. Im Rahmen eines engmaschigen Netzwerkes aller relevanten Akteure (Aufgabenträger, Busunternehmen, Kommunen, Tourismusverbände etc.)

---

[6] ARTIST: Agenda for Research on Tourism by Integration of Statistics/Strategies; ArMont: Ausgestaltung regionaler Mobilitätsdienstleistungen für Nahverkehr und Tourismus (Rheinland-Pfalz); Mobi Harz: Mobilitätsmanagement und -service für einen umweltfreundlichen Ausflugs- und Kurzurlauberverkehr im Landkreis Wernigerode (Sachsen-Anhalt); MobiTour: Mobilitätsdienstleistungen und Tourismusentwicklungen (Niedersachsen); MusTT: Multi-stakeholder European Targeted Action for Sustainable Tourism and Transport; NahviS: Neue Nahverkehrsangebote im Naturpark Südschwarzwald (Baden-Württemberg)

[7] Ausführliche Informationen zu den einzelnen Projektbestandteilen finden sich in MOST 2003, S. 39ff.

soll das zielgruppenorientierte Mobilitätsmanagement erarbeitet und exem-
plarisch umgesetzt werden. Dabei kommt der Vermarktung und Öffentlichkeitsarbeit eine hohe Bedeutung zu, denn die Tagesausflügler oder Kurzur-
lauber werden weiterhin mit dem Pkw anreisen, sofern Unsicherheiten hinsichtlich der individuellen Mobilitätsmöglichkeiten vor Ort bestehen."
(Steinberg/Kalwitzki 2001, S. 11)[8]

Trotz dieser ersten Pilotprojekte wird der Forschungsbedarf für Mobilitätsmanagement im Tourismus nach wie vor als hoch eingeschätzt, wobei
v. a. eine theoretische Auseinandersetzung mit dem Mobilitätsmanagement
bisher unzureichend vorgenommen wurde. „The interaction between tourism and mobility management is increasingly important for tourism destinations and, as such, needs better understanding. Measures undertaken to
reorganise urban structure and transport network cannot ignore the impact
tourism has on the local mobility and accessibility." (Manente 2000, S.
217)

1.3 Zielsetzung und Adressaten der Untersuchung

Die vorliegende Untersuchung soll vor allem einen Beitrag dazu leisten,
das Mobilitätsverhalten von Touristen im Sinne der Nachhaltigkeit zu beeinflussen bzw. den durch touristische Reisen entstehenden Verkehr nachhaltiger zu bewältigen. Dies soll durch die Etablierung von Maßnahmen
und Dienstleistungen des Mobilitätsmanagements erreicht werden. Da an
der Erstellung des touristischen Produktes „Reise" verschiedene Leistungsträger an verschiedenen Orten (zu Hause, unterwegs und im Zielort)
beteiligt sind, sollen mit Hilfe einer phasenorientierten Betrachtung verschiedene Ansatzpunkte für die Etablierung eines touristischen Mobilitätsmanagements aufgezeigt werden.

Es wird daher untersucht, wie das Mobilitätsverhalten von Reisenden im
Quellgebiet, bei der An- und Abreise sowie im Zielgebiet mit Hilfe von
Mobilitätsmanagement beeinflusst werden kann, um die gewonnenen Erkenntnisse zur Reduzierung der negativen Folgen des touristischen Verkehrs zu verwenden. Die Strategien und Maßnahmen zur Beeinflussung des
Mobilitätsverhaltens von Touristen bzw. nachhaltigen Bewältigung des
touristischen Verkehrs sollen v. a. von verkehrlichen (z. B. Verkehrsunternehmen, Flughafengesellschaften, Mobilitätszentralen) und touristischen
Akteuren (z. B. Reiseveranstalter, Beherbergungsbetriebe, Freizeiteinrichtungen, Event-Organisatoren) umgesetzt werden können.

---

[8] Weitere Informationen zum Projekt MobiHarz finden sich z. B. bei Kalwitzki 2003,
S. 11ff., Steinberg/Kalwitzki 2001, S. 9ff. und Hoenninger 2003.

Anstatt nur einzelne Maßnahmen und Ansatzpunkte vorzuschlagen, sollen – aufbauend auf bekannten Ansätzen – die Struktur, die Träger, Organisation und Umsetzungsschritte eines umfassenden touristischen Mobilitätsmanagements erarbeitet werden, wobei Besonderheiten, die sich aus dem Produkt „Reise", dem touristischen Verkehr bzw. dem Verhalten der touristischen Nachfrager selbst ergeben, zu berücksichtigen sind. Abgeleitet aus einem zu entwickelnden konzeptionellen Aufbau des touristischen Mobilitätsmanagements soll für die jeweilige spezifische Situation in einer Destination[9] ein schlüssiger und adäquater Gesamtansatz entwickelt und angepasst werden können. Neben theoretischen Überlegungen zum konzeptionellen Aufbau sollen konkrete Vorschläge für geeignete Maßnahmen eines touristischen Mobilitätsmanagements aufgezeigt werden.

Die vorliegende Untersuchung wird insbesondere vor dem Hintergrund unternommen, einen Beitrag zur wissenschaftlichen Diskussion zu liefern, mit dem die in der Tourismusforschung festgestellte Forschungslücke im Bereich der räumlichen Mobilität und der damit zusammenhängenden Probleme verringert werden kann. Es wird versucht, im Sinne einer realitätsnahen Forschung, praktisch relevante Probleme bei der nachhaltigen Abwicklung des touristischen Verkehrs, aufbauend auf dem gegenwärtigen Diskussionsstand von Tourismus- und Verkehrsforschung, mit Hilfe eines theoriegeleiteten Vorgehens zu erklären und zu lösen.

Hauptadressaten der in der Untersuchung vorgestellten Ergebnisse – im Sinne einer praktischen Verwertung – sind die Träger der raum- und verkehrsbezogenen Planung, die Träger von vorhandenen und in Planung befindlichen Mobilitätsmanagementansätzen (hierzu sind auch die an der Forschung und Entwicklung beteiligten Einrichtungen zu zählen) sowie die touristischen Leistungsträger. Dies bezieht sich v. a. auf den europäischen

---

[9] Destinationen werden unterschiedlich definiert, beziehen aber als übergreifender Begriff die verschiedenen Anbieter bzw. Einrichtungen eines Zielgebietes mit ein. Kaspar (1996, S. 33) versteht unter Destinationen „(...) geographische, landschaftliche, sozio-kulturelle oder organisatorische Einheiten mit ihren Attraktionen, für die sich Touristen interessieren." Bieger (2002, S. 56) definiert eine Destination dagegen als geographischen „(..) Raum (Ort, Region, Weiler), den der jeweilige Gast (oder ein Gästesegment) als Reiseziel auswählt. Sie enthält sämtliche für einen Aufenthalt notwendigen Einrichtungen für Beherbergung, Verpflegung, Unterhaltung/Beschäftigung. Sie ist damit die Wettbewerbseinheit im Incoming Tourismus, die als strategische Geschäfteinheit geführt werden muss." Die Welttourismusorganisation (2003, S. 5) stellt schließlich folgende „Working Definition of a local tourism destination" auf: „A local tourism destination is a physical space in which a visitor spends at least one night. It includes tourism products such as support services and attractions, and tourism resources within one day`s return travel time. It has physical and administrative boundaries defining its management, and images and perceptions defining its market competitiveness."

Anwendungsraum. Da der Mobilitätsmanagementansatz in der touristischen Theoriebildung und Praxis bisher eine untergeordnete Rolle einnimmt, besteht ein wesentliches Anliegen der Arbeit darin, den Ansatz und damit auch die Ziele, Maßnahmen, möglichen Träger bzw. Akteure und die notwendigen Umsetzungsschritte im Tourismus durch die vorliegenden Ergebnisse bekannt(er) zu machen. Die vorliegende Untersuchung soll umfassende Ansätze liefern, die für die Weiter- und Neuentwicklung vom touristischen Mobilitätsmanagement genutzt werden können. Sie will den aktuellen Stand der Forschung zusammenfassen und neue Entwicklungsperspektiven bieten, die hohe Aussagekraft für die spezifischen Problemstellungen der Praxis haben. Es sollen dabei den möglichen (touristischen) Akteuren geeignete Verfahren und Maßnahmen zur besseren Handhabung einer nachhaltigen Abwicklung des touristischen Verkehrs vorgelegt werden, die ihren Eingang in die Praxis jedoch größtenteils erst noch finden müssen.

1.4 Aufbau der Arbeit

Im Anschluss an diese Einleitung setzt sich Kapitel 2 in komprimierter Form mit den Themenkomplexen Verkehr und Tourismus aus wissenschaftlicher Sicht auseinander. Im ersten Teil dieses Kapitels wird ein kurzer Rückblick auf die wissenschaftliche Betrachtung des Verkehrs gegeben und Neuorientierungen in Verkehrswissenschaft, -planung und -politik herausgearbeitet. Im Rahmen letzterer Auseinandersetzung wird auch der Ansatz des Mobilitätsmanagements eingeordnet. Anhand von Merkmalen, die erfüllt sein müssen, um von einer eigenständigen Wissenschaft sprechen zu können, wird die Frage diskutiert, ob es eine Tourismuswissenschaft gibt. Anknüpfend an diese Ausführungen werden Ansätze für den wissenschaftlichen Zugang und methodischen Rahmen der vorliegenden Untersuchung abgeleitet.

Des Weiteren dient das Kapitel 2 der Charakterisierung der Untersuchungsgegenstände, welche die vorliegende Arbeit prägen. Ausgehend vom Tourismus sowie Verkehr bzw. von der Mobilität wird die Schnittmenge touristischer Verkehr betrachtet. Die Begriffe werden in der wissenschaftlichen Literatur zurzeit sehr unterschiedlich verwendet, wodurch eine Begriffsdiskussion und -präzisierung notwendig ist. Hierfür wird der Stand des jeweiligen Wissens – soweit für die Arbeit relevant – zusammengefasst und Erkenntnisse für die eigene Untersuchung abgeleitet. Den weiteren Ausführungen wird die Annahme zugrunde gelegt, dass es sich bei verkehrlicher Mobilität, und somit auch der touristischen Mobilität, um ein prinzipiell gestaltbares Phänomen handelt, welches angesichts vielfältiger und teilweise existentiell bedeutsamer Probleme einer zielgerichteten und konsequenten Steuerung und Gestaltung bedarf. Dies wird durch das Aufzeigen der Strukturen und Entwicklungen im Verkehr und Tourismus, der Notwendigkeit einer nachhaltigen Mobilität im Tourismus und bisheriger, unzureichender Lösungsansätze zur nachhaltigen Bewältigung des touristischen Verkehrs untermauert.

Neben den in Kapitel 2 aufgezeigten speziellen Lösungsstrategien für den touristischen Verkehr gibt es mehrere Ansätze zum Management des Verkehrs, d. h. Versuche, das Verkehrssystem zu optimieren und die durch den Verkehr verursachten Belastungen zu verringern. Zur Sicherstellung eines einheitlichen (Begriffs-)Verständnisses und zum besseren Erfassen der Ausführungen zum Mobilitätsmanagement werden in Kapitel 3 diese Managementansätze im Verkehr aufgezeigt. Diese Betrachtung trägt dazu bei, den Ansatz des Mobilitätsmanagements und dessen Entwicklung besser zu verstehen sowie eine Abgrenzung zu den anderen bekannten Managementansätzen im Verkehr vornehmen zu können. Daran anschließend werden zwei bekannte Mobilitätsmanagementansätze anhand von Komponenten, die die Ansätze kennzeichnen (Definition, Ziele, Aufgaben/Maßnahmen, Träger/Organisation, Planung/Umsetzung), diskutiert und ein dritter Ansatz, das strategisches Mobilitätsmanagement, vorgestellt. Hiermit besteht ein Überblick über die in der Fachöffentlichkeit diskutierten Mobilitätsmanagementansätze.

In Kapitel 4 werden Besonderheiten, die sich aus dem touristischen Produkt, dem Tourismus und touristischen Verkehr sowie dem Verhalten der touristischen Nachfrage ergeben und ein touristisches Mobilitätsmanagement zu berücksichtigen hat, herausgearbeitet. Ein zentraler Punkt ist dabei die Erarbeitung des konzeptionellen Aufbaus für ein touristisches Mobilitätsmanagement in Erweiterung eines bekannten Mobilitätsmanagementansatzes. Dieser konzeptionelle Aufbau liefert auch die Grundlage für die folgenden Untersuchungsschritte.

Während sich Kapitel 5 mit den Möglichkeiten des Mobilitätsmanagements in einer städtischen/regionalen Betrachtung auseinandersetzt, werden in Kapitel 6 ausgewählte standortbezogene Ansätze verfolgt. Es werden hierbei die Möglichkeiten und Grenzen einer nachhaltigen Mobilitätsbeeinflussung von touristisch Reisenden mit Hilfe von Mobilitätsmanagement theoretisch skizziert und anhand konkreter Maßnahmen aufgezeigt. Entsprechend der im Tourismus vorherrschenden drei Reisephasen Quellgebiet, Hin- und Rückreise sowie Zielgebiet werden zunächst die möglichen Mobilitätsserviceleistungen von Mobilitätszentralen für touristisch Reisende dargestellt. In einer besonderen Betrachtung wird sich den weiteren Trägern eines touristischen Mobilitätsmanagements angenommen. Beim standortbezogenen Mobilitätsmanagement werden zunächst übergreifende

Charakteristika herausgearbeitet, um daran anschließend die Möglichkeiten eines Mobilitätsmanagements bei Events, Flughäfen und Freizeitgroßeinrichtungen darzustellen.

Im ersten Teil von Kapitel 7 erfolgt schließlich die Darstellung der die Einführung eines Mobilitätsmanagements prägenden Umsetzungsstufen. Faktoren, die eine erfolgreiche Umsetzung unterstützen bzw. behindern können, sind Gegenstand des zweiten Teils von Kapitel 7.

Zum Abschluss der Untersuchung werden die wesentlichen Ergebnisse der Arbeit zusammengefasst und mittels der aufgezeigten Ergebnisse weitere Aufgaben und mögliche Perspektiven künftiger Forschungen aufgezeigt.

2 Theoretische Grundlagen

Mit Hilfe einer Diskussion des Forschungsstandes im Verkehr und Tourismus sollen Ableitungen für den der Untersuchung zugrundeliegenden wissenschaftlichen Zugang vorgenommen werden. Des Weiteren werden die wichtigsten Untersuchungsgegenstände betrachtet, wobei sowohl der wissenschaftliche Erkenntnisstand zum Verkehr und Tourismus als auch zum touristischen Verkehr dargelegt wird und Ableitungen für die vorliegende Untersuchung vorgenommen werden. Daran anknüpfend soll die Notwendigkeit einer nachhaltigen Mobilität im Tourismus anhand der Struktur und Entwicklung von Verkehr und Tourismus, inklusive des touristischen Verkehrs, aufgezeigt werden, wobei im Rahmen dieser Betrachtungen auch der Begriff der Nachhaltigkeit und der nachhaltigen Mobilität abgegrenzt wird. Letztlich sollen bisherige Lösungsansätze zur nachhaltigen Bewältigung des touristischen Verkehrs bezüglich ihres Erfolges betrachtet werden.

2.1 Wissenschaftlicher Zugang zur Untersuchung

Das Thema Mobilitätsmanagement wird allgemein und im Tourismus in Theorie und Praxis im Wesentlichen durch verkehrswissenschaftliche Ansätze geprägt. Diese Herangehensweise ist für das Mobilitätsmanagement im Allgemeinen nachvollziehbar. Auf Grund der Komplexität und Vielschichtigkeit der Phänomene Mobilität und Mobilitätsmanagement im Tourismus greift eine lediglich an verkehrswissenschaftlichen Überlegungen orientierte Vorgehensweise der Untersuchung jedoch zu kurz. Es ist daher sinnvoll, die das interessierende Problemfeld tangierenden Erkenntnisse der Tourismusforschung zu berücksichtigen. Aufbauend auf einer Betrachtung der Themen Verkehr und Wissenschaft sowie Tourismus und Wissenschaft werden daher Ansatzpunkte für einen eigenen wissenschaftlichen Zugang zum Thema Mobilitätsmanagement im Tourismus abgeleitet.

Im Rahmen dieser Auseinandersetzung soll das Mobilitätsmanagement auch in die Verkehrswissenschaft als Forschungsfeld eingeordnet werden.

2.1.1 Verkehr und Wissenschaft

2.1.1.1 Die wissenschaftliche Betrachtung des Verkehrs im Rückblick

Der Anfang der Verkehrswissenschaft als eigenständige Disziplin wird bei Friedrich List (1789-1846) gesehen. Als weitere wichtige Vertreter, die sich mit dem ganzen Verkehrswesen auseinandersetzten, werden Emil Sax, Richard von Borght, Gustav Schmoller und Wilhelm Launhardt genannt (vgl. Hascher 2002, S. 66f.).

Die wissenschaftliche Auseinandersetzung mit dem Thema Verkehr ist historisch gesehen aus den Wirtschafts- und Ingenieurswissenschaften (v. a. Maschinenbau- und Bauingenieurswesen) hervorgegangen.[10] Die enge Verknüpfung von Verkehrs- und Wirtschaftswissenschaften wurde gelegentlich auch durch eine vollständige Zuordnung der Verkehrs- zur Wirtschaftswissenschaft ausgedrückt. Explizit hat Napp-Zinn (1968, S. 10ff.) diese Auffassung vertreten, in dem er Verkehrswissenschaft[11] definiert als einen „(...) den Verkehr zum Gegenstand nehmenden Zweig der Wirtschaftswissenschaften."

Ähnliches findet sich auch bei Aberle (1984, S. 15), der Verkehrswissenschaft bezeichnet als „(...) problemorientierte, auf Systemüberlegungen aufbauende ökonomische Disziplin." Nach seiner Auffassung bestehen zwar enge Verknüpfungen auch zu nicht-ökonomischen Disziplinen, wie der Ingenieurs- und Planungswissenschaften, Soziologie, Psychologie, Medizin und Ökologie. Die aus diesen Disziplinen eingebrachten Beiträge stellen aber letztlich nur Vor- und Zuarbeiten für die wirtschaftswissenschaftliche Bewertung dar (vgl. ders., S. 24f.).

In der gegenwärtigen wissenschaftlichen Diskussion besteht dagegen weitestgehend Einigkeit darüber, dass eine Vielzahl an Disziplinen mit dem Verkehr befasst ist und auch muss, so dass eine Zuordnung der Verkehrswissenschaft allein zur Wirtschaftswissenschaft als nicht (mehr) adäquat angesehen wird. Neben der Ingenieurswissenschaft, Medizin, Soziologie, Psychologie, Rechtswissenschaft und Geographie sind aber vor allem die

---

[10] Eine Übersicht der Etappen der geistes- und institutionengeschichtlichen Entwicklung der Verkehrsforschung gibt Hascher (vgl. 2002, S. 66ff.). Auf die jeweiligen Hauptfragestellungen der Verkehrsforschung aus ökonomischer Perspektive seit dem 2. Weltkrieg geht Willeke (vgl. 1997, S. 52ff.) ein.

[11] Der Begriff „Verkehrswissenschaft" soll erstmals von Kurt Wiedenfeld (1908) und Richard Hennig (1910) in ihrer heutigen Bedeutung verwendet worden sein (vgl. Hascher 2002, S. 68).

wirtschaftswissenschaftlichen Fächer beteiligt. Der Gegenstand „Verkehr" erfordert dabei interdisziplinäres[12] Arbeiten (vgl. Füsser 1997, S. 12; Schliephake 1996, S. 38ff.; Willeke 1995b, S. 174).[13]

> „Die Verkehrswissenschaft ist wissenschaftshistorisch betrachtet, ein eigenartiges Gebilde. Man schreckt davor zurück, sie als Disziplin zu bezeichnen, denn sie besteht, sofern man sie nicht eng als einen Teil der Volkswirtschaftslehre identifiziert, aus Teilen, die schon für sich die Minimalvoraussetzungen für die Existenz als Wissenschaftsdisziplin erfüllen, also eine gemeinsame Methodik und gewisse institutionelle Verankerungen vorweisen. Mit ‚Verkehrswissenschaft' wird ein zwischen den größeren Kategorien „Ingenieur-" und „Wirtschaftswissenschaft" sowie den kleineren Kategorien der Studiengänge angesiedeltes, interdisziplinäres Forschungs- und Lehrgebiet bezeichnet, das sich konkret in Forschungs- und Studienschwerpunkte und Vertiefungsrichtungen niederschlägt. Die Verkehrswirtschaft macht davon sicher den Kern aus. Was darüber hinaus zur Verkehrswissenschaft gehört, war in den Grenzbereichen zu allen Zeiten strittig und kann so nicht abschließend geklärt werden." (Hascher 2002, S. 66)

---

[12] „Mit dem Begriff ‚Interdisziplinarität', der auf die englische Bezeichnung für (Sozial-)Wissenschaft, discipline, zurückgeht, wird v. a. gemeint, daß der Gegenstand einer Wissenschaft nicht nur von einer der anerkannten Wissenschaften, sondern von einer Reihe von Wissenschaften in integrativ-synthetischer Weise bearbeitet wird. Dabei darf es nicht nur zu einer additiven Anhäufung von einzelnen Forschungsergebnissen aus verschiedenen Wissenschaften kommen; die Interdisziplinarität muß vielmehr schon bei der Problemstellung einsetzen." (Willimczik 1979, S. 43)

[13] In einer Veröffentlichung aus der ehemaligen DDR, heißt es bereits Anfang der 1980er ähnlich: „Die Verkehrswissenschaft kann als eine Art Rahmenwissenschaft aufgefaßt werden, die aus relativ selbständigen, aber eng miteinander verflochtenen Disziplinen, wie z. B. der Verkehrstechnik (...), dem Verkehrsbauwesen, der Verkehrstechnologie, der Verkehrskybernetik, der Verkehrsökonomie, der Verkehrssoziologie, des Verkehrsrechts, der Verkehrsgeografie, der Verkehrsgeschichte, der Verkehrsstatistik, der Verkehrsmedizin u. a. besteht. Diese Wissenschaftsdisziplinen wenden einerseits die Erkenntnisse der jeweiligen allgemeinen Disziplin auf die Prozesse der Ortsveränderung von Personen, Gütern und Nachrichten an und erforschen andererseits spezifische Gesetze, die der Ortsveränderung zugrunde liegen." (Wagener 1981, S. 494)

2.1.1.2 Neuorientierung der Verkehrswissenschaft

Auf Grund der veränderten Wahrnehmung der Verkehrs- und Umweltprobleme sowie einer Reihe von festgestellten Defiziten[14] in der verkehrswissenschaftlichen Diskussion nehmen Forderungen und Ansätze für eine Neuorientierung der Verkehrswissenschaft eine zunehmende Bedeutung ein. Nur zögernd und ganz allmählich findet in der wissenschaftlichen Diskussion die These breitere Zustimmung, dass der spärliche Erfolg bei der Umsetzung einer nachhaltigen Verkehrspolitik auch damit zu tun hat, dass die eingeschliffenen Sichtweisen und gängigen Lösungsvorschläge der etablierten Verkehrswissenschaft nicht mehr ausreichen (vgl. Hautzinger/ Knie/Wermuth 1997, S. 3f.).

Während die Verkehrswissenschaft bisher in ihren Zielen und Methoden vom Leitbild der technisch-organisatorischen Funktionsfähigkeit des Verkehrssystems (z. B. Entwicklung neuer Technologien zur Optimierung einzelner Verkehrsträger) geprägt war, im Mittelpunkt der Methodologie empirische Fundierung und Modellierung der Verkehrsabläufe (Netzsimulation) stand und Hauptanwendungsgebiete verkehrswissenschaftlicher Forschung Verkehrspolitik und -planung waren, werden verstärkt konzeptionelle, theoretische und methodische Umorientierungen in der Verkehrswissenschaft gefordert (vgl. Catenhusen 2000, S. 21; Hautzinger/Knie/ Wermuth 1997, S. 7; Hesse 1998, S. 18; Wehling 1998, S. 5; ähnlich auch Eckey/Stock 2000, S. 176).

> „Auch das Bundesministerium für Bildung und Forschung, das eine lange Tradition in der Förderung etwa der Rad-Schiene-Technik, der Magnetbahn-Technik und auch von Nahverkehrssystemen besitzt, wird deshalb in Zukunft Verkehrsforschung in einem umfassenderen Sinne als Mobilitätsforschung fördern." (Catenhusen 2000, S. 22)

Als neue Perspektive für die Verkehrswissenschaft wird in den letzten Jahren zunehmend eine sozial-ökologische Mobilitätsforschung diskutiert, wobei die veränderte Begrifflichkeit zweierlei zum Ausdruck bringen soll.

---

[14] Die bisherige Verkehrswissenschaft wird hinsichtlich folgender Defizite kritisiert. Hierzu zählen strukturelle (unzureichende Integration relevanter Disziplinen bzw. Disziplingruppen in die Verkehrsforschung), thematische (fehlende thematische Breite, z. B. unzureichende Beschäftigung mit der Freizeit- und Urlaubsmobilität), theoretische (Verkehrswissenschaft fehlt es z. B. an einen theoretisch hinreichend fundierten Verständnis von Mobilität und Verkehrsverhalten), methodische (zu eng auf die direkte Anwendbarkeit durch Verkehrsplanung und -politik ausgelegte Methodik) und forschungsorganisatorische (es fehlen z. B. (weitgehend) eine problemorientierte interdisziplinäre Verbundforschung) Defizite. Ausführliche Informationen zu den Defiziten der Verkehrswissenschaft lassen sich u. a. bei City:mobil 1999, S. 33f., Lanzendorf 2001, S. 20 und Wehling 1998, S. 3ff. finden.

„Die Umakzentuierung von Verkehrswissenschaft zu Mobilitätsforschung
signalisiert die Erweiterung und Öffnung des Interesses von dem technischen Vorgang der Raumüberwindung (Transport und Verkehr) hin zum gesellschaftlichen Bedürfnisfeld Mobilität. Die Akzentverschiebung von der
Verkehrswissenschaft zur Mobilitätsforschung bringt zugleich den prozeß-
haften, problemorientierten und disziplinübergreifenden Charakter des neu-
en Zugangs zum Ausdruck. ‚Sozial-ökologische Mobilitätsforschung' kann
zunächst ganz allgemein als eine theoriegeleitete und gestaltungsorientierte
Forschungsperspektive definiert werden, die die sozialen und ökologischen
Aspekte von Mobilität und Verkehr in ihrem Zusammenhang zu analysieren
versucht." (Wehling 1998, S. 12)

Sozial-ökologische Mobilitätsforschung wird dabei als transdisziplinäre
Forschung von verschiedenen Wissenschaftsdisziplinen (Ökologie, Geographie, Soziologie, Psychologie usw.) angesehen, die über ihren gemeinsamen Problem- und Gegenstandsbezug eine spezifische Einheit bilden.

Transdisziplinär ist eine Forschung, die „(...) sich aus ihren fachlichen be-
ziehungsweise disziplinären Grenzen löst, ihre Probleme mit Blick auf
außenwissenschaftliche Entwicklungen definiert und disziplinunabängig
löst." (Mittelstraß 1992, S. 250) Wissenschaftsdisziplinen sollen dazu nicht
aufgelöst werden, sondern sind vielmehr Voraussetzung für transdisziplinäre Arbeit. Theoretische und methodische Fragen der (Inter-) und Transdisziplinarität wurden in den letzten Jahren verstärkt thematisiert und reflek-
tiert (vgl. z. B. Balsinger/Defila/Giulio 1996; Daschkeit/Schröder 1998;
Felt/Nowotny/Taschwer 1995). Dennoch sind die Fragen einer Methodologie interdisziplinärer Forschung oder einer (theoriegeleiteten) transdisziplinären Integration unterschiedlicher Disziplinen noch offen und ungeklärt
(vgl. Wehling 1998, S. 13f.).

2.1.1.3 Neuorientierung der Verkehrsplanung und -politik

Ausgehend von der allgemeinen umweltpolitischen Diskussion um die
Grenzen der langfristigen ökologischen Tragfähigkeit des Lebensraumes,
veränderter politischer Ziele im Verkehrsbereich sowie neuer Fragestellungen und Ergebnisse der Mobilitätsforschung findet auch in der Verkehrsplanung und -politik – als Umsetzung der Ergebnisse aus Verkehrswissenschaft bzw. Mobilitätsforschung – eine schrittweise Neuorientierung statt.
So löst sich die Verkehrsplanung von der seit den 1950er Jahren beobachtbaren technischen Bewältigung und Abwicklung eines wachsenden motorisierten Verkehrsaufkommens. „Es geht nicht mehr in erster Linie darum,
durch technische und bauliche Maßnahmen eine schnelle, kostengünstige,
bequeme und sichere Raumüberwindung zu ermöglichen und zu optimieren." (City:mobil 1999, S. 42f.)

Innerhalb der Verkehrspolitik stellen die Maßnahmenbereiche Information und Organisation zunehmend einen gleichberechtigten Teil des Instrumentariums der Verkehrspolitik, neben solchen Bereichen wie Infrastruktur- oder Ordnungspolitik, dar (vgl. Catenhusen 2000, S. 21; Müller 2004, S. 371).

In dieser neuen Diskussion sind insbesondere zwei Konzepte zu finden, die versuchen dem Anspruch einer Analyse und Beeinflussung der Verkehrsursachen gerecht zu werden. Dies ist zum einen die „integrierte Verkehrsplanung" und zum anderen das „Mobilitätsmanagement".

Der Grundgedanke der integrierten Verkehrsplanung wurde zunächst mit der Integration der verschiedenen Verkehrsmittel und -träger gleichgesetzt. In jüngster Zeit wird die Integration und Verknüpfung der Verkehrsplanung mit anderen Planungsbereichen, v. a. mit der Raumplanung, in den Mittelpunkt gerückt (siehe ausführlich z. B. bei Holz-Rau 1996; Holz-Rau/Kutter 1995). „Damit wurde der Einsicht Rechnung getragen, daß für die Realisierung sozialer und ökologischer Ziele eine allein auf das Verkehrssystem bezogene Planung nicht ausreicht, weil in anderen Bereichen (Gewerbeansiedlung, Stadtentwicklung etc.) in hohem Maße verkehrserzeugende Rahmenbedingungen geschaffen werden." (Wehling 1998, S. 71)

Im Vergleich zur integrativen Verkehrsplanung bringt der zweite Ansatz, das Mobilitätsmanagement, auch sprachlich und begrifflich die Neuorientierung der Verkehrsplanung und -politik prägnant zum Ausdruck. „Vom Verkehr als dem (technischen) Vorgang der Raumüberwindung wird die Aufmerksamkeit auf Mobilität als soziales Phänomen und Bedürfnis gelenkt, das zu Verkehr führen kann, aber keineswegs muß. Statt Planung (worin die Assoziation der Umsetzung ‚objektiv' begründeter Planungsziele von ‚oben nach unten' mitschwingt) rückt Management in den Mittelpunkt (...)." (ders., S. 78) Mobilitätsmanagement wählt dabei einen anderen, weniger (raum-) struktur-, sondern vielmehr akteursbezogenen Zugang zu den Ursachen des Verkehrs. „Mobilitätsmanagement versteht sich als integrativer Ansatz, dessen zentraler Punkt nicht länger die Verkehrsauswirkung, sondern die Quelle des Verkehrs (Individuum in verschiedenen Lebensformen, d. h. Arbeit, Freizeit etc.) ist." (Ferril 1996, S. 13) In erster Linie setzt Mobilitätsmanagement somit bei den sozialen Handlungskontexten und Verhaltensmustern der Verkehrsteilnehmer an, wobei „weichen" Maßnahmen, wie Beratung, Information und andere Dienstleistungen, ein starkes Gewicht beigemessen wird. Mit dem Ansatz soll erstmals die Chance bestehen, ein der Komplexität der Verkehrssituation entsprechendes integratives Konzept für eine umwelt- und sozialverträglichere Mobilität zu realisieren, worüber aber nicht die Defizite in Theorie und Praxis vergessen werden dürfen (vgl. Heine 1998, S. 53).

Forschungshistorisch ist Mobilitätsmanagement ein Konzept, dessen Komponenten sich aus den Erfordernissen der Praxis eher intuitiv ergeben haben. Die Orientierung an einem theoretischen Ansatz ist bei der konzeptionellen Entwicklung nicht erkennbar, wobei eine ausschließlich an der Praxis orientierte Konzeption dazu tendieren kann, nur auf die Anforderungen der Praxis zu reagieren, anstatt sie selbst aus der theoretischen Konzeption heraus aktiv zu gestalten (vgl. Heine 1998, S. 53f.). Diese zu Recht in den Anfängen des Mobilitätsmanagements geäußerte Kritik ist mehr und mehr überholt, denn die wissenschaftliche Diskussion beschäftigt sich zunehmend mit Fragen wie z. B. der Organisationsstruktur, der Relevanz und Vernetzung der Akteure und Instrumente des Mobilitätsmanagements sowie deren Beziehung untereinander, der tatsächlich verfolgten (operativen) Ziele und Kriterien zur Beurteilung der Zielerreichung (im Sinne einer Evaluation) sowie der Anforderungen für die im Mobilitätsmanagement tätigen Personen.

Abschließend ist festzuhalten: „Mittlerweile ist Mobilitätsmanagement kein Nischenthema mehr, sondern hat in den ‚Mainstream' der Verkehrspolitik Eingang gefunden." Noch ist es zu früh, von einem Paradigmenwechsel zu sprechen, doch die Anzeichen mehren sich, dass das Managen von Mobilität andere Inhalte und Vorgehensweisen erfordert als das Vorhalten von Infrastrukturkapazitäten und Regeln von Verkehrsflüssen." (Müller 2004, S. 378)[15]

2.1.2 Tourismus und Wissenschaft

2.1.2.1 Die wissenschaftliche Betrachtung des Tourismus im Rückblick

Der Beginn der wissenschaftlichen Auseinandersetzung mit dem Tourismus ist nicht eindeutig in der Literatur bestimmt.[16] Einig ist man sich jedoch, dass von Autoren, die sich Anfang des 20. Jahrhunderts mit dem Tourismus beschäftigt haben, wichtige Forschungsimpulse ausgingen. Die

---

[15] Andere Autoren sehen einen Paradigmenwechsel in der Verkehrspolitik vom technischen Management der Verkehrssysteme zu einem der Nachhaltigkeit verpflichteten Mobilitätsmanagement dagegen schon als gegeben an. „Dieser Ansatz, der die Mobilitätsbedürfnisse von Menschen und Unternehmen in den Mittelpunkt künftiger Konzepte für eine mobile Gesellschaft rückt, stellt einen Paradigmenwechsel der Verkehrspolitik dar." (Faltlhauser/Schreiner 2001, S. 420f.)

[16] Bereits aus dem 17. Jahrhundert wird der Nationalökonom Mun mit seinem Hauptwerk „England Treasury by Foreign Trade" angeführt. Für das Ende des 19. Jahrhunderts werden weitere Beiträge von Guyer-Feuler („Beiträge zu einer Statistik des Fremdenverkehrs", 1895) und Bodio („Sul movimento dei forestieri in Italia e sul denaro che vi spendono", 1899) als Studien der „ersten Stunde" angeführt (vgl. Mieczkowski 1978, S. 87; Müller 1999a, S. 65).

erste umfassende wissenschaftliche Tourismusstudie wird Stradner mit seinem 1905 erschienenen Werk „Der Fremdenverkehr" zu geschrieben (vgl.
z. B. Bernecker 1984, S. 15; Datzer 1983, S. 35; Müller 1999a, S. 65).[17]
Die wissenschaftliche Ausbildung begann in Deutschland in den späten
1920er Jahren. „Der Betriebswirtschaftler Robert Glücksmann gründete in
Berlin ein Lehr- und Forschungsinstitut und gab das inzwischen legendäre
‚Archiv für Fremdenverkehr' heraus, ein interdisziplinäres Diskussionsfo-
rum, das der ‚Fremdenverkehrslehre' (so hieß das zunächst) den entscheidenden Anschub gab." (Spode 1997, S. 9) Im Vergleich zur hohen gesellschaftlichen und wirtschaftlichen Bedeutung ist die wissenschaftliche Auseinandersetzung mit dem Tourismus an Hochschulen gegenwärtig unterrep-
räsentiert. In Deutschland werden zwar verstärkt Akademiker für den Tourismus ausgebildet, die touristische Ausbildung konzentriert sich aber v. a.
auf Fachhochschulen.[18] Wissenschaftliche Forschung ist jedoch traditionell
an Universitäten ansässig, wobei es in Deutschland nur einige Lehrstühle
mit touristischer Forschung gibt (z. B. Berlin, Dresden, Lüneburg, München, Trier). Die geringen personellen und finanziellen Kapazitäten an
Hochschulen stehen im engen Zusammenhang mit einer geringen Reputati-
on der Tourismusforschung innerhalb der allgemeinen Wissenschaften
(vgl. Freyer 1998, S. 4).

Während die Tourismusforschung weltweit einen hohen Stellenwert im a-
kademischen und gesellschaftlichen Bereich hat, nimmt sie in Deutschland
ein „Promille-Dasein" ein und ist selten Gegenstand öffentlicher Förderung
(vgl. Romeiß-Stracke 1998, S. 17). Trotzdem gibt es in Deutschland eine
Tradition der Tourismusforschung. Sie wurde in den letzten Jahrzehnten
eher außerhalb der Hochschulen an privaten und halb kommerziellen For-
schungsinstituten durchgeführt und hat sich an den Bedürfnissen der Tourismuswirtschaft orientiert (vgl. Freyer 1998, S. 4; Kagelmann 1993, S. 2;
Spode 1997, S. 10).[19]

---

[17] Weitere wichtige Beiträge gehen auf Schullern zu Schrattenhofen mit seinem Werk
„Fremdenverkehr und Volkswirtschaft" aus dem Jahre 1911 und Picard zurück, der
ebenfalls 1911 einen Beitrag mit dem Titel „L'Industrie du Voyageur" veröffentlichte (vgl. Bernecker 1984, S. 15ff.).

[18] Knapp 20 Fachhochschulen ermöglichen bereits die Absolvierung eines touristischen
Studienganges, größtenteils im Bereich der Tourismusbetriebswirtschaft. Die Fachhochschule München bildet seit 1964 Diplom-Betriebswirte für die Tourismusbran-
che aus und ist damit der am längsten etablierte Studiengang in Deutschland (vgl.
Biehusen 1993, S. 18).

[19] Vor allem der 1961 gegründete Studienkreis für Tourismus in Starnberg ist hier zu
nennen. Auf ihn geht die bis heute jährlich durchgeführte Reiseanalyse zurück, mit
der Grundlagendaten über das tatsächliche Reiseverhalten der Deutschen erhoben
werden.

Obwohl es kaum wissenschaftliche Tourismusforschung an Universitäten gibt, sind am Forschungsgegenstand Tourismus eine Vielzahl tourismusrelevanter Fachdisziplinen beteiligt. „Jafari and Ritchie (1981) indentified five main academic disciplines in tourism research: economics, sociology, psychology, geography, and anthropology. Later, a review by Jafari and Aaser (1988) found 15 main disciplines (...)." (Echtner/Jamal 1997, S. 868) Die Wirtschaftswissenschaften gelten gemeinhin als der Teilbereich, der sich am intensivsten mit dem Tourismus beschäftigt, da hier u. a. zahlenmäßig die meisten Beiträge vorliegen (vgl. Freyer 1997, S. 219). Innerhalb der Wirtschaftswissenschaften wird wiederum der Betriebswirtschaft (vgl. Schimany 1999, S. 9) und dort dem Marketing und Management (vgl. Pompl 1994a, S. 236; Walle 1997, S. 532) die aktivste Rolle zugesprochen. Zu Beginn der Tourismusforschung hatte dagegen die „(...) Volkswirtschaftslehre (...) die Rolle des ‚leading sector' inne (...)." (Hofmeister/ Steinecke 1984, S. 3; Steinecke 1984, S. 5) Weitere Disziplinen sind die Biologie, Geographie, Kulturanthropologie, Literatur- und Sprachwissenschaften, Medizin, Pädagogik, Politikwissenschaft, Psychologie, Raumplanung, Rechtswissenschaft, Sozial- und Kulturgeschichte, Soziologie sowie Verkehrswissenschaft. Es können und sollen hier nicht die einzelnen Forschungsergebnisse bzw. theoretischen Ansätze diskutiert werden. Hierzu sei auf die einschlägige Literatur verwiesen.[20]

2.1.2.2 Diskussion um eine eigenständige Tourismuswissenschaft

Der Begriff Tourismuswissenschaft wird in den letzten Jahren immer öfter, teils wie selbstverständlich, in der wissenschaftlichen Fachdiskussion verwendet. Eine Betrachtung der bisher erschienenen Abhandlungen zur Tourismuswissenschaft offenbart jedoch, dass „(..) zwar eine Vielzahl an Einzelansätzen existiert, doch bezüglich der Entwicklung einer umfassenden Tourismustheorie, aber auch bezüglich der Theoriebildung in den Einzeldisziplinen, nach wie vor ein größerer Forschungsbedarf (...) besteht." (Freyer 1996b, S. 49)[21]

---

[20] Übersichten zu den Beiträgen der einzelnen Disziplinen zum Tourismus finden sich bei Freyer 1996b, S. 53, Freyer 1998, S. 6, Job 2003, S. 356ff., Müller 1999a, S. 67, Schäfer 2003, S. 106f. und Wöhler 2000, S. 16f. Hopfinger (vgl. 2004, S. 29ff.) gibt einen Rückblick und aktuellen Überblick theoretischer Ansätze verschiedener Disziplinen, wobei er einen Schwerpunkt auf die Freizeit- und Tourismusgeographie legt.

[21] Es werden plakative Ausdrücke herangezogen, um diesen Umstand zu umschreiben. So wird der Tourismus als „wissenschaftlich unterentwickeltes Land" (vgl. Nahrstedt 1995, S. 18) und „wissenschaftlich rückständig" (vgl. Gyr 1992, S. 20) bezeichnet sowie angeführt, dass Tourismuskritik als Theorieersatz herhalten muss oder der theoretische Rahmen dürftig wirkt (vgl. Vester 1999, S. 8).

Es ist umstritten, ob es überhaupt eine eigene Tourismuswissenschaft gibt
bzw. geben kann bzw. ob es eine oder mehrere Tourismuswissenschaften
oder Teilwissenschaften des Tourismus gibt bzw. geben kann, z. B. Tou-
rismus-Wirtschaftswissenschaft, -Soziologie, -Pädagogik, usw. (vgl. Freyer
1997, S. 218).[22] In der wissenschaftlichen Diskussion wird jedoch eine
Mehrheit ausgemacht, die eine eigenständige Wissenschaft etablieren
möchte (vgl. Spode 1998, S. 11).

Die Vertreter, die für die Entwicklung einer eigenständigen Tourismuswissenschaft plädieren, sind sich einig, dass bestimmte Voraussetzungen erfüllt sein müssen, um von einer eigenen Tourismuswissenschaft sprechen
zu können.[23] Wenn man die Behauptung aufstellt, dass die Tourismuswissenschaft eine eigenständige Wissenschaft ist bzw. werden kann, muss zunächst Klarheit darüber geschaffen werden, „(...) durch welche Merkmale
eine Wissenschaft konstituiert wird und welche Aufgaben ihr zugeschrieben werden. (...) Wissenschaft ist gekennzeichnet

(1) durch die Frage nach der Wahrheit und das Suchen nach Antworten,
    also einem Streben nach Erkenntnis;
(2) durch Konstituierung eines Erkenntnisobjektes und von Erkenntnis-
    zielen, durch das sich eine wissenschaftliche Disziplin von anderen
    unterscheidet. (...);
(3) durch Anwendung spezifischer Forschungsmethoden zur Gewinnung
    von Erkenntnissen;
(4) durch das Bestreben, alle Urteile über das Erkenntnisobjekt in ihrer
    Wahrheit zu sichern und in eine systematische Ordnung (System) zu
    bringen." (Wöhe 1996, S. 22ff.; ähnlich auch Tschamler 1996, S. 22f.)

---

[22] Einig ist man sich dagegen, dass es eine Tourismusforschung gibt. Im Gegensatz zu
den Anfängen der Auseinandersetzung mit dem Tourismus bestreitet heute niemand
mehr, dass Tourismus Gegenstand wissenschaftlicher Beschäftigung sein kann. „Es
ist gewiß beruhigend festzustellen, daß was vom Verfasser vor dreißig Jahren noch
einläßlich zu begründen war, heute nicht mehr bestritten wird, nämlich, daß der
Fremdenverkehr Gegenstand der wissenschaftlichen Behandlung sein kann (...)."
(Hunziker 1973, S. 17f.)

[23] Vertreter, die sich gegen die Etablierung einer eigenständigen Wissenschaft aussprechen, argumentieren dahingehend, dass sich Tourismusforschung als (angewandte)
Wissenschaft verstehen muss, die ihre Erkenntnisse aus verschiedenen Wissenschaften bezieht. Die Etablierung einer eigenständigen Tourismuswissenschaft „(...) würde
zu einer Verstümmelung der beteiligten Wissenschaften führen. (...) Wenn jetzt nun
jeder Geograph auf einmal ein Tourismuswissenschaftler wird und den Zusammenhang mit dem eigentlichen, ursprünglichen Wissenschaftsbereich verliert, ist zu
befürchten, daß Innovationen, die innerhalb der Geographie als Wissenschaft immer
wieder entstehen, nicht mehr weitergegeben werden." (Zschocke 1995, S. 189)

Hieraus kann abgeleitet werden, dass der Ausgangspunkt für die Etablierung einer eigenständigen Tourismuswissenschaft die Klärung der Wesenselemente und Besonderheiten des Tourismus ist. Als solche Elemente können die fünf Teilbereiche gemeinsamer Erklärungsgegenstand, interdisziplinäres oder ganzheitliches Vorgehen, spezifische tourismuswissenschaftliche Methode, dynamischer Ansatz, Praxisorientierung und Internationalität gesehen werden, die weitestgehend an den genannten Merkmalen einer Wissenschaft ansetzen und im Folgenden thematisiert werden (vgl. Freyer 1997, S. 223).

a)   Gemeinsamer Erklärungsgegenstand

Grundlage einer Wissenschaft, so auch einer Tourismuswissenschaft, ist ein Paradigma.[24] Dies ist zumindest die in der wissenschaftlichen Diskussion weit verbreitete Annahme, die auf ein viel beachtetes Werk von Kuhn zurückgeht. Ein Paradigma wird hier mit einem grundlegenden Bild bzw. Grundmodell gleichgesetzt, welches sich eine Wissenschaft bzw. eine Gruppe von Wissenschaftlern von ihrem Gegenstandsbereich macht.

Während im englischsprachigen Raum eine Diskussion über die Notwendigkeit eines Paradigmas seit dem Ende der 1980er Jahre festzustellen ist (vgl. Dann 1997, S. 472ff.), sind Ansätze im deutschsprachigen Raum erst Anfang der 1990er Jahre aufgekommen. Ein Schwerpunkt der Betrachtungen geht dabei vom Tourismusbegriff aus, wie er in einer Definition von Kaspar (vgl. 1996, S. 16) sowie die der WTO (vgl. 1993, S. 2) am häufigsten verwendet wird (siehe Kapitel 2.2.1, S. 29ff.). Aufbauend auf den in diesen Definitionen implizierten konstitutiven Elementen des Tourismus, dem Ortswechsel, der Zeit bzw. dem vorübergehenden Aufenthalt sowie den Motiven, wird ein Modell der Reise vorgeschlagen, worin sich die konstitutiven Elemente am umfassendsten widerspiegeln. Da im Tourismus zahlreiche Akteure und Elemente zusammenwirken, sind diese verschiedenen Faktoren darüber hinaus zu integrieren (vgl. Abbildung 1 und Freyer 1995, S. 102ff.; Freyer 1996a, S. 224; Nahrstedt 1995, S. 37ff.; ähnlich auch Wöhler 2001, S. 189ff.).

---

[24] Der Begriff „Paradigma" wurde erstmals 1959 von Thomas S. Kuhn eingeführt, wobei Kritiker eine zu große Bandbreite des Begriffes sehen und mindestens 22 verschiedene Bedeutungen ausgemacht haben wollen (vgl. Kuhn 1992a, S. 41; Kuhn 1992b, S. 389). Ursprünglich beschäftigte sich Kuhn nahezu ausschließlich mit den Naturwissenschaften. Die Ideen, die hinter einem Paradigma stehen, wurden jedoch von anderen Wissenschaften aufgenommen und weitergedacht, insbesondere in den Sozial- und Verhaltenswissenschaften (vgl. Drexel 1995, S. 128).

Abbildung 1: Gemeinsamer Erklärungsgegenstand

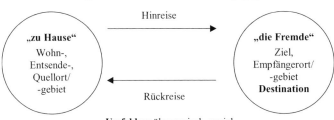

Umfelder: ökonomisch, sozial,
politisch, juristisch, medizinisch, etc.

Quelle: Freyer 1997, S. 225

Aus der Sicht von Piwodda/Vodde (vgl. 1995, S. 202) konnte man sich hiermit bereits auf ein grundlegendes Modell des Tourismus einigen. Kritik an diesem (vermeintlich) gemeinsamen Erkenntnisgegenstand wird dahingehend angebracht, dass „(...) dieser Fokus das Phänomen Tourismus in seiner Gesamtheit nur reduziert und zu unscharf darstellt. (...) Außerdem richtet sich der Fokus auf die Reisenden, es wird somit nur eine der beteiligten Gruppen im Tourismusgeschehen berücksichtigt." (Schäfer 2003, S. 112)

Diese Kritik kann weitestgehend entkräftet werden, da Erweiterungen bzw. Abwandlungen dieses einfachen Modells in verschiedener Weise möglich sind und auch die Nicht-Reisenden im Quellgebiet betrachtet werden können.

> „(...) z. B. können in ökonomischer Hinsicht auf der Grundlage des Reisemodells die verschiedenen Funktionen von Reiseproduzenten und deren Leistungserstellung abgebildet werden, (...):

- Am Heimatort erbringen Reiseveranstalter, Reisemittler, Reiseausrüster usw. die Leistungen der Reiseorganisation, -vorbereitung und -nachbereitung.
- Unterwegs erfolgt der Transport mit seinen verschiedenen Nebenleistungen.
- In der Fremde bzw. im Zielgebiet der Reise wirken weitere Akteure zur Gestaltung des Aufenthaltes." (Freyer 1996b, S. 56)

Wenn in ähnlicher Form die weiteren wissenschaftlichen Aspekte zur Erklärung des Reisevorganges entwickelt werden, d. h. in anderen Wissenschaftsdisziplinen auch Analysen und Erklärungen der Situation und Dynamik am Heimatort, unterwegs und am Zielort durchgeführt werden, dann ist dies eine Vorgehensweise im Sinne einer eigenständigen touristischen Theoriebildung, an deren Ende ein umfassendes und ausdifferenziertes Modell bzw. eine eigenständige Theorie des Tourismus stehen kann (vgl. Freyer 1996b, S. 56f.).

b)   Interdisziplinarität

Die Berücksichtigung der Interdisziplinarität wird bei der Etablierung einer eigenständigen Tourismuswissenschaft als eine schwierige, aber wichtige, Aufgabe angesehen. Da sich die Tourismusforschung mit einer Vielzahl an touristischen Erscheinungen beschäftigt, „(...) wurde in der Tourismuslehre immer wieder versucht, vor allem ganzheitliche Theorien und Modelle zu entwickeln. Derzeit existiert in der Tourismuswissenschaft zwar kein allgemein akzeptiertes touristisches Gesamtmodell, doch besteht weitgehend Einigkeit über die grundsätzlichen Anforderungen an ein solches Gesamtmodell. Es muß bzw. sollte die verschiedenen Teildisziplinen, die sich mit dem Tourismus beschäftigen, integrieren (‚vernetzen‘), multifunktional, interdisziplinär und ‚ganzheitlich‘ ausgerichtet sein, Tourismus als ‚Querschnittsdisziplin" verstehen." (ders., S. 50)

Ob allerdings ein interdisziplinärer Ansatz ausreicht, wird zum Teil bezweifelt. Wie bereits dargestellt, ist es für eine eigenständige Tourismuswissenschaft notwendig, dass ein (Minimum an) Konsens über den gemeinsamen Erklärungsgegenstand zwischen den beteiligten Disziplinen herrscht. Als Argument gegen die Interdisziplinarität wird angeführt, dass in einem interdisziplinären Ansatz eine Übereinstimmung in Fragen eines Paradigmas, von Werten und Zielen nicht notwendig gegeben sein muss: „(...) einzig der Untersuchungsgegenstand ist der gleiche, Konzepte, Theorien und Methoden beruhen auf den jeweiligen Fachdisziplinen und bestehen weitgehend unverbunden nebeneinander." (Schäfer 2003, S. 108; ähnlich auch Schrand 1998, S. 75)

Im einfachsten Fall addiert ein interdisziplinärer Ansatz die beteiligten Fachrichtungen, wobei die Eigenständigkeit erhalten bleibt und das Ergebnis mehr als die Summe der Teile sein kann, aber nicht zwingend angestrebt wird. Ein Blick in die touristische Fachliteratur zeigt, dass additive Ansätze, bei der die Einzeldisziplinen weitgehend unverbunden nebeneinander bestehen, gegenwärtig weit verbreitet sind.[25]

---

[25] Beispiele für additive touristische Gesamtmodelle finden sich bei Freyer 2001a, Jafari 1994, Kaspar 1996 und Krippendorf 1996.

„Es werden vorhandene Erklärungen touristischer Phänomene aus verschiedenen Wissenschaftsdisziplinen zusammengefügt (‚addiert') und im Sinne einer ‚ganzheitlichen' und/oder ‚vernetzten' Sichtweise betrachtet. Dabei ist die jeweilige Mutterdisziplin mit der entsprechenden Methodik Ausgangspunkt der Betrachtung und die verschiedenen Ausprägungen des Tourismus sind Erklärungsgegenstand (das ‚Objekt') eines solchen wissenschaftlichen Ansatzes." (Freyer 1996b, S. 50)[26]

Als Lösung für die bei einem interdisziplinären Ansatz mögliche Problematik wird ein trans- und extradisziplinärer Ansatz in die Diskussion eingeführt. Im transdisziplinärem Ansatz wird, wie beim interdisziplinären Ansatz auch, eine integrative Tourismuswissenschaft gefordert „(...) die aus einem disziplinverbindenden und weitgehend gemeinsamen Begriffssystem, Forschungsinstrumentarium und Theoriegebäude entwik-kelt werden müßte." (Schrand 1998, S. 74f.)

Im Gegensatz zum interdisziplinären Ansatz, bei dem jede beteiligte Disziplin ihre eigenen Konzepte, Theorien und Methoden einbringen und nur der Untersuchungsansatz der gleiche sein kann, soll innerhalb einer transdisziplinären Tourismuswissenschaft der einzelne Wissenschaftler ein gegebenes Problem gleichzeitig von verschiedenen Seiten untersuchen. Daher, so Schrand (ders., S. 75), ist sie „(...) mehr ganzheitlich integriert und konzentriert als interdisziplinäre Tourismusforschung. (...) Ansätze einer transdisziplinären und integrativen Tourismuswissenschaft in Forschung und Lehre sind heute selbst in Konturen nicht erkennbar."

Ein extradisziplinärer Ansatz geht über die Forderungen der transdisziplinären Tourismuswissenschaft hinaus (vgl. Schäfer 2003, S. 110). Tribe schlägt den Begriff „extradisciplinarity" vor, da der Begriff „(...) transdisciplinarity (across the disciplines) is easily confused with interdisciplinarity." (Tribe 1997, S. 652) Außerdem soll der Begriff geeigneter sein, da eine Wissensermittlung auch außerhalb der und über die Grenzen der wissenschaftlichen Disziplinen hinweg vorgenommen wird. Charakteristisch für den extradisziplinären Ansatz ist dabei, dass eine derartige Wissensermittlung „(...) judges succes by its ability to solve a particular problem, its cost effectiviness, and its ability to establish competitive advantage (i.e., its effectiveness in the real world). Its results are often highly contextualized for a specific project." (ebd.)

---

[26] „Wissenschaftstheoretisch sind all diese Ansätze dem Reduktionismus zuzuordnen, der die Totalität eines Phänomens in verschiedene Segmente unterteilt, die als eigenständige Einheiten systematisch untersucht werden. Mit den Methoden einer bestimmten Disziplin wird ein jeweils ausgewählter Ausschnitt des Tourismus beleuchtet, aber es wurden bislang keine eigenständigen Methoden entwickelt." (Pompl 1994a, S. 233)

Diese Ansätze erscheinen gegenwärtig nicht vielversprechender als interdisziplinäre Ansätze zu sein, sofern diese beachten, dass eine grundlegende
Prämisse interdisziplinärer Forschung ist, „(...) daß es zur Lösung konkreter
Lebensprobleme nicht ausreicht, die Wissensbestände der Disziplinen lediglich additiv miteinander zu verbinden, vielmehr sei hierzu deren sinnvolle Verbindung auf einer höheren Ordnungsebene unumgänglich." (Hägele 1995, S. 95f.)

c)   Methode

Eine sehr umfassende und kontrovers geführte Diskussion auf dem Weg zu
einer eigenständigen Tourismuswissenschaft ist die Notwendigkeit bzw.
Sinn und Zweck einer tourismuswissenschaftlichen Methode. In dieser
Diskussion sind verschiedene Positionen festzustellen. Zum einen gibt es
Vertreter, die eine Einigung auf eine tourismuswissenschaftliche Methode
als eines der Kriterien ansehen, das für die Konstituierung der Tourismuswissenschaft als eigenständige Disziplin notwendig ist (vgl. z. B. Biehusen
1993, S. 20; Freyer 1997, S. 227; Pompl 1994a, S. 237ff.). Zum anderen
wird die Ansicht vertreten, dass es keine „eigene Methode" gibt bzw. geben
kann (vgl. z. B. Borghardt 2002, S. 351; Vanhove 1994, S. 27; Wöhler
2000, S. 15).

> „There is a general agreement that the methodological approach in tourism
> is not different from the one used in other sectors." (Vanhove 1994, S. 27)

Da der Begriff Methode häufig undifferenziert bzw. missverständlich verwendet wird, ist eine Klärung sinnvoll. Das Wort selbst bezeichnet zunächst einmal lediglich ein planmäßiges, folgerichtiges Verfahren. Im wissenschaftlichen Zusammenhang kann es jedoch auf mindestens zwei vollkommen verschiedenen Ebenen verwendet werden.

> „Zum einen steht es für Vorgehensweisen bei der Lösung von Forschungs-
> problemen, die genauer ‚(Forschungs-)Technik' oder ‚Verfahren' benannt
> würden. Dazu zählt etwa die Inhaltsanalyse, die Umfrage oder die teilneh-
> mende Beobachtung. Eine Methodologie dieser Art Methoden wäre eine
> Methodenlehre, die das Wann und Wie, ein wenig noch das Warum, ihrer
> Anwendung vermittelt. Zum anderen gebrauchen wir das Wort, wenn wir
> von der ‚naturwissenschaftlichen Methode', der ‚geisteswissenschaftlichen
> Methode' oder ‚dialektischen Methode' sprechen. Hier geht es um grund-
> sätzliche Lösungswege. Die dazugehörige Methodologie würde am tref-
> fendsten mit ‚Philosophie der wissenschaftlichen Methode' gleichgesetzt."
> (Konegen/Sondergeld 1985, S. 11)

Weitestgehend unbestritten ist, dass sich die touristische Forschung des gesamten Spektrums der empirischen Sozialforschung und zusätzlicher fach-
spezifischer Techniken (z. B. Kartierungen aus der Geographie) bedienen
kann und sollte. Quantitative Verfahren nehmen dabei bisher im Tourismus

die bedeutendere Stellung ein. Wöhler (2000, S. 11f.) stellt noch vor kurzem fest, dass „(...) die institutionalisierte Tourismusforschung bislang keine qualitativen Forschungsergebnisse vorgelegt (hat) (Anm. d. Verf.). Sie ist quantitativ, wenn nicht fixiert, so doch aber prioritär angelegt."[27]

Als möglicher Ansatz für eine tourismuswissenschaftliche Methode wird häufig die Systemtheorie gesehen (vgl. Freyer 1997, S. 227; Kaspar 1996, S. 11ff.; Kaspar/Godau/Großmann 1993, S. 63; Müller 1999a, S. 71ff.; Pompl 1994b, S. 5ff.). Systemtheorie ist dabei die formale Wissenschaft von der Struktur, den Verknüpfungen und dem Verhalten irgendwelcher Systeme, wobei unter einem System eine geordnete Gesamtheit von Elementen verstanden wird, zwischen denen irgendwelche Beziehungen bestehen oder hergestellt werden können (vgl. Ulrich 1968, S. 105f.). Mit der Systemtheorie wird versucht, „(...) auf einem hohen Abstraktionsniveau, einen Ausschnitt der Realität durch Ermittlung der wesentlichsten Akteure (Institutionen und Personen), ihrer Beziehungen zueinander und der Austauschprozesse mit der Umwelt nachzuzeichnen und mit empirischen Beobachtungen zur Deckung zu bringen. (...) Diese Analysemethode ist aufgrund ihres formalen Charakters disziplinübergreifend, so daß sie in ganz unterschiedlichen Wissenschaften (Biologie, Kybernetik, Soziologie, Politik- und Wirtschaftswissenschaften) zur Anwendung kommt." (Pompl 1994b, S. 17)[28]

Die Systemtheorie ist gegenwärtig der vielversprechendste Ansatzpunkt für eine eigene tourismuswissenschaftliche Methodik, da hiermit ein formaler Denkansatz vorliegt, dessen bisherige Einsatzgebiete eine Übertragbarkeit auf den Tourismus vermuten lässt, der die Vernetzheit im Tourismus aus ganzheitlicher Perspektive am ehesten erfasst. Auch das integrative Potential lässt es von der wissenschaftslogischen Dimension her möglich erscheinen, andere Wissenschaften als Subsysteme zu begreifen und Interdependenzen aufzugreifen (vgl. Pompl 1994a, S. 242).

---

[27] Auch Cohen (vgl. 1988, S. 29), Gyr (vgl. 1992, S. 19) und Walle (vgl. 1997, S. 524) stellen fest, dass quantitative Methoden höheres Prestige haben als qualitative bzw. die Tourismusliteratur die Besonderheiten qualitativer Forschungsvorhaben bisher nicht explizit thematisiert hat. Da man bei einer Vielzahl an Fragestellungen mit der Anwendung quantitativer Techniken nicht oder nur schwer zum Ziel kommen kann, werden zunehmend qualitative Verfahren gefordert bzw. eingesetzt (vgl. Riley/Love 2000, S. 165ff.; Walle 1997, S. 524; Wöhler 2000, S. 12).

[28] Beispiele für eine Anwendung der Systemtheorie im Tourismus finden sich bei Kaspar 1996, Krippendorf 1996, Müller 1999a und Prognos 1976.

d)   Weitere Besonderheiten („Dynamik und Zeit", „Internationalität"
       sowie „Praxisorientierung") einer eigenständigen Tourismuswissen-
       schaft

Unter Beachtung, dass Tourismus ein zeitraumbezogenes Phänomen ist,
sind innerhalb einer (zu entwickelnden) Tourismuswissenschaft phasenorientierte und dynamische Modelle anstelle von statischen Betrachtungen
auszuarbeiten. Bisher weit fortgeschritten ist die sog. Szenariomethode, die
die Ganzheitlichkeit als vernetztes Denken mit der Dynamik verbindet (vgl.
hierzu v. a. Freyer/Scherhag 1996). Aber auch die im Dienstleistungs-
management und Tourismus-Marketing weit verbreiteten phasenbezogenen
Betrachtungen sind als Beispiele für phasenorientierte bzw. dynamische
Modelle zu nennen.

Bei der Betrachtung der Internationalität ist die Tatsache, dass der Tourismus häufig über die eigenen Landesgrenzen hinaus geht, für eine eigenständige Tourismuswissenschaft am wichtigsten. Eine Tourismuswissenschaft steht daher vor der Aufgabe, länderübergreifende Erkenntnisse abzuleiten. Internationalisierung, Globalisierung, Kulturaustausch oder Terrorismus sind einige Themen, die in diesem Zusammenhang genannt werden
können.

Obwohl für eine eigenständige Tourismuswissenschaft oft ein Praxisbezug
gefordert wird (vgl. Buckley 1994, S. 131; Müller 1999a, S. 66f.), wird
letztendlich dem Praxisbezug nicht den Status eines Wesenselementes des
Tourismus zugesprochen. Der hauptsächliche Grund besteht darin, dass
jede Wissenschaft vor dem Problem der Überprüfung ihrer theoretischen
Aussagen an der Realität steht (vgl. Freyer 1997, S. 224ff.).

2.1.3   Ableitungen für die vorliegende Untersuchung

Aus der Betrachtung der verkehrswissenschaftlichen Diskussion ist festzuhalten, dass als neue Perspektive für die Verkehrswissenschaft in den letzten Jahren zunehmend eine sozial-ökologische Mobilitätsforschung an Bedeutung gewinnt. Mit der Umakzentuierung von Verkehrswissenschaft zu
Mobilitätsforschung wird die Erweiterung und Öffnung des Interesses von
dem technischen Vorgang der Raumüberwindung (Transport und Verkehr)
hin zum gesellschaftlichen Bedürfnisfeld Mobilität signalisiert.

Nicht nur in der Verkehrswissenschaft, sondern auch in der Verkehrsplanung und -politik sind Neuorientierungen festzustellen (integrierte Verkehrsplanung und Mobilitätsmanagement bzw. Information und Organisation als zunehmend gleichberechtigter Teil der Verkehrspolitik), womit
auch neue Vorgaben für die Verkehrsforschung aufgezeigt werden. So hat

sich die Verkehrswissenschaft bzw. Mobilitätsforschung verstärkt mit theoretischen Grundlagen für die integrative Verkehrsplanung bzw. das Mobilitätsmanagement auseinanderzusetzen. Mobilitätsmanagement stellt dabei
als integrativer Ansatz, nicht länger die Verkehrsauswirkung, sondern die
Quelle des Verkehrs, d. h. das Individuum, in den Mittelpunkt der Betrachtung. In der wissenschaftlichen Diskussion um das Mobilitätsmanagement
ist zunehmend die Orientierung an theoretischen Ansätzen (z. B. Organisationsstruktur, Relevanz und Vernetzung der Akteure und Instrumente des
Mobilitätsmanagements sowie deren Beziehung untereinander, Anforderungen für die im Mobilitätsmanagement tätigen Personen) zu erkennen,
die auch als Grundlage für einen wissenschaftlichen Zugang aus Sicht des
Tourismus zu nutzen sind (siehe Kapitel 3.2, S. 70ff.).

Für den der Arbeit zugrundeliegenden wissenschaftlichen Zugang sind darüber hinaus Ableitungen aus der Beschäftigung mit dem Diskussionsstand
um eine eigenständige Tourismuswissenschaft möglich. Diese Diskussion
hat gezeigt, dass bei Zuhilfenahme der Merkmale, die eine Wissenschaft
konstituieren, (noch) nicht von einer eigenständigen Tourismuswissenschaft gesprochen und demnach auch (noch) nicht auf eine geschlossene
„Theorie des Tourismus" zurückgegriffen werden kann.

Die Reise als gemeinsamer Erklärungsgegenstand, die Systemtheorie als
methodischer Rahmen, die Heranziehung von interdisziplinärem Wissen
und Ansätzen (im Sinne einer vernetzten bzw. ganzheitlichen Betrachtung),
die Notwendigkeit bzw. Forderung nach phasenorientierten Betrachtungen
(z. B. phasenorientierte Managementmodelle oder Betrachtung von Leistungsketten) und eine internationale Ausrichtung sind jedoch vielfältige
Ansatzpunkte, die für eine Untersuchung des Mobilitätsmanagements aus
tourismuswissenschaftlicher Sicht notwendig sind. Diese Elemente dienen
daher als Grundlage für die vorliegende Untersuchung.

Insbesondere das räumliche Grundmodell des Tourismus und andere phasenorientierte Modelle scheinen geeignet, als Grundlage für Analysen und
Erklärungen des Mobilitätsmanagements im Tourismus zu fungieren. Es
sind jedoch Erweiterungen bzw. Abwandlungen vorzunehmen, die sich aus
den Inhalten und dem Wesen des Mobilitätsmanagements ergeben. Aus der
bisherigen – knappen – Beschäftigung mit dem Mobilitätsmanagement sind
dies zwei Aspekte. Da das Mobilitätsmanagement in seinem Grundanliegen
die Quelle des Verkehrs, d. h. das Individuum, in den Mittelpunkt stellt,
muss ein Mobilitätsmanagement im Tourismus bereits im Quellgebiet beim
Individuum ansetzen und nicht erst bei der Hin- und Rückreise oder im
Zielgebiet. Zum anderen sind auf Grund des akteursorientierten Ansatzes
neue Akteure aus dem Tourismus für die Gestaltung einer nachhaltigen

Mobilität zu berücksichtigen, neue Akteurskooperationen aufzuzeigen und in das Mobilitätsmanagement zu integrieren. Dies ist v. a. vor dem Hintergrund von Bedeutung, dass am Gesamtprodukt Reise verschiedene Produzenten beteiligt sind.

2.2 Charakterisierung der Untersuchungsgegenstände

Tourismus und Verkehr bzw. Mobilität bilden v. a. in den hoch industrialisierten Ländern eine Symbiose, welche das Leben des Einzelnen wie die Gesellschaft als Ganzes zunehmend prägt. Weder unter Tourismus noch unter Verkehr bzw. Mobilität verstehen jedoch alle Personen das Gleiche. Es geht soweit, dass eine und dieselbe Person im Laufe ihres Lebens ein anderes Verständnis mit diesen Begriffen verbinden kann. Eine derartige unterschiedliche Sichtweise machen Definitionen schwierig. (Arbeits-) Definitionen mit den Schlüsselvorstellungen zu Tourismus und Verkehr bzw. Mobilität sowie touristischem Verkehr sind jedoch für die vorliegende Arbeit wichtig, um die Phänomene, die diskutiert werden, adäquat behandeln zu können. Es ist dabei einleuchtend, dass das Begriffsverständnis historischen Wandlungen unterliegt und nicht für alle Zeit festzulegen ist.

Zunächst wird der Erkenntnisstand von Tourismus und Verkehr bzw. Mobilität bilanziert, bevor eine Analyse der Verknüpfung vorgenommen wird. In allen Abschnitten wird ein Überblick über die gängigen Definitionsansätze gegeben und eine für die Arbeit gültige Definition herausgearbeitet. Des Weiteren werden Systematisierungsansätze diskutiert und der Zusammenhang zwischen den betrachtenden Bereichen aufgezeigt.

Abschließend wird auf die Struktur und Entwicklung im Tourismus und Verkehr sowie bisherige Lösungsstrategien zur nachhaltigen Bewältigung des touristischen Verkehrs eingegangen, womit die Notwendigkeit eines touristischen Mobilitätsmanagements untermauert werden kann.

2.2.1 Definition von Tourismus

2.2.1.1 Der Begriff Tourismus bzw. Fremdenverkehr

Die Begriffe Tourismus und Fremdenverkehr werden heute weitestgehend gleichgesetzt, sowohl im Alltagsgebrauch als auch im wissenschaftlichen Bereich. Gelegentlich werden aber auch Unterschiede gesehen. Fremdenverkehr wird v. a. auf innerdeutsche bzw. binnentouristische Aspekte bezogen, wobei es um die Entwicklung deutscher Fremdenverkehrsgebiete und das Reisen innerhalb Deutschlands (Domestic Tourismus) und den

Incoming-Tourismus geht. Tourismus wird vorwiegend auf das zwischen-
staatliche, internationale Reisen bezogen, also vor allem auf den (Out-
going-)Reiseverkehr Deutscher ins Ausland, auf Zahlungsbilanzeffekte und
Paß- und Devisenvorschriften usw. (vgl. Freyer 1996a, S. 261f.).[29]
Der Begriff Fremdenverkehr ist ein historisch gewachsener Terminus im
deutschsprachigen Raum und hat in anderen Sprachen keine direkte Entsprechung. Das Adjektiv „fremd" im Wort „Fremdenverkehr"[30] stammt
vom germanischen Adverb „fram" (= vorwärts, weiter, von – weg) und
wandelte sich mit der Zeit zu „unbekannt, unerwartet". In seinem ursprünglichen Bedeutungsinhalt war es damit dem Aufbruch und Wegfahren, das
den Begriff „Reise" charakterisiert, sehr ähnlich. Tourismus hat dagegen
im deutschsprachigen Sprachraum nach dem zweiten Weltkrieg allgemein
Eingang in den Sprachschatz gefunden. Das Wort Tourismus stammt aus
dem griechischen „tornos" für „zirkelähnliches Werkzeug" und gelangte
über das lateinische „tornare" (= runden) und das französische Tour ins
Englische und Deutsche. Tourismus impliziert somit den Start und die
Rückkehr zu einem Ausgangspunkt (vgl. Mundt 1998, S. 1f.). Vor allem
folgende Gründe sprechen für die, wie dies auch in dieser Arbeit durchgän-
gig gehandhabt wird, Verwendung des Terminus Tourismus:

- Der Ausdruck Fremdenverkehr wird v. a. von der Tourismusforschung
  und Trägern der Tourismus-Politik nur ungern verwendet, weil der
  Wortbestandteil „fremd" nicht im Vordergrund stehen soll. Der „Gast"
  und nicht der „Fremde" ist wichtig (vgl. Müller 1999a, S. 58).
- Die internationale Sprachregelung und zunehmende Internationalisierung des Tourismus (vgl. Freyer 2001a, S. 403; Steingrube 1992, S.
  11; Uthoff 1988, S. 2).

---

[29] Dieser Hinweis auf die unterschiedlichen, vorhandenen Sichtweisen wird teilweise
auch als Standpunkt von Freyer erachtet (vgl. Brunsing 1999, S. 65), der jedoch lediglich auf diese Situation hinweist und anmerkt, dass in der touristischen Fachliteratur für eine Gleichsetzung der Begriffe plädiert wird.

[30] Die erste Erwähnung der Bezeichnung „Fremdenverkehr" wird für Mitte des 19.
Jahrhunderts festgestellt. Opaschowski (vgl. 1989, S. 16) schreibt, dass 1850 in einer
Druckschrift eines Arztes zu Fragen der Prostitution in Berlin der Begriff zum ersten
Mal auftaucht, wobei der Arzt nachweisen konnte, dass trotz der Zunahme des
Fremdenverkehrs die Prostitution in Berlin eingedämmt werden konnte. Benthien
(vgl. 1997, S. 17f.) schreibt dagegen, dass der Begriff „Fremdenverkehr" erstmals in
einem 1866 erschienenen Buch „Recht der Frauen auf Erwerb" von Louise Otto-
Peters verwendet wurde. Hier wurde der Begriff in Verbindung mit Dresden als einer
der Städte mit starkem Fremdenverkehr benutzt.

Gegen Ende des 19. Jahrhunderts tauchte der Begriff „Touristik" auf (zunächst mit ausschließlicher Beziehung auf Hochgebirge und Bergbesteigung), für den es international ebenfalls keine Entsprechung gibt. Der Begriff hat im Laufe der Jahre unterschiedliche Bedeutungen durchlaufen, wobei er heute v. a. im Geschäftsbereich von Reiseveranstaltern und Reisemittlern Eingang gefunden hat und hauptsächlich Urlaubs- und Pauschalreiseangebote umschreibt sowie als die geschäftsmäßige Beschäftigung mit Reisen, d. h. als Synonym für „Tourismusbetriebe" und „Tourismuswirtschaft", verstanden wird (vgl. Freyer 2001a, S. 402; Mundt 1998, S. 3; Opaschowski 1989, S. 12; Roth 1995, S. 36; Steingrube 1992, S. 10).[31]

2.2.1.2 Definition von Tourismus

Mit Hilfe der bisherigen Ausführungen ist zwar deutlich geworden, dass die synonyme Verwendung der Begriffe Tourismus und Fremdenverkehr eine Vereinfachung bietet und durch die zunehmende internationale Ausrichtung des Tourismus notwendig ist. Hiermit existiert aber noch keine allgemein anerkannte Definition. So werden z. B. in verschiedenen Regionen der USA oder Kanada unterschiedliche Definitionen angewendet, so dass nicht einmal im gleichen Land eine einheitliche Sichtweise des Tourismus besteht (vgl. Mundt 1998, S. 6f.).

In der Literatur sind Übersichten über Definitionen zu Fremdenverkehr und Tourismus zu finden, die v. a. Schullern zu Schrattenhofen (1911), Morgenroth (1928) und Glücksmann (1935) sowie die Definition der AIEST aus dem Jahre 1954 (die auf Hunziker und Krapf beruht) betrachten (vgl. Freyer 2001a, S. 1; Müller 1999a, S. 58ff.).

---

[31] Es gibt Vertreter nach deren Verständnis mit Touristik eindeutig die sportliche Seite des Begriffs gekennzeichnet wird. Die Touristik wird jedoch nicht ausschließlich als Sport bzw. Sportart begriffen, sondern als eine Verfahrensform bei der Ausübung einer Reihe sportlicher Betätigungsmöglichkeiten betrachtet, die man sich mit den Mitteln der Touristik erschließen kann. Es wird hierbei davon ausgegangen, „(...) daß es sich bei der Touristik um eine besondere Qualität sportlicher Tätigkeiten handelt." (Noack/Kirste 1992, S. 204) In der ehemaligen DDR wurde Touristik als eine Sportart (Wandern, Bergsteigen) verstanden, für die es einen eigenen Verband gab (vgl. Benthien 1997, S. 141).

Darüber hinaus ist noch Poser (1939) als ein wichtiger Vertreter aus den Anfängen der Definitionsansätze zu nennen.[32] Gegenwärtig werden die auf Hunziker und Krapf aufbauende Definition von Kaspar sowie der Welttourismusorganisation (WTO) international am häufigsten verwendet. Kaspar (vgl. 1996, S. 16) definiert „(...) den Tourismus oder Fremdenverkehr als Gesamtheit der Beziehungen und Erscheinungen, die sich aus der Ortsveränderung und dem Aufenthalt von Personen ergeben, für die der Aufenthaltsort weder hauptsächlich und dauernder Wohn- noch Aufenthaltsort ist." Nach der WTO (vgl. Abbildung 2) umfasst der Tourismus „(...) die Aktivitäten von Personen, die an Orte außerhalb ihrer gewohnten Umgebung reisen und sich dort zu Freizeit-, Geschäfts- oder bestimmten anderen Zwecken nicht länger als ein Jahr ohne Unterbrechung aufhalten." (WTO 1993, S. 2)

---

[32] Die nachfolgenden Definitionen finden sich – bis auf die Definition von Poser – bei Freyer (vgl. 2001a, S. 1):
„Fremdenverkehr ist der Begriff all jener und in erster Reihe aller wirtschaftlichen Vorgänge, die sich im Zuströmen, Verweilen und Abströmen Fremder nach, in und aus einer bestimmten Gemeinde, einem Lande, einem Staat betätigen und damit unmittelbar verbunden sind." (Schullern zu Schrattenhofen 1911)
„Im engsten Sinne ist als Fremdenverkehr der Verkehr der Personen zu begreifen, die sich vorübergehend von ihrem Dauerwohnsitz entfernen, um zur Befriedigung von Lebens- und Kulturbedürfnissen oder persönlichen Wünschen verschiedenster Art anderwärts, lediglich als Verbraucher von Wirtschafts- und Kulturgütern zu verweilen." (Morgenroth 1927)
„Summe der Beziehungen zwischen einem am Orte seines Aufenthaltes nur vorübergehend befindlichen Menschen an diesem Ort." (Glücksmann 1935)
Poser (1939) definiert Fremdenverkehr als „(...) die lokale oder gebietliche Häufung von Fremden mit einem jeweils vorübergehenden Aufenthalt, der die Summe der Wechselbeziehungen zwischen den Fremden einerseits und der ortsansässigen Bevölkerung, dem Orte und der Landschaft andererseits zum Inhalt hat."
„Fremdenverkehr ist somit der Inbegriff der Beziehungen und Erscheinungen, die sich aus dem Aufenthalt Ortsfremder ergeben, sofern durch den Aufenthalt keine Niederlassung zur Ausübung einer dauernden oder zeitweilig hauptsächlichen Erwerbstätigkeit begründet wird." (AIEST 1954)

Abbildung 2: Tourismusdefinition der Welttourismusorganisation

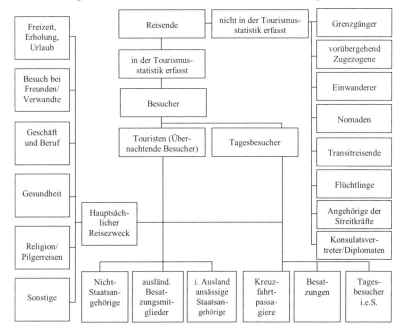

Quelle: WTO 1993, S. 8

Demnach zählen zum Tourismus nicht nur private Reisen, sondern auch Dienst- und Geschäftsreisen. Dies gilt auch für Tagesreisen ohne Übernachtung, sofern sie bestimmte Bedingungen erfüllen. Die zentrale Bezugskategorie für die WTO-Definition ist der Besucher:

- als Besucher gelten Reisende, die nicht länger als zwölf Monate ihr gewohntes Umfeld verlassen, zu einem anderen Ort reisen und denen Hauptreisezweck nicht in der Ausübung einer Tätigkeit besteht, die vom besuchten Ort aus vergütet wird (= Wanderungsbewegungen und Pendler werden ausgeschlossen),

- Touristen sind Besucher, die wenigstens eine Nacht in einer Unterkunft am besuchten Ort verbringen und

- Tagesbesucher oder Ausflügler sind Besucher, die keine Nacht am besuchten Ort verbringen (vgl. WTO 1993, S. 3).

Als Hauptreisezwecke für touristische Reisen werden Freizeit, Erholung, Urlaub, Besuch bei Freunden und Bekannten, Geschäft und Beruf, Gesundheit, Religion/Pilgerreisen und sonstige Reisezwecke unterschieden.

2.2.1.3 Systematisierung des Tourismus

Kaspar stellt eine Gliederung des Tourismus in Tourismusformen und Tourismusarten vor, wobei die Zuordnung zu Tourismusform oder -art nicht immer eindeutig ist. Die Tourismusformen basieren auf den äußeren Erscheinungen des Tourismus und die Tourismusarten setzen an die zur Teilnahme am Tourismus führenden Motiven an (= Gliederung nach der Motivation des Nachfragers) (vgl. Tabelle 1).[33]

Tabelle 1: Auswahl an Tourismusarten und -formen

Kriterium	Tourismusart
Erholungstourismus	z. B. Kur- und Urlaubstourismus
Kulturorientierter Tourismus	z. B. Bildungs- und Wallfahrtstourismus
Sport-Tourismus	z. B. Tourismus des aktiven und passiven Sports
Kriterium	**Tourismusform**
Alter der Tourismusteilnehmer	Jugend- und Seniorentourismus
Jahreszeit	Sommer- und Wintertourismus
Herkunft	Binnen- und Auslandstourismus

Quelle: Kaspar 1996, S. 16f.

Diese Unterteilungsmöglichkeiten können als Ausgangspunkt für Marktabgrenzungen und Marktsegmentierungen herangezogen werden, womit verschiedene Zielgruppen für ein Marketing, aber auch ein touristisches Mobilitätsmanagement bestimmt werden können.

2.2.1.4 Ableitungen für die vorliegende Untersuchung

In der vorliegenden Arbeit wird – aufbauend auf den Definitionen von Kaspar und der WTO – Tourismus mit übernachtenden Besuchern gleichgesetzt, die sich außerhalb ihrer gewohnten Umgebung aufhalten und neben dem klassischerweise einbezogenen Motiven Freizeit, Erholung und Urlaub werden auch die Motive Geschäfts-/Dienstreisen, Einkaufen und Bildung/Kultur unter Tourismus subsumiert (vgl. Abbildung 3 den fett umrandeten Bereich).

---

[33] Eine andere Vorgehensweise spricht von touristischen Erscheinungsformen und „(...) verzichtet auf diese nicht immer eindeutige Abgrenzung (...).“ (Müller 1999a, S. 60) Hierbei wird z. B. eine Unterscheidung nach Aufenthaltsdauer und Motiven der Reise (Aufenthalts-, Ausflugs-/Wochenendtourismus-, Passantentourismus), Beherbergungsformen, Herkunft der Touristen und sozio-demographischen Kriterien vorgenommen.

Abbildung 3: Verständnis des Tourismus in der vorliegenden Untersuchung

Abgrenzung nach						
Motivation						
- Motiv	Geschäft	Einkaufen	Bildung	Erholung		Studium/Arbeit/ Auswandern
- Be-zeich-nung	Geschäfts-tourismus	Einkaufs-tourismus	Kultur-tourismus	Urlaubs-, Erho-lungstourismus		Studien-, Ar-beitsaufenthal-te, Auswande-rung
Dauer						
- Tage	1		1-4	5-30	über 30	über 1 Jahr
- Über-nach-tungen	0		1-3	4-29	bis 1 Jahr	
- Be-zeich-nung	Tagesaus-flug		kurzfristiger Tourismus	Erho-lungs-Tourismus	langfristiger Tourismus	Daueraufenthalt
Zielort						
- Entfer-nung	(Heimat-) Ort	nähere Umgebung		Inland	Ausland, Kontinent	zum Arbeits-platz, kleiner
- Be-zeich-nung	Stadt-tourismus	Nahtourismus/ -erholung		Inlands-Tourismus	Auslands-Tourismus	Grenzverkehr (Berufs-) Pend-ler

Quelle: leicht veränderte Darstellung nach Freyer 2001a, S. 3[34]

---

[34] Die hierin enthaltenen konstitutiven Elemente des Tourismus sind wie folgt zu um-schreiben:

Motive: Ein Ortswechsel erfolgt aus bestimmten Gründen heraus, er ist nicht Selbst-zweck, wobei diese Gründe vielfältig sein können. Häufig sind es Erholungsmotive, aber auch Kontakt-, Bildungs- oder Einkaufsmotive führen zum Tourismus.

Dauer/Zeit: Zum einen ist die Reise „vorübergehend", d. h. die Touristen kehren nach einer gewissen Zeit wieder an ihren Ausgangspunkt zurück und zum anderen ist Tourismus ein zeitraumbezogenes Phänomen, d. h. Touristen bewegen sich über ei-nen gewissen Zeitraum in der Fremde.

Ortswechsel: Touristen verlassen ihren gewöhnlichen Aufenthaltsort und begeben sich in die „Fremde", zu anderen Menschen und Kulturen. Dieser Ortswechsel ist Teil des touristischen Prozesses und erfolgt mit verschiedenen Transportmitteln.

Ausführliche Informationen zu den konstitutiven Elementen des Tourismus finden sich bei Freyer 1996b, S. 55f., Freyer 1997, S. 224f., Freyer 2001a, S. 2, Kaspar 1996, S. 15, Nahrstedt 1995, S. 41ff., Müller 1999a, S. 59, Pompl 1994b, S. 1 und Vanhove 1994, S. 23f. Es wird zwischen zwei, drei oder vier konstitutiven Elemen-ten unterschieden, wobei sich die Betrachtung von drei konstitutiven Elementen im-mer mehr durchsetzt.

2.2.2   Verkehr und Mobilität

Mobilität und Verkehr stehen in enger Beziehung zueinander. Sie sind aber nicht identisch, obwohl sie sich schwer voneinander trennen lassen. Problematisch ist in diesem Zusammenhang, dass die gleichen Bezeichnungen für mehrere miteinander verknüpfte, aber doch wesentlich verschiedene Begriffsinhalte verwendet werden (vgl. Hertel 2000, S. 132; Willeke 1995a, S. 15) bzw. je nach Verwendungszusammenhang sehr unterschiedliche Inhalte verbunden werden (vgl. Hautzinger/Pfeiffer/Tassaux-Becker 1994, S. 12). Mobilität und Verkehr sind nicht nur ein Thema der Verkehrswissenschaft, sondern verschiedener wissenschaftlicher Disziplinen, wie z. B. der Geographie oder Wirtschaftswissenschaft. Erschwerend kommt hinzu, dass innerhalb der einzelnen Wissenschaftsfächer unterschiedliche Ansätze zu finden sind und mit Mobilität eher positive und mit Verkehr eher negative Assoziationen verknüpft werden.[35] Somit werden die Begriffe v. a. im Alltagsgebrauch, z. T. aber auch in wissenschaftlichen Arbeiten, je nach „Gutdünken" eingesetzt (vgl. Canzler/Knie 1998, S. 28f.; Topp 1994, S. 488).

2.2.2.1   Der Begriff „Mobilität"

Der Begriff Mobilität geht auf „mobilitas" zurück, was nicht nur Beweglichkeit, sondern auch Schnelligkeit, Gewandheit, Unbeständigkeit, Wankelmut und Biegsamkeit bedeutet und im Allgemeinen die Beweglichkeit von Personen und Sachen, sowohl rein physischer, bei Personen auch in geistiger oder sozialer Art umfasst (vgl. z. B. Canzler/Knie 1998, S. 30; Diewitz/Klippel/Verron 1998, S. 72; Flade 1994, S. 5; Gerike/Becker 2000, S. 2; Zängler 2000, S. 19). Mobilität kann aber nicht nur als realisierte, tatsächlich vollzogene Beweglichkeit (= aktuelle Bewegung), sondern auch als Fähigkeit zur Beweglichkeit (= potentielle Beweglichkeit) verstanden werden, unabhängig davon, ob von dieser Fähigkeit Gebrauch gemacht wird (vgl. Diewitz/Klippel/Verron 1998, S. 72; Gerike/Becker 2000, S. 2f.; Kleehaupt 1997, S. 9).[36]

---

[35]   Ein Beispiel ist der Ansatz, Mobilität mit dem eigentlichen Nutzen der Aktivität oder das Bedürfnis, diese auszuüben, und Verkehr mit dem Aufwand gleichzusetzen (vgl. Blaser/Redle 1999, S. 128f.).

[36]   Es wird in der Literatur auch von potentieller und effektiver Mobilität gesprochen (vgl. Eckey/Stock 2000, S. 1). Darüber hinaus finden sich Beiträge, die unter Verkehr die realisierte außerhäusige Bewegung von Ort zu Ort verstehen und unter Mobilität die Optionen (Möglichkeiten), solche Ortswechsel durchzuführen (vgl. Landtag NRW 2000, S. 15) bzw. Mobilität zum einen selbst als tatsächlichen Ortswechsel (Verhalten) und zum anderen als Fähigkeit zum Ortswechsel (Ausstattung einer Person mit Ressourcen zur Mobilität) unterscheiden (vgl. Franz 1984, S. 28).

Um den Mobilitätsbegriff zu kategorisieren werden mindestens drei Kategorien herangezogen (vgl. Abbildung 4). Dies sind die soziale, informationale und räumliche (physische) Mobilität (vgl. Cerwenka 1999, S. 35; Zängler 2000, S. 20).[37] Die soziale Mobilität beschreibt hierbei zum einen die vertikale Mobilität zwischen gesellschaftlichen Schichten und die horizontale Mobilität zwischen den gesellschaftlichen Gruppen innerhalb einer Schicht. Soziale Mobilität bezeichnet generell Positionsveränderungen von Personen in einem sozialen System (vgl. Franz 1984, S. 23ff.). Informationale Mobilität kann weiter in geistige Mobilität eines Individuums (= intrapersonal) und mediengebundenen Austausch von Informationen zwischen Personen (= interpersonal) unterteilt werden.

Die räumliche Mobilität meint ganz allgemein „(...) die Veränderung mobilitätsfähiger Einheiten zwischen zwei Elementen im geographischen Raum." (Kaiser 1993, S. 29) Mit Wanderungsmobilität, als einem Teil der räumlichen Mobilität, werden die räumlichen Bewegungen von Haushalten bzw. Personen zusammengefasst, mit denen ein dauerhafter Wechsel der Wohnung oder des Wohnortes verbunden ist (vgl. Hautzinger/Pfeiffer/ Tassaux-Becker 1994, S. 12). Wanderungsmobilität meint eine einseitige Raumüberwindung vom Standort A zum Standort B, ohne von B nach A zurückzukehren, wohingegen zirkuläre, horizontale bzw. (Verkehrs-) Mobilität die Rückkehr von B nach A bedeutet, wenn die in B zu tätigende Aktivität (z. B. Einkaufen, Schulbesuch, Arbeiten, Freizeit und Urlaub) erledigt ist. Bei der erst genannten Mobilitätsart wird ein Weg zurückgelegt, bei der zweit genannten mindestens zwei Wege. Häufig werden aber auch mehrere außerhäußige Aktivitäten miteinander verbunden, so dass Wegeketten entstehen (vgl. Eckey/Stock 2000, S. 1f.).

---

[37] Auch eine Unterteilung in soziale, berufliche, qualifikatorische und räumliche Aspekte der Mobilität (vgl. Kleehaupt 1997, S. 9) sowie Faktor- und Bevölkerungsmobilität (letztere als soziale Mobilität, räumliche Bevölkerungs- und Pendelmobilität) ist in der Literatur zu finden (vgl. Beckmann 1988, S. 34f.). Aus der sozialökologischen Mobilitätsforschung kommt darüber hinaus der Vorschlag, folgende drei Dimensionen von Mobilität zu unterscheiden: räumliche, sozial-räumliche und sozio-kulturelle Mobilität (vgl. Wehling 1998, S. 14f.). Eine andere, wenn auch in einigen Punkten ähnliche Anknüpfung an die sozialwissenschaftliche Theoriebildung ist die Unterscheidung zwischen Verkehr als (horizontaler) Bewegung in konkreten Räumen und Mobilität als (vertikaler) Bewegung in möglichen Räumen bzw. als geistige Beweglichkeit (vgl. Canzler/Knie 1998, S. 30ff.).

Abbildung 4: Mobilität als Gegenstand der Forschung

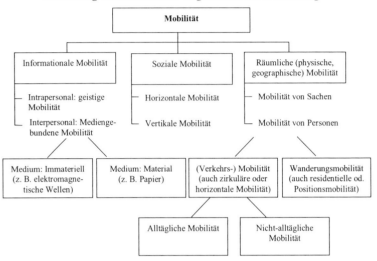

Quelle: eigene Darstellung, in Anlehnung an Cerwenka 1999, S. 35; Zängler 2000, S.
        20; zu den weiteren Begriffen siehe Hautzinger/Pfeiffer/Tassaux-Becker 1994,
        S. 12; Kleehaupt 1997, S. 5ff.; Schmitz 1994, S. 103[38]

---

[38] Die an der Motivation ansetzende Trennung von Mobilität in Zweck- und Erlebnismobilität, die Unterscheidung in selbst und fremd veranlasste sowie eigene und
fremde Mobilität werden noch in der Literatur genannt (vgl. Eckey/Stock 2000, S. 2;
Kleehaupt 1997, S. 22f.). Zweckmobilität wird als ein weitgehend rationales, unent-
behrliches Hilfsmittel zur Erreichung eines Hauptzweckes, welcher der eigentliche
Grund für die notwendige Raumüberwindung ist, gesehen, so dass v. a. sachliche und
rationale Motive im Vordergrund stehen. Erlebnismobilität ist dagegen gefühlsorien-
tierte Mobilität, die in erster Linie Lust- und Fluchterlebnisse besonderer Art erzeugt
(vgl. ADAC 1987, S. 6f.). Mobilität kann bei der Erlebnismobilität auch einen Ei-
genwert haben, aber in der Masse der Fälle liegt der Zweck darin, räumlich getrennte
Aktivitäten miteinander zu verbinden (vgl. Willeke 1995a, S. 15).

In der vorliegenden Arbeit ist v. a. die (Verkehrs-)Mobilität von Interesse, wobei unter Mobilität die mögliche oder tatsächliche Ortsveränderung von Personen eines geographischen Raumes innerhalb einer zeitlichen Periode nach ihrer Art und ihrem Umfang verstanden wird, die von einem bestimmten Standort ausgeht (vgl. Diewitz/Klippel/Verron 1998, S. 72; Kleehaupt 1997, S. 15; Zängler 2000, S. 21).[39] Die weiteren Felder der sozialen, informationalen und Wanderungsmobilität werden ausgeklammert, da sich diesbezügliche Mobilitätsprobleme, -ansprüche und Verhaltensweisen grundsätzlich von jenen der Personen(verkehrs-)mobilität unterscheiden.

2.2.2.2 Abgrenzung von Mobilität und Verkehr

Untersuchungen zu Mobilität und Verkehr haben den gleichen Betrachtungsgegenstand, die Raumüberwindung, aber die Betrachtungsperspektive ist eine andere.[40] Mobilität ist prinzipiell aus der Sichtweise der transportierten Einheiten (= Personen, ggf. auch Güter oder Informationen) zu beschreiben, zu erklären und zu modifizieren, so dass sich Mobilität auf die Individualebene bezieht. Verkehr wird im Gegensatz zur Mobilität als der messbare Durchfluss von transportierenden Einheiten (= Verkehrsmittel) auf einem bestimmten Verkehrsweg (= Strecke) oder aggregiert in einem geographischen Raum (= infrastruktur-, gebietsbezogen) innerhalb einer bestimmten zeitlichen Periode nach ihrer Art und ihrem Umfang angesehen. Verkehr ist aus Sicht des Raumes, in dem sich Verkehrsmittel bewegen, zu definieren, wobei er in der Verkehrswissenschaft die technischen, organisatorischen und ökonomischen Maßnahmen umfasst, um Personen, Güter und Nachrichten befördern zu können (vgl. Cerwenka 1999, S. 36; Flade 1998, S. 345; Zängler 2000, S. 21).[41]

---

[39] Die Verkehrsmobilität „(...) weist bereits auf die enge Beziehung zum Verkehr hin, ist aber eine Krampflösung. Sie wird im Bereich der Verkehrswissenschaft auch immer nur dann verwendet, wenn man bewußt die übrigen (...) aufgezeigten Mobilitätskategorien ausschließen will. Im allgemeinen erfolgt dieser Ausschluß unter Verkehrswissenschaftlern jedoch stillschweigend, so daß dann – statt von Verkehrsmobilität – wiederum nur von Mobilität (aber eben im eingeschränkten Sinne der Verkehrsmobilität) die Rede ist." (Cerwenka 1999, S. 35) So wird auch im Rahmen der vorliegenden Arbeit verfahren.

[40] Verkehr wird z. T. auch als Teilmenge der Mobilität angesehen (z. B. bei Eckey/ Stock 2000, S. 4).

[41] Andere Definitionen von Verkehr sind z. B. der Soziologie und Wirtschaftstheorie zu entnehmen: Soziologie: „Alle Formen und Arten sozialer Kontakte (daher z. B. Verkehrssitte, verkehrsüblich, Geschäftsverkehr)." Wirtschaftstheorie: „Austausch ökonomischer Sach- und Dienstleistungen zwischen Marktteilnehmern (daher z. B. Handelsverkehr, Verkehrssteuern)." (Gabler-Wirtschafts-Lexikon 1997, S. 4058)

Verkehr ist demnach das gesamte komplexe System, das die Durchführung von Ortsveränderungen technisch ermöglicht und umfasst die verkehrlichen Infrastrukturen (z. B. Verkehrsträger) und alle Verkehrsmittel (vgl. Gerike/Becker 2002, S. 4).[42]

> „In der Verkehrsforschung wird eine räumlich und zeitlich abgegrenzte Gesamtheit von Ortsveränderungen von Personen ‚Verkehr' (genauer: Personenverkehr) genannt. Verkehr ist somit ein Aggregat von Ortsveränderungen, welches von einer bestimmten Personengesamtheit während eines bestimmten Zeitraums ‚erzeugt' wird." (Hautzinger/Pfeiffer/Tassaux-Becker 1994, S. 13)

Mobilitätsanalysen haben als Ausgangspunkt den Menschen und dessen Aktivitäten. Nicht nur das Ergebnis (= Raumüberwindungsvorgang)[43], sondern auch die Wirkungsmechanismen, welche zu diesem Ergebnis führen, werden behandelt. Verkehrsuntersuchungen gehen im Gegensatz hierzu auf das kollektive Ergebnis dieses Handelns ein, den Verkehr (vgl. Kleehaupt 1997, S. 23f.).

Zusammenfassend kann festgehalten werden, dass Verkehr die resultierende Größe der Mobilität von Individuen ist und auch als zusammengefasstes Ergebnis individueller Mobilität bezeichnet werden kann (vgl. Kleehaupt 1997, S. 23f.; Zängler 2000, S. 22). Der Ansatz von Becker (vgl. 1998, S. 632f.) bzw. Gerike/Becker (vgl. 2000, S. 2f.) kommt dem Ansatz dieser Arbeit entgegen, auch wenn sie Verkehr als Mittel bzw. Instrument bezeichnen, das Mobilität ermögliche. Genau genommen müssen die Infrastrukturen und die Verkehrsmittel als die Mittel zur Gestaltung von Mobilität, Verkehr dagegen als die Konsequenz erkannt werden (vgl. Zängler 2000, S. 22).

---

[42] Als Verkehrsträger werden im Personenverkehr Schienen-, Straßen-, Luft- und Wasserverkehr abgegrenzt. Als „Transportgefäße" werden bei den Verkehrsträgern die Verkehrsmittel eingesetzt, deren Spannweite von Autos, Ballons, Bussen und Eisenbahnen über Fahrräder, Flugzeuge und Helikopter bis hin zu Schiffen, Schwebebahnen und Wohnmobilen reicht.
Zur Verkehrsinfrastruktur gehören neben den Verkehrswegen die Verkehrsanlagen und -stationen. Unter Verkehrswegen werden künstlich geschaffene bzw. unterhaltene Bahnen verstanden, auf denen die Verkehrsmittel fahren und Verkehrsanlagen dienen der Steuerung des Verkehrs (z. B. Verkehrsschilder und Ampeln) (vgl. Eckey/Stock 2000, S. 29). Verkehrsstationen „(...) ermöglichen den Zugang zu den Verkehrsmitteln im Personen- und Güterverkehr und schaffen die baulichen und informationsspezifischen Voraussetzungen für intra- und intermodale Umsteige- und Umschlagvorgänge." (Aberle 2000, S. 33)

[43] Statt Raumüberwindung wird die Bewegung im Raum auch als Raumdurchquerung bezeichnet, da „(...) der Raum als solcher analog zur Zeit nicht überwunden werden kann." (Zängler 2000, S. 23)

2.2.2.3 Indikatoren zur Messung von Mobilität und Verkehr

„Da der Begriff Mobilität mehrdeutig ist, existiert keine direkt zuordenbare Maßeinheit. Die Messung von Mobilität kann daher nur auf dem Umweg über Indikatoren durchgeführt werden." (Kollaritis 1993, S. 48) Ein einzelner Mobilitätsindikator reicht i.d.R. für eine ausreichende Beschreibung der Mobilität von Personen nicht aus, da Mobilität ein komplexes Beziehungsgefüge ist. Daher gibt es eine Vielzahl an Indikatoren, die für die Messung der tatsächlichen Ortsveränderungen herangezogen werden.

Ortsveränderungen sind Vorgänge, die sich in Zeit und Raum vollziehen, wodurch Mobilität eine räumliche und zeitliche Dimension hat. Weitere Aspekte, die zur Beschreibung der Mobilität herangezogen werden, sind z. B. der Modus (= Verkehrsmittelwahl) und der Anlass der Ortsveränderungen (= Wegezweck). „Es lassen sich eine ganze Reihe von Variablen angeben, welche Merkmale von Ortsveränderungen sind und als solche unterschiedliche Aspekte von Mobilität beschreiben (z.b. Wegezweck, Wegelänge, Wegedauer, Geschwindigkeit der Ortsveränderung, benutztes Verkehrsmittel). (...) Mit Hilfe von statistischen Kennzahlen wie Mittelwerte, Standardabweichung u.ä. werden die Verteilungen der Mobilitätsmerkmale vereinfachend beschrieben. Es lassen sich auch Verhältniszahlen bilden, welche z.b. Anzahl, Länge und Dauer der Ortsveränderungen ‚pro Person und Tag' zum Ausdruck bringen." (Hautzinger/Pfeiffer/Tassaux-Becker 1994, S. 13f.) Die statistischen Kennzahlen (Häufigkeiten, Anteile, Mittelwerte, Standardabweichungen), die sich auf Verteilungen von Mobilitätsmerkmalen beziehen, werden im Folgenden als „Mobilitätsindikatoren" bezeichnet.

Mobilität wurde lange – bis etwa zur Mitte der 1970er Jahre – als Fahrtenaufkommen pro Person definiert (vgl. Topp 1994, S. 488; Willeke 1995a, S. 15). Es hat sich jedoch gezeigt, dass Mobilität, „(...) selbst wenn man im rein quantitativen Bereich bleibt, nicht monodimensional begreifbar gemacht werden kann, sondern am treffendsten durch eine Trinität von drei voneinander unabhängigen Dimensionskomponenten zu definieren ist." (Cerwenka 1999, S. 35) Hierbei handelt es sich um die als zentral herausgehobenen Mobilitätsindikatoren Mobilitätsrate (Wegehäufigkeit), Mobilitätsstreckenbudget (= kumulierte Distanz einer Person über einen Tag) und Mobilitätszeitbudget (= für Ortsveränderungen aufgewendete Zeit je Person und Tag). Von diesen originären Mobilitätsindikatoren, die als gleichberechtigt konstitutiv angesehen werden, lassen sich durch paarweise Divisionen drei weitere, abgeleitete Indikatoren bilden (durchschnittliche

Wegelänge (km/Weg), Wegedauer (h/Weg) und Reisegeschwindigkeit
(km/h) (vgl. Anhang 1 und Cerwenka 1999, S. 36; Eckey/Stock 2000, S. 2;
Landtag NRW 2000, S. 17).[44]

Die anteilige Nutzung von Verkehrsmitteln durch Individuen lässt sich als
deren Modal Mix und die anteilige Bewegung von Verkehrsmitteln in einem geographischen Raum als Modal Split bezeichnen (vgl. Zängler 2000,
S. 21f.). Auch zur Beschreibung des Verkehrs (hier: Personenverkehr)
werden (quantitative) Indikatoren herangezogen. Hierbei handelt es sich
um das Verkehrsaufkommen, das Fahrzeugaufkommen, die Verkehrsleistung (auch als Verkehrsaufwand bezeichnet) sowie die Fahrleistung (im
öffentlichen Verkehr Betriebsleistung genannt). Hieraus lassen sich durch
paarweise Divisionen vier weitere, abgeleitete quantitative Indikatoren ableiten (durchschnittlicher aufkommensgewichteter Besetzungsgrad (Perso-
nen/Fahrzeug), leistungsgewichteter Besetzungsgrad (Personen-Kilometer/
Fahrzeug-Kilometer), Transport-/Beförderungsweite (Personen-Kilometer/
Personenweg) und Fahrtweite (Fahrzeug-Kilometer/Fahrzeugfahrt) (vgl.
Anhang 1 und Cerwenka 1999, S. 36).[45]

2.2.2.4 Systematisierung des Verkehrs

Den Verkehr bzw. die Mobilität gibt es nicht. „Eine Systematisierung der
verschiedenen Verkehrserscheinungen nach bestimmten Kriterien oder
Merkmalen ist sinnvoll (...)." (Köberlein 1997, S. 25)

---

[44] Über die quantitativen Indikatoren hinaus, werden vier qualitative Merkmale zur
Beschreibung der Mobilität vorgeschlagen. Hierbei handelt es sich um die Beliebig-
keit und Spontaneität des Beginns der Ortsveränderung, eine freie Ziel- und Routen-
wahl, die Wahlmöglichkeit, wie man seine Ortsveränderung durchzuführen gedenkt
(= Verkehrsmittelwahlfreiheit) und die Wahl einer jeweils subjektiv angenehmen
und daher vom Verkehrsteilnehmer beeinflussbaren Geschwindigkeit (vgl. Cerwenka
1999, S. 36).

[45] Die durchschnittliche Transportweite ist identisch mit dem abgeleiteten Mobilitätsindikator „durchschnittliche Wegelänge", so dass eine definitorische Verbindung zwischen Mobilität und Verkehr besteht (vgl. Cerwenka 1999, S. 36). Eine ähnliche Abgrenzung schlägt eine Trennung der möglichen Indikatoren in zwei Ebenen vor
(Ebene der „Fortbewegenden" und „Fortbewegungsmittel"), wobei nahezu alle vorgestellten Indikatoren wiederzufinden sind. Die Indikatoren auf der Ebene der Fort-
zubewegenden sind für Einzelpersonen Mobilitätsrate, -streckenbudget und -zeit-
budget und für ein Personenkollektiv Verkehrsaufkommen und -leistung sowie mitt-
lere Beförderungsweite. Auf der Ebene der Fortbewegungsmittel wird, analog zur
anderen Ebene, zwischen Kennziffern für einzelne Fortbewegungsmittel (Fahr-
gastaufkommen und -leistung, durchschnittliche Fahrtweite) und die Gesamtheit aller
Fortbewegungsmittel, über die ein bestimmtes Personenkollektiv verfügt (Benut-
zungsgrad, Fahrleistung) unterschieden (vgl. Rommerskirchen 1991, S. 159ff.).

Eine abschließende Betrachtung aller möglichen Systematisierungskriterien ist schwer leistbar und hier auch nicht anzustreben. Eine Auswahl der Kriterien wird in Tabelle 2 zusammenfassend dargestellt.

Tabelle 2: Systematisierung mittels Gruppierungsmerkmale

Kriterium	Segmente/Bereiche
Verkehrsarten	Art des benutzten Verkehrsweges ist ausschlaggebend für Unterscheidung in Straßen-, Schienen- und Luftverkehr, Binnen- und Seeschifffahrt, Weltraumfahrt, Rohrleitungsverkehr und sonstiger leitungsgebundener Verkehr (z. B. Nachrichten)
räumliche Ausdehnung des Verkehrsvorganges	- Unterscheidung in Nah- (Personenverkehr < 50 km) und Fernverkehr (> 50 km) - Unterscheidung in Stadt-, Regional- und Fernverkehr - Unterscheidung in innerstaatlichen und grenzüberschreitenden Verkehr
Produktionszweck	Unterscheidung in Eigen- und Fremdenverkehr - Eigenverkehr = Raumüberwindung ohne Zuhilfenahme von Transportmitteln, die sich im Eigentum anderer befinden, wie z. B. das Fahren mit dem eigenen Pkw - Fremdverkehr = Verkehrsleistungen, die für andere durchgeführt werden, unabhängig davon ob dies entgeltlich oder unentgeltlich erfolgt, Unterarten des Fremdverkehrs sind gewerblicher, gemeinnütziger und Gefälligkeitsverkehr
Gesetzlicher Beförderungsanspruch	Unterscheidung in öffentlichen (ÖV) und nicht-öffentlichen Verkehr - im ÖV besteht Beförderungsanspruch zu den gleichen Bedingungen - beim nicht-öffentlichen Verkehr ist dies nicht der Fall
Art des Beförderungsvorganges	Unterscheidung in gebrochenen und ungebrochenen Verkehr - gebrochener Verkehr = im Personenverkehr muss Umsteigenotwendigkeit bei der Fahrt gegeben sein - ungebrochener Verkehr = direkter „Haus-zu-Haus-Verkehr", wie z. B. Fahrt mit Pkw zum Zielort oder im Schienenverkehr zwischen zwei Gleisanschlüssen
Regelmäßigkeit der Verkehrsleistungserstellung	Unterscheidung in Gelegenheits- und Linienverkehr - Gelegenheitsverkehr = sporadisch, wenn sich bestimmte Fahrgelegenheiten ergeben bzw. Bedarf vorhanden ist - Linienverkehr = regelmäßige Bedienung einer bestimmten Strecke nach vorgegebenem Fahrplan
Umweltverträglichkeit	Unterscheidung in umweltverträgliche und umweltschädliche Verkehrsmittel
Zustand	Unterscheidung in fließenden, ruhenden und arbeitenden Verkehr
Verkehrsmittel	Unterscheidung in individuelle und öffentliche Verkehrsmittel - Individuelle Verkehrsmittel = z. B. Fahrrad, Motorrad, Pkw - Öffentliche Verkehrsmittel = z. B. Eisenbahn, öffentlicher Personennahverkehr, Luftverkehr, private Busanbieter, Taxis, Mietwagen Unterscheidung in Kfz-, Eisen-/Straßenbahn-, Rad- und Fußgängerverkehr
Motiv/Zweck	Unterscheidung z. B. in Berufs-, Einkaufs-, Urlaubsverkehr

Quelle: eigene Zusammenstellung nach Aberle 2000, S. 17; Köberlein 1997, S. 25f.; Schnabel/Lohse 1997, S. 104; Weinspach 1991, S. 20f.

Die auf verschiedenen Zwecken (Kriterium für die Zuordnung einer Fahrt
oder eines Weges zu einem Zweck ist die Aktivität am Zielort) vorgenommene Unterscheidung in die sechs Bereiche Berufs-, Ausbildungs-, Ge-
schäfts-/Dienstreise-, Einkaufs-, Urlaubs- und Freizeitverkehr ist auch für
die vorliegende Arbeit wesentlich.[46]

Abbildung 5: Personenverkehr

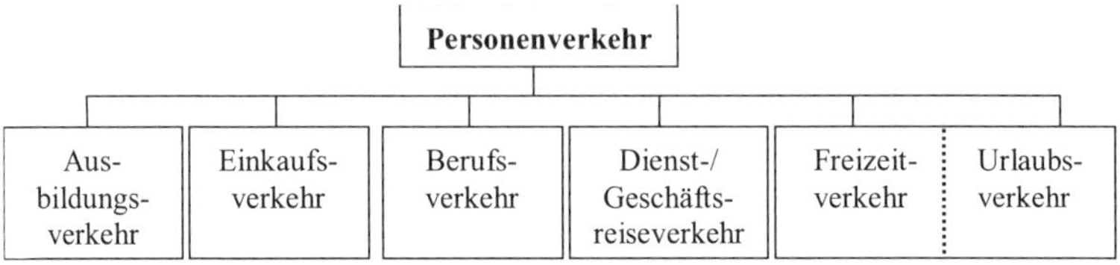

Aus- bildungs- verkehr	Einkaufs- verkehr	Berufs- verkehr	Dienst-/ Geschäfts- reiseverkehr	Freizeit- verkehr	Urlaubs- verkehr

Personenverkehr

Quelle: eigene Darstellung; nach DIW 2003, S. 208f.

Obwohl Kritik an dieser Unterscheidung geäußert wird, gilt sie als grund-
legend und wird in vielen verkehrswissenschaftlichen Untersuchungen – so
auch in der vorliegenden – übernommen. Der größte Kritikpunkt ist die Definition des Freizeit- und Urlaubsverkehrs, die empirisch leichter handhabbar ist, jedoch den Nachteil hat, dass Aktivitäten zusammengefasst werden,
die bzgl. ihrer räumlichen und zeitlichen Ausprägungen sehr unterschiedlich sind (vgl. Brunsing 1999, S. 62f.; Lanzendorf 1997, S. 32ff.).

> „Freizeitverkehr wird als Restgröße des Verkehrsaufkommen bzw. des Ver-
> kehrsaufwandes definiert, nach dem die anderen Verkehrszwecke – Berufs-
> und Ausbildungsverkehr, Geschäfts- und Dienstreiseverkehr sowie Ein-
> kaufsverkehr – abgegrenzt wurden. (...) Der Urlaubsverkehr wird als Teil
> des Freizeitverkehrs eingestuft, jedoch gesondert betrachtet. (...) Diese ver-
> kehrswissenschaftliche Definition des Freizeitverkehrs ist aus der Entste-
> hungsgeschichte der empirischen Verkehrsverhaltensforschung zu erklären.
> Sie hat aber den Nachteil, daß sehr heterogene Wegezwecke in dieser Kate-
> gorie eingeordnet werden – also auch Aktivitäten, die nicht originär der
> Freizeit zuzuordnen sind." (Loose 2001, S. 20)

2.2.2.5 Ableitungen für die vorliegende Untersuchung

Es gibt nicht nur die (Verkehrs-)Mobilität, sondern weitere Kategorien von
Mobilität, wie soziale und informationale Mobilität. Gegenstand der vorliegenden Arbeit ist jedoch ausschließlich die Personenverkehrsmobilität
sowie der Personenverkehr. Darüber hinaus wurde aufgezeigt, dass sich die

---

[46] In der Schweiz wird dagegen eine Unterteilung in die vier Bereiche Pendler-, Berufs-,
Einkaufs- und Freizeitverkehr vorgenommen (vgl. z. B. Meier 2000a, S. 16; Stettler
1997, S. 53).

Begriffe Mobilität und Verkehr über die vorgestellten Indikatoren beschreiben und erfassen lassen und es zwei verschiedene Begriffe mit unterschiedlichen Inhalten sind. Vor allem im allgemeinen Sprachgebrauch handelt es sich jedoch nicht um vollkommen trennscharfe Begriffe. In der folgenden Tabelle sind die wichtigsten Erkenntnisse zusammenfassend dargestellt.

Tabelle 3: Gegenüberstellung von Mobilität und Verkehr

	(Verkehrs-)Mobilität	(Personen-)Verkehr
Allg. Sprachgebrauch	eher ein Potential repräsentierende, abstrakte, latente Ortsveränderung von Personen	eher eine reale, konkrete, manifeste Ortsveränderung von Personen
Verwendung innerhalb der vorliegenden Arbeit	Mobilität wird aus der Sichtweise der transportierten Einheiten (= Personen) beschrieben, erklärt und modifiziert, so dass sich Mobilität auf die Individualebene bezieht	Verkehr wird als der messbare Durchfluss von transportierenden Einheiten (= Verkehrsmittel) auf einem bestimmten Verkehrsweg (= Strecke) oder aggregiert in einem geographischen Raum (= infrastruktur-, gebietsbezogen) innerhalb einer bestimmten zeitlichen Periode nach ihrer Art und ihrem Umfang angesehen; Verkehr wird aus Sicht des Raumes, in dem sich Verkehrsmittel bewegen, definiert
Bezugsebene	Personenbezogen, auf ein Individuum bezogen	Infrastrukturbezogen, gebietsbezogen
Grundlegende Indikatoren	- Mobilitätsrate (= Wegehäufigkeit), - Mobilitätsstreckenbudget, - Mobilitätszeitbudget	- Verkehrs- und Fahrzeugaufkommen, - Verkehrsleistung, - Fahrleistung

Quelle: eigene Darstellung, in Anlehnung an Cerwenka 1999, S. 37

2.2.3 Touristischer Verkehr

Nachdem für die vorliegende Untersuchung ausgehend von den jeweiligen wissenschaftlichen Diskussionsständen geklärt wurde, was unter Tourismus und was unter Verkehr verstanden wird, wird nachfolgend hierauf aufbauend der touristische Verkehr betrachtet. Hierbei wird die enge Verknüpfung von Tourismus und Verkehr aufgezeigt und eine eigene Definition des touristischen Verkehrs erarbeitet. Mit Hilfe bekannter Systematisierungsansätze des Freizeit- und Urlaubsverkehrs wird letztlich eine eigene Systematisierung des touristischen Verkehrs vorgestellt.

2.2.3.1   Zusammenhang zwischen Tourismus und Verkehr

Tourismus und Verkehr bzw. Mobilität sind eng miteinander verwoben, wobei hinsichtlich der Entwicklung von Verkehr und Tourismus eine gegenseitige Beeinflussung bzw. Abhängigkeit erkennbar ist.[47] Kaspar ist einer der ersten Autoren, der die Verknüpfung zwischen Tourismus und Verkehr abgebildet hat (vgl. Abbildung 6).

Abbildung 6: Zusammenhang zwischen Tourismus und Verkehr

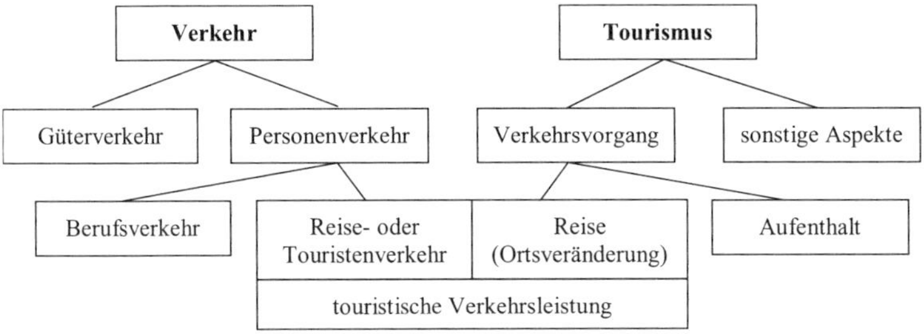

Quelle: Kaspar 1996, S. 35[48]

Enge Verknüpfungen von Tourismus und Verkehr zeigen sich besonders bei den Verkehrsmitteln und -wegen. Verkehrsmittel können dabei für Touristen eine unterschiedliche Bedeutung haben. Sie können Beförderungsmittel zwischen Quell- und Zielgebiet (An- und Abreise bzw. Rundreise) sowie am Zielort sein, zur Erreichung von (touristischen) Einrichtungen vom Zielort aus („Ausflüge") genutzt werden, touristische Attraktionen, wie z. B. Eisenbahnen, Draisinen, Ausflugsdampfer in Museen sowie Hauptbestandteil des touristischen Produktes (z. B. Fluss- und andere Kreuzfahrten, Hausboote, Hotelzüge) sein bzw. bei manchen Verkehrsmitteln stellt die Fahrt selbst bereits die Zeit der Erholung dar (z. B. Cabrio, Fahrrad).

> „In some cases, the transportation experience is the tourism experience (e.g. cruises, scenic and heritage rail trips, and motorcoach, automobiles and bicycle tours." (Lamb/Davidson 1996, S. 264)

---

[47] Dem Verkehr wird vom Tourismus eine geringere Abhängigkeit als der Abhängigkeit des Tourismus vom Verkehr zugeschrieben, da beim Verkehr sowohl im Bereich des Güter- als auch des Personenverkehrs noch weitere Aktionsbereiche gegeben sind.

[48] Eine Spezifizierung der von Kaspar vorgenommenen Darstellung stellt Henschel (vgl. 1992, S. 9) vor. Diese hat sich jedoch nicht durchgesetzt.

Eine Systematisierung der touristischen Verkehrsmittel kann unterschiedlich erfolgen. So ist es z. B. möglich, sie in öffentliche und nichtöffentliche Verkehrsmittel, in Inlands- und Auslandsverkehrsmittel oder in Wasser, Land (Straße/Schiene) und Luft einzuteilen (vgl. Abbildung 7). Es gibt hierbei Verkehrsmittel, die (nahezu ausschließlich) von Touristen nachgefragt werden, wie z. B. Reisebusse, Charterflugzeuge und Kreuzfahrtschiffe. Andererseits gibt es aber auch eine Vielzahl an Verkehrsmitteln, die sowohl von Touristen als auch von der einheimischen Bevölkerung nachgefragt werden, wie z. B. Stadtbusse, U- und S-Bahnen und Linienflüge in Urlaubsregionen (vgl. Page 1999, S. 2).

Abbildung 7: Systematisierung von touristischen Verkehrsmitteln

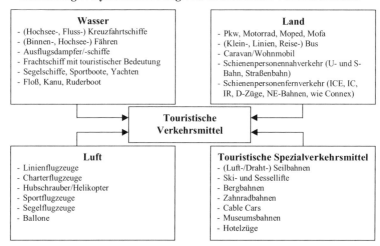

Wasser	**Land**
- (Hochsee-, Fluss-) Kreuzfahrtschiffe	- Pkw, Motorrad, Moped, Mofa
- (Binnen-, Hochsee-) Fähren	- (Klein-, Linien-, Reise-) Bus
- Ausflugsdampfer/-schiffe	- Caravan/Wohnmobil
- Frachtschiff mit touristischer Bedeutung	- Schienenpersonennahverkehr (U- und S-
- Segelschiffe, Sportboote, Yachten	Bahn, Straßenbahn)
- Floß, Kanu, Ruderboot	- Schienenpersonenfernverkehr (ICE, IC, IR, D-Züge, NE-Bahnen, wie Connex)

Touristische Verkehrsmittel

Luft	**Touristische Spezialverkehrsmittel**
- Linienflugzeuge	- (Luft-/Draht-) Seilbahnen
- Charterflugzeuge	- Ski- und Sessellifte
- Hubschrauber/Helikopter	- Bergbahnen
- Sportflugzeuge	- Zahnradbahnen
- Segelflugzeuge	- Cable Cars
- Ballone	- Museumsbahnen
	- Hotelzüge

Quelle: eigene Darstellung, in Anlehnung an Page 1999, S. 3

Ein Blick in die Geschichte zeigt, dass die Verbreitung vieler neuer Verkehrsmittel im Personenverkehr zu erheblichen Teilen über Nachfrage in der Freizeit erfolgte. Beispiele sind das Fahrrad oder Motorrad als Sportgerät oder die Zahnrad- und Seilbahnen zur touristischen Erschließung der Alpen, die Pferdestraßenbahnen für den Ausflugsverkehr oder Eisenbahn für Bäderreisen. Die Freizeit bzw. der Tourismus ist aber nicht nur Vorreiter für neue Verkehrsmittel, sondern gleichzeitig auch „Auffangbecken" für Verkehrsmittel. Reitpferde, Ballons, Kanus, Segelschiffe, Draisinen oder auch Flöße überleb(t)en als „Sportgeräte" bzw. durch eine touristische Nutzung und werden nur noch selten als „normales" Verkehrsmittel eingesetzt. Bei einigen Verkehrsmitteln hat diese Existenz als „Sportgeräte" zur Folge, dass sie durch neuartige technologische Entwicklungen eine erneute verbreiterte Nutzung erfahren. Als Beispiele können moderne Motorsegler in der Schifffahrt oder Mountainbikes herangezogen werden (vgl. Heinze/ Kill 1997, S. 30f.).

Die zweite enge Verknüpfung von Tourismus und Verkehr zeigt sich bei den Verkehrswegen für den Tourismus. Touristische Aktivitäten im Zielgebiet setzen häufig voraus, dass ein Weg bzw. Wegenetz oder eine andere Verkehrsinfrastruktur vorhanden ist (vgl. Abbildung 8). Wandern, Radfahren, Rad- und Wasserwandern sowie Reiten ist ohne ein gut ausgebautes und v. a. ausgeschildertes Wegenetz schwer vorstellbar. Aber auch die Erreichbarkeit der Tourismusorte und -regionen sowie bestimmte touristische Produkte (z. B. Flusskreuzfahrt, Kanu-Tourismus, Hausboot-Tourismus) hängen von den Verkehrswegen ab.

Abbildung 8: Verkehrswege für den Tourismus

Verkehrswege für den Tourismus		

Land — **Luft** — **Wasser**

Wasser:
- Wasserläufe/-straßen
- künstliche
- natürliche
- Seen, Teiche
- Ozean, Meer

Straße
- Innerortsstraßen
- Kreis-, Landes-, Bundesstraßen
- Autobahnen
- „Plätze" (z. B. Autorennstrecken, Moto-Cross-Plätze, Go-Kart-Bahnen)

Schiene
- Schienenstrecken
- Seilbahnen
- Zahnradbahnen
- Magnetbahnen

Radweg
- Radfernweg
- Radwanderweg
- „normale" Radwege im Tourismusort
- Radrouten

Wanderweg
- Europ. Fernwanderweg
- Internat. Wanderweg
- Weitwanderweg
- Hauptwanderweg

Reitweg
- Fernreitweg
- (über-) regionale Reitwege
- Reitwege im Tourismusort

Laufweg
- Trimm-Dich-Pfad
- Waldwege
- „normale Wege" im Tourismusort

Inline-Weg
- Inlinestrecken
- „normale" Inlinewege im Tourismusort

Skipiste
- Langlauf
- Alpin
- „blaue"
- „rote"
- „schwarze"

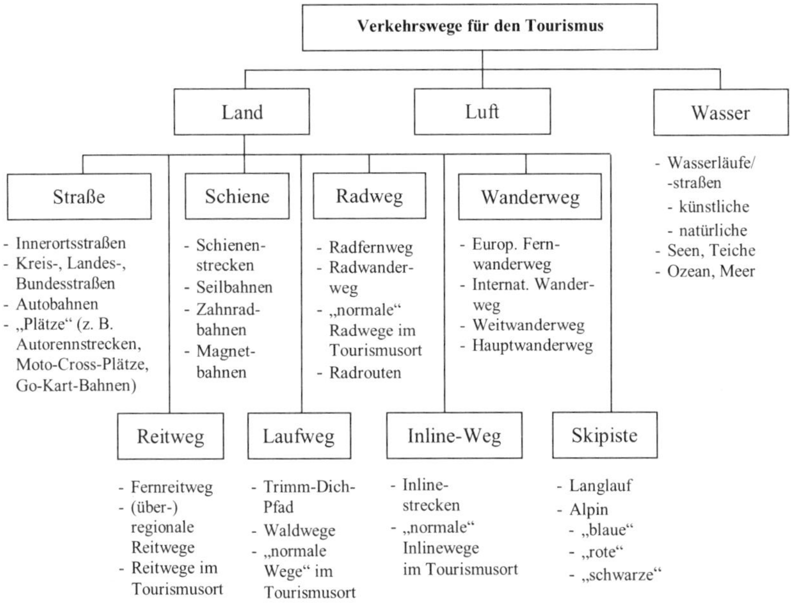

Quelle: eigene Darstellung

Abschließend ist festzuhalten, dass ohne Verkehr und seine Bestandteile (z. B. Verkehrsmittel und -wege) kein Tourismus möglich ist (vgl. hierzu genauer bei Bieger/Laesser 2002, S. 295ff.; Flügel/Stettler 1999, S. 5ff.; Kaspar 1996, S. 33).

2.2.3.2 Definition des touristischen Verkehrs

In der wissenschaftlichen Diskussion sind nur wenige Definitionen zum touristischen Verkehr zu finden. Rochlitz (vgl. 1992, S. 50) setzt den touristischen Verkehr mit Freizeit- und Urlaubsverkehr gleich und die FGSV (vgl. 1998, S. 13) beschreibt den touristischen Verkehr als umfassenden Begriff, der für alle verkehrlichen Aktivitäten im Sektor Tourismus/Freizeit steht, aber eher einen Zusammenhang mit Fernreisen vermittelt. Der bisher umfassendste Ansatz geht auf Frey Marti (vgl. 1996, S. 2) zurück, wobei hier unter touristischem Verkehr die An- und Abreise der Touristen sowie die tourismus- und freizeitbedingten innerregionalen und innerörtlichen Verkehrsbewegungen verstanden wird. Es wird jedoch nicht näher abgrenzt, welche Definition von Tourismus zugrundegelegt wird.

Auf Grundlage der, der Arbeit zugrundeliegenden Definition des Tourismus (siehe Kapitel 2.2.1.2, S. 31) schließt der touristische Verkehr die Personen ein, die sich an Orte außerhalb ihrer gewohnten Umgebung begeben und sich dort nicht länger als ein Jahr zu Freizeit- (z. B. Erholung, Urlaub), Geschäfts- und anderen Zwecken (z. B. Heilbehandlung, Besuch von Freunden und Bekannten) aufhalten. Die Einbeziehung von Geschäfts- und Dienstreisen führt dazu, dass der Freizeit- und Urlaubsverkehr nur eine Teilmenge des touristisch bedingten Verkehrs ausmacht. Eine detailliertere Abgrenzung des touristischen Verkehrs wird aufbauend auf den folgenden Ausführungen zu Systematisierungsansätzen des Freizeit- und Urlaubsverkehrs vorgenommen.

2.2.3.3 Systematisierung des Freizeit- und Urlaubsverkehrs

Es gibt in der wissenschaftlichen Diskussion verschiedene Ansätze Freizeitverkehr zu systematisieren. Diese umfassen zwar Teilaspekte des touristischen Verkehrs und liefern hilfreiche Informationen für eine Systematisierung des touristischen Verkehrs, sie bilden aber nicht den gesamten touristischen Verkehr im Sinne dieser Arbeit ab. Zu den verschiedenen Ansätzen zählen die generellen, zeitlichen, funktionalen, räumlichen und zeitlich-räumlichen Ansätze, die im Folgenden kurz skizziert werden.

a) Generelle Ansätze

Unter Freizeitverkehr wird im Verkehrswesen im Allgemeinen „Verkehr zum Zwecke einer Freizeittätigkeit" verstanden (vgl. FGS 1978, S. 7). Nach der verkehrsstatistischen Personenverkehrsdefinition des BMVBW werden unter Freizeitverkehr üblicherweise alle (übrigen) Fahrten und Wege mit maximal drei Übernachtungen erfaßt, die nicht den anderen Fahrtzwecken Beruf, Ausbildung, Geschäfts- und Dienstreise sowie Einkauf zugeordnet werden können (= Negativabgrenzung). Alle Freizeitfahrten und -wege mit mehr als fünf Tagen (mind. vier Übernachtungen) Dauer gelten als Urlaubsverkehr (vgl. Abbildung 5 auf S. 44 und DIW 2003, S. 209).

b) Zeitliche Ansätze

Die zeitlichen Ansätze lassen sich folgendermaßen strukturieren:

Als Alltagsfreizeitverkehr (oder Tagesranderholungs- bzw. Tageserholungsverkehr) gilt die Raumüberwindung zu turnusmäßig, i.d.R. werktäglichen Freizeitzwecken. Darüber hinaus werden Wochenendfreizeitverkehr[49] (uneinheitliche Abgrenzung von mindestens zwei Stunden bis maximal vier Tagen Dauer), Kurzurlaubsverkehr (uneinheitliche Abgrenzung von ein bis drei bzw. ein bis vier Übernachtungen) und Urlaubsverkehr (uneinheitliche Abgrenzung von mindestens fünf bzw. sechs Übernachtungen, auch als Urlaubsreise- oder Fernerholungsverkehr bezeichnet) unterschieden (vgl. z. B. Brunsing 1999, S. 63f.; Freyer 2001a, S. 3; F.U.R. 2003a, S. 3ff.; Opaschowski 1990, S. 16; Wolf/Jurczek 1986, S. 108f.).

c) Funktionale Ansätze

Aus funktionaler Sicht werden Erholungs- und Ausflugsverkehr unterschieden. Unter Erholungsverkehr wird ein Raumüberwindungszweck, der zu einer Erholungseinrichtung führt oder selbst der Erholung dient, verstanden.

„Ausflugsverkehr stellt die verkehrsrelevante Komponente einer disponiblen Freizeitform mit den Primäraktivitäten Wandern, Spaziergang oder Besichtigung dar. (...) Eine äußere Grenze ausflugsorientierter Freizeitfahrten ist derzeit nicht – wie sporadisch zu lesen – durch verkehrsgeographische Gesichtspunkte, zur Verfügung stehende Freizeit, Freizeitaktivität oder finanzielle Aspekte bestimmbar." (Brunsing 1999, S. 67)

---

[49] Eine definitorische Unterscheidung in Tages- und Mehrtagesverkehr gibt es nicht. In den jeweiligen Untersuchungen wird dies (bisher) individuell vorgenommen (vgl. Brunsing 1999, S. 63).

d) Räumliche Ansätze

Eine erste räumliche Gliederung des Freizeitverkehrs wird in Primär- und Sekundärverkehr unternommen (vgl. Tabelle 4).

„Der Primärverkehr umfasst dabei die Wege zwischen Wohnort und dem Ort der Haupt-Freizeitaktivität, also die An- und Abreise. Dabei wird der Primärverkehr über die Raumüberwindungsfunktion hinaus bereits als Neben-Freizeitaktivität mit eigenem Stellenwert betrachtet, da ihm ein gewisses Freizeiterleben zugesprochen werden kann. Der Sekundärverkehr umfasst alle Ortsveränderungen im Zusammenhang mit Freizeitaktivitäten am Zielort. Entsprechend dieser Definition übernimmt der Ausflugsverkehr eine Mischfunktion ein, da sein Ausgangs- und Endpunkt ein Urlaubs- oder Kurort bzw. eine eigene Freizeit-Dauerwohngelegenheit ist." (Schreckenberg/Schühle 1981, S. 185)

Tabelle 4: Differenzierung des Freizeit- und Urlaubsverkehrs

Freizeit- und Urlaubsverkehr
1 Primärverkehr (zwischen Wohnort und Ort der Hauptaktivität)
1.1 Kurverkehr
1.2 Urlaubsverkehr
1.3 Naherholungsverkehr
1.3.1 Werktagsfreizeitverkehr
1.3.2 Wochenendfreizeitverkehr
1.3.3 Kurzurlaubsreiseverkehr
1.4 Freizeitwohnverkehr
2 Sekundärverkehr (im Zusammenhang mit Aktivitäten am Zielort)
3 Ausflugsverkehr (Mischung aus Primär- und Sekundärverkehr)

Quelle: Schreckenberg/Schühle 1981, S. 185

Zum Sekundärverkehr[50] werden neben den fußläufigen Ortsveränderungen der Freizeitverkehrsteilnehmer im Urlaubsgebiet diejenigen mit dem Fahrrad und allen touristischen Spezialverkehrsmitteln gezählt.

---

[50] Heinze/Kill (vgl. 1997, S. 25) bauen auf diesen grundlegenden Überlegungen auf und fassen unter Sekundär-Freizeitverkehr „(...) alle diejenigen Freizeitaktivitäten (...), bei denen Entfernungen zurückgelegt werden und die deshalb ein Mindestmaß an Fläche beanspruchen. Hierzu zählen Skilanglauf auf Loipen, Skiwandern, Abfahrtsskifahren auf Pisten, Snowboardfahren, Helikopterski, Skibobfahren, Sommergletscherskilauf, Bergwandern, Bergsteigen, Paragliding, Drachenfliegen, das Fliegen mit Ultraleichtflugzeugen, Mountainbiking, Joggen und Querfeldeinlauf, Segeln, Eissegeln, die Benutzung von Snowmobilen, von Strandbuggies, sowie von Liften und Bergbahnen."

Ein anderer räumlicher Ansatz unterscheidet drei Kategorien des Freizeitverkehrs (vgl. Abbildung 9): Verkehr nach und zwischen Destinationen (=
„inter destination mobility"), Verkehr innerhalb einer Destination (= „intra
destination mobility") und Freizeitverkehr zu Hause (= „leisure mobility at
home") (vgl. Bieger/Laesser 2002, S. 295ff.).

Abbildung 9: Mobility typologies

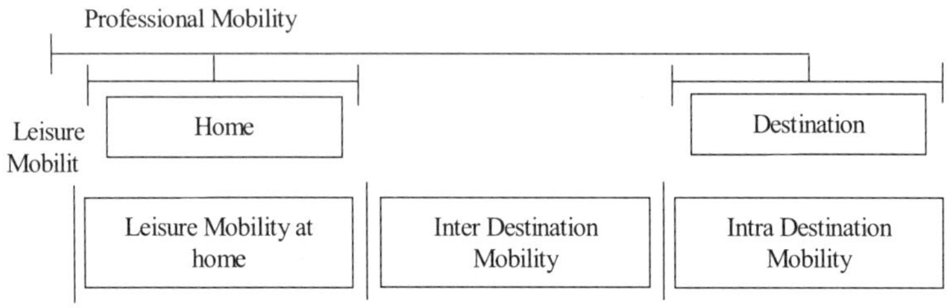

Quelle: Bieger/Laesser 2002, S. 296

e) Zeitlich-räumliche Ansätze

Eine verbreitete Systematik, die den Freizeitverkehr nach zeitlich-
räumlichen Dimensionen gliedert, unterteilt den Freizeitverkehr zunächst
danach, ob er wohnumfeldnah bleibt bzw. regelmäßig ist oder nicht. Vom
alltäglichen Freizeitverkehr wird gesprochen, wenn er im üblichen bzw.
unmittelbaren alltäglichen Wohn- und Arbeitsumfeld stattfindet. Er schließt
routine- bzw. regelmäßige Wege ein (z. B. Einkaufen/Shopping, Spaziergang, Behördengänge). Nicht-alltäglicher Freizeitverkehr geht über das
unmittelbare und übliche alltägliche Wohn- bzw. Arbeitsumfeld hinaus.
Die zeitliche Dauer der Reisen bestimmt die weitere Zuordnung (vgl.
Abbildung 10 und Lanzendorf 1997, S. 35).

> „Tagesausflüge enden noch am gleichen Tag mit der Rückkehr nach Hause,
> Kurzreisen dauern zwei bis vier und Urlaubsreisen fünf und mehr Tage. Er-
> folgen weitere Wege am Übernachtungsort, so wird vom Verkehr am Ur-
> laubsort gesprochen." (Lanzendorf 2001, S. 37)

Abbildung 10: Systematisierung des Freizeitverkehrs (Raum-Zeit-Schema)[51]

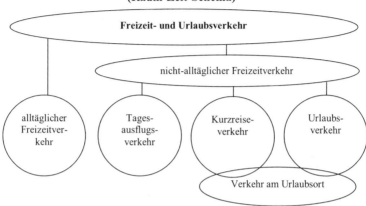

Freizeit- und Urlaubsverkehr

nicht-alltäglicher Freizeitverkehr

alltäglicher Freizeitverkehr

Tagesausflugsverkehr

Kurzreiseverkehr

Urlaubsverkehr

Verkehr am Urlaubsort

Quelle: Lanzendorf 2001, S. 37

2.2.3.4 Systematisierung des touristischen Verkehrs

Da alle vorliegenden Ansätze nur den Freizeit- und Urlaubsverkehr einbeziehen, aber bereits festgestellt wurde (siehe 2.2.3.2, S. 49), dass zum touristischen Verkehr mehr zu zählen ist, soll im Folgenden ein neuer Systematisierungsansatz speziell für den touristischen Verkehr vorgestellt werden.

Anlass, Ziel, Durchführung und Finanzierung von Geschäfts- und Dienstreisen unterscheiden sich deutlich von Urlaubsreisen. In der Tourismusforschung wird diskutiert, ob der Tourismus „rein konsumorientiert", wie die Urlaubsreisen, oder auch „investiv", wie die Geschäfts- und Dienstreisen, ist. Geschäfts- und Dienstreisen werden jedoch immer häufiger als Teil des Tourismus betrachtet, so dass die Einbeziehung dazu führt, dass der Freizeit- und Urlaubsverkehr nur eine Teilmenge des touristisch bedingten Verkehrs ausmacht. In jüngster Zeit spielt darüber hinaus zunehmend der touristische Einkaufsverkehr, z. B. als Wochenend- oder Tagestrip nach London, Paris oder New York eine Rolle, so dass auch dieser Zweck zum touristischen Verkehr gezählt werden kann (vgl. Opaschowski 1999, S. 50; Scheiner/Steinberg 2002, S. 106). Als Ergebnis der bisherigen Ausführungen kann der touristische Verkehr in drei Sichtweisen unterteilt werden (vgl. Abbildung 11).

---

[51] Eine Erweiterung zieht die naturnahen Freizeitsportarten als Sekundärverkehr am Urlaubsort ein (vgl. Heinze/Kill 1997, S. 27).

- Enge Sichtweise: Urlaubs-, Geschäfts-/Dienst- und Einkaufsreisen mit einer Dauer von mehr als vier Tagen sowie der bei diesen Reisen am Aufenthaltsort entstehende Verkehr ist in einer engen Sichtweise dem touristischen Verkehr zuzuordnen.
- Weite Sichtweise: In einer weiten Sichtweise werden neben den langen Urlaubs-, Geschäfts-/Dienst- und Einkaufsreisen auch kurze Reisen (ein bis drei Übernachtungen) sowie die Verkehre am Aufenthaltsort einbezogen.
- Weiteste Sichtweise: Nicht-alltäglicher Freizeitverkehr in Form von Tagesausflugsverkehr sowie Geschäfts-/Dienstreisen und Einkaufsreisen in Form von Tagesreisen, die über das übliche bzw. unmittelbare alltägliche Wohnumfeld hinausgehen, aber keine Übernachtung beinhalten, können in einer sehr weiten Sichtweise als touristischer Verkehr bezeichnet werden.

Je nach Abgrenzung des touristischen Verkehrs sind weitere Teilaspekte des Verkehrs als nicht touristisch anzusehen. Auf der Grundlage dieser neuen Abgrenzung des touristischen Verkehrs ergibt sich auch umgekehrt eindeutig, was nicht dem touristischen Verkehr zuzurechnen ist: es sind der alltägliche Freizeitverkehr sowie alltägliche Geschäfts-/Dienst- und Einkaufsreisen.[52]

---

[52] Rochlitz (vgl. 1992, S. 50) ist einer der wenigen Autoren, der den beruflichen Pendlerverkehr zum touristischen Verkehr zählt.

Abbildung 11: Systematisierung des touristischen Verkehrs (Raum-Zeit-Schema)

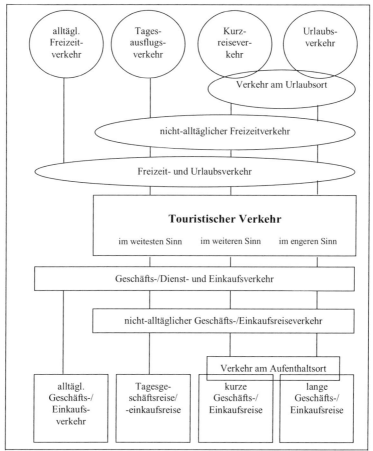

Quelle: eigene Darstellung

2.2.3.5 Ableitungen für die vorliegende Untersuchung

Aufbauend auf den Ergebnissen zur Definition des Tourismus und den verschiedenen Systematisierungsansätzen des Freizeit- und Urlaubsverkehrs wurde eine eigene Systematik für den touristischen Verkehr in Form eines Raum-Zeit-Schemas erarbeitet. Hiermit ist es erstmals gelungen, eine

Grundlage zu schaffen mit der alle Verkehrsarten, die den touristischen Verkehr ausmachen, einbezogen werden können. Je nach Ausrichtung der Untersuchung ist touristische Verkehr im engeren, weiteren oder weitesten Sinne einzubeziehen. Die neu entwickelte Systematisierung ist auch die Basis für die vorliegende Arbeit, wobei der touristische Verkehr im engeren und weiteren Sinne einbezogen wird.

Die Verknüpfungen zwischen Tourismus und Verkehr sind vielfältig und finden in den verschiedenen touristischen Verkehrsmitteln und den Verkehrswegen einen besonderen Ausdruck. Die zur Verfügung stehenden touristischen Verkehrsmittel und -wege haben unterschiedliche Bedeutung für die Nutzer, z. B. als Verkehrsmittel zwischen Quell- und Zielgebiet, als touristische Attraktionen oder als Hauptbestandteil des touristischen Produktes bzw. sind zur Erreichbarkeit des Zielortes und zur Ausübung der gewünschten Aktivitäten vor Ort notwendig. Hieraus folgert, dass ein touristisches Mobilitätsmanagement dieser Verknüpfungen Rechnung tragen muss.

2.3 Notwendigkeit einer nachhaltigen Mobilität und eines Mobilitätsmanagements im Tourismus

Sowohl die verkehrliche als auch die tourismusbezogene Entwicklung war in den letzten Jahrzehnten größtenteils durch hohe Zuwächse gekennzeichnet. So hat der Anteil der Bevölkerung, der eine Urlaubsreise von mehr als fünf Tagen unternommen hat (Urlaubsreiseintensität), seit den 1970er Jahren stetig zugenommen. Lag die Urlaubsreiseintensität Anfang der 1970er Jahre noch bei ca. 40%, liegt sie seit den 1990er Jahren meist bei ca. 70-75%.

Im vorherigen Abschnitt konnte zwar eine Grundlage geschaffen werden, mit der alle Verkehrsarten, die den touristischen Verkehr ausmachen, in (empirische) Untersuchungen einbezogen werden können, bisherige Untersuchungen lassen Aussagen über den Umfang des gesamten touristischen Verkehrs jedoch (noch) nicht zu. Daher werden, ausgehend von der Entwicklung der Mobilität und des Verkehrs in Deutschland, vereinzelt vorliegende Ergebnisse zum Freizeit- und Urlaubsverkehr sowie Geschäftsreiseverkehr vorgestellt, die als Begründung für die Notwendigkeit einer nachhaltigen Mobilität und eines Mobilitätsmanagements im Tourismus mit herangezogen werden können.[53]

Das aus dem individuellen Mobilitätsverhalten resultierende Verkehrsaufkommen im Personenverkehr ist in Deutschland zwischen 1950 und 2002 von 9.662 Mio. beförderten Personen auf 57.865 Mio. (inkl. neue Länder)

---

[53] Daten zum touristischen Einkaufsverkehr sind dem Autor nicht bekannt.

angewachsen. Während die Verkehrsleistung im Jahre 1950 87,7 Mrd. betrug, stieg sie über 729,9 Mrd. (1990) auf 905,7 Mrd. Personenkilometer (2002, inkl. neue Länder). Mit diesen Entwicklungen ging ein starker Zuwachs des Bestandes von Personenkraftfahrzeugen einher, wobei die Zahl der zugelassenen Kraftfahrzeuge von 2,293 Mio. (1950) über 35,567 Mio. (1990) auf 52,988 Mio. (2003, inkl. neue Länder) angewachsen ist. Die Steigerung der Verkehrsleistung ist mit einer Verlagerung vom öffentlichen Verkehr hin zum Individualverkehr verbunden. Während die Verkehrsleistung der Eisenbahnen und des öffentlichen Straßenpersonenverkehrs stagnierte bzw. nur leicht anstieg, wuchs die des motorisierten Individualverkehrs deutlich an. Eine Analyse der mit der erbrachten Verkehrsleistung verbundenen Fahrtzwecke offenbart, dass das Wachstum vorrangig aus dem Freizeit- und Urlaubsverkehr resultiert (vgl. DIW 2003, S. 140f. und 208ff.; Schellhase 2000, S. 22f.).

Untersuchungsergebnisse zeigen weiter, dass gegenwärtig nahezu ein Fünftel aller Personenkilometer (Pkm) im Geschäfts- und Dienstreiseverkehr durchgeführt werden, ca. die Hälfte der zurückgelegten Pkm dem Freizeit- und Urlaubsverkehr zuzuschreiben sind und dass das Freizeit- und Urlaubsverkehrsaufkommen das Aufkommen des Berufsverkehrs weit übertrifft. Knapp 40% aller Wege und 50% aller Pkm finden im Freizeit- und Urlaubsverkehr statt (vgl. DIW 2002, S. 208ff.; Heinze/Kill 1998, S. 11f.). Opaschowski (vgl. 1999, S. 50) vertritt sogar die Auffassung, dass etwa 60% des gesamten Verkehrs heute als freizeitorientiert gelten kann. Zirka ein Fünftel der Freizeitkilometer werden dabei im Urlaub gefahren, d. h. als An- und Abreiseverkehr sowie Verkehr in der Urlaubsregion. Dies entspricht 9% der gesamten Personenverkehrsleistung. Eine Betrachtung nach Verkehrsmitteln zeigt, dass in allen touristisch relevanten Verkehrszwecken der motorisierte Individualverkehr (MIV) an der Spitze liegt. Auch vom Verkehrswachstum der vergangenen Jahre profitierte vor allem der MIV, ausgenommen im Urlaubsverkehr, wo die stärksten Zuwächse auf Flugreisen entfallen (vgl. Scheiner/Steinberg 2002, S. 108).

Neben dem MIV nimmt in den letzten Jahren immer mehr auch der Luftverkehr eine bedeutende Rolle im touristischen Verkehr ein. Zum einen ist hier die generelle Zunahme des Flugzeuges als Reiseverkehrsmittel (z. B. bei Haupturlaubsreisen 0% im Jahr 1954, 1% im Jahr 1960, 8% im Jahr 1970, 16% im Jahr 1980 und 35% 2002) (vgl. F.U.R. 2002, S. 90; F.U.R. 2003a, S. 70) zu nennen und zum anderen die seit einigen Jahren in Europa zu beobachtenden Angebote von „Billigfliegern".

In der amtlichen Verkehrsstatistik ist der Flugverkehr auf Grund des den
Berechnungen zugrundeliegenden Territorialprinzips[54], bei dem nur Flug-
bewegungen über dem nationalen Territorium einbezogen werden, unter-
schätzt. So hat der Flugverkehr nach der offiziellen Verkehrsstatistik einen
Anteil von 2,4% am gesamten Verkehrsaufwand. Bei Zugrundelegen des
Inländerprinzips[55], bei welchem der Verkehrsaufwand der Inländer eines
Landes veranschlagt wird, unabhängig davon, wo er statt findet, kommt
man auf einen sechs bis sieben Mal höheren Wert (16%). Im gesamten
Flugverkehr der Deutschen gehen dabei 58% der Wege und 69% der
Distanzen auf Urlaubsreisen mit mehr als fünf Tagen zurück (Geschäftsrei-
sen: 36% und 28%, sonstige Privatreisen 6% und 3%) (vgl. Knisch/
Reichmuth 1996, S. 18ff.).

Die sog. „Lost Cost Carrier" bzw. „No Frills Airlines" generieren auf
Grund ihrer niedrigen Preise verstärkt Nachfrager, die sonst z. B. mit nachhaltigen Verkehrsmitteln wie der Bahn gefahren oder erst gar nicht verreist
wären.[56] Im Jahre 2003 hatten Low Cost Carrier in Europa einen Marktan-
teil von ca. 7%; das Interesse an preisgünstigen Flügen ist jedoch sehr
stark, so dass sich im gleichen Jahr 19 Mio. Deutsche (29%) vorstellen
konnten, einen Low Cost-Flug bei Urlaubsreisen oder Kurzreisen zu buchen (vgl. F.U.R. 2003c, S. 6).

Konstatierend ist festzuhalten, dass die Entwicklung des Personenverkehrs
in Deutschland durch mehrere grundlegende Tendenzen geprägt ist. Das
Verkehrsaufkommen und die Verkehrsleistung weisen ein starkes Wachstum auf, gleichzeitig verschieben sich die Anteile der einzelnen Verkehrsträger (v. a. zugunsten des MIV und im Urlaubsverkehr zum Flugzeug) und

---

[54] Territorialprinzip (oder Inlandsprinzip): Berücksichtigt werden hierbei die Verkehrs-
      leistungen über dem Territorium eines Landes, so dass grenzüberschreitende Flüge
      nur bis zur Grenze gezählt werden. Diese Abgrenzung wird z. B. in der vom Bun-
      desministerium für Verkehr, Bau- und Wohnungswesen herausgegebenen Publikati-
      on „Verkehr in Zahlen" verwendet (vgl. Knisch/Reichmuth 1996, S. 7).

[55] Inländerprinzip: Beim Inländerprinzip werden jedem Staat die in aller Welt zurück-
      gelegten Verkehrsleistungen seiner Einwohner (Inländer) zugerechnet (vgl. Knisch/
      Reichmuth 1996, S. 8).

[56] Der Begriff „Low Cost Carrier" oder auch „Low Cost Airline" wurde aus dem angel-
      sächsischen Sprachraum übernommen und steht für „kostengünstige, preiswerte bzw.
      wirtschaftliche Fluggesellschaften". Dieses Geschäftssystem zeichnet sich durch eine
      konsequente Kostenreduzierung aus, so dass auf zusätzliche Serviceleistungen („no
      frills") verzichtet wird. Es gibt jedoch keine einheitliche „(...) Low Cost-Strategie
      schlechthin, vielmehr verfolgt jedes Unternehmen ein eigenes Konzept, so dass die
      Brandbreite der in diesem Marktsegment tätigen Fluggesellschaften von der No-
      Frills-Airline mit Verzicht auf nahezu allen zusätzlichen Service-leistungen wie
      Bordverpflegung oder Zeitungen bis hin zur ‚Qualitätsairline zum etwas niedrigeren
      Tarif' (Deutsche BA 1997) reicht." (Pompl 2002c, S. 117)

der Freizeit- und Urlaubsverkehr nimmt immer mehr an Bedeutung zu. Auch für die Zukunft ist davon auszugehen, dass die Nachfrage im Personenverkehr weiter steigen wird. In einer dem Bundesverkehrswegeplan zugrunde liegenden Studie wird für den Zeitraum von 1988 bis 2010 eine Zunahme der Verkehrsleistung im Personenverkehr um 32% prognostiziert. Die größte Wachstumsrate wird dabei für den Luftverkehr und MIV vorhergesagt. Bereits heute ist jedoch davon auszugehen, dass, wie auch im Rahmen vorheriger Prognosen, die prognostizierten Steigerungsraten zu niedrig angesetzt sind (vgl. Kagermeier 2003, S. 265; Schellhase 2000, S. 25).

Die Zunahme des (touristischen) Verkehrs und die damit zusammenhängenden Probleme in den touristischen Destinationen sind seit langem bekannt. Die konkreten negativen Auswirkungen des (touristischen) Verkehrs wurden bereits im Kapitel 1.1 (siehe S. 1) kurz dargestellt. Auf eine tiefergehende Analyse wird an dieser Stelle verzichtet, da es eine Fülle an Forschungsarbeiten gibt, die sich hiermit ausführlich befassen (siehe z. B. ADAC 1993; BTE 1998; FIF 1999; Frey Marti/Laesser 1997, S. 75; Freyer/Lübbert 1996, S. 90; Kleehaupt 1997, S. 109ff.; Schellhase 2000, S. 34ff., Stettler 1997, S. 24f.).

> „Die gute Erreichbarkeit der Tourismus- und Erholungsorte mit dem Pkw bis in die Zentren hinein, wie sie noch vor Jahren als unabdingbare Grundvoraussetzung für den touristischen Erfolg galt, erweist sich inzwischen in vielen Orten als problematisch, da die Zentren vor allem in der Saison so stark vom Autoverkehr belastet sind, daß die Umwelt- und Erholungsqualität gefährdet ist." (Hautzinger/Pfeiffer 1999, S. 17f.)

Es wird in diesem Zusammenhang auch von der touristischen Verkehrsspirale gesprochen (vgl. Abbildung 12).

Abbildung 12: Die touristische Verkehrsspirale[57]

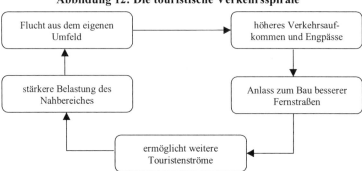

Quelle: Vester 1999, S. 182

Konzepte zur nachhaltigen Beeinflussung des Verkehrs und der Verkehrs-mittelwahl sind daher fast überall bekannt und eine nachhaltige Mobilität wird immer öfter gefordert. Der Begriff Nachhaltigkeit[58] findet sich dabei in der wissenschaftlichen Diskussion in einer Vielzahl verschiedener Defi-nitionen und Übersetzungen. Die Definition der Weltkommission für Um-welt und Entwicklung („Brundtland-Kommission") legt jedoch die Basis für alle anderen. Die Brundtland-Kommission verfolgt dabei die Strategie, nicht einen Zustand, der vielleicht nie erreicht werden kann, sondern die Entwicklung dahin zu beschreiben. Nachhaltige Entwicklung ist dann eine Entwicklung, wenn sie

- zum einen die Bedürfnisse der bereits heute lebenden Menschen be-friedigt und
- zum anderen die Befriedigung der Bedürfnisse aller künftigen Genera-tionen nicht gefährdet (vgl. FGSV 2003, S. 4).

Übertragen auf den Bereich des Verkehrs bedeutet dies die Realisierung einer Mobilität, die den Bedürfnissen der gegenwärtig lebenden Menschen entspricht, ohne die Mobilitätsbedürfnisse zukünftiger Generationen zu be-einträchtigen (vgl. Ihde 1997, S. 1047; ähnlich WBCSD 2001, S. 2 und WBCSD 2002, S. 2).

---

[57] Es sind ebenfalls positive Aspekte, wie z. B. eine bessere bzw. schnellere Erreich-barkeit des Zielgebietes oder Flexibilität vor Ort, durch den Ausbau der Verkehrsinf-rastruktur zu beobachten, die jedoch immer häufiger von den negativen Aspekten überdeckt werden.

[58] Oft wird diskutiert, ob „Zukunftsfähigkeit", „Erhaltbarkeit" oder „Dauerhaftigkeit" nicht die besseren Begriffe wären (vgl. FGSV 2003, S. 2). In vorliegender Arbeit wird durchgehend der Begriff „Nachhaltigkeit" verwendet, da er sich verstärkt durchsetzt und gesellschaftlich „eingeführt" ist.

Hierbei sind ökologische, ökonomische und soziale Erfordernisse gleichermaßen zu berücksichtigen („Dreiklang der Nachhaltigkeit"), so dass eine nachhaltige Mobilität sozial verträglich, (ökonomisch) effizient und ökologisch tragfähig ist.

> „Sozial verträglich heißt (...) auch, dass die Auswirkungen von Verkehr auf Nicht-Nutzer bzw. Dritte (über externe Belastungen) minimal gehalten werden. Der Aspekt der ökonomischen Effizient wird dadurch einbezogen, dass das hier vorgegebene Ziel mit möglichst geringem Mitteleinsatz erreicht werden soll: Das Verkehrssystem ist so zu gestalten, dass insgesamt die effizienteste Lösung zum Tragen kommt (...). Schließlich wird der Aspekt der Ökologie dadurch berücksichtigt, dass die Belastungen aus dem Verkehr (aus dem motorisierten Verkehr!) auf die Umwelt minimiert werden." (FGSV 2003, S. 6)

In diesem Sinne müssen nachhaltige Verkehrsstrategien und Maßnahmenbündel entwickelt werden, die eine nachhaltige An- und Abreise sowie Mobilität im Zielgebiet ermöglichen (= Nutzung nachhaltiger Verkehrsmittel) oder wenn mit motorisierten Individualverkehrsmitteln oder dem Flugzeug gereist wird, diese optimal eingesetzt und vor Ort Alternativen aufgezeigt werden. In einer engen Sichtweise wird dabei im deutschsprachigen Raum unter nachhaltigen Verkehrsmitteln der Umweltverbund verstanden, also Bus, Bahn, Rad oder zu Fuß. Effiziente Autonutzungen, wie Car-Sharing, Car-Pooling (Fahrgemeinschaften), werden in einer weiten Sichtweise auch zu den nachhaltigen Verkehrsmitteln gezählt (vgl. Lorenz/ Müller 1998, S. 1f.).

Verschiedene Tourismusorte und -regionen im In- und Ausland widmen sich intensiv der Frage, welche Möglichkeiten zur nachhaltigen Bewältigung des touristischen Verkehrs und zur Reduzierung von Verkehrsbelastungen genutzt werden können. Stellvertretend können hier aus dem deutschsprachigen Raum die Initiative „Alpin Pearls", die Gemeinschaft

autofreier Schweizer Tourismusorte (GAST), die Interessengemeinschaft
„Sanfte Mobilität" sowie die Interessengemeinschaft Autofreier Kur- und
Fremdenverkehrsorte (IAKF) genannt werden.[59]
Meist werden in Gemeinden, die sich mit Fragen einer nachhaltigen Ver-
kehrsbewältigung befassen, Strategien zur räumlichen Verlagerung des
Pkw-Verkehrs aus den Kernbereichen, zur Konzentration des ruhenden
Verkehrs auf Auffangparkplätze und weitere Verkehrsberuhigungsmaßnahmen[60] sowie Maßnahmen zur Förderung von ÖV-Systemen (Shuttle/
Gästebus) aufgelegt. Darüber hinaus konzentrieren sich die bekannten Fallbeispiele auf Strategien zur Verlagerung des An- und Abreiseverkehrs von
der Straße auf den Umweltverbund. In einer im Auftrag der Bundesanstalt
für Bauwesen und Raumordnung (BBR) durchgeführten Studie wird dazu
konstatiert:

> „Die Recherchen in Fremdenverkehrsgemeinden und -regionen haben zu ei-
> ner kaum überschaubaren Vielfalt an Lösungsansätzen (...) geführt.
>
> (...)
>
> (5) In Zielgebieten werden in erster Linie verkehrsplanerische Strategien
> (u.a. Ortsumfahrungen, Verkehrsberuhigung, Parkraumkonzept etc.)
> umgesetzt. Diese Maßnahmen haben jedoch nur minimale direkte Ent-
> lastungswirkungen, da auf restriktive Maßnahmen gegenüber dem Pkw
> verzichtet wird und so bestenfalls kurze innerörtliche Anfahrtswege
> vermieden, die langen Anfahrtswege jedoch weiterhin mit dem Pkw zu-
> rückgelegt werden.
>
> (...)
>
> (8) Es gibt eine Reihe von Fremdenverkehrsgemeinden, die auf ‚Autofrei-
> heit' und auf eine Verlagerung von Kfz-Verkehr auf den öffentlichen
> Verkehr ausgerichtet sind (Beispiele: Saas-Fee, Zermatt, Badenweiler,

---

[59] Unter dem Titel „Alpine Pearls" soll ein attraktives Angebotspaket für Reisen mit
öffentlichen Verkehrsmitteln, mit Fahrrädern und Schiffen geschaffen werden. Tourismusorte und -regionen, die attraktive Alternativen zur Nutzung des eigenen Autos
bieten und auch sonst hohe Umweltstandards haben, sollen das Prädikat „Perlen der
Alpen" erhalten. Die GAST ist ein Zusammenschluss von autofreien Tourismusorten, in dem seit 1988 neun Orte aktiv sind, um die autofreie Urlaubsvariante als
hochwertiges Qualitätsprodukt zu positionieren. Die Interessengemeinschaft „Sanfte
Mobilität" umfasst sechs österreichische Kur- und Tourismusorte, die unter dem Mot-
to „ohne Auto in den Urlaub" verschiedene Aktionen gestartet haben. In der Interessengemeinschaft Autofreier Kur- und Fremdenverkehrsorte sind 26 bayrische Orte
vertreten. Die drei letztgenannten Organisationen haben sich im Jahre 1999 zum
Netzwerk „Europäischer Tourismus für Sanfte Mobilität" zusammengeschlossen
(vgl. Lung 2003; Schindler 1999).

[60] Die Verkehrsberuhigungsmaßnahmen lassen sich in verkehrsregelnde und -tech-
nische Maßnahmen, bauliche Maßnahmen, Veränderungen im Verkehrsnetz und
flankierende Maßnahmen zusammenfassen. Andere Kategorisierungen finden sich
bei Schellhase 2000, S. 57ff. und ADAC 1993.

Bad Bertrich). (...) Aus Sicht der Zielgebiete erschließt sich durch zusätzliche, attraktive Angebote des öffentlichen Verkehrs eine zusätzliche Gästegruppe; d. h. aber auch, daß diese Angebote keine spürbare
Senkung der Kfz-Verkehrsbelastungen mit sich bringen.

(9) Bei allen Strategien zur verkehrlichen Entlastung bzw. Bewältigung
fällt auf: Lokale Verkehrsneuordnungskonzepte/Verkehrsberuhigungs-
maßnahmen führen nicht zu einem veränderten Anreiseverhalten der
Gäste – diese kommen nach wie vor mit dem Pkw. Sie stellen ihn nur
vor der verkehrsberuhigten Zone ab. Für die Anreise, die Verkehrsbelastungen der durchfahrenen ‚Transit'-Gebiete, die Schadstoffbelastung
der Luft und die globalen Umweltprobleme (Treibhauseffekt, ...) bringen diese Lösungen nichts.

(...)

Die aufgezeigten Fallbeispiele weisen auf eine Vielzahl pragmatischer Strategien und Lösungsansätze. Eine überzeugende, spürbare Entlastungswir-
kung oder zumindest realistische Erfolgsaussichten können jedoch keiner
der vorgefundenen Strategien zugesprochen werden. Defizite bestehen of-
fenbar in der Zusammenarbeit aller Beteiligten auf allen Ebenen und in der
konsequenten Anwendung auch restriktiver Maßnahmen." (BTE 1998,
S. 30f.)

Die bisherigen Erfahrungen zeigen weiter, dass die auf Seiten der Reisenden subjektiv wahrgenommenen Nachteile der An- und Abreise mit z. B.
der Bahn (Preis, Umsteigevorgänge etc.) und die Unkenntnis über die Mobilitätsmöglichkeiten ohne Pkw im Zielgebiet weiterhin zu einer geringen
Annahme der Alternativen führen. Die individuellen Entscheidungen der
Verkehrsteilnehmer hängen aber auch von Informationen ab, die ihnen vor
oder bei Reiseantritt oder bei Fahrten am Aufenthaltsort vorliegen oder fehlen bzw. falsch sind.

„Für eine verträgliche Abwicklung des Verkehrs ist neben der Ausgestaltung des Verkehrsangebotes selbst folglich auch die Information über das
Angebot im Quellgebiet vor Antritt der Reise von zentraler Bedeutung.
Der Tourist wird die Anreise per Bahn oder Bus – statt Pkw – nur dann in Betracht ziehen, wenn er am Zielort ein adäquates Mobilitätsangebot erwarten
darf." (Steinberg/Kalwitzki 2001, S. 10; ähnlich auch Scheiner/Steinberg
2002, S. 110)

Eine derartige Strategie wird mit dem Mobilitätsmanagement verfolgt, da
bereits vor Antritt der Reise („zu Hause" bzw. im Quellgebiet) an der Quelle des Verkehrs, dem Individuum, angesetzt wird (siehe Kapitel 2.1.1.3, S.
15ff.).

2.4 Fazit

Es konnte gezeigt werden, dass in der wissenschaftlichen Diskussion die wichtigsten Untersuchungsgegenstände noch uneinheitlich verwandt werden und nicht abschließend abgegrenzt bzw. definiert wurden. Um die Schnittmenge von Tourismus und Verkehr adäquat behandeln zu können, musste zunächst für die Begriffe Tourismus und Verkehr bzw. Mobilität eine für die Arbeit gültige Definition und Systematisierung zugrunde gelegt werden. Hierauf aufbauend konnte die Schnittmenge abgegrenzt werden. Ein wesentliches Ergebnis dieses Kapitels ist die Vereinheitlichung der Ausprägungen des touristischen Verkehrs (= Systematisierung). Hiermit wurde nicht nur für die vorliegende Arbeit, sondern auch für weitergehende Arbeiten ein einheitliches Grundverständnis und wichtige theoretische Grundlagen erarbeitet.

Mittels der dargestellten Entwicklungen im Tourismus und Verkehr konnte die große Bedeutung des touristischen Verkehrs am Gesamtverkehr und des MIV und Luftverkehrs innerhalb des touristischen Verkehrs deutlich gemacht werden. Bisherige Lösungsansätze zur nachhaltigen Bewältigung des touristischen Verkehrs, die verstärkt auf Maßnahmen im Zielgebiet abzielen, haben nicht den gewünschten Erfolg gebracht. Hieraus ist zu folgern, dass neue Lösungen auf ihre Anwendbarkeit und Erfolgsaussichten hin geprüft werden müssen.

Das Mobilitätsmanagement, das an der Verkehrsentstehung, d. h. beim Individuum im Quellgebiet ansetzt und u. a. durch Information und Beratung zum notwendigen Wissen der (potentiellen) Gäste um die Mobilitätsmöglichkeiten vor Ort beitragen kann, wird daher als neue Lösungsstrategie für eine nachhaltige Bewältigung des Verkehrs bzw. einer nachhaltigen Mobilität im Folgenden in den Mittelpunkt der Betrachtungen gestellt.

3 Grundlagen des Mobilitätsmanagements

Mit der Bezeichnung Mobilitätsmanagement (MM) werden seit Ende der 1980er Jahre sowohl in Deutschland als auch im europäischen Ausland verschiedene Maßnahmen für verkehrsmittelübergreifende und das Mobilitätsverhalten beeinflussende Handlungskonzepte betitelt.[61] Die grundlegenden Inhalte, Strukturen und Implementierungsansätze im Mobilitätsmanagement sind jedoch noch in der Entwicklung. Der Begriff Management[62] kann hierbei auf zwei Ebenen angewandt werden. Unter funktionalen Gesichtspunkten meint Management den Prozess des Leitens, Organisierens und Durchführung von Mobilitätsmanagementvorhaben. Als Ergebnis des Managements der Mobilität soll der Einzelne zur Erfüllung seiner individuellen Ansprüche eine nachhaltige Verkehrsmittelwahl treffen, die eine Reduzierung des motorisierten Individualverkehrs zur Folge hat. Im institutionalisierten Sinne wird Management mit Personen oder Institutionen (z. B. Mobilitätsmanager) gleichgesetzt, die typische Managementaufgaben wahrnehmen, wie z. B. Planung, Organisation, Führung und Kontrolle der betreffenden Systeme und Personen (vgl. Heine 1997b, S. 76; Staehle 1999, S. 71).

Versuche, das Verkehrssystem zu optimieren sowie die durch den Verkehr verursachten Belastungen zu verringern, gibt es nicht erst seit dem Bekanntwerden des Mobilitätsmanagements. Neben den aufgezeigten speziellen Lösungsstrategien für den touristischen Verkehr (siehe Kapitel 2.3, S. 56ff.) gibt es mehrere Ansätze zum Management des Verkehrs. Zur Sicherstellung eines einheitlichen (Begriffs-)Verständnisses und zum besseren Erfassen der Ausführungen zum Mobilitätsmanagement im Tourismus werden die wichtigsten Eckpunkte der Entwicklung des Mobilitätsmanagements und der Einfluss weiterer Managementansätze im Verkehr aufgezeigt.

---

[61] Der Begriff Mobilitätsmanagement soll in seiner heutigen Bedeutung erstmals 1992 erwähnt worden sein (vgl. Fiedler 2002, S. 23).

[62] Das Wort Management selbst kommt aus dem Lateinischen; es soll entweder von „manus" (= Hand) oder über das englische Verb „to manage" von „manus agere" abgeleitet sein. Ersterem zufolge würde es „handhaben" heißen und dem zweiten Ansatz zufolge „an der Hand führen". Als Beginn des Managements wird die Rede von Henry Towne an der American Society of Mechanical Engineers am 26.05.1886 angegeben (vgl. Keck/Pröschild 1995, S. 8). Der Begriff wird vornehmlich in der Betriebswirtschaftslehre verwendet, wo Management als umfassendste betriebliche Aufgabe gilt und als Gestalten, Lenken und Entwickeln von zweckorientierten Systemen umschrieben wird.

Obwohl dabei kaum spezielle Aussagen sowie Inhalte und Ziele zum Mobilitätsmanagement im Tourismus gegeben werden, ist eine Betrachtung
verschiedener Managementansätze im Verkehr sinnvoll, um den Ansatz des
Mobilitätsmanagements und dessen Entwicklung besser verstehen, eine
Abgrenzung zu den anderen bekannten Ansätzen und Ableitungen für die
eigene Untersuchung vornehmen zu können.

3.1 Entwicklung des Managements von Verkehr

In den USA ist aus dem technisch orientierten Transportation System Management das nachfrageorientierte Transportation Demand Management
hervorgegangen, wobei beides unter dem Verkehrsreduktionsmanagement
zusammengefasst wird. In Deutschland ist auf Grund der Erfahrungen in
den USA das Verkehrssystemmanagement entstanden, welches nicht durch
den Ansatz des Mobilitätsmanagements abgelöst wurde, sondern auch weiterhin besteht.

3.1.1 Verkehrsreduktionsmanagement

Verkehrsreduktionsmanagement ist in den 1970er Jahren in den USA entstanden, wobei durch technische und nachfragebeeinflussende Maßnahmen
vornehmlich Staus im Straßennetz verringert und vermieden werden sollen,
um so eine Verbesserung der Effizienz und Produktivität des Gesamtver-
kehrs zu erreichen. Es wird zwischen dem „Transportation System Management" (TSM, Angebotsseite), worunter die technischen Maßnahmen zusammengefasst werden, und „Travel Demand Management" (TDM, Nachfrageseite), welches sich v. a. auf die Beeinflussung der Nachfrage bezieht,
unterschieden (vgl. Tabelle 5).[63]

Tabelle 5: Verkehrsreduktionsmanagement in den USA

Angebotsseite (TSM)	Nachfrageseite (TDM)
- Effektive Nutzung vorhandener Infra- struktur	- Management der vorhandenen Nach- frage
- Angebotsausweitung	- Kontrolle des Nachfragewachstums

Quelle: vgl. Topp 1993a, S. 12

---

[63] Haefner/Marte (1994, S. 310) setzen „Transportation System Management" mit dem
Begriff „Verkehrsreduktionsmanagement" gleich und unterscheiden „Supply Management" und „Demand Management". In der Literatur wird sowohl von „Travel" als
auch von „Transportation Demand Management" gesprochen (Beispiele für „Transportation": Freudenau 2000, S. 11, Ministry of Transport, Public Works and Water
Management 1999, Thiesies 1998, S. 31, Tommasi et al. 2000, S. 7, Winters 1999;
Beispiele für „Travel": Topp 1993a, S. 12 und 1993b, S. 13, Ferguson 1999, S. 1ff.).

Auf der Angebotsseite werden im TSM Ansätze gegen den sporadisch auftretenden Stau (Störfallerkennung und -management) und den regelmäßig auftretenden Stau zusammengefasst. Die Maßnahmen, die gegen regelmäßig auftretenden Stau ergriffen werden, sind z. B. eine Verbesserung des Verkehrsablaufs durch koordinierte Signalsteuerung, Einfahrtsteuerung in Einfädelungsstreifen, Zufahrtskontrolle an Autobahnauffahrten, Verbesserung der Geometrie der Knotenpunkte sowie Bevorzugung hochbesetzter Fahrzeuge durch sog. HOV-Spuren (vgl. Topp 1993b, S. 13).

Das Management der Verkehrsnachfrage (TDM) konzentriert sich in den USA auf den Berufsverkehr, um durch eine auf die Reduzierung des Alleinfahrtenanteils bei der Autonutzung zielenden Beeinflussung des Pendlerverhaltens die Mobilitätsbedingungen zu verbessern. TDM hat somit die Maximierung der Personenbeförderungskapazität des Verkehrssystems zum Ziel, in dem die Personenzahl je Fahrzeug erhöht oder der Reisezeitpunkt oder die Reisenotwendigkeit beeinflusst wird (vgl. Sims 1995, S. 39; Schreffler/Servill 2000, S. 47). „TDM differs from TSM in at least one obvious respect. It is more localized and more demand oriented, or put another way, less system and less supply oriented. (...) Narrowly defined TDM includes basic services such as alternativ work schedules, telecommuting, financial incentives und marketing promotions for alternatives to driving alone." (Ferguson 1999, S. 3)

Die Entwicklung des TDM wurde durch verschiedene Gesetze mit ihren, für das TDM vorteilhaften, rechtlichen Rahmenbedingungen unterstützt. Sowohl auf nationaler als auch auf Ebene einzelner Bundesstaaten gibt bzw. gab es solche Regelungen. Hierzu zählen v. a. der „Clean Air Act Amendments" (CAAA) von 1990 und der „Intermodal Surface Transportation Efficiency Act" (ISTEA) von 1991 (vgl. Topp 1993a, S. 9ff.).[64] Als Träger haben sich, vor dem Hintergrund der erwähnten Gesetze, überbetriebliche Beratungsorganisationen etabliert, die „Transport Management Associations" (TMA), wovon es USA-weit Mitte der 1990er Jahre ca. 50 Büros gab. Die bekannteste und größte TMA (Mitte der 1990er Jahre 120 Mitarbeiter in vier Büros und ca. 11 Mio. US-Doller Budget) ist die „Commuters Transport Service" in Los Angeles, welche 1974 gegründet wurde, und heute „Southern California Ride Share" heißt (vgl. Tommasi et

---

[64] CAAA = Luftreinhaltungsgesetz formuliert Luftqualitätsstandards und zulässige Emissionswerte. In Belastungsgebieten, in denen die Immissionswerte überschritten werden, gelten lokal verschärfte Emissionswerte. ISTEA = Gesetz zur Steigerung der Effektivität des intermodalen Transportwesens ermöglicht Finanzierungen zur Effizienzsteigerung des bodengebundenen Verkehrs, entsprechender Planungen bzw. Programme durch die Bundesregierung und erkennt zum ersten Mal TDM ausdrücklich als Schlüsselstrategie zur Verbesserung der Mobilitätsbedingungen an (vgl. Sims 1995, S. 44; Topp 1993a, S. 9ff.; Topp 1993b, S. 12ff.).

al. 2000, S. 8; Sims 1995, S. 47ff.). Typische Aufgabenbereiche der TMA's
sind die Vertretung der Bedürfnisse der TMA-Mitglieder gegenüber öffentlichen Stellen im Verkehrsplanungsprozess, die Hilfe für TMA-Mitglieder,
den lokalen Verkehrsanforderungen zu entsprechen, die Erstellung von
Mobilitätsanalysen für Betriebe oder die Vermittlung von Fahrgemeinschaften und das Erleichtern des Pendelns (z. B. Pendelbusse, kurzfristige
Autovermietung, Shuttlebusse zu Bahnhöfen) (vgl. Ferril/Preßl/Uranitsch
1996, S. 9f.; VCD 1996, S. 62ff.).

3.1.2 Verkehrsmanagement/Verkehrssystemmanagement

Mitte der 1980er Jahre wurde in Deutschland, unter anderen Voraussetzungen als in den USA, das Verkehrsreduktionsmanagement als „Verkehrsmanagement" bzw. „Verkehrssystemmanagement" (VSM) adaptiert und es
wurde zum Inbegriff für technische Entwicklungen, die zur besseren Verteilung des Kfz-Verkehrs auf dem vorhandenen Straßennetz dienen sollten.

„Unter VSM wird (...) die direkte Beeinflussung von Angebot oder Nachfrage von Verkehrsleistungen durch organisatorisch-betriebliche Maßnahmen verstanden, die dem Nachfrager durch geeignete Informationen verständlich gemacht werden." (FGSV 1996, S. 5) Neben einer Reduzierung
der Umweltbelastungen und der Erhöhung der Verkehrssicherheit sind die
Ziele des VSM die Verbesserung der Wirtschaftlichkeit und die Ausnut-
zung von Kapazitätsreserven der vorhandenen Verkehrsanlagen und
-systeme (vgl. FGSV 1995, S. 19). Dabei zielt VSM vor allem darauf ab,
die vorhandene Verkehrsinfrastruktur besser auszunutzen und das Gesamtverkehrssystem zu optimieren. Technische Mittel, v. a. telematische, spielen neben den organisatorisch-betrieblichen und u. U. preispolitischen
Maßnahmen eine wichtige Rolle.

Aufbauend auf den ersten VSM-Ansätzen, die der Beeinflussung des motorisierten Individualverkehrs eine besondere Bedeutung zu kommen lassen
haben, wurde der ÖPNV mit in die Konzepte integriert, „(...) was sprachlich – je nach Auffassung der beteiligten Marketingexperten wegen – zu
Begriffen wie „Gesamtverkehrsmanagement", „integriertes Verkehrsmanagement", „intermodales Verkehrsmanagement" oder „kooperatives Verkehrsmanagement" führte." (Klewe 1996a, S. 141; Klewe 1996b, S. 35)
Auch „taktisches Verkehrsmanagement" wurde in diesem Zusammenhang
als Weiterentwicklung erwähnt (vgl. Bayliss 1991, S. 128ff.).

Insbesondere „intermodales Verkehrsmanagement", welches auf eine situationsangepasste, optimale Nutzung der Vorteile der verschiedenen Verkehrsmittel setzt und auf der strategischen Ebene die Verkehrsverlagerung
auf andere Verkehrsmittel anspricht, also die Beeinflussung der Verkehrsmittelwahl, kann hervorgehoben werden. Dabei kann ein intermodales

Verkehrsmanagement v. a. durch die abgestimmte Angebotsgestaltung bei den verschiedenen Verkehrsmitteln Einfluss auf die Verkehrsmittelwahl nehmen (vgl. Boltze 1996, S. 11f.). Die im Rahmen von VSM zu ergreifenden Maßnahmen (vgl. Tabelle 6) sind umfangreich und „(...) reichen von integrierter Verkehrssteuerung (Beeinflussung von Lichtsignalanlagen, Informationsaustausch über Rechnerkopplung), Informationen über den Verkehrsablauf bis hin zur Verknüpfung von Verkehrsmitteln (Park-and-Ride, Kiss-and-Ride (Bringen und Abholen), Bike-and-Ride)." (Thiesies 1998, S. 33f.)

Tabelle 6: Maßnahmen zur Beeinflussung des MIV und ÖPNV

VSM	Motorisierter Individualverkehr	ÖPNV
Organisation des Verkehrsablaufs	- Lichtsignalsteuerung - Wechselverkehrszeichen und -weisung - Geschwindigkeitsbegrenzungen - Straßengebühren zu Spitzenzeiten - Zufahrtsdosierung/selektives Fahrverbot - Verkehrsberuhigung	- Beschleunigungsmaßnahmen - Steuerung des Betriebsablaufes
Information über den Verkehrsablauf	- Verkehrsfunk - Beeinflussung des Verkehrs zur Urlaubszeit	- Fahrgastinformation - Marketing
Differenzierte Pkw-Nutzung	- Fahrgemeinschaften	- Aufgabenteiliger Verkehrsmitteleinsatz - Differenziertes Bedienungsmodell
Management des ruhenden Verkehrs	- Organisation der Parkraumnutzung - Parkleitsystem	- Optimierung der Betriebspläne - Kooperation der Verkehrsträger

Quelle: FGSV 1986, S. 17 und 23

Kritik am Ansatz des VSM wird in mehrerer Hinsicht geäußert. Hauptkritikpunkte sind dabei jedoch der geringe, teilweise auch als „dürftig" bezeichnete, Einbezug des ÖPNV und die Zielsetzung, die in Teilbereichen noch vorhandenen Leistungsreserven des Straßennetzes nutzbar machen zu wollen, nicht aber eine Reduzierung des motorisierten Straßenverkehrs zu beabsichtigen (vgl. Freudenau 2000, S. 12; Haefner/Marte 1994, S. 220ff.; Heine 1997a, S. 100; Reinkober 1995, S. 115; Thiesies 1998, S. 34ff.). Klewe (1996a, S. 146) fasst es folgendermaßen zusammen: „Offenkundig ist der Widerspruch, wenn einerseits die Leistungsfähigkeit der modernen Infrastruktur für den Kfz-Verkehr erhöht wird und sein Image durch ‚modernsten Technikeinsatz' angehoben wird, andererseits der Umstieg auf den ÖPNV als Ziel formuliert wird." In zahlreichen Projekten[65] wurden einzelne Bausteine bzw. Maßnahmen des VSM in der Praxis eingesetzt. Eine Verortung der Organisation bzw. Trägerschaft ist in der Literatur nur insofern zu finden, dass v. a. die Städte selbst mit ihren Planungsämtern für die Einführung und Umsetzung verantwortlich sind.

3.1.3 Zwischenfazit

Die Voraussetzungen und Rahmenbedingungen in den USA (z. B. Gesetze, infrastrukturelle Gegebenheiten) sind anders als in Deutschland bzw. Europa, so dass eine Übertragbarkeit des Verkehrsreduktionsmanagements nur sehr eingeschränkt möglich ist. Trotzdem wird das Verkehrsreduktionsmanagement als Vorläufer des in Deutschland seit den 1980er Jahren zu beobachtbaren Verkehrssystemmanagement angesehen.

Ziel des Verkehrssystemmanagements ist es, den sich ergebenden (motorisierten) Individualverkehr so zu beeinflussen, dass auch bei hohem Verkehrsaufkommen ein optimaler Verkehrsfluss im bestehenden Straßennetz möglich ist. Die vor allem technisch-operativen Maßnahmen beeinflussen nahezu ausschliesslich die Auswirkungen, nicht aber die Ursachen des Verkehrs.

3.2 Mobilitätsmanagementansätze im Vergleich

Auf der Tatsache beruhend, dass zu Beginn der theoretischen und praktischen Auseinandersetzung mit dem Thema häufig dem Mobilitätsmanagement zuzurechnende Maßnahmen in kein organisatorisches Gesamtkonzept eingebunden wurden, Konzepte oder auch einzelne Maßnahmen einfach unter dem Titel „Mobilitätsmanagement" geführt wurden (z. B. Aumund 2000, S. 19ff.; Jünemann 2001, S. 162ff.; Oelmann 1998, S. 186ff.; Mangold 1997, S. 71ff.) und Begriffe, die das Mobilitätsmanagement kennzeichnen, in unterschiedlichem Verständnis benutzt wurden, werden die verschiedenen bekannten Ansätze diskutiert. Im Folgenden werden für

---

[65] Beispielprojekte: Regionales Verkehrsmanagement Stuttgart (Storm) (vgl. Tessun 1993, S. 15ff.; Häußermann 1991, S. 167ff.; MUV Baden-Württemberg 1996), Kooperatives Verkehrsmanagement München (vgl. Huß 1993, S. 25ff.), Kooperatives Verkehrsmanagement Hannover (Move) (vgl. Thomas 1993, S. 41ff.), Verkehrs-System-Management Köln (vgl. Oelmann 1998, S. 186ff.), Rhein-Main Area Project for Integrated Traffic Management (RHAPIT) (vgl. Haag/Hupfer 1995), Frankfurt Urban Integrated Traffic Management (FRUIT), Frankfurt (vgl. Boltze/Dinter/Schöttler 1993, S. 40ff.).

zwei bekannte Mobilitätsmanagementansätze („Common-Konzept" nach MOMENTUM/MOSAIC und „Wuppertaler Schule") die bedeutendsten Aspekte bzgl. der Definition, Ziele, Aufgaben/Maßnahmen, Träger, und Planung/Umsetzung sowie des konzeptionellen Aufbaus „herausgefiltert". Hierbei werden diese sechs Inhaltsbereiche beachtet, damit am Ende eine präzise Vorstellung der verschiedenen Sichtweisen besteht und die wichtigsten Aspekte für den weiteren Verlauf der Arbeit gegeben sind.

3.2.1 Entwicklung des Mobilitätsmanagements in Deutschland

Als „Geburtsstunde" des Mobilitätsmanagements in Deutschland, wenn auch damals noch nicht so bezeichnet, werden die Ende der 1970er Jahre entwickelten Sammeltaxen, zunächst als Theaterrückfahrten, dann für den allgemeinen öffentlichen Verkehr, angesehen (vgl. Fiedler 1999, S. 150).

> „Die unerwartete Resonanz bei den Sammeltaxen-Benutzern provozierte, Sammeltaxen auch im normalen Verkehr einsetzen zu wollen. Dies geschah als Test 1978 in Langenberg (Freizeit- und Sammeltaxen) und erst vier Jahre später 1982 (...) in Kaufungen und Vellmar bei Kassel mit den „Anruf-Sammeltaxen" (AST)." (Fiedler 2001, S. 211)

Ein weiterer wichtiger Schritt war das Jahr 1987, da hier in Herzogenaurach erstmals eine, mit der Bezeichnung „Verkehrsberater", eingesetzte ABM-Kraft von der Stadtspitze bevollmächtigt wurde, alle an der Einführung eines AST Beteiligten zusammenzurufen, das Projekt umzusetzen sowie Öffentlichkeitsarbeit für eine stärkere Nutzung durchzuführen. Mit der im Rahmen eines EU-Forschungsprojektes aus der Taufe gehobenen „Mobilitätszentrale" für den Landkreis Hameln-Pyrmont in Hameln wurde 1991 erstmals eine operative Basis für ein Mobilitätsmanagement geschaffen (vgl. Hamann 2001, S. 167). Weiterentwickelt wurden die Ideen vom Lehrstuhl für Öffentliche Verkehrs- und Transportsysteme an der Gesamthochschule Wuppertal und einer Arbeitsgruppe der Forschungsgesellschaft für Straßen- und Verkehrswesen, die sich Ende 1992 konstituierte und 1995 ein grundlegendes Arbeitspapier über Inhalte und Ziele des Mobilitätsmanagements veröffentlichte. Die 1996 gestarteten und Anfang 1999 abgeschlossenen EU-Forschungsprojekte MOMENTUM und MOSAIC lieferten einen umfangreichen theoretischen und praxisrelevanten Wissensstand für eine Vielzahl weiterer Projekte, die sich im Laufe der letzten Jahre angeschlossen haben.

Konstatierend ist festzuhalten, dass sich das Mobilitätsmanagement nach einer Einführungsphase mit Modellprojekten Anfang und Mitte der 1990er Jahre seit einigen Jahren in der Wachstumsphase befindet. Nun wird der Schritt zur Reife-/Ausreifungsphase als notwendig erachtet, um den Ansatz zu etablieren (vgl. Bäumer/Müller/Reutter 1999, S. 4). Eine Differenzierung der Leistungen und Einsatzgebiete ist hierfür ein wichtiger Schritt, was sich z. B. in der Anwendung des Mobilitätsmanagements in neuen Bereichen, wie im Tourismus, ausdrücken kann.

3.2.2 Mobilitätsmanagement nach der „Wuppertaler Schule"[66]

3.2.2.1 Definition und Zielsetzung

Mobilitätsmanagement (MM) will nach Ansicht der Vertreter dieses Ansatzes nicht erst bei der kollektiven Beeinflussung der Verkehrsteilnehmer, wie im Verkehrssystemmanagement, ansetzen, sondern bereits bei den Ursachen, die für die Entstehung des Verkehrs relevant sind, beginnen. Die angestrebte Reduzierung des motorisierten Verkehrsaufkommens setzt beim einzelnen Verkehrsteilnehmer an, wobei er in das Zentrum des Mobilitätsmanagements gestellt wird. Entsprechend wird Mobilitätsmanagement definiert als „(...) eine ressortübergreifende Vorgehensweise, um komplexe Aufgabenstellungen, die sich aus den Mobilitätsansprüchen der Einzelnen oder unterschiedlichen Personengruppen ergeben, schnell und effizient lösen zu können. MM beinhaltet unter der Regie eines Mobilitätsmanagers die ‚verpflichtende Kommunikation' zwischen all denen, die von den anstehenden mobilitätsrelevanten Fragen aus verschiedenen Handlungsfeldern tangiert sind (Betroffene, Beteiligte, Nutznießer). Wesentliche Merkmale sind ‚kommunizierende Planung und Umsetzung' sowie das ‚Politische Marketing'." (Fiedler 2001, S. 220)

Seit Beginn der ersten Veröffentlichungen seitens der „Wuppertaler Schule" (vgl. z. B. FGSV 1995, S. 11; Fiedler 1997a, S. 44; Fiedler/Thiesies 1993, S. 223; Reinkober 1995, S. 117; Thiesies 1997, S. 296; Thiesies 1998, S. 37) werden mit dem Mobilitätsmanagement drei übergeordnete Ziele verbunden, denen 2001 eine überarbeitete Ausrichtung gegeben wurde:

> „Sicherung und Gewährleistung objektiv notwendiger Mobilität (z. B. die Erreichbarkeit von Arbeitsplätzen, Einkaufs- und Freizeitstätten) durch funktional äquivalente Mobilitätsangebote (einschließlich geeigneter Infrastrukturen wie etwa Radverkehrsnetze) und eine leicht zugängliche und umfassende Information über alle Mobilitätsmöglichkeiten,

---

[66] Der Begriff „Wuppertaler Schule" wird in der Arbeit für die Ansätze verwendet, die vom Forschungskreis um Prof. Dr. (em.) Joachim Fiedler von der Gesamthochschule Wuppertal erarbeitet wurden bzw. werden.

Förderung einer situationsangemessenen und umweltverträglichen Verkehrsmittelwahl/-nutzung bei allen Verkehrsteilnehmern und verkehrserzeugenden Einrichtungen (nahe, mit MIV-Alternativen erreichbare Ziele, Etablierung gesellschaftlich anerkannter Begründungen für die MIV-alternative Mobilität),

Förderung eines verantwortungsbewussten Fahrverhaltens zur Reduzierung von Lärm-/Schadstoffemissionen und Verkehrsunfällen (energiesparendes Fahren, situationsangepasste Geschwindigkeiten, Unterlassen alkoholisierten Fahrens etc.)." (UBA 2001a, S. 16)

Damit diese Zielsetzungen erreicht werden können, werden mehrere Aufgabenbereiche und Maßnahmenpakete vorgeschlagen, die durch ein Planungs- und Abstimmungsverfahren unter der Federführung eines Mobilitätsmanagers und weiterer Träger umzusetzen ist. Als erforderliche Aufgaben werden neben der Anwendung und Weiterentwicklung bedarfsgerechter Bedienformen und Maßnahmen zu deren effizientem Zusammenwirken mit anderen MIV-alternativen Verkehrsarten („Differenzierte Verkehrserschließung")[67] und deren logistischen Verknüpfung, die Unterhaltung und Förderung nutzungsadäquater Fuß- und Radverkehrsinfrastrukturen aufgefasst. Als ergänzende Maßnahmen lassen sich ein Marketing, leicht und begreifbare Leit- und Informationssysteme sowie komplementäre Begleitmaßnahmen finden (vgl. ders., S. 17; zu den grundlegenden Vorstellungen v. a. FGSV 1995, S. 11; Thiesies 1998, S. 38ff.).

3.2.2.2 Konzeptioneller Aufbau

Als Träger des Mobilitätsmanagements haben sich sechs institutionell getrennte Komponenten herauskristallisiert, wobei sich die Zusammensetzung dieser Träger und Anzahl der Beteiligten (zwischen fünf und sieben werden in unterschiedlichen Quellen genannt) im Laufe der Zeit verändert haben (vgl. Tabelle 7). Es wird jedoch explizit darauf hingewiesen, dass die Anwendung des Mobilitätsmanagements nicht mit der Schaffung neuer Ressorts oder Stellen verbunden sein muss.

---

[67] Die „Differenzierte Verkehrserschließung" hat sich aus Lösungsvorschlägen für die Mobilitätsprobleme im ländlichen Raum" entwickelt (vgl. Fiedler 1982, S. 445ff.; Fiedler 1989, S. 107ff.; Fiedler 1997b, S. 4ff.; Fiedler 1997c, S. 233ff.) und ist auf die Bedürfnisse öffentlicher Verkehrsmittel und seiner Anbieter ausgerichtet. „Es sollen verschiedene aufeinander abgestimmte Bedienungsformen bei minimalen Bedienungsaufwand unter Berücksichtigung kapazitativer, arbeits- und konzessionsrechtlicher Faktoren geschaffen werden. Als Teilsysteme dieses integrativen Mobilitätsangebotes dienen a) der motorisierte und nichtmotorisierte Individualverkehr, b) der konventionelle und modifizierte öffentliche Personenverkehr, c) flexible Bedienungsformen, d) private Mitnahmeverkehre, und e) kombinierte Betriebsformen (...)." (Heine 1998, S. 51; ähnlich Heine 1997a, S. 98 und 1997c, S. 130)

Tabelle 7: Träger des Mobilitätsmanagements[68]

Träger	Institution	Aufgaben
Mobilitäts-manager	bei projektdurch-führender Institution (häufig: Kommunen) in leitender Position	- übergreifende Integration der Einzelaktivitäten - Aktivitäten der Träger initiieren - Erkenntnisse der anderen Träger in den politischen Entscheidungsprozess einbringen - Aussagen gegenüber Medien
Mobilitäts-beauftragter	bei projektdurch-führender Institution (häufig: Kommunen) als Mitarbeiter des Mobilitätsmanagers	- Kommunikation zwischen Beteiligten organisieren - Ansprechpartner für Bürger - wirksame Öffentlichkeitsarbeit initiieren - institutioneninterne Koordination und Abstimmung mit externen Stellen
Mobilitäts-zentrale	häufig bei Verkehrs-unternehmen	- dient der system- und unternehmensneutralen Information, Beratung zur Verkehrsmittelwahl, Unterstützung von Fahrgemeinschaften und ggf. Disposition nachfragegesteuerter ÖPNV-Betriebsformen - Wahrnehmung von Beschwerdemanagement
Mobilitäts-berater	„Außendienst" einer Mobilitätszentrale	- sie agieren in mobilitätsinduzierenden Ein-richtungen (z. B. Privathaushalte, Schulen) - sie vermitteln Kenntnisse über alle Ver-kehrssysteme und Mobilitätsmöglichkeiten, informieren über die Kosten/Fahrpreise und initiieren ggf. auch die entsprechende Ange-botsvermittlung (Fahrgemeinschaften, -karten)
Mobilitäts-koordinator	Firmen-/Institutions-angehörige in leitender Stellung	- sie helfen z. B. Mobilitätsmaßnahmen unter-nehmensintern zu fördern und umzusetzen - wirken als Mittler zwischen Arbeitgeber und -nehmer auf nachhaltige Verkehrsmittelwahl
Projekt-beauftragte	Fachabteilungen von durchführenden Insti-tutionen (Verwaltung, Verkehrsunterneh-men, Betriebe), Planungs- und Entwicklungsbüros	- Durchführung bzw. Beteiligung an der Durchführung von Einzelprojekten

Quelle: eigene Zusammenstellung, in Anlehnung an Feigl/Vennefrohne 1999a, S. 32f.; Heine 1997a, S. 98f.; Peter 2000, S. 44ff.; Thiesies 1998, S. 47ff.; UBA 2001a, S. 23ff.

[68] In älteren Veröffentlichungen werden z. T. andere Träger mit ähnlichen Aufgaben genannt (vgl. Feigl/Vennefrohne 1999a, S. 32f.; FGSV 1995, S. 13ff.; Fiedler 1999, S. 152; Fiedler/Thiesies 1993, S. 224; Heine 1997a, S. 98f.; Thiesies 1998, S. 47ff.). Insbesondere private Mobilitätsvereine und Verkehrssicherheitsberater als Träger sind in neueren Veröffentlichungen nicht mehr enthalten.

„Zweifellos können zumindest die Mobilitätsmanager, Mobilitätsbeauftragten sowie die Mobilitätskoordinatoren die ihnen zugeschriebenen Aufgaben neben ihren übrigen Obliegenheiten, vielleicht in veränderter Zuordnung, wahrnehmen. Im übrigen soll sich der Kreis formal und inhaltlich zu beteiligender Personen ggf. unter projektbezogenen wechselnder Regie von Fall zu Fall neu konstituieren und (projektabschließend) wieder auflösen." (UBA 2001a, S. 25)

In vielen Projekten ist dennoch die Schaffung neuer Stellen zu beobachten. „Insoweit scheint die Praxis den ursprünglichen Theorieansatz, keine neuen Stellen einrichten zu müssen, wohl nicht selten ad absurdum zu führen." (Hamann 2001, S. 170)

Das Mobilitätsmanagement nach der „Wuppertaler Schule" kann in unterschiedlichen Handlungsbereichen stattfinden. Zum einem werden strukturbezogene, entscheidungsträgerbezogene und nutzerbezogene Handlungsbereiche unterschieden (vgl. UBA 2001a, S. 27ff.) und zum anderen strukturbezogene und einzelprojektbezogene sowie dienstleistungsbezogene (= Mobilitätsmarketing[69]) Handlungsbereiche (vgl. Fiedler 1999, S. 152; Fiedler 2001, S. 220; Fiedler 2002, S. 23).

---

[69] Mobilitätsmarketing wird unterschiedlich definiert. Laakmann definiert Mobilitätsmarketing „(...) als das Marketing von Leistungen, die die Überwindung von räumlichen Distanzen bei privaten oder geschäftlichen Austauschbeziehungen zum Ziel haben." (1994, S. 161) Nach dem Umweltbundesamt umfasst Mobilitätsmarketing alle Bereiche, „(...) die den Verkehrsteilnehmern und Verkehrserzeugern (z.B. Produktionsbetriebe, Veranstalter) bei der Umsetzung ihrer Mobilitätsbedürfnisse mittels systemneutraler und unternehmensübergreifender Informationen und Beratungen behilflich sind. Dazu gehört auch, Mobilitätsbedürfnisse zu recherchieren und analysieren sowie Maßnahmen zu ergreifen, die auf eine ‚intelligente Verkehrsmittelwahl‘ abzielen." (UBA 2001b) Aurich/Konietzka/Heid (1998, S. 49) verstehen unter Mobilitätsmarketing „(...) ein neues Marketingkonzept (...), das Verkaufsmaßnahmen entwickelt und einsetzt mit dem Ziel einer Integration und Förderung des umweltverträglichen Verkehrs zu Fuß, mit dem Fahrrad, mit öffentlichen Verkehrsmitteln und mit dem Auto, wie CarSharing." Sie fordern, dass die bisher praktizierten Formen des ÖPNV-, individualisierten, Motivations-, politischen und der verschiedenen Formen des Public-Private-Partnership-Marketing zu einem Mobilitätsmarketing zusammengefasst werden sollen (vgl. Aurich/Konietzka/Heid 1998, S. 102). In der „Studie Mobility" wird Mobilitätsmarketing verstanden als „(...) Vermarktung von Produkten und Dienstleistungen, die die individuelle Mobilität unterstützen oder zu einem Mobilitäts-Zusatznutzen führen, in Vertriebs- und Mediakanälen (sog. Kontaktpunkten), die diesem mobilen Verhalten und/oder dieser mobilen Einstellung am idealsten entsprechen." (Mertens 2003) Darüber hinaus gibt es weitere Quellen, die von Mobilitätsmarketing sprechen, ohne dies näher zu erläutern (vgl. Weber 2001; Aurich/Konietzka 2000, S. 205).

In der ersten Einteilung zählen zu den strukturbezogenen Handlungsbereichen z. B. nicht nur kommunale Erweiterungsplanungen mit Nutzungsmi-
schungen, Konzepte zur Stärkung wohnungsnaher Einzelhandels- und
Schulstandortstrukturen oder autoarme Wohnquartiere, sondern auch Be-
schleunigungsmaßnahmen für Busse und Bahnen, häufige, nutzungsadä-
quate ÖPNV-Angebote mit standardisierten Bezeichnungen, einfache Informationssysteme oder MIV-einschränkende Änderungen vorhandener
Stellplatzsatzungen, Staumanagement oder Verkehrsüberwachung. Mobilitätsmanagement auf einer entscheidungsträgerbezogenen Ebene bezieht
sich v. a. im Rahmen von „politischem Marketing" auf die Zielgruppen
Entscheidungsträger und politische Parteien mit ihren Gremien. Aber auch
Unternehmensleitungen können auf dieser Ebene von den Inhalten, Zielen
und Vorteilen des Mobilitätsmanagements informiert und überzeugt werden. Auf der nutzerbezogenen Ebene sollen die Personen, die bereits (vorrangig) den Umweltverbund nutzen in ihrem Verhalten bestärkt werden.
Den MIV-Nutzern sollen dagegen Anreize bereitgestellt werden, (...) um
ihre Mobilitätsgewohnheiten aufzubrechen, neues Verhalten zu initiieren
und (...) auch zu stabilisieren." (UBA 2001a, S. 32) Als wichtigste Maß-
nahme des Mobilitätsmanagements wird hierbei die Information über eine
Nutzung des Umweltverbundes angesehen. Darüber hinaus sollen konkrete
Versuchsmöglichkeiten, wie z. B. „Schnupper-Abos" oder Leihräder, angeboten und eine offensive Kommunikationspolitik eingesetzt werden.
Diese soll auch emotionale Ansprachcformen beinhalten und allgemein anerkannte Werte, wie die eigene Gesundheit, hervorheben. Zusammenfassend wird betont, dass Mobilitätsmanagement in allen Maßnahmenberei-
chen veranlassend aktiv werden und somit die notwendige Kombination
von Maßnahmen in differenzierter Weise steuern soll.

Die zweite bekannte Einteilung legt andere Schwerpunkte. Hierbei umfasst
das strukturbezogene Handlungsfeld „(...) neben der ‚Förderung umweltfreundlicher Verkehrskonzeptionen' die Entscheidung über Gewerbean-
siedlungen, die Ausgestaltung touristischer Angebote insgesamt, Überlegungen zur Gründung von Verkehrsverbünden und zur Einführung ‚Inte-
graler Taktfahrpläne'." (Fiedler 1999, S. 152) Einzelbezogene Maßnahmen
können die Anlage von P&R-Anlagen, die Einrichtung verkehrsberuhigter
Zonen, ÖPNV-Beschleuni-gungsmaßnahmen oder die Einführung von
Sammeltaxen und/oder Stadtbussen sein. Mobilitätsmarketing soll sich
schließlich mit der „bewussten" Mobilität auseinandersetzen, um das Ziel
der „intelligenten Verkehrsmittelwahl" zu erreichen. Hierunter wird u. a.
die systemneutrale und unternehmensübergreifende Information und Beratung, z. B. durch Mobilitätszentralen, verstanden (vgl. ebd.; Fiedler 2001,

S. 220). Im strukturbezogenen Handlungsfeld lassen sich eher flächenbezogene und im einzelprojektbezogenen Handlungsfeld eher lokal und standortbezogene Maßnahmen wiederfinden.

3.2.2.3 Umsetzung

Zur Planung und Umsetzung des Mobilitätsmanagements wird ein „kommunizierender Prozess bzw. kommunizierende Planung" vorgeschlagen (vgl. Abbildung 13). Unter kommunizierender Planung wird dabei „(...) das schrittweise Erarbeiten umsetzungsreifer Lösungen im ständigen Zusammenwirken aller vom Vorhaben Tangierten bei einer abschnittsweisen politischen Beschlußfassung und der zügigen Umsetzung verstanden." (FGSV 1995, S. 22) Sowohl die unmittelbar Beteiligten (z. B. Kommunalverwaltungen, Verkehrsunternehmen, Betriebe) und direkt Betroffenen (z. B. Verkehrsteilnehmer, Anwohner) als auch die Nutznießer (z. B. Einzelhandelsgeschäfte, Gaststätten, Veranstalter) sollen an diesem Prozess beteiligt werden (vgl. Fiedler 2001, S. 220).

Abbildung 13: Phasen der kommunizierenden Planung und Umsetzung

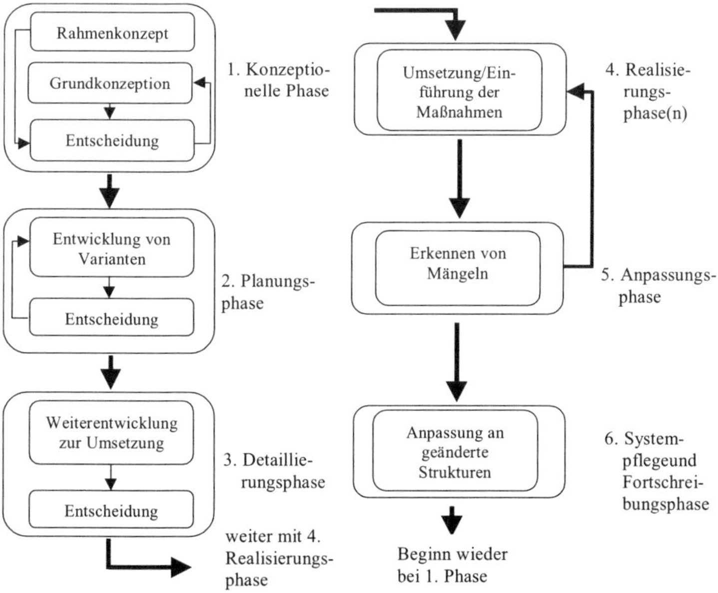

Quelle: vgl. Thiesies 1998, S. 69

3.2.3 Mobilitätsmanagement nach MOMENTUM/MOSAIC

Das sog. „Common-Konzept" zum Mobilitätsmanagement ist im Rahmen
der EU-Forschungsprojekte MOMENTUM und MOSAIC entstanden. Sie
wurden zwar als eigenständige Projekte konzipiert, im Laufe der Arbeiten
hat es sich jedoch „(...) als notwendig erwiesen, Einigkeit über Begriffsde-
finitionen, Elemente und dazu gehörende Inhalte des Mobilitätsmanagements zu erzielen." (Tommasi et al. 2000, S. 11)

3.2.3.1 Definition und Zielsetzung des „Common-Konzeptes"

Die im Rahmen der Projekte erarbeitete Definition von Mobilitätsmanagement wurde umfassend, aber gleichzeitig offen für verschiedene Sichtweisen und Interpretationen ausgelegt. Danach ist Mobilitätsmanagement „(...)
ein nachfrageorientierter Ansatz im Bereich des Personen- und Güterverkehrs, der neue Kooperationen initiiert und ein Maßnahmenpaket bereitstellt, um eine effiziente, umwelt- und sozialverträgliche (nachhaltige) Mobilität anzuregen und zu fördern. Die Maßnahmen basieren im wesentlichen auf den Handlungsfeldern Information, Kommunikation, Organisation
und Koordination und bedürfen eines Marketings." (MOMENTUM/
MOSAIC 1999, S. 15) Mobilitätsmanagement beinhaltet hiernach weniger
verbesserte Verkehrsangebote oder größere Investitionen in die Verkehrsinfrastruktur und die Maßnahmen brauchen sich nicht nur auf den Verkehrsbereich beschränken, sondern es können auch Stadtplanung und -ent-
wicklung miteinbezogen werden (vgl. Krug/Witte 1998, S. 15; Witte
2000a, S. 64).

Da über Jahre hinweg in Fachveröffentlichungen zum Mobilitätsmanagement auf der einen Seite die Ziele zu allgemein formuliert wurden, auf der
andere Seite aber viele kleinteilige, operative Ziele für das Mobilitätsmanagement genannt wurden, wurde im Rahmen des „Common-Konzeptes"
eine allgemeine Zielsetzung formuliert. Hierbei ist das generelle Ziel, den
unterschiedlichen Mobilitätsbedürfnissen von Zielgruppen in umweltfreundlicher, sozial verträglicher und effizienter Form gerecht zu werden.
Die konkreten Zielsetzungen sind (vgl. MOMENTUM/MOSAIC 1999, S.
17):

* Einstellungs- und Verhaltensbeeinflussung zur Förderung der ver-
  mehrten Nutzung umweltverträglicher Verkehrsmittel,

* Zugangsverbesserung zu umweltverträglichen Verkehrsmitteln für alle
  Menschen und Organisationen,

* Befriedigung der Mobilitätsbedürfnisse durch die Förderung einer effizienten Nutzung der (bestehenden) Verkehrssysteme,

- Reduzierung des Verkehrs(-wachstums) durch die Verringerung der Fahrten, Distanzen und der Notwendigkeit von Fahrten mit Verkehrsmitteln des MIV,
- Verbesserung der Koordination zwischen den Verkehrsmitteln und die Vereinfachung der Verknüpfung der bestehenden Verkehrsnetze sowie
- Verbesserung der wirtschaftlichen Effizienz des gesamten Verkehrssystems.

3.2.3.2 Konzeptioneller Aufbau

Der konzeptionelle Aufbau dieses Ansatzes ist in drei Systemebenen eingeteilt. Jeder Ebene werden verschiedene Aufgabenbereiche, Akteure und Institutionen zugewiesen. Dieser umfassende Konzeptansatz sollte der Ausgangspunkt bzw. Hintergrund der Mobilitätsmanagementaktivitäten sein; er muss aber nicht notwendigerweise Voraussetzung für ein erfolgreiches Mobilitätsmanagement sein. Dieses als flexibler Ansatz aufgebaute Konzept wird in Abbildung 14 dargestellt und Tabelle 8 näher erläutert.

„Die Wahl des geeigneten Ansatzpunktes ist von der spezifischen örtlichen Situation abhängig. Basierend auf bestehenden Initiativen, relevanten Zielgruppen und definierten Zielen ist eine städtisch-regionale und/oder standortbezogene (betriebsbezogene) Anwendung möglich." (Finke et al. 1999, S. 7)

Abbildung 14: Konzeptioneller Aufbau des Mobilitätsmanagements

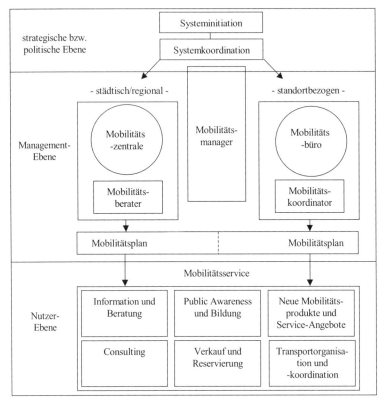

Quelle: vgl. MOMENTUM/MOSAIC 1999, S. 45

Tabelle 8: Das 3-Ebenen-Konzept

	Wesentliche Kennzeichen	Träger
Strategie-Ebene	- politische Grundsatzentschei-dung wird getroffen - üblicherweise sucht ein Vor-reiter nach finanzieller und ideeller Unterstützung bei an-deren Akteuren	- Vorreiter sind meist Behör-den, Transportanbieter (z. B. ÖV-Betriebe) oder privat-wirtschaftliche Unternehmen - Beteiligte können z. B. örtli-che/regionale Verkehrsunter-nehmen, Bahnen, Stadtver-waltungen, Industrie- und Handelskammern, Initiativen (z. B. VCD, ADFC), Taxiun-ternehmen, Spediteure und Kurierdienste, Forschungs-einrichtungen, private Unter-nehmen und Einrichtungen sowie die Politik und der Ein-zelhandel sein - Mobilitätsmanager

Management-Ebene	- hier findet die Umsetzung und Durchführung des Mobi-litätsmanagements statt
	- zwei Raumbezüge werden unterschieden:
	  - städtische/regionale Ebene
	  - standortbezogene Ebene
		- auf städtischer/regionaler Ebene: Mobilitätszentrale und -berater (sowie Servicemitar-beiter)
		- auf standortbezogener Ebene: Mobilitätsbüro und Mobili-tätskoordinator (sowie Servi-cemitarbeiter)

Nutzer-Ebene	- hier werden die konkreten Mobilitätsdienstleistungen entwickelt und den Ver-kehrsteilnehmern angeboten	- Nutzer aus den Bereichen Personen- und/oder Güter-verkehr

Quelle: Freudenau 2000, S. 17ff.; Krug/Witte 1998, S. 16ff.; Witte 2000a, S. 65ff.;
Wondergem 1998

Da insbesondere die Inhalte der Management- und Nutzer-Ebene als prä-gende Kennzeichen für ein Mobilitätsmanagement nach dem „Common-Konzept" gelten können, sollen diese ausführlicher charakterisiert werden.

Der städtischen/regionalen Ebene sind flächenhaft wirksame Akteure und Aktivitäten zugeordnet und die angebotenen Serviceleistungen sind für alle Bewohner und Besucher einer bestimmten Stadt oder Region zugänglich. Da es sich unter Umständen um ein großes Einzugsgebiet handeln kann, wird es als sinnvoll erachtet, Maßnahmen anzubieten, die bei einer breiten Öffentlichkeit Anklang finden oder bestimmte, (haupt-) problemverursa-chende Zielgruppen anzusprechen (vgl. Krug/Witte 1998, S. 16; MOMEN-TUM/MOSAIC 1999, S. 47).

Beim standortbezogenen Mobilitätsmanagement werden verkehrsinduzierende Einrichtungen in den Mittelpunkt gestellt. Hierzu werden z. B. Betriebe, Schulen, öffentliche Verwaltungen, Krankenhäuser, Einkaufszentren
oder Freizeiteinrichtungen gezählt. Während auf städtischer/regionaler
Ebene das Mobilitätsmanagement prinzipiell auf alle Personengruppen oder
Institutionen ausgerichtet ist, werden beim standortbezogenen Ansatz bestimmte Zielgruppen herausgegriffen, wie z. B. die Beschäftigten eines Be-
triebes, die Studierenden einer Universität oder die Beschäftigten, Patienten
und/oder Besucher eines Krankenhauses (vgl. Klewe 1998, S. 20). Bisherige Ansätze standortbezogenen Mobilitätsmanagements beziehen sich größtenteils auf Firmen oder öffentliche Verwaltungen, so dass auch vom betrieblichen Mobilitätsmanagement gesprochen wird.

Träger des Mobilitätsmanagements und deren Tätigkeiten

Der Mobilitätsmanager soll für die Verbindung zwischen der strategischen
und Management-Ebene Sorge tragen. Zu den Aufgaben eines Mobilitätsmanagers zählt die Initiierung und Koordinierung des Mobilitätsmanagements.

> „Er bereitet wichtige strategische Entscheidungen für die Entwicklung des
> Mobilitätsmanagements vor, koordiniert gemeinsame Aktionen aller am
> Mobilitätsmanagement beteiligten Akteure und ist maßgeblich an der Ent-
> wicklung neuer Konzepte beteiligt." (Freudenau 2000, S. 19)

Es wird immer vom Mobilitätsmanager gesprochen, die Position muss aber
nicht unbedingt von nur einer Person besetzt sein. Sie soll eher als Rolle
gesehen werden, die von einer oder mehreren Personen übernommen werden kann. Die institutionelle Verankerung kann bei Stadtverwaltungen oder
regionalen Behörden, aber auch bei Verkehrsunternehmen, relevanten
Umwelt- oder Verkehrsorganisationen geschehen. Je nach dem, welche örtlichen Gegebenheiten vorhanden sind, ist eine andere Konstellation denkbar (vgl. MOMENTUM/MOSAIC 1999, S. 51).

Als Kristallisationspunkt für die Umsetzung des Mobilitätsmanagements ist
eine operative Einheit erforderlich, die ein breites Angebot an Mobilitätsdienstleistungen anbietet. Auf städtischer/regionaler Ebene ist es eine Mobilitätszentrale, die die Mobilitätsdienstleistungen initiiert, organisiert und
anbietet. „Mobilitätszentralen stellen einen besonders wichtigen und grundlegenden Baustein eines umfassenden Mobilitätsmanagementkonzeptes
dar. Im Gegensatz zu anderen Elementen des Mobilitätsmanagements (z. B.
Mobilitätskoordinator) besitzen Mobilitätszentralen eine große Eigendy-
namik. Diese sowie der in Deutschland vorherrschende Bottom-up-Ansatz
(lokale Initiativen als Motor der Entwicklung vor Ort) führen dazu, daß
Mobilitätszentralen hierzulande ein hohes Realisierungspotential besitzen."
(Finke et al. 1999, S. 8)

Je nach dem, welche Rahmenbedingungen vor Ort (z. B. Größe, Lage), welche technische Ausstattung (z. B. Telefon, Fax, E-Mail, Internetzugang) und welche Größe, Träger und Partner vorhanden sind, kann die Angebotspalette ausgestaltet werden. Unabhängig hiervon kennzeichnet Mobilitätszentralen ein verkehrsmittelübergreifender Ansatz, d. h., dass sich das Serviceangebot nicht nur auf ein einziges Verkehrsmittel bezieht. Ein weiteres Kennzeichen ist der unternehmens- bzw. standortübergreifende Ansatz, d. h. es sollen z. B. auch Fahrplanauskünfte für alle Verkehrsunternehmen am Ort und auch für Verkehrsunternehmen außerhalb des eigenen Bedienungsgebietes gegeben werden sowie ein individueller Zugang für die breite Öffentlichkeit vorhanden sein (vgl. Klewe 1998, S. 18f.; MOMENTUM/MOSAIC 1999, S. 52).

Beim standortbezogenen Mobilitätsmanagement wird das Mobilitätsbüro als operative Basis angesehen. Es bietet Mobilitätsdienstleistungen für alle oder ausgewählte Zielgruppen dieses Standortes an und ist in der Einrichtung angesiedelt. Sowohl in Mobilitätszentralen als auch im Mobilitätsbüro gibt es Personen (= Mobilitätsberater bzw. -koordinator), die sowohl für die operative Umsetzung der Mobilitätsdienstleistungen als auch für weitere Aufgaben verantwortlich sind und meist von Servicemitarbeitern unterstützt werden. Einsatzmöglichkeiten für Mobilitätsberater bestehen in der Beratung von Firmen und Institutionen, Schulen und Kindergärten, sozialen Einrichtungen oder der Öffentlichkeit, wobei sie auf die jeweilige Zielgruppe zugeschnittene Dienste anbieten (z. B. Mobilitätserziehung für Schulen oder persönliche Wegeorganisation in privaten Haushalten) (vgl. Witte 2000a, S. 66f.). „In der Mobilitätszentrale selbst organisiert und unterstützt er das Mitarbeiterteam, das den Kunden im persönlichen oder virtuellen Kontakt sämtliche Mobilitätsdienstleistungen bereitstellt." (Freudenau 2000, S. 21)

Mit der Rolle des Mobilitätsberates ist die des Mobilitätskoordinators auf standortbezogener Ebene zu vergleichen, der in die Einrichtung integriert sein kann oder dessen Aufgaben auch, wie z. B. in den Niederlanden, durch spezialisierte externe Büros übernommen werden können. Auf Grund der unterschiedlichen standortspezifischen Voraussetzungen und den Vorstellungen bzw. Vorgaben der Unternehmens- bzw. Einrichtungsleitung sind die Aufgaben sehr verschieden und können wenig verallgemeinert werden. Ihm wird jedoch die Erstellung eines Handlungsleitfadens, den sog. Mobilitätsplan, für die Reduzierung des standortbezogenen Verkehrs zugeschrieben.

Grundsätzlich enthält der Mobilitätsplan Aussagen über Ziele, Inhalte und Umsetzung von Maßnahmen, die helfen, den motorisierten Individualverkehr von und zum Standort zu verringern. Je nach Zielsetzungen bzw.

Problemlage können sich die Maßnahmen auch nur auf einen bestimmten Fahrzweck konzentrieren (z. B. nur Pendlerverkehr ohne Besucher- und Geschäftsverkehr). Die Grundlage für die anzuwendenden Maßnahmen stellt eine Analyse dar, die z. B. das Mobilitätsverhalten der Zielgruppen und die Verkehrsbedingungen am Standort enthält (vgl. MOMENTUM/ MOSAIC 1999, S. 55). In Deutschland sind diese Mobilitätspläne noch wenig verbreitet. Dies ist v. a. darauf zurückzuführen, dass die Diskussion zum Mobilitätsmanagement (noch) nicht zu einem „Top-down-Ansatz" (= staatliche Regelungen bzw. Initiativen zur Einführung des Mobilitätsmanagements) geführt hat. Somit geht es beim standortbezogenen Mobilitätsmanagement vornehmlich um eine Realisierung von Mobilitätsplänen im „Bottom-up-Ansatz". Der Einsatz von Mobilitätsplänen auf städtischer bzw. regionaler Ebene ist erst seit kurzem zu beobachten (vgl. Finke et al. 1999, S. 10).

Neben diesem organisatorischen Aufbau, wie er in optimaler Ausgestaltung gesehen wird, werden die sog. Mobilitätsdienstleistungen in den Mittelpunkt des Mobilitätsmanagements gestellt. Diese können auf beiden erläuterten Ebenen (= städtisch/regional oder standortbezogen) wie auch im Personen- und Güterverkehr ihren Einsatz finden. Nach Klewe (vgl. 1998, S. 17) sind Mobilitätsdienstleistungen als Oberbegriff für die reinen Beförderungs- oder Transportangebote eines Mobilitätsanbieters (z. B. Bus- oder Bahnfahrten eines ÖPNV-Unternehmens) bzw. für die temporäre Möglichkeit ein Fahrzeug selbst zu nutzen (z. B. Pkw eines Car-Sharing-Anbieters) und für den Service, der mit diesen Angeboten verbunden ist (z. B. gutes oder schlechtes Informationssystem), zu verstehen. In Bezug auf den Mobilitätsservice werden sechs Typen von Dienstleistungen unterschieden (vgl. Abbildung 15 und Tabelle 9), die unterstützt durch entsprechendes Marketing angeboten werden sollen (vgl. Freudenau 2000, S. 24; MOMENTUM/MOSAIC 1999, S. 27ff.; Tommasi et al. 2000, S. 16f.):

Abbildung 15: Mobilitätsdienstleistungen

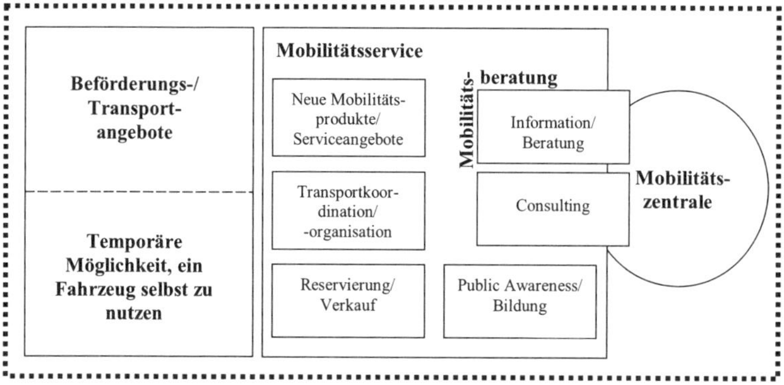

Beförderungs-/ Transport- angebote	Mobilitätsservice		Mobilitäts- zentrale
	Neue Mobilitäts- produkte/ Serviceangebote	**beratung** Information/ Beratung	
Temporäre Möglichkeit, ein Fahrzeug selbst zu nutzen	Transportkoor- dination/ -organisation	Consulting	
	Reservierung/ Verkauf	Public Awareness/ Bildung	

Quelle: Klewe 1998, S. 18[70]

Tabelle 9: Typen von Mobilitätsservices

Information und Beratung:
Bereitstellung von Informationen zu allen Verkehrsmitteln des Umweltverbundes, Car-Sharing, Fahrgemeinschaften, Taxen usw. und Beratung in Form von maßgeschneiderten Empfehlungen zu individuellen Verkehrsfragen für Einzelpersonen, Haushalte, Unternehmen, Schulen, Verwaltungen usw.
Consulting:
Consulting ist die detaillierte Beratung entweder von Einzelpersonen oder Verkehrserzeugern, wie z. B. Unternehmen, Schulen, Stadtverwaltungen, Freizeiteinrichtungen, wobei eine Analyse der jeweiligen Ausgangssituation, eine Prüfung von Alternativen und daraus resultierende Empfehlungen beinhaltet sind.
Reservierung und Verkauf:
Verkauf, Vermietung und Reservierung von verkehrsbezogenen Produkten aller Art, wobei die Kommunikation im persönlichen Kontakt und/oder indirekt per Telefon, Fax, Internet etc. erfolgt.

---

[70] Seit Beginn des Jahres 2004 werden von einem Partner des MOMENTUM/MOSAIC-Konsortiums, dem Institut für Landes- und Stadtentwicklungsforschung des Landes Nordrhein-Westfalen, nur noch fünf Servicefelder genannt. Das Servicefeld „Entwicklung neuer Mobilitätsprodukte und Service-Angebote" wird nicht mehr als Extra-Bereich angeführt (vgl. www.mobilitaetsmanagement.nrw.de, download vom 13.05.2004).

Tabelle 9: Typen von Mobilitätsservices (Fortsetzung)

Public Awareness und Bildung: Public Awareness zielt auf das Mobilitätsbewusstsein aller Verkehrsteilnehmer ab. Jeder soll zum Hinterfragen seines gewohnheitsbedingten Mobilitätsverhaltens, z. B. durch Social Marketing, angeregt werden. Um Veränderungen in den Einstellungen zur Mobilität und Mobilitätsverhalten zu erreichen, gilt es, die Vor- und Nachteile aller Verkehrsmittel zu verdeutlichen und Alternativen zur alleinigen Autonutzung aufzuzeigen. Bildung in Form des Einsatzes pädagogischer Hilfsmittel (z. B. Mobilitätserziehung in Schulen) können bewirken, dass die unterschiedlichen Zielgruppen die Vor- und Nachteile aller Verkehrsmittel kennenlernen.
Transportorganisation und -koordination: Organisation neuer Formen von umweltfreundlicher Transportabwicklung (verkehrsmittelübergreifend, anbieterunabhängig) sowie die Koordination und Verbesserung von bestehenden, auf bestimmte Ziel-gruppen ausgerichtete Dienstleistungen. Koordination zwischen verschiedenen Transportanbietern, Stadtverwaltungen und „Verkehrserzeugern" (z. B. Betriebe) ist wichtig für Schaffung von integrierten Mobilitätsdienstleistungen und deren Nutzung.
Entwicklung neuer Mobilitätsprodukte und Service-Angebote: Hierunter sind vielfältige ergänzende transportbezogene Dienstleistungen, die die Nutzung umweltverträglicher Verkehrsträger fördern (z. B. ÖPNV-Kombifahrscheine, Fahrradverleih) und die autounabhängige Alltagsorganisation vereinfachen (z. B. Rückkehrgarantie für ÖV-Nutzer), zu verstehen.

Exkurs: Sind Mobilitätsdienstleistungen wirklich Dienstleistungen?

Mobilitätsdienstleistungen im Rahmen des Mobilitätsmanagements bestehen aus verschiedenen Dienstleistungskomponenten. Unklar dabei ist jedoch, ob alle Komponenten wirklich als Dienstleistungen zu bezeichnen sind. „Die Software des Mobilitätsmanagements sind Informationen, die ein multioptionales Verhalten erlauben. Multioptional heißt, daß Personen unter verschiedenen Mobilitätsalternativen wählen können. Die Informationen über die unterschiedlichen Mobilitätsmöglichkeiten werden über Beratungsleistungen vermittelt. (...) Die Hardware des Mobilitätsmanagements sind Verkehrsdienstleistungen, die den physischen Transport oder den Zugang zu den Verkehrsmitteln regeln. Klassische Mobilitätsdienstleister sind öffentliche Verkehrsunternehmen (z. B. die Deutsche Bahn AG) und Taxiunternehmen. Neuartige Mobilitätsdienstleister sind Car-Sharing-Unternehmen, Fahrradstationen, Betreiber von Mobilitätszentralen und Mobilitätsprovider." (Beutler/Brackmann 1999, S. 3)

Die bekannten Definitionsansätze des Dienstleistungsbegriffes umfassen die Präzisierung über eine Aufzählung von Beispielen (enumerative Definitionen), die Abgrenzung über eine Negativdefinition zu Sachgütern sowie die Definition auf Grundlage konstitutiver Merkmale. Hierbei lassen sich vier unterschiedliche Definitionsansätze auf Basis konstitutiver Merkmale unterscheiden: tätigkeits-, prozess-, ergebnis- und potentialorientierte Definitionen. Zur kombinierten Betrachtung der konstitutiven Merkmale von Dienstleistungen kann eine phasenbezogene Integration der potential-, prozess- und ergebnisorientierten Integration der Dienstleistung vorgenommen werden (vgl. Hilke 1989, S. 10f.). Die Drei-Phasen-Auffassung von Dienstleistungen hat sich als geeignet erwiesen, zentrale Besonderheiten von Dienstleistungen herauszuarbeiten.[71] Dabei umfasst

„(...) die Potentialdimension die Fähigkeit und Bereitschaft des Dienstleistungsanbieters zur Ausübung einer dienstleistenden Tätigkeit und damit das Personal, die technische Ausrüstung sowie die Zugangs- und Nutzungsmöglichkeiten durch den Nachfrager,
die Prozeßdimension die dienstleistende Tätigkeit selbst und damit die Gesamtheit aller Aktivitäten, die im Verlauf der tatsächlichen Dienstleistungserstellung stattfinden sowie
die Ergebnisdimension den Grad der Erreichung der Leistungsziele und damit den beendeten Vollzug der dienstleistenden Tätigkeit." (Meffert/Perrey/Schneider 2000, S. 7)

---

[71] Für weitergehende Informationen kann die Literatur, die sich mit einer Theorie der Dienstleistung sowie dem Dienstleistungmarketing beschäftigt, herangezogen werden. Siehe z. B. Benölke/Greipel 1994, Bieberstein 1995, Bieger 1998, Corsten 1997, Hilke 1989, Kurtz/Clow 1998, Meffert/Bruhn 2003, Meyer 1996, Pepels 1995 und für Tourismus-Marketing als Dienstleistungsmarketing Freyer 2001a und 2004. Pompl (vgl. 1996, S. 43) schlägt in Anlehnung an Mengen (1993, S. 22f.) vier Phasen einer Dienstleistung vor: Bereitstellungs-, Prozess-, Ergebnis- und Wirkungsphase. Wöhler (vgl. 1993, S. 46ff.) unterscheidet nur zwischen Potential- und Prozess-/Ergebnisphase der touristischen Leistungserstellung.

Diese Merkmale lassen sich, auch wenn nicht alle Autoren diese Meinung vertreten[72], zur Definition von Verkehrsdienst- und Mobilitätsserviceleistungen heranziehen. Unter Verkehrsdienstleistungen werden im Sinne der phasenbezogenen Betrachtung „(...) selbständige marktfähige Leistungen, die mit der Bereitstellung und/oder dem Einsatz von Leistungsfähigkeiten zur Überwindung von räumlichen Distanzen verbunden sind (Potentialorientierung), in deren Erstellungsprozeß interne und externe Faktoren kombiniert werden (Prozeßorientierung) und deren Faktorkombination mit dem Ziel eingesetzt wird, Ortsveränderungen von Personen (oder Gütern) vorzunehmen" verstanden. (Meffert/Perrey/Schneider 2000, S. 7f.)[73] Mobilitätsserviceleistungen sind im Sinne der phasenbezogenen Betrachtung Leistungen, die mit der Bereitstellung und/oder dem Einsatz von Leistungsfähigkeiten zur nachhaltigen Überwindung von räumlichen Distanzen verbunden sind bzw. Informationen/Beratungsleistungen zum Verkehr leichter zugänglich, verständlicher und aktueller machen (Potentialorientierung), in deren Erstellungsprozess interne und externe Faktoren kombiniert werden (Prozessorientierung) und deren Faktorkombination mit dem Ziel eingesetzt wird, Ortsveränderungen von Personen (oder Gütern) im Sinne einer nachhaltigen Mobilität zu optimieren bzw. Verkehrsteilnehmern und -erzeugern bei der Umsetzung ihrer Mobilitätsbedürfnisse mittels systemneutraler und unternehmensübergreifender Informationen und Beratungen behilflich zu sein (vgl. Meffert/Bruhn 2003; Meffert/Perrey/Schneider 2000).
Informationen und andere Mobilitätsserviceleistungen werden auch zu den Dienstleistungen gezählt, wobei die Zuordnung in der Literatur kontrovers geführt wird (vgl. Corsten 1997, S. 20f.; Freyer 2004, S. 68; Schad/Riedle 1998, S. 8). So werden bei Meffert/Bruhn (vgl. 2003, S. 32) Dienstleistungen und Informationen getrennt voneinander gesehen. Zusammenfassend kann gesagt werden, dass Informationen erst dann zu Dienstleistungen werden, wenn sie als „Ware" gegen finanzielle oder sonstige Vergütung auf einem Markt „gehandelt" werden. Märkte auf denen Informationen gehandelt werden, sind z. B. Märkte konventioneller Art (Auskunfteien), Bücher, On- und Offline-Datenbanken, Internet usw. Vielmals können Informationen auch (fast) kostenlos durch öffentliche Bibliotheken, Zeitungen und eben auch Mobilitätszentralen oder ähnliche Anbieter von Mobilitätsserviceleistungen bezogen werden (vgl. Schwarze 1998, S. 29ff.). Vor allem bei öffentlichen oder sozialen Gütern, wofür kein marktbezogener Tausch sowie keine Marktpreisbildung erfolgt, z. B. „Produktion" von Informationsleistungen von Tourismusämtern oder Mobilitätszentralen, kann die Erstellung auch ohne Bezahlung erfolgen (vgl. Freyer 2004, S. 68).

---

[72] Diederich (vgl. 1977, S. 115ff.) definiert die Verkehrsdienstleistung nur über das immaterielle Ergebnis des Leistungserstellungsprozesses, so dass sich eine Verkehrsdienstleistung als die vollzogene Ortsveränderung definieren lässt. Große (vgl. 1963, S. 22) stellt dagegen den Prozess in den Mittelpunkt der Betrachtung. Eine potentialorientierte Sichtweise wird von Illetschko (vgl. 1957, S. 8ff. und 1959, S. 55) eingenommen, der neben der eigentlichen Beförderungsaufgabe auch Wegesicherungs-, Abfertigungs- und Hilfsaufgaben sowie die dafür notwendigen Faktoren unter einer Verkehrsdienstleistung subsumiert (vgl. Siefke 1998, S. 45f.).

[73] Die Autoren weisen darauf hin, dass anstatt Verkehrs- streng genommen der Begriff „Mobilitätsdienstleistung" herangezogen werden müsste, da das Bedürfnis nach einer Ortsveränderung im Kern den Wunsch nach Mobilität und nicht den nach Verkehr umfasst (vgl. Meffert/Perry/Schneider 2000, S. 7). Die Nutzung dieser Begrifflichkeit hätte zur Folge, dass Mobilitätsdienstleistungen nicht, wie definiert (vgl. Abbildung 15), Verkehrsdienst- und Mobilitätsserviceleistungen umfassen könnten.

3.2.3.3 Umsetzung

Für die eigentliche Umsetzung des Mobilitätsmanagements werden die vier Stufen Sondierung/Initiation, Gestaltung/Planung, Betrieb/Implementation und Bewertung/Evaluation als Grundlage angenommen, die in der Praxis nicht Stufe für Stufe ablaufen bzw. alle immer vollständig durchgeführt werden. Hierbei umfasst die erste Phase die Projektidentifikation mit einer Beschreibung der Ziele und Betrachtung des Umfeldes, um die Machbarkeit des Mobilitätsmanagements abschätzen zu können. Die zweite Stufe bereitet den Einsatz der Instrumente und den Aufbau von Partnerschaften vor, wobei durch die Resultate der Machbarkeitsstudie u. U. die Zielsetzungen angepasst, Finanzierungsfragen abgeklärt und organisatorische Strukturen aufgebaut werden müssen.

In der dritten Stufe soll ein Mobilitätsplan aufgestellt werden, der mit einer detaillierten Bestandsaufnahme („Grundlagenuntersuchung") beginnt. Auf städtischer/regionaler Ebene sind eher generelle Aussagen zu Mobilitätsmerkmalen (z. B. Zahl der Verkehrsteilnehmer, Reise- und Spitzenzeiten, Verkehrsmittelwahl) zu integrieren, während auf standortbezogener Ebene detaillierte Informationen, z. B. zu den Herkunfts- und Zielorten oder zur Anzahl der Parkplätze, gewonnen werden sollen. Im Mobilitätsplan werden die zu verfolgenden Ziele und Zielgruppen definiert sowie die Mobilitätsdienstleistungen entwickelt, die diesen Zielen und Zielgruppen am besten entsprechen. Die letzte Stufe beinhaltet eine Evaluierung und Anpassung der Mobilitätsmanagement-Ziele und -Maßnahmen (vgl. MOMENTUM/MOSAIC 1999, S. 90ff.).

Abbildung 16: Umsetzungsstufen des Mobilitätsmanagements nach dem Common-Konzept

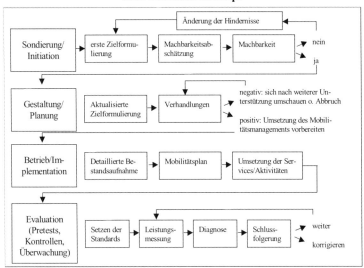

Quelle: eigene Darstellung, in Anlehnung an MOMENTUM/MOSAIC 1999, S. 91ff.;
Tommasi et al. 2000, S. 31

3.2.4 Strategisches Mobilitätsmanagement

Mit dem strategischen Mobilitätsmanagement wird eine neue Handlungs-
perspektive intendiert, „(...) die z.t. neue Instrumente ins Spiel bringt, aber
auch bekannte Ansätze in einen neuen Kontext stellt und damit anders akzentuiert." (Wehling 1998, S. 79) Für diesen Ansatz ist prägend, dass er auf
den Kernelementen des Mobilitätsmanagements[74] aufbaut, sich aber drei
weitere Akzentsetzungen zu eigen macht.

---

[74] Als die vier Kernelementen werden hierbei a) die Berücksichtigung der individuellen
Akteure mit ihren spezifischen Mobilitätsbedürfnissen und ihren sozialen Kontexten,
b) die Stärkung der Handlungs- und Selbstorganisationsfähigkeit gesellschaftlicher
Akteure statt hoheitlichen Planungs- und Verwaltungshandelns, c) ein starkes Gewicht „weicher" und -instrumente wie Beratung, Information, Marketing, organisatorische Dienstleistungen sowie d) der Versuch, die verschiedene
Verkehrsmittel bedarfsorientiert so miteinander zu vernetzten, dass deren Stärken optimal genutzt werden können, angesehen.

Zum ersten will strategisches Mobilitätsmanagement die Abkehr von flächendeckenden und lückenlosen Planungsansätzen ernst nehmen und sich zunächst auf strategisch besonders relevante Handlungsfelder und -ansätze konzentrieren. Zum zweiten will strategisches Mobilitätsmanagement ein Hauptgewicht auf die Schaffung von geeigneten Rahmenbedingungen für gesellschaftliche Selbstorganisation und auf die Stärkung der Handlungspotentiale der sozialen Akteure legen (z. B. Organisation von öffentlichen Pkw-Mitnahme-Systemen oder Aufbau von Car-Sharing-Genossenschaften). Letztlich will strategisches Mobilitätsmanagement auf die strukturelle Vernetzung von strategisch relevanten Bereichen zielen, um hier durch eine schrittweise sozial-ökologische Transformation von Mobilitätsstrukturen zu erreichen (vgl. City:mobil 1999, S. 45).

Als weiteres prägnantes Element des Mobilitätsmanagements ist die als sehr wichtig erachtete Berücksichtigung der jeweiligen spezifischen lokalen und/oder regionalen Bedingungen zu nennen. Hierdurch wird es schwierig, ein übergreifendes „(...) festes Repertoire von Instrumenten, Maßnahmen und Methoden zu definieren und zu beschreiben." (Wehling 1998, S. 82) Bezüglich der Maßnahmen wird auf das bei der „Wuppertaler Schule" und MOMENTUM/MOSAIC beschriebene Spektrum an „weichen" Maßnahmen verwiesen; eigene Weiterentwicklungen werden weitestgehend nicht vorgenommen. Lediglich was den Einbezug von Akteuren angeht, werden eigene Vorschläge entwickelt. „Besonders wichtig ist hierbei erstens die Einbeziehung solcher sozialen Akteure, die bisher in der Regel außerhalb des Blickfeldes kommunaler Verkehrspolitik geblieben sind, etwa Beschäftigungsinitiativen, Kinderinitiativen, Freizeit- und Gastronomieeinrichtungen, Sportvereine etc. Zweitens geht es darum, neue Formen der Zusammenarbeit zwischen solchen Akteuren zu initiieren und neue Interessenkonstellationen sichtbar zu machen." (ders., S. 83f.)

Zusammenfassend bleibt festzuhalten, dass strategisches Mobilitätsmanagement die zuvor vorgestellten Ansätze (siehe Kapitel 3.2.2, S. 72ff. und 3.2.3, S. 78ff.) in gewissen Nuancen (z. B. neue Akteure und Akteurskooperationen, Selbstorganisationen) erweitert, verfeinert bzw., wie selbst formuliert, anders akzentuiert.

3.3 Diskussion der Mobilitätsmanagementansätze sowie Abgrenzung von Verkehrssystem- und Mobilitätsmanagement

Obwohl es ein Ziel der EU-Projekte MOMENTUM und MOSAIC war, die verschiedenen divergierenden Ansichten, unterschiedlichen Begriffe sowie den heterogenen Stand praktischer Erfahrungen europaweit aufzuarbeiten und ein einheitliches, umfassendes Konzept für ein Mobilitätsmanagement zu entwickeln (vgl. Krug/Witte 1998, S. 15), sind immer noch verschiedene Ansätze festzustellen. Zwar zeigen die Ergebnisse der Projekte MOMEN-TUM und MOSAIC in vielen Bereichen eine Synthese bis dahin bekannter Inhalte, Vorgehensweisen und Ziele des Mobilitätsmana-gements, aber die Projektergebnisse wurden nicht als allumfassender und alleiniger Ansatz von der (deutschen) Fachöffentlichkeit angenommen.

Das Nebeneinander mehrerer Ansätze mit verschiedenen Definitionen und Inhalten ist zwar nicht unproblematisch, solange aber Übereinstimmung zum Wesen des Mobilitätsmanagements (= Ansatz, der in kooperativer Weise nachfragegerechte Dienstleistungen organisiert und in hohem Maße kommuniziert) besteht, können je nach Interessenslage und wissenschaftli-chen bzw. praktischen Anspruch mehrere Ansätze nebeneinander bestehen (vgl. Müller 2001a, S. 9).

Mobilitätsmanagement nach der „Wuppertaler Schule" umfasst v. a. die klassischen infrastrukturellen und tarifpolitischen Maßnahmen in Verbin-dung mit verstärktem Einsatz von Maßnahmen in der Bereichen Informati-on und Öffentlichkeitsarbeit sowie den Ansatz der kommunzierenden Pla-nung. Mobilitätsmanagement nach MOMENTUM/MOSAIC ist dagegen in erster Linie ein auf Information, Kommunikation, Organisation und Koor-dination basierender und durch freiwillige Nutzung geprägter Ansatz, der als Teil der Verkehrsplanung und -politik aufgefasst wird. Es wird aber nicht mit Mobilitätsberatung gleichgesetzt, wie man kritische Äußerungen interpretieren kann.

> „Mobilitätsmanagement ist danach weder ‚nur' Mobilitätsberatung – wie man immer häufiger, speziell in EU-Schriften nachlesen kann –, noch be-schränkt auf Projekte, die der Kategorie umweltfreundliche Verkehrslösun-gen zu zurechnen sind, auch wenn sich Mobilitätsmanagement dafür beson-ders anbietet." (Fiedler 2001, S. 220; Fiedler 2002, S. 24)

Kritik am „Wuppertaler Ansatz" wird in verschiedener Weise geäußert. Die an den vorgeschlagenen Aufgaben geäußerte Kritik bezieht sich insbeson-dere darauf, dass sie einer Konkretisierung und Ergänzung bedürfen, „(...) denn es bleibt unklar, welche kommunalen Begleitschritte gemeint sind oder was das Betreiben einer professionellen Öffentlichkeitsarbeit beinhal-tet." (Feigl/Vennefrohne 1999a, S. 30)

Auch die Produktvielfalt der „Differenzierten Verkehrserschließung" ist Gegenstand von kritischen Anmerkungen. Klewe (vgl. 1996c, S. 4) stellt fest, dass für die Kunden geradezu eine Mobilitätsberatung zwingende Voraussetzung ist, um mit den vielfältigen und z. T. ohne feste Taktzeiten agierenden Angeboten klar zu kommen. Ohne einen guten Informationsstand sind diese Angebote kaum zu nutzen.[75]

Wichtige Gemeinsamkeiten aller Ansätze sind, dass sie nachfrageorientiert sind und die Mobilitätsbedürfnisse bzw. -ansprüche in den Mittelpunkt stellen, Information und Öffentlichkeitsarbeit als wichtige Handlungsfelder ansehen und für die eingesetzten Maßnahmen ein Marketing als notwendig erachten. Maßnahmen der klassischen Verkehrsplanung (z. B. technische Bewältigung des Verkehrs) und Verkehrspolitik (z. B. Ordnungs- und Infrastrukturpolitik) sind zweitrangig. Als „Kristallisationspunkt" des Mobilitätsmanagement werden Mobilitätszentralen herausgehoben und eine verstärkte Kooperation der möglichen Beteiligten wird jeweils als erstrebenswert angesehen.

Die Vorstellungen über die „Träger/Organisation" und die „Planung/ Umsetzung" decken sich bei den zwei ausführlicher dargestellten Ansätzen („Wuppertaler Schule" und MOMENTUM/MOSAIC) in gewissen Teilen, sie haben aber z. T. andere Bezeichnungen und Schwerpunktsetzungen (vgl. Tabelle 10). Ein wichtiges Unterscheidungsmerkmal ist, dass nur das „Common-Konzept" explizit den Güterverkehr einschließt.

---

[75] Heine (1998, S. 54f.) geht in seiner Kritik darüber hinaus auf die Organisationsstruktur und -ziele ein. „Derzeit ist noch nicht erkennbar, welcher Art die Beziehung zwischen den Elementen des Mobilitätsmanagement sein soll. (...) In den bisherigen Konzeptionen von Mobilitätsmanagement fehlen Angaben zu operativen und operationalen Zielen: Es werden nur vage Aussagen über die tatsächlich verfolgten (operativen) Zielen formuliert. (...) Auf operationaler Zielebene (Kriterien zur Beurteilung der Zielerreichung) werden in der Konzeption des Mobilitätsmanagement keine Merkmale wie, jeweils 5% mehr ÖPNV- und Fahrradverkehrs-Anteil bei 10% des MIV-Anteils' formuliert."

Tabelle 10: Vergleich der Mobilitätsmanagementansätze

„Wuppertaler Schule"	MOMENTUM/MOSAIC
Definition von Mobilitätsmanagement (MM)	
MM ist eine ressortübergreifende Vorgehensweise, um komplexe Aufgabenstellungen, die sich aus den Mobilitätsansprüchen der Einzelnen oder unterschiedlichen Personengruppen ergeben, schnell und effizient lösen zu können. Es beinhaltet unter der Regie eines Mobilitätsmanagers die „verpflichtende Kommunikation" zwischen all denen, die von dem anstehenden mobilitätsrelevanten Fragen aus verschiedenen Handlungsfeldern tangiert sind. Wesentliche Merkmale sind „kommunizierende Planung und Umsetzung" sowie das „Politische Marketing".	MM ist ein nachfrageorientierter Ansatz im Bereich des Personen- und Güterverkehrs, der neue Kooperationen initiiert und ein Maßnahmenpaket bereitstellt, um eine effiziente, umwelt- und sozialverträgliche (nachhaltige) Mobilität anzuregen und zu fördern. Die Maßnahmen basieren im wesentlichen auf den Handlungsfeldern Information, Kommunikation, Organisation und Koordination und bedürfen eines Marketing.
Ziele	
- Sicherung und Gewährleistung objektiv notwendiger Mobilität durch funktional äquivalente Mobilitätsangebote (inkl. geeigneter Infrastrukturen wie etwa Radverkehrsnetze) und eine leichte zugängliche und umfassende Information über alle Mobilitätsmöglichkeiten, - Förderung situationsangemessener und umweltverträglicher Verkehrsmittelwahl/-nutzung bei allen Verkehrsteilnehmern und verkehrserzeugenden Einrichtungen, - Förderung eines verantwortungsbewussten Fahrverhaltens zur Reduzierung von Lärm-/Schadstoffemissionen und Verkehrsunfällen (energiesparendes Fahren, situationsangepasste Geschwindigkeiten, Unterlassen alkoholisierten Fahrens etc.)	- Einstellungs-/Verhaltensbeeinflussung zur Förderung der vermehrten Nutzung umweltverträglicher Verkehrsmittel, - Zugangsverbesserung zu umweltverträglichen Verkehrsmitteln, - Befriedigung der Mobilitätsbedürfnisse durch Förderung einer effizienten Nutzung (bestehender) Verkehrssysteme, - Reduzierung des Verkehrs(-wachstums) durch Verringerung der Fahrten, Distanzen und der Notwendigkeit von Fahrten mit Verkehrsmitteln des MIV, - Verbesserung der Koordination zwischen den Verkehrsmitteln und Vereinfachung der Verknüpfung bestehender Verkehrsnetze, - Verbesserung der wirtschaftlichen Effizienz des gesamten Verkehrssystems

Tabelle 10: Vergleich der Mobilitätsmanagementansätze (Fortsetzung)

Aufgaben/Maßnahmen	
- Anwendung/Weiterentwicklung bedarfsgerechter Bedienformen und Maßnahmen zu deren effizientem Zusammenwirken mit anderen MIV-alternativen Verkehrsarten („Differenzierte Verkehrserschließung") und deren logistischen Verknüpfung, - Unterhaltung/Förderung nutzungsadäquater Fuß- und Radverkehrsinfrastrukturen, - ergänzende Maßnahmen sind professionelles Marketing, leicht und begreifbare Leit- und Informationssysteme sowie komplementäre Begleitmaßnahmen	Mobilitätsdienstleistungen aufgefasst als Transport-/Beförderungsangebote, temporäre Möglichkeit ein Fahrzeug selbst zu nutzen und sechs Mobilitätsservicetypen (Information/Beratung, Public Awareness/Bildung, Reservierung/Verkauf, Transportkoordination/-organisation, Entwicklung neuer Mobilitätsprodukte und Service-Angebote)
Träger/Organisation	
Mobilitätsmanager, Mobilitätszentrale, Mobilitätsberater, Mobilitätskoordinatoren, Mobilitätsbeauftragter, Projektbeauftragter	Mobilitätsmanager, Mobilitätszentrale, Mobilitätsberater, Mobilitätsbüro, Mobilitätskoordinatoren, Servicemitarbeiter
Ablauf/Planung/Umsetzung	
Kommunizierende Planung mit sechs Phasen: Konzeptionelle, Planungs-, Detaillierungs-, Realisierungs-, Anpassungs-, Systempflege- und Fortschreibungsphase	Vier Stufen mit: Sondierung, Gestaltung, Betrieb und Bewertung

Quelle: eigene Zusammenstellung

Für die vorliegende Untersuchung bietet v. a. das organisatorische Gesamtkonzept der MOMENTUM/MOSAIC-Projekte mit dem 3-Ebenen-Konzept und der auf der Management-Ebenen vollzogenen Unterscheidung in eine städtische/regionale und standortbezogene Ebene sowie die verschiedenen Mobilitätsdienstleistungen, die für beide Bereiche anwendbar sind, eine gute Grundlage, da insbesondere der Aufbau bzw. die Struktur verständlich ist und abzuleiten ist, wie die Beziehungen zwischen den einzelnen Elementen des Mobilitätsmanagement sein sollen. Auch die klare Ausweisung der Maßnahmen (Mobilitätsdienstleistungen), im Gegensatz zu der unterschiedlich vorgenommenen Unterteilung der Handlungsbereiche beim Ansatz der „Wuppertaler Schule", spricht für das Zugrundelegen des Common-Konzeptes.

Strategien, wie beim Verkehrssystemmanagement, die sich ausschließlich mit den Auswirkungen der Mobilität, nicht aber mit den Ursachen befassen, werden allein nicht zu einer nachhaltigen Bewältigung des Verkehrs führen. Die eher infrastrukturellen Maßnahmen des Verkehrssystemmanagements bedürfen ergänzender „software-orientierter" Maßnahmen des Mobilitätsmanagements. Aber auch umgekehrt reichen Maßnahmen des Mobilitätsmanagements allein für den Umstieg auf den Umweltverbund nicht aus. Im Rahmen der weiteren Arbeit wird der Schwerpunkt der Betrachtungen jedoch auf den Ansatz des Mobilitätsmanagements gelegt, wohlwissend, dass eine Integration mit anderen Ansätzen zur nachhaltigen Bewältigung des Verkehrs nützlich und sinnvoll ist.

Eine anschauliche Gegenüberstellung der verschiedenen Handlungsfelder von Verkehrssystemmanagement und Mobilitätsmanagement hat Klewe (vgl. 1998, S. 15f.) vorgenommen. Beide Ansätze haben zwar eine Schnittmenge, sie unterscheiden sich aber bzgl. der Zielsetzung und Positionierung der beiden Ansätzen zugrundeliegenden Handlungsfelder (vgl. Abbildung 17). Während das Verkehrssystemmanagement hauptsächlich auf „hardware-orientierte" Maßnahmen ausgerichtet ist, bezieht das Mobilitätsmanagement stärker „software-orientierte" Maßnahmen ein, die mit weniger infrastrukturellem Aufwand und zurückhaltenderem Einsatz von ordnungspolitischen, fiskal- bzw. preispolitischen Maßnahmen verbunden sind.

Beim Verkehrssystemmanagement ist das Ziel, den sich ergebenden (motorisierten) Individualverkehr so zu beeinflussen, dass auch bei hohem Aufkommen ein optimaler Verkehrsdurchsatz im bestehenden Straßennetz möglich ist (siehe Kapitel 3.1.1, S. 66ff.). Mobilitätsmanagement setzt dagegen früher an und will durch verschiedene zur Verfügung stehende Maßnahmen (v. a. Information, Kommunikation, Koordination und Organisation) eine nachhaltigere Mobilität erreichen. Beide Ansätze können voneinander profitieren und sollten nicht gegeneinander „ausgespielt" werden.

„Wie ein Computer ohne Software weitgehend nutzlos ist, machen auch Software-Programme ohne Rechner wenig Sinn. Die „hardware-orientierten" Maßnahmen des Verkehrssystemmanagements bedürfen software-orientierter Maßnahmen, weil trotz großen Aufwandes für Installation und Betrieb von Informations- und Leitsystemen der Mensch und dessen tatsächliches Verhalten im Blickfeld bleiben muß, will man den Verkehrsproblemen erfolgreich begegnen. Umgekehrt ist beim Mobilitätsmanagement davon abzuraten, ausschließlich auf den ‚Kopf' zu setzen." (Klewe 1998, S. 16)

Abbildung 17: Handlungsfelder des Verkehrssystem- und Mobilitätsmanagements

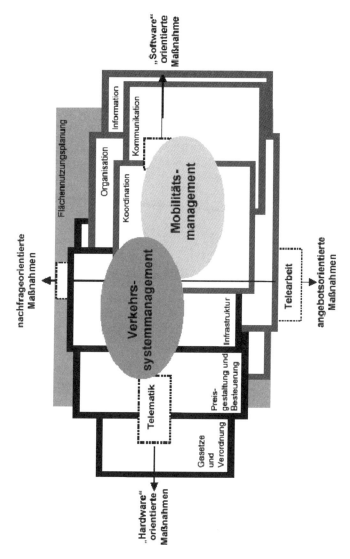

Quelle: vgl. Klewe 1998, S. 15; MOMENTUM/MOSAIC 1999, S. 11

4 Besonderheiten eines touristischen Mobilitätsmanagements

Im Folgenden sollen Besonderheiten eines touristischen Mobilitätsmanagements herausgearbeitet werden. Diese Besonderheiten werden vorrangig aus dem touristischen Produkt, dem Tourismus und touristischen Verkehr sowie dem Verhalten der touristischen Nachfrager für ein Mobilitätsmanagement abgeleitet und in einer theoretischen Auseinandersetzung dargelegt. Für eine wirkungsvolle Organisation des touristischen Mobilitätsmanagements wird der konzeptionelle Aufbau als eine Besonderheit gesondert betrachtet. Als Ausgangspunkt bzw. Hintergrund für Mobilitätsmanagementaktivitäten wird ein idealtypischer konzeptioneller Aufbau entwickelt, der auch als Grundlage für die weitere Arbeit dient. Hierbei wird sich dem konzeptionellen Aufbau der EU-Forschungsprojekte MOMENTUM und MOSAIC bedient und für ein touristisches Mobilitätsmanagement weiterentwickelt.

4.1 Das Produkt „Reise"

Eine Besonderheit im Tourismus stellt das touristische Produkt selbst dar, das aus mehreren (Teil-)Leistungen besteht. Auf der einen Seite stellt jeder Betrieb sein eigenes (touristisches) Produkt her, z. B. ein Verkehrsbetrieb die Beförderungs-/Transportleistung, ein Hotel die Beherbergungsleistung, ein Reisemittler die Beratung, Reservierung und Buchungsabwicklung, auf der anderen Seite stellen aber erst diese (Teil-)Leistungen in ihrer Gesamtheit das touristische Gesamtprodukt dar.

> „Das ‚Gesamtprodukt' besteht aus allem, was für Touristen hergestellt wird oder was Touristen kaufen." (Freyer 2001a, S. 113)

Das Zusammenwirken aller touristischen Leistungsträger[76] kann mit folgender Abbildung veranschaulicht werden (= touristische Gesamtkette, „Makrokette"). Neben einer „einfachen Makrokette", die auf jeden

---

[76] Als touristische Leistungsträger werden vor allem Beherbergungsbetriebe und Verkehrsunternehmen betrachtet, da sie im touristischen Produktionsprozess die Grundleistungen erbringen. Bis vor wenigen Jahren wurden in der Tourismusforschung die Reiseveranstalter als Großhändler und die Reisemittler als Einzelhändler aufgefasst. Es setzt sich jedoch mehr und mehr die Auffassung durch, dass die Reiseveranstalter zu den Leistungsträgern zu zählen sind und die Reisemittler mit dem Handel gleichgesetzt werden. Zu den Leistungsträgen im weiteren Sinne zählen auch verschiedene Betriebe und Dienstleister (z. B. Reiseleiter, Reiseaussatter, Verleihfirmen, Animateure) der ergänzenden Tourismuswirtschaft (vgl. Freyer 2001a, S. 115; Freyer 2004, S. 18f.). Im Rahmen der Untersuchung wird die weitere Auffassung der touristischen Leistungsträger zugrundegelegt.

Tourismusbetrieb als Einheit eingeht, ohne nach verschiedenen Leistungs-
phasen (Potential-, Prozess- und Ergebnisphase) zu unterscheiden, gibt es
„differenzierte Makroketten" (vgl. Freyer 2004, S. 82ff.).

Abbildung 18: Einfache Makrokette einer Reise

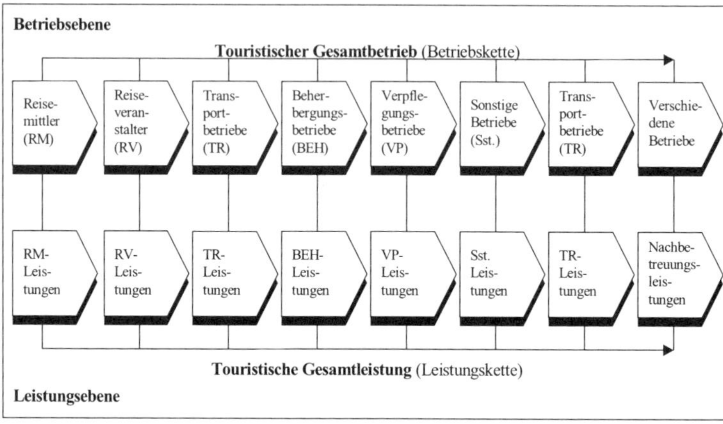

Quelle: Freyer 2004, S. 87

Durch das Zusammenwirken verschiedener Leistungsträger ist häufig eine
Abstimmung bzw. Kooperation einzelner Leistungsträger bedingt. Hiermit
ist eine gute Voraussetzung für ein Mobilitätsmanagement im Tourismus
gegeben, da es hier u. a. auch um Kooperation mehrerer Akteure geht, und
durch den Kontakt zu verschiedenen Leistungsträgern sind ganz unterschiedliche Anknüpfungspunkte für ein touristisches Mobilitätsmanagement gegeben.

4.2 Notwendigkeit von intermodalem Mobilitätsmanagement

Mobilitätsmanagement kann mono-, multi- und intermodal ausgerichtet
werden (vgl. Tabelle 11). Unter monomodalem Mobilitätsmanagement
wird der optimierte Einsatz eines Verkehrsmittels für einen Weg verstanden, bei dem den Kunden Informationen und andere Dienstleistungen für
die Nutzung eines Verkehrsmittels angeboten werden (z. B. Navigations-
system im Pkw). Multimodales Mobilitätsmanagement ist dagegen die al-
ternierende Nutzung verschiedener Verkehrsmittel für einen Weg, bei dem
den Kunden Informationen und andere Dienstleistungen für die Nutzung
des einen oder des anderen Verkehrsmittel angeboten werden. Intermodales
Mobilitätsmanagement ist letztlich die verknüpfte Nutzung verschiedener

Verkehrsmittel für einen Weg. Den Kunden werden Informationen und andere Dienstleistungen für die Kombination mehrerer Verkehrsmittel für einen Weg angeboten. Die Organisation von intermodalen Mobilitätsdienstleistungen kann v. a. von Mobilitätszentralen oder privatwirtschaftlichen Mobilitätsprovidern[77] übernommen werden (vgl. Beutler/Brackmann 1999, S. 3ff.).

Tabelle 11: Die unterschiedlichen Modi des Mobilitätsmanagements

	Informationen und Dienstleistungen	Informations-verfügbarkeit	Grad der Integration
monomodal	für die Nutzung eines Verkehrsmittels	vor der Fahrt	keine
multimodal	für die alternierende Nutzung von Verkehrsmitteln	vor der Fahrt	mittel
intermodal	für die verknüpfte Nutzung von Verkehrsmitteln	vor und während der Fahrt	hoch

Quelle: Beutler/Brackmann 1999, S. 4

Intermodale Mobilitätsdienstleistungen nehmen aus touristischer Sicht eine besondere Bedeutung ein, da sich ein Mobilitätsmanagement im Tourismus bzw. mit Schwerpunkt touristischer Verkehr anderen Herausforderungen stellen muss als im Alltag(-sverkehr), v. a. auf Grund der sich in der Praxis ergebenden Reiseketten und der bisher oftmals unabhängigen Betrachtung einzelner touristischer Verkehrsträger und Anbieter anderer Mobilitätsdienstleistungen. Die Verkehrsmittel werden auf Reisen (z. B. Taxi, Flugzeug, Taxi oder Bus im Zielgebiet zum Hotel) auf Grund der größeren Entfernungen häufiger gewechselt als in der Alltagsmobilität, wo oft nur wenige Verkehrsmittel für das Zurücklegen eines Weges genutzt werden (müssen). In der Alltagsmobilität geht es z. B. um eine Verknüpfung von Bus und (Anschluss-)Taxi, bei der touristischen Mobilität müssen häufig verschiedene Verkehrsträger bzw. -mittel optimal verknüpft und mit weiteren Dienstleistungen abgestimmt werden. Derartige Reise- bzw. Wegeketten sind praktisch nicht erforscht, so dass sich die folgenden Betrachtungen auf eine theoretische Annäherung an die Problematik beschränken.

---

[77] „Mobilitätsprovider sind Unternehmen, die das Ziel verfolgen, möglichst das gesamte Verkehrsbudget ihrer Kunden zu verwalten, und ihnen dafür ein maßgeschneidertes Verkehrsangebot zu liefern. (...) Dazu erwerben sie Nutzungsrechte an verschiedenen Verkehrsmitteln (Kontigente), aus denen die Kunden die für sie optimale Mobilität auswählen können." (Beutler/Brackmann 1999, S. 31)

„Von großer Bedeutung für die Gestaltung von Verkehrsangeboten, jedoch kaum bekannt, sind Art und Ausmaß der Aktivitätenkopplung und der Wegeketten bei touristischen Reisen." (Scheiner/Steinberg 2002, S. 113)

Für die Dienstleistungserstellung innerhalb der verschiedenen Integrationsstufen des Mobilitätsmanagements (mono-, multi- und intermodale Mobilitätsdienstleistungen)[78] ist es möglich, ein phasenbezogenes Betriebsmodell zugrundezulegen (vgl. Abbildung 19). „Soweit personenbezogene Dienstleistungen im Vordergrund der Betrachtung stehen, bemüht sich die Dienstleistungsliteratur um die Entwicklung eigener Betriebs- und Produktionsmodelle. Vor allem die Herausarbeitung der speziellen Marketingaufgaben im Dienstleistungsbereich scheint die Aufspaltung der verschiedenen Dienstleistungsaufgaben und die darauf aufbauende Entwicklung eines zeit- und phasenbezogenen Dienstleistungs-Modells eine geeignete Sichtweise." (Freyer 2004, S. 247)[79]

Abbildung 19: Dienstleistungsorientiertes Betriebsmodell

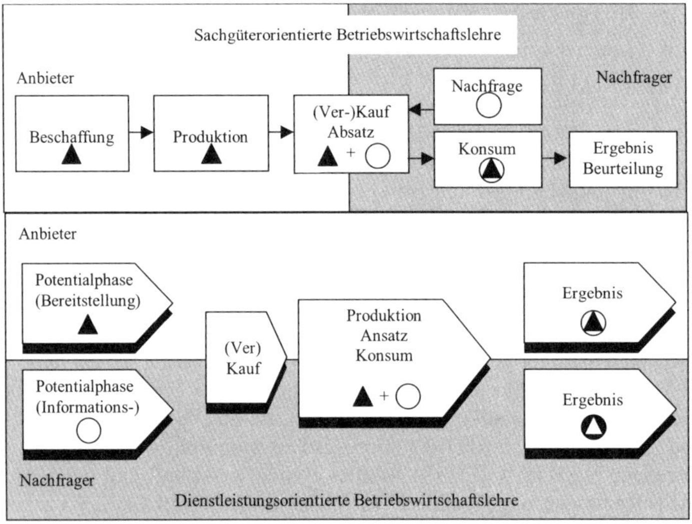

Quelle: Freyer 2004, S. 248

---

[78] Beckmann/Meyer/Rabe (vgl. 1998, S. 1) unterscheiden zwischen vertikaler und horizontaler Integration.

[79] Weitere prozessorientierte Ansätze sind in der Literatur zu finden. So z. B. das Wertkettenmodell (vgl. z. B. Fantapiè Altobelli/Bouncken 1998, S. 283ff.; Meffert/Bruhn 2003, S. 178ff.; Porter 1989, S. 25ff.; Porter 2000, S. 63ff.), die Geschäftsprozessanalyse und Erfolgsketten (vgl. Meffert/Bruhn 2003, S. 183 und S. 188ff.).

In der ersten Phase (Potentialphase) haben Dienstleistungsbetriebe die Aufgabe ihre Leistungsfähigkeit und -bereitschaft in den Mittelpunkt zu stellen. „Um überhaupt eine Dienstleistung erbringen zu können, muß also der Dienstleistungsanbieter zum einen die dafür erforderlichen Fähigkeiten – geistiger, körperlicher, psychischer Art – besitzen; er muß beispielsweise über das notwendige Fachwissen verfügen, um eine nutzenstiftende Beratung (...) vornehmen zu können (...). Zum anderen muß – neben der Fähigkeit – auch die Bereitschaft des Dienstleistungsanbieters vorhanden sein, einen Dienst zu dem von Dienstleistungsnachfrager geforderten Termin und in der gewünschten Form zu leisten." (Hilke 1989, S. 11) Phase 2 (Prozessphase) ist durch die eigentliche Leistungserstellung geprägt. Hierbei kommt es nicht zu einem neuen (End-)Produkt durch ausschließliche Kombination der zuvor bereitgestellten Produktionsfaktoren, sondern die Leistungserstellung ist nur im direkten Austausch mit dem Nachfrager möglich. Der Kunde tritt als sog. „externer" Faktor oder „Fremdfaktor" in den Einzugsbereich des Dienstleisters. In engem Zusammenwirken von Dienstleister und Kunde wird die Dienstleistung erbracht. Produktion[80], Absatz und Konsum/Nutzung fallen in der Prozessphase zusammen. In Phase 3 (Ergebnisphase) werden die Dienstleistungsergebnisse betrachtet. Die Produktionsfaktoren des Dienstleisters bleiben weitgehend unverändert, v. a. eine Veränderung des Kunden ist erfolgt. Diese Veränderungen als Dienstleistungsergebnis sind vorrangig immateriell, d. h. bei der Mobilitätsserviceleistung „Information" z. B. ein besseres Wissen um die verschiedenen Möglichkeiten der Verkehrsmittel (vgl. Freyer 2004, S. 248f.).

Eine Ausdifferenzierung des Phasenmodells der Dienstleistungen stellen Dienstleistungsketten dar, wobei hier „(...) eine Dienstleistung als Prozeß mit einer Abfolge von Aktivitäten, die der Kunde oder ein Objekt durchläuft" (Bieger 1998, S. 33) beschrieben wird. Ziel derartiger Betrachtungen ist, dass die verschiedenen Aktivitäten besonders auf die unterschiedlichen Phasen der (touristischen) Leistungserstellung bezogen werden (können). Darüber hinaus ist hiermit eine Möglichkeit gegeben, die Qualität und in Folge davon auch die Kosten der Dienstleistungsproduktion im Detail zu analysieren und beeinflussen zu können. Darüber hinaus kann das Konzept der Dienstleistungsketten dazu beitragen, ein Analyseraster für die systematische Leistungsqualität aus Sicht der Kunden zu bieten und konzeptionelle Schwächen der Leistung aus Sicht der Kunden aufzuzeigen.

---

[80] Die Dienstleistungs-BWL verwendet einen weiten Produktionsbegriff, worunter alle wirtschaftlichen Tätigkeiten zur Werterhöhung von Objekten fallen. Es treten durch die Leistungsabgabe des Dienstleisters v. a. Veränderungen am Kunden auf (vgl. Freyer 2004, S. 249).

„Die Dienstleistungskette bietet die Basis für die Koordination und inhaltliche Optimierung der einzelnen Teilleistungen. So können die insbesondere in Lücken und Übergängen auftauchenden Qualitätsdefizite rechtzeitig erkannt werden." (Bieger 1998, S. 41)

Auch für die theoretische Betrachtung des Mobilitätsmanagementansatzes und seiner beteiligten Akteure können diese Dienstleistungsketten angewendet werden, wie am Beispiel von Transportbetrieben mit einer „Mikrokette" in folgender Abbildung ersichtlich. Diese in vereinfachter Form dargestellten Leistungsketten (jede Grundphase wurde in drei weitere Teilphasen unterteilt) lassen sich auf weitere Einzelleistungen (= Detailebene) herunterbrechen, wobei eine oder mehrere Detailebenen betrachtet werden können.

Abbildung 20: Einfache betriebsbezogene Dienstleistungsketten (= „Mikrokette") von Transportbetrieben

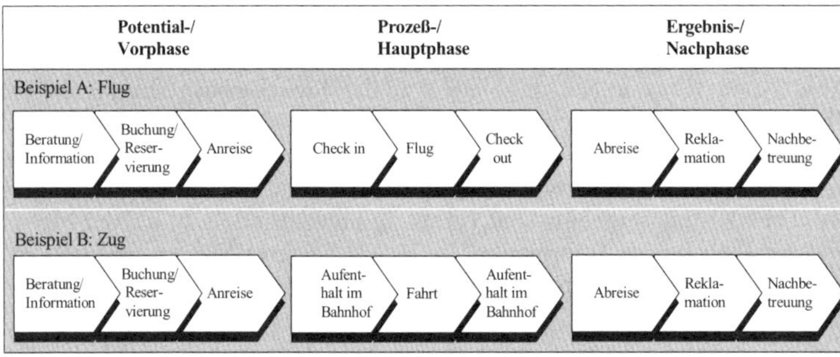

Quelle: eigene Darstellung, in Anlehnung an Freyer 2004, S. 85 und Siefke 1998, S. 50

In den einzelnen Phasen können alle Dienstleistungen vom jeweiligen Verkehrsbetrieb selbst erbracht werden. Von einer Fluggesellschaft kann z. B. innerhalb der Potentialphase die Leistung „Beratung/Information" durch Mitarbeiter eines Call-Centers erbracht werden, die Leistung „Buchung/ Reservierung" kann über ein Internet-Portal abgewickelt werden und die „Anreise" mit Hilfe eines unternehmenseigenen Flughafentransfers bewerkstelligt werden. Die Einbindung externer Dienstleister, wie z. B. einer Mobilitätszentrale, eines anderen Verkehrsdienstleisters oder eines externen Call-Centers ist nicht grundsätzlich notwendig.

Die einzelnen Dienstleistungen können jedoch auch von verschiedenen Dienstleistern erbracht werden. In der Potentialphase findet z. B. die Beratung durch eine Mobilitätszentrale statt, die Buchung wird beim Unternehmen selbst getätigt und die Anreise zur Verkehrsstation (Flughafen,

Bahnhof) über ein Taxiunternehmen abgewickelt. In diesen Fällen kann, ähnlich wie beim Produkt „Reise" (siehe Kapitel 4.1, S. 99f.) von einer Gesamtkette bzw. „Makrokette" gesprochen werden kann, die sich auf die Beförderung und hiermit verknüpften Dienstleistungen bezieht (vgl. Abbildung 21).

Abbildung 21: „Makrokette" bei einer Zugreise

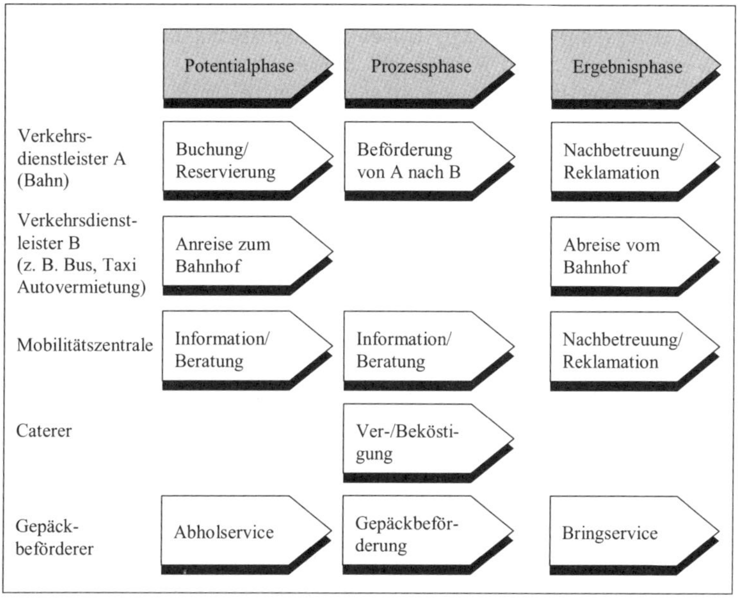

	Potentialphase	Prozessphase	Ergebnisphase
Verkehrsdienstleister A (Bahn)	Buchung/ Reservierung	Beförderung von A nach B	Nachbetreuung/ Reklamation
Verkehrsdienstleister B (z. B. Bus, Taxi Autovermietung)	Anreise zum Bahnhof		Abreise vom Bahnhof
Mobilitätszentrale	Information/ Beratung	Information/ Beratung	Nachbetreuung/ Reklamation
Caterer		Ver-/Beköstigung	
Gepäckbeförderer	Abholservice	Gepäckbeförderung	Bringservice

Quelle: eigene Darstellung

Da mehrere Dienstleister an der Erstellung einer derartigen umfassenden Mobilitätsdienstleistung beteiligt sind, ist die Schnittstellenproblematik zu beachten und ein abgestimmtes Handeln der beteiligten Unternehmen notwendig (internes und externes Schnittstellenmanagement). Aus Sicht des Verkehrsdienstleisters A (Bahnunternehmen), der im Beispiel für den Hauptteil der Beförderung verantwortlich zeichnet, ist es Aufgabe des internen Schnittstellenmanagements die verschiedenen betriebsinternen/ -bezogenen Leistungen aufeinander abzustimmen, um einen reibungslosen Verlauf der selbst erstellten Beförderungsleistungen sicherzustellen. „Existiert z.B. auf der von einem Kunden gewünschten Reiseroute keine

Direktverbindung, sieht er sich mit dem Problem konfrontiert, einen oder mehrere Umsteigevorgänge in Kauf nehmen zu müssen, deren problemloser Verlauf vom Verkehrsdienstleister sicherzustellen ist." (Siefke 1998, S. 48)

Aus Sicht des Verkehrsdienstleisters A ist es Aufgabe des externen Schnittstellenmanagements, die eigene Leistung mit den Angeboten weiterer Anbieter (z. B. Anschlussverkehrsträger, Mobilitätszentrale) in qualifizierter Weise zu koordinieren. Hierzu gehört es beispielsweise, dass der Verkehrsdienstleister dafür Sorge trägt, dass eine Mobilitätszentrale die Informationen erhält, die es für die Information der Reisenden – vor und während der Fahrt – benötigt. Für den Reisenden sind bei intermodalen Dienstleistungen Informationen während der Reise v. a. dann erforderlich, wenn Veränderungen im Verkehrsgeschehen für Behinderungen sorgen und/oder die Wahl einer anderen Reiseroute notwendig ist. Aufgabe eines externen Schnittstellenmanagements ist es aber auch, dass ein Anschlussverkehrsmittel (z. B. Umstieg vom Fern- auf Nahverkehrszug, von Flug zur Bahn oder Bahn zur Bus) über Verspätungen oder Unregelmäßigkeiten informiert wird, mit Taxiunternehmen die Bedienung der angefahrenen Haltestellen abzustimmen bzw. das Angebot zu vereinbaren, dass ein Taxi aus dem Verkehrsmittel heraus vorbestellt werden kann.

Einem externen Schnittstellenmanagement kommt eine große Bedeutung zu, wenn Informationen und andere Dienstleistungen während der Beförderung bzw. Fahrt zur Kombination von zwei Verkehrsmitteln angeboten werden. Verkehrsdienstleister A kann z. B. die Beförderung von A nach B, Verkehrsdienstleister B die Beförderung von B nach C und während der Fahrt mit Verkehrsdienstleister A können vom Reisenden Informationen über das Anschlussverkehrsmittel von Verkehrsdienstleister B, z. B. über WAP-Handy, SMS, Internet oder PTA, bei einer Mobilitätszentrale nachgefragt werden. Auch die Buchung eines Car-Sharing-Autos als Anschlussverkehrsmittel über ein WAP-Portal während der Fahrt mit Verkehrsdienstleister A ist denkbar.

Sofern Verkehrsdienstleister A und B sowie die Mobilitätszentrale für sich betrachtet werden, ist für jede erbrachte Dienstleistung das in Abbildung 22 dargestellte dienstleistungsorientierte Betriebsmodell anwendbar. Da bei solch intermodalen Mobilitätsdienstleistungen während der Fahrt aber zwei Dienstleistungen gleichzeitig produziert und konsumiert werden, fasst das in folgender Abbildung vorgestellte spezifischere Betriebsmodell die Besonderheiten besser zusammen und stellt die notwendige Abstimmung zwischen den einzelnen Dienstleistern heraus, wobei auch mehr als die zwei in der Abbildung dargestellten Dienstleister an einer gemeinsamen Erstellung beteiligt sein können.[81]

Abbildung 22: Dienstleistungsorientiertes Betriebsmodell bei intermodalen Mobilitätsdienstleistungen während der Fahrt

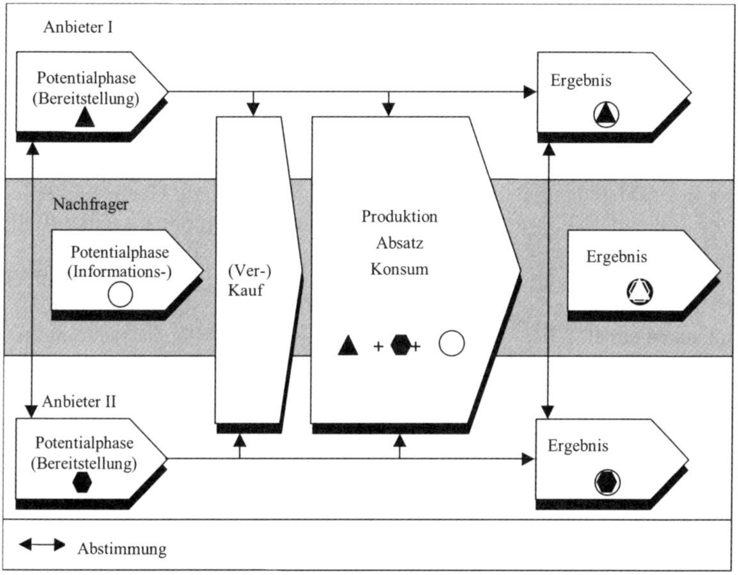

Quelle: eigene Darstellung

Die jeweilige Schnittstellenproblematik zwischen zwei oder mehr beteiligten Unternehmen und das hierbei anzustrebende Schnittstellenmanagement kann auch entlang der gesamten Reise mit Hilfe einer Reise- bzw. Wegekette[82] dargestellt werden. Unter einer Reise- bzw. Wegekette wird hier die Kombination und Verknüpfung unterschiedlicher Verkehrsmittel innerhalb

---

[81] Das hier vorgestellte dienstleistungsorientierte Betriebsmodell bei zwei Dienstleistern kann auch die gleichzeitige Produktion zweier Dienstleistungsunternehmen anderer Branchen kennzeichnen. Beispielsweise können während der Fahrt mit einem Verkehrsmittel andere Dienstleistungen, wie z. B. das Herunterladen von Spielen oder Klingeltönen bzw. Telefonhotlines in Anspruch genommen werden.

[82] Freyer (vgl. 2004, S. 86) verwendet für die touristische Gesamtproduktion auch den Begriff „Reisekette" (siehe Kapitel 4.1, S. 99f.). Der Begriff ist somit noch nicht eindeutig definiert und wird in Tourismus- und Verkehrsforschung unterschiedlich verwendet.

einer Reise bzw. eines Weges verstanden (vgl. hierzu auch Bethge/Jain/ Schiefelbusch 2004, S. 103). „Die Kettenglieder bestehen hierbei jeweils aus einem Wegeabschnitt, der mit einem Verkehrsmittel zurückgelegt wird (z.b. zu Fuß oder Bus oder Bahn oder Pkw), die Verbindung der Kettenglieder beschreibt die verkehrstechnische Verknüpfung zwischen zwei Verkehrsmitteln (z.b. Umsteigevorgang, Umladevorgänge)." (Nexus 2002, S. 176)[83]

Eine Verbesserung der Schnittstellen zwischen den verschiedenen Verkehrsträgern bzw. -mitteln (Intermodalität im Sinne von Übergängen zwischen den verschiedenen Teilverkehrssystemen, z. B. ÖPNV – Bahn – Auto) wurde bisher meist durch Maßnahmen zu erreichen versucht, die eine bauliche-architektonische Dimension haben („Schnittstellen-Hardware"). Hierzu zählen dauerhafte Lösungen, wie z. B. optimierte Übergangsstellen von Bus auf Bahn (und umgekehrt) oder Individualverkehr auf Bus/Bahn (z. B. Park&Ride-Parkplätze[84], Bike-and-Ride) sowie Laufbänder auf Flughäfen oder Rolltreppen in Bahnhöfen, ebenso wie temporäre Lösungen (z. B. Bahnsteigverlängerungen, Behelfsbahnhöfe). Im Rahmen des Mobilitätsmanagements liegt der Schwerpunkt für die Schaffung der Voraussetzung von Intermodalität weniger bei den „hardware", sondern mehr bei den „software-orientierten" Maßnahmen (z. B. Tür-zu-Tür-Fahrplanauskunft, Wap-Handys als intermodale on-trip-Routenplaner), die eine informatorische Dimension haben (vgl. Abbildung 23). Beide Maßnahmenbereiche tragen zur Optimierung der Intermodalität bei, wobei baulich-architektonische Maßnahmen schwieriger umzusetzen sind.

---

[83] Die einzelnen Kettenglieder werden den drei Oberkategorien Vor-, Haupt- und Nachlauf zugeordnet (vgl. Bethge/Jain/Schiefelbusch 2004, S. 107; Nexus 2002, S. 178). Dagegen unterscheidet die FSGV (vgl. 1998, S. 50) jede Reise in drei (Quelle, Unterwegs und Ziel) bzw. Fernreisen in fünf Bereiche (Quelle, Transfer, Unterwegs, Transfer und Ziel). Siefke (vgl. 2000, S. 175) nimmt eine Unterscheidung in eine Vor-Reise-, Reise-, Umsteige- und Nachreisephase vor; in einer älteren Veröffentlichung spricht er nur von der Vor-Reise-, Reise- und Nachreisephase (vgl. Siefke 1998, S. 18).

[84] Seit Anfang der 1980er Jahre wurden in der Europäischen Union etwa eine Million Park-and-Ride-Plätze an Haltestellen des öffentlichen Verkehrs gebaut (vgl. Blonk 2000, S. 32).

„Die Verkehrsinfrastrukturen sind größtenteils bereits in Stahl und Beton gegossen. (...) Eher unwahrscheinlich ist es, dass öffentliche Verkehrsbetreiber unter den Bedingungen liberalisierter Verkehrsmärkte noch genügend Geld in die Hand nehmen können, um baulich-designerisch großartige Anstrengungen zugunsten der Intermodalität zu unternehmen (...)." (Rammler 2002, S. 32)[85]

Die informatorischen Maßnahmen des Mobilitätsmanagements scheinen (theoretisch) eher umsetzbar zu sein. Hier wird lediglich eine Art flexible informationstechnische „zweite Haut" über den harten und bis auf wenige und seltene Ausnahmen mehr oder weniger immobilen Infrastrukturkörper gezogen (vgl. Rammler 2002, S. 33).

Von diesen intermodalen Schnittstellen sind intramodale Schnittstellen zwischen den Komponenten innerhalb eines Teilverkehrssystems (etwa der Bahn: z. B. Ticketschalter, Caterer, Gepäckbeförderung) zu unterscheiden, die es im Rahmen eines internen Schnittstellenmanagements zu beachten gilt (vgl. Abbildung 23).

---

[85] Ein Beispiel für ein Infrastrukturförderprogramm gibt es in Sachsen. Hier fördert der Freistaat Sachsen die Übergangsstellenprogramme der Verkehrsverbünde in Sachsen. Bis Ende 2010 sollen rund 50 neue Übergangsstellen, Bahnhaltepunkte und P&R-Plätze entstehen.

**Abbildung 23: Schnittstellenmanagement bei einer Zugreise
entlang einer Reise-/Wegekette**

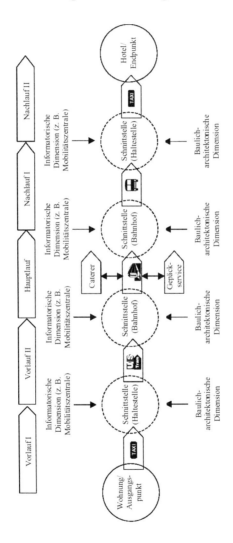

Quelle: eigene Darstellung

4.3 Kooperative Leistungserstellung im internationalen Verkehr

In den letzten Jahrzehnten weist das Reiseverhalten der Deutschen immer mehr in Richtung Internationalisierung. So ist der Anteil der Auslandsreisen an allen Urlaubsreisen ständig angestiegen; von ca. 20-30% in den 1950er Jahren über 40-50% in den 1960er Jahren auf ca. 70% im Jahr 2003 (vgl. F.U.R. 2003a, S. 48). Bei den Geschäftsreisen sind es v. a. Inlandsgeschäftsreisen, aber auch hier ist auf Grund einer wachsenden internationalen Arbeitsteilung ein steigender Anteil an Auslandsreisen festzustellen. Laut einer Studie aus dem Jahre 2003 haben zwischen 67% und 76% der deutschen Geschäftsreisen ihr Ziel in Deutschland, zwischen 18% und 24% im europäischen Ausland und 5-10% interkontinentale Ziele (vgl. VDR 2003, S. 8).[86]

Vorrangig bei den Auslandsreisen ist die bereits im vorangegangenen Kapitel erwähnte Kombination von verschiedenen Verkehrsmitteln auf Reisen notwendig. Überlegungen zur kooperativen Leistungserstellung können sich daher nicht allein auf das Quell- oder Zielland beschränken. Es ist vielmehr eine internationale Betrachtung notwendig, d. h., dass eine internationale Zusammenarbeit, Abstimmung und Kooperation[87] der beteiligten Unternehmen erforderlich ist.

Internationalität führt bei Verkehrsunternehmen in nahezu allen betrieblichen Funktionsbereichen zu Interaktionen von Personen aus unterschiedlichen nationalen, ethnischen und/oder religiösen Kulturen. Situationen, in denen die internationale Dimension von Bedeutung ist, ergeben sich v. a.

---

[86] Betriebe mit 10-250 Mitarbeitern: Inland 71%, Europa 19% und Interkontinental 10%, Betriebe mit 251-500 Mitarbeitern: Inland 76%, Europa 19% und Interkontinental 5%, Betriebe mit 501-2.500 Mitarbeitern: Inland 67%, Europa 24% und Interkontinental 9%, Betriebe mit über 2.500 Mitarbeitern: Inland 74%, Europa 18% und Interkontinental 8%.

[87] Kooperation im betriebswirtschaftlichen Sinn bedeutet eine stillschweigende oder vertraglich vereinbarte Zusammenarbeit zwischen rechtlich selbstständigen bzw. unabhängigen Unternehmen (vgl. Götz 2002, S. 246). Ansätze, die sich für eine Kooperation zwischen unterschiedlichen Verkehrsträgern bzw. -mitteln anbieten, sind Interessengemeinschaften, Arbeitsgemeinschaften oder (strategische) Allianzen (horizontal (gleiche Wertschöpfungsstufe), vertikal (vorwärts- bzw. rückwärtsgerichtete Wertschöpfungsbeziehung) oder lateral (branchenübergreifende)). Derartige Kooperationen können von inländischen mit ebenfalls inländischen, aber auch mit ausländischen Unternehmen eingegangen werden (vgl. Meffert 1997, S. 2; Pompl 2002c, S. 143f.). Weiterführende Hinweise zu Allianzen finden sich z. B. bei Dülfer 2001, S. 188ff., Pompl 2002c, S. 143ff. und Welge/Al-Laham 1997, S. 553ff.

bei der Kooperation der Leistungserstellung, beim Betrieb von Auslands-
niederlassungen (z. B. bei der Entsendung von Personal), beim Management von Allianzen und bei Kontakten zu den Passagieren (vgl. Pompl
2002b, S. 206).

Bei einer kooperativen Leistungserstellung der Personenbeförderung im
internationalen Verkehr sind verschiedene Formen der Kooperation denkbar. Einerseits kann es eine gemeinsame Leistungserstellung von Verkehrsunternehmen, die nur aus dem Quell- (Fall 1) oder nur aus dem Zielgebiet (Fall 2) kommen, geben. Andererseits können Unternehmen, die sowohl aus dem Quell- als auch dem Zielgebiet sind (Fall 3), kooperieren.
Zusätzlich ist die Variante des Einbezugs eines oder mehrerer Unternehmen aus einem Transitgebiet denkbar (Fall 4) (vgl. Abbildung 24). Bei allen Formen der kooperativen Leistungserstellung sind bilaterale, tri- und
multilaterale Kooperationen denkbar.

**Abbildung 24: Kooperative Leistungserstellung im
internationalen Verkehr**

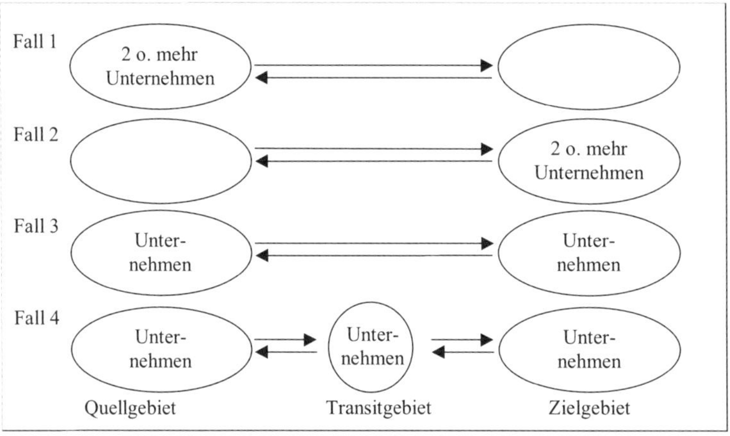

Quelle: eigene Darstellung

Sofern zwei oder mehr Verkehrsunternehmen aus dem Quellgebiet (Inland)
die gesamte Beförderung auch im Ausland (Transit- und/oder Zielgebiet)
übernehmen (Fall 1)[88], kann es sich z. B. um Punkt-zu-Punkt-Verkehr
handeln, wie in Form von Städtereisen der DB AG (von Hamburg nach
Kopenhagen) oder Busreisen, wie z. B. von Oberhausen nach Lorett de

---

[88] Die gleichen Aussagen gelten auch für den umgekehrten Fall, wenn verschiedene
Verkehrsunternehmen aus dem Zielgebiet die Beförderung übernehmen (Fall 2).

Mar (Spanien), bei denen nur der Zugang zur Bahn oder zum Bus im Quellgebiet durch ein anderes Verkehrsunternehmen (z. B. Straßenbahn, U-Bahn, Taxi) gewährleistet wird. Ein anderer Fall besteht, wenn eines der involvierten Verkehrsunternehmen aus dem Quellgebiet im Zielgebiet eine Niederlassung/Filiale bzw. ein Tochterunternehmen[89] hat, um die Reisenden auch im Ausland bis zur Beherbergungsstätte bringen zu können. Das hier benötigte externe Schnittstellenmanagement, der an der Beförderung beteiligten Verkehrsunternehmen wird nicht stark ausgeprägt sein müssen, und in der Praxis haben diese theoretischen Überlegungen aus Sicht von Deutschland auch (bisher) noch eine relativ geringe Bedeutung.

> „Die Bahnen sind trotz Privatisierung inlandsorientiert (...). Im Busverkehr besteht kaum internationaler Linienverkehr (...). Obwohl innerhalb der EU Auslandsniederlassungen rechtlich möglich sind, bestehen auf Grund der Unternehmensgröße (z. B. in Deutschland ausschließlich kleine und mittelständische Unternehmen) nur in Ausnahmefällen internationale Expansionsstrategien." (Pompl 2002a, S. 36)

Weitaus bedeutender werden Koordinationsaufgaben im Rahmen eines Schnittstellenmanagements, wenn Verkehrsunternehmen aus verschiedenen Ländern an der Erstellung der Verkehrsdienstleistung beteiligt sind (Fall 3 und 4). Für eine erfolgreiche internationale Zusammenarbeit, Abstimmung und Koordination müssen die Verkehrsunternehmen vorausschauend einschätzen können, welche Auswirkungen kulturelle Unterschiede u. a. auf die individuellen Arbeitseinstellungen, die Verhandlungsführung und vor allem die Kommunikation zwischen den involvierten Mitarbeitern und zu den Kunden haben (vgl. Weidmann 1995, S. 41).

Die Steuerung der zwischenbetrieblichen Abläufe erfordert bei internationalen Kooperationen einen erhöhten Koordinationsaufwand, der z. B. durch parallele Teamstrukturen, Projektgruppen, Schulungen oder Austausch von Mitarbeitern zu reduzieren ist. Eine wichtige Voraussetzung für eine erfolgreiche internationale Zusammenarbeit im Rahmen von Kooperationen ist die Kommunikation.

Die Tatsache, dass die internationale Kommunikation in und zwischen Unternehmen in der Regel von mindestens einem der Kommunikationspartner in einer für ihn fremden Sprache bestritten wird, schafft Probleme, die oft übersehen werden. Durch entsprechende Ausbildung muss daher eine interkulturelle Kommunikationsfähigkeit entwickelt werden.

---

[89] Streng genommen zählen hier nur Tochtergesellschaften inländischer Unternehmen im Ausland dazu, da sie als rechtlich selbstständige Unternehmen gelten (siehe Fußnote 87). Niederlassungen, Filialen, Repräsentanzen und Betriebsstätten gelten als rechtlich unselbstständige Engagements eines Unternehmens im Ausland und fallen im angeführten betriebswirtschaftlichen Sinne nicht unter eine Kooperation (vgl. Kutschker/Schmid 2002, S. 240f.).

„Wesentliche Bestandteile einer solchen Fähigkeit müssen allgemeines Kommunikationsbewußtsein, die Fähigkeit, Auswirkungen kulturbedingter kommunikativer Stile in der Interaktion zu erkennen, und das Verfügen über Strategien zur Bewältigung von interkulturell begründeten Kommunikationsproblemen sein." (Knapp 1996, S. 76f.)

4.4 Berücksichtigung interkultureller Aspekte

Neben der kooperativen Leistungserstellung, die ein Schnittstellenmanagement benötigt, ist der Dienstleistungskontakt mit den beförderten Personen (= Passagieren) aus internationaler Sicht bedeutsam, wobei zwischen internationalen und interkulturellen Dienstleistungskontakten[90] unterschieden wird. „So können die Interaktionsbeziehungen aus verschiedenen Ländern eines Kulturkreises kommen. Hier handelt es sich zwar um internationale, nicht aber um interkulturelle Kontakte. Es ist auch eine Kunde-Dienstleister-Konstellation möglich, in der die Partner die gleiche Nationalität haben, aber unterschiedlichen kulturellen Gruppen angehören. Dann liegen interkulturelle, nicht aber internationale Dienstleistungskontakte vor." (Stauss 1999, S. 277)

Im Falle der Inanspruchnahme einer Beförderung mit einem oder mehreren einheimischen Unternehmen sind die Dienstleistungskontakte meist sehr auf Personen des eigenen Kulturkreises beschränkt. Wenn mit einem oder mehreren ausländischen Verkehrsunternehmen gereist wird, können erste interkulturelle Dienstleistungskontakte entstehen, die z. B. sprachlicher Natur oder auf das Essen bezogen (z. B. Restaurant während einer Zugfahrt) sind. Diese intensivieren sich bei Weiterfahrt mit dem lokalen Transport (z. B. Taxi, Bus) im Zielgebiet (vgl. Freyer 2002, S. 95).

Die Beschäftigten von inländischen Verkehrsunternehmen begleiten die Reisenden des Quellgebietes in ein Zielgebiet und – je nach Organisationsform – Reisende aus anderen Ländern in die Heimatländer der Verkehrsunternehmen. Während bei Linienunternehmen (z. B. Bahn, Bus, Schiff) die bi- und multinationalen Tätigkeiten überwiegen, sind bei Charterunternehmen die Reisenden bei Hin- und Rückreise weitestgehend identisch und kommen zumeist aus dem gleichen Kulturkreis wie die Beschäftigten des Verkehrsunternehmens (vgl. Freyer/Pompl 2000, S. 116). Die verschiedenen Möglichkeiten der persönlichen interkulturellen Dienstleistungskontakte werden in folgender Abbildung dargestellt. Hierbei werden die Kunden und Mitarbeiter aus gleichen bzw. unterschiedlichen

---

[90] Als Dienstleistungskontakt wird die Kontaktsituation zwischen Dienstleistungskunde und -anbieter im Moment der Leistungserstellung bezeichnet. Um einen interkulturellen Dienstleistungskontakt handelt es sich dann, wenn die am Kontakt beteiligten Dienstleistungsnachfrager und -anbieter unterschiedlichen Kulturkreisen angehören (vgl. Stauss 1999, S. 273ff.).

Kulturkreisen betrachtet, wobei die Kunden aus zwei unterschiedlichen Ländern kommen können.

Abbildung 25: Interkulturelle Dienstleistungskontakte im internationalem Verkehr

Kunde aus: Mitarbeiter eines inländischen Unternehmens aus	Inland	Ausland A	Ausland B
Inland	Intrakultureller Dienstleistungskontakt (Fall 1)	Interkultureller Dienstleistungskontakt (Fall 2a)	Interkultureller Dienstleistungskontakt (Fall 2b)
Ausland I	Interkultureller Dienstleistungskontakt (Fall 3)	Interkultureller Dienstleistungskontakt (Fall 4)	Interkultureller Dienstleistungskontakt (Fall 5)

Intrakultureller Dienstleistungskontakt (Fall 1): Dienstleistungsanbieter und -nachfrager gehören dem gleichen Kulturkreis an. Ein deutscher Zugbegleiter trifft mit einem deutschen Fahrgast zusammen.

Interkultureller Dienstleistungskontakt (Fall 2): Inländische Mitarbeiter haben mit Auslandskunden zu tun (z. B. ein deutscher Busfahrer mit einem ausländischen Fahrgast). Die Kunden können nicht nur aus einem (A), sondern aus verschiedenen Ländern kommen (A und B), wodurch eine höhere interkulturelle Flexibilität notwendig ist.

Interkultureller Dienstleistungskontakt (Fall 3): Diese Variante tritt ein, wenn ausländische Mitarbeiter eines deutschen Dienstleistungsunternehmens mit deutschen Nachfragern agieren, z. B. bedient ein ausländischer Bahnangestellter einen deutschen Fahrgast im Zugrestaurant.

Interkultureller Dienstleistungskontakt (Fall 4): Dieser liegt vor, wenn ein ausländischer Mitarbeiter eines Verkehrsunternehmens mit einem Kunden aus dem gleichen Kulturkreis in Kontakt tritt. Ein Beispiel ist ein italienischer Zugbegleiter, der einem italienischen Touristen eine Information über einen Anschlusszug gibt. Dieser Dienstleistungskontakt hat Gemeinsamkeiten mit dem intrakulturellen Dienstleistungskontakt (Fall 1), bei dem sich auch Angehörige des gleichen Kulturkreises im Servicefall begegnen. Für beide findet der Dienstleistungskontakt jedoch im ausländischen Umfeld statt.

Interkultureller Dienstleistungskontakt (Fall 5): Hier interagieren ausländische Mitarbeiter eines deutschen Dienstleisters mit Kunden aus einem Drittland. Bsp.: Französische Fluggäste einer deutschen Fluggesellschaft werden von amerikanischen Flugbegleitern bedient.

Sofern an der Dienstleistungserstellung mehrere ausländische Mitarbeiter (Fall 3 und 5) beteiligt sind, z. B. im Zugrestaurant wird die Bestellung durch einen italienischen Kellner aufgenommen und das Servieren durch einen indischen Kellner übernommen, kann der Kunde mit verschiedenen interkulturellen Dienstleistungskontakten konfrontiert werden (ähnlich Fall 2b). Bei Fall 3 kann es sich um Mitarbeiter aus verschiedenen Kulturen handeln, die sich um einen deutschen Gast kümmern und bei Fall 5 bedienen z. B. Mitarbeiter aus verschiedenen Kulturen wiederum Gäste aus einer oder mehreren anderen Kulturen.

Im internationalen Reiseverkehr tritt der Fall ein, dass aus Unternehmersicht der Mitarbeiter aus dem Inland und der Kunde aus dem Ausland kommt, das Verkehrsmittel sich aber im Inland des Kunden und im Ausland des Unternehmens bzw. Mitarbeiters bewegen kann, so dass die Dienstleistungskontakte immer aus Sicht des Unternehmenssitzes zu sehen sind.

Quelle: eigene Darstellung, in Anlehnung an Stauss 1999, S. 278; Freyer 2002, S. 57

Da es bei den Dienstleistungen des Mobilitätsmanagements – insbesondere bei einem Mobilitätsmanagement mit touristischem Schwerpunkt – auch um die Integration von ausländischen Touristen geht, entstehen internationale bzw. interkulturelle Dienstleistungskontakte über Verkehrsunternehmen hinaus auch bei der Nutzung von Mobilitätszentralen oder -büros. Diese Dienstleistungskontakte sind vorrangig in Zielgebieten mit hohem Anteil ausländischer Besucher zu beachten. In Deutschland beträgt z. B. der durchschnittliche Anteil ausländischer Gäste ca. 16%, wobei es Bundesländer, wie Bayern (24,9%), und Regionen, wie das Main/Taunus-Gebiet, München und Umgebung oder Berchtesgadener Alpen mit Reichenhaller Land gibt, die einen stark ausgeprägten Anteil ausländischer Gäste verzeichnen können (vgl. Statistisches Bundesamt 2004).

Beschäftigte im internationalen Linienverkehr, wie z. B. Zugbegleiter, Stewards, sowie Mobilitätsberater, -koordinatoren und Servicemitarbeiter, die in Städten/Regionen mit hohem Anteil ausländischer Gäste im direkten Kundenkontakt eingesetzt werden, müssen für anders kulturell geprägte Reisende sensibilisiert werden und benötigen interkulturelle Kompetenzen. Sie sind es, die mehr oder weniger auf sich allein gestellt mit den kulturellen Verschiedenartigkeiten und nicht vorhersehbaren Ereignissen konfrontiert werden und damit umzugehen lernen müssen.

4.5 Zielgruppenspezifische Ansprache

Im Gegensatz zu anderen Dienstleistungen (z. B. Beherbergungsleistung eines Hotels), bei denen der Produktions- und Konsumakt zeitlich und räumlich zusammenfallen, ist dies bei den Beförderungsleistungen nicht der Fall, da sie keinen festen Standort der Produktion haben (vgl. Stabenau 1994, S. 51). Somit muss sich das Management von Verkehrsdienstleistungsunternehmen spezifischen Herausforderungen stellen. Nur wenige Reisende treten bei Fahrten mit öffentlichen Verkehrsmitteln (z. B. Flugzeug, Bahn, Bus) sofort die Rückreise an, so dass eine Unpaarigkeit der Verkehrsbeziehungen vorliegt.[91] Dies hat, bedingt durch die mit der Reise erfolgten Ortsveränderung zur Folge, dass ein Verkehrsdienstleister vor die Aufgabe gestellt ist, Nachfrage an zwei verschiedenen Orten zu unterschiedlichen Zeiten zu aktivieren und koordinieren. Hierbei sind v. a. zeitliche Schwankungen in der Nachfrage (z. B. im Tagesablauf, regional und saisonal) zu berücksichtigen (vgl. Siefke 1998, S. 47). Dies gilt im Tourismus besonders für Individualreisende und im Linienverkehr. Eine höhere Planungssicherheit besteht dagegen bei Charter- bzw. Pauschalreisen, bei denen z. B. Urlauber für 14 Tage mit dem Charterflugzeug auf die Balearen

---

[91] Weitere Informationen zum Themenfeld „Unpaarigkeit der Verkehrsbeziehungen" sind bei Stabenau 1994, S. 52ff. zu finden.

fliegen oder für drei Wochen mit der Bahn an die Atlantikküste in Frankreich fahren. Hier stehen die Termine sowohl für die Hin- als auch die Rückreise (nahezu sicher) fest, so dass ein Verkehrsunternehmen nicht an zwei verschiedenen Orten Nachfrage zu aktivieren hat (vgl. Freyer/Groß 2003b, S. 106).

Bei Pauschalreisen ist darüber hinaus eine engere Bindung an einen Reiseveranstalter bzw. die weiteren Leistungsersteller des Produktes Reise gegeben und man hat es häufig mit festen Gruppen zu tun, wodurch die Beeinflussbarkeit (der Verkehrsmittelwahl) durch Informationen sowie Beratungs- und anderer Mobilitätsserviceleistungen anders als bei Individualreisenden ist. Bei Charterflugreisen kann es z. B. nur einen Flug in der Woche ab einem Quellgebiet in ein bestimmtes Zielgebiet geben, so dass aus einem meist überschaubaren Einzugsgebiet (nähere Umgebung) die Reisenden generiert werden. Hierdurch ist zugleich der Absatzmarkt und die Zeiten, in denen die Mobilitätsdienstleistungen angeboten werden müssen, bekannt. Auf Grund der durchschnittlichen Reisedauer bei einer Urlaubsreise von ca. 13,5 Tagen (vgl. F.U.R. 2003a, S. 66) ist eine gewisse Konstanz bei der Hin- und Rückreise gegeben, wodurch für Mobilitätsdienstleistungen bei der An- und Abreise zum und vom Flughafen eine hohe Planungs- und Auslastungssicherheit gegeben ist.

Die Organisation von (Teil-)Leistungen einer Reise durch Externe nimmt in Deutschland eine bedeutende Stellung ein. Bis Mitte der 1970er Jahre war die Individualreise für ca. 75% der Urlaubsreisenden die erste Wahl. Im Laufe der letzten Jahre nahm der Anteil an Urlaubsreisen, die über ein Reisebüro gebucht wird, kontinuierlich zu und liegt heute bei ca. 45% („klassische Pauschalreise" ca. 28%; Reisen, die mit Hilfe eines Reisebüros gebucht werden und damit „teilorganisiert" sind, z. B. Buchung eines Mietwagens oder Fluges, ca. 15%), wobei in den Jahren 2002 und 2003 ein geringer Rückgang festzustellen ist (vgl. ders., S. 74).

Auch Geschäftsreisen werden häufig mit Hilfe einer externen Unterstützung organisiert. So nehmen 47% aller Unternehmen Dienstleistungen eines externen Reisebüros für die Organisation ihrer Geschäfts- und Dienstreisen in Anspruch (vgl. VDR 2003, S. 28). Die Nutzung der Hilfe „fremder" Personen bzw. Institutionen ist für die Organisation einer Reise weit verbreitet und wird mit zunehmender Tendenz in Anspruch genommen, wodurch Ansatzpunkte für Angebote im Rahmen eines Mobilitätsmanagements gegeben sind.

Eine Reise wird, im Gegensatz zu vielen anderen Dienstleistungen und Sachgütern, nur einmal oder wenige Mal im Jahr in Anspruch genommen. Die Reiseentscheidung, die neben der Entscheidung des Reisezeitpunktes z. B. auch die Organisationsform und das Verkehrsmittel betrifft, wird daher meist nicht spontan getroffen, sondern dauert bei Urlaubsreisen i.d.R. mehrere Monate. Typisch für Geschäftsreisen ist dagegen, dass die Buchung bzw. Vorbereitung in der Regel kurzfristig erfolgt, frühestens ein bis zwei Wochen vor der Abreise. Geschäftsreisen sind dafür aber häufig von einer gewissen Wiederholung geprägt (vgl. Freyer 2001a, S. 45). Hiermit bieten sich für Maßnahmen des Mobilitätsmanagements bei Urlaubsreisen Möglichkeiten über einen längeren Zeitraum an und bei Geschäftsreisen eine gewisse Konstanz, da sie häufiger durchgeführt werden.

Eine weitere Besonderheit des Tourismus, auf das ein Mobilitätsmanagement Bezug nehmen muss, ist die Aufenthaltsdauer im Zielgebiet. Da sich Reisende im Vergleich zu einheimischen Zielgruppen meist relativ kurz im jeweiligen Zielgebiet aufhalten, zwischen wenigen Tagen bei Geschäftsreisenden und ca. zwei Wochen bei Haupturlaubsreisenden, müssen die Mobilitätsdienstleistungen im Zielgebiet den potentiellen Nutzern kurzfristig nahegebracht werden und leicht verständlich sein.[92] Langfristig angelegte Kampagnen im Zielgebiet eignen sich im touristischen Mobilitätsmanagement z. B. weniger. Aber je länger ein Gast in der Destination bleibt, desto eher ist er mit den Mobilitätsbedingungen und touristischen Einrichtungen vor Ort vertraut, was sich positiv auf die Nutzung von Mobilitätsserviceleistungen auswirken kann.

Auch die Frage, ob es sich um Erstbesucher oder Wiederholungsgäste handelt, ist für die Ausgestaltung eines touristischen Mobilitätsmanagements von Bedeutung. Während sich Erstbesucher vor Ort meist (noch) nicht auskennen und auf bestimmte Angebote evtl. überhaupt nicht aufmerksam werden, haben sie meist ein höheres Informationsbedürfnis, so dass sie Informations- und Beratungsleistungen aufgeschlossener gegenüber stehen. Wiederholungsgäste (sog. Stammgäste) sind mit der Situation vor Ort vertrau(ter) und profitieren von ihren Kenntnissen und Erfahrungen der vorherigen Aufenthalte. Dies kann sich jedoch sowohl positiv als auch negativ auf das Mobilitätsverhalten und die Inanspruchnahme von Mobilitätsdienstleistungen auswirken. Zum einen kennen sie eher die vorhandenen Angebote und es ist möglich, sie gezielter anzusprechen. In Anschluss an den letzten Aufenthalt oder in Vorbereitung des nächsten Aufenthaltes sind entsprechende Marketingaktivitäten einer Tourismusorganisation und/oder Mobilitätszentrale denkbar. Zum anderen können sie in ihrem Mobilitätsverhalten gefestigt sein, so dass neue Mobilitätsdienstleistungen nicht wahrgenommen werden (wollen).

---

[92] Über alle Unternehmensgrößen hinweg finden 41-50% der Geschäftsreisen als Tagesgeschäftsreisen statt. In 30-37% der Fälle beträgt die Dauer zwei bis drei Tage, in 11-12% der Fälle vier bis fünf Tage und in 3-10% der Fälle dauern sie sechs und mehr Tage (vgl. VDR 2003, S. 10).

4.6 Berücksichtigung von saisonalen Einflüssen

Der Tourismus bzw. touristische Verkehr ist durch einen saisonalen Charakter geprägt, was beispielsweise in nach Haupt- und Nebensaison gestaffelten Preisklassen für (Pauschal-)Touristen, den kilometerlangen Staus in den Ferienzeiten auf den Autobahnen für Autoreisende oder die Konzentration des touristischen Verkehrs auf die Wochenend- und Urlaubsreisezeiten zum Ausdruck kommt.

> „It is characteristic of most leisure tourism markets that demand fluctuates greatly between seasons of the year. (...) As a result, many tourism businesses dealing with holiday markets fluctuate from peaks of 90 to 100 per cent capacity utilization for 16 weeks in a year, to troughs of 30 per cent or less for 20 weeks in the year." (Middleton 1994, S. 30f.)[93]

Unter Saisonalität werden alle Erscheinungen verstanden, die durch eine ungleichmäßige Verteilung der realisierten touristischen Nachfrage, typischerweise innerhalb eines Jahres, gekennzeichnet sind. „By ‚seasonality' we mean the tendency of tourist flows to become concentrated into relatively short periods of the year." (Allcock 1994, S. 86) Bestimmungsfaktoren der touristischen Saisonalität können auf der Angebots- und Nachfrageseite ausgemacht werden. Eine Betrachtung der Nachfrager zeigt, dass vorrangig die Reisemotivation eine hohe Bedeutung für saisonale Effekte hat. Während Urlaubsreisen durch eine hohe Saisonalität gekennzeichnet sind, sind Geschäftsreisen durch eine relativ gleichmäßige Saisonverteilung über das Jahr charakterisiert. Einzig in den Haupturlaubsreisemonaten Juli und August sind auf Grund der Abwesenheit vieler Mitarbeiter Rückgänge und in den Monaten September und Oktober auf Grund der Konzentration von Messen und Kongressen leichte Zuwächse zu beobachten. Im wöchentlichen Verlauf existieren dagegen bei Geschäftsreisen eine – zu erwartende – starke Konzentration auf die (Arbeits-)Tage Montag bis Freitag (vgl. Zeiner 1986, S. 59 und 106ff.).

Die Saisonspitze bei Urlaubsreisen von deutschen Reisenden ist der Zeitraum von Juni bis August (vgl. F.U.R. 2003a, S. 58ff. und Abbildung 26). Gründe für die Konzentration im Hochsommer sind in den Ferienregelungen, der Ansetzung von Betriebsferien oder den klimatischen Bedingungen

---

[93] Für den touristischen Verkehr ist festzustellen: „One reason for visitor flows causing transport problems is their variation in time. Partly, the pattern has a clear rhythm and is related to seasons: summer peak in sea-resorts, winter peak in ski-regions, etc." (ARTIST 2000, S. 40)

zu finden.[94] Eine Betrachtung des Reiseantrittszeitpunktes nach Verkehrsmitteln zeigt auf, dass in den genannten Hauptmonaten der Pkw-Verkehr
eine überdurchschnittlich große Bedeutung einnimmt und somit in diesem
Zeitraum verstärkt in Überlegungen des Mobilitätsmanagements einzubeziehen sind. Busreisen nehmen dagegen v. a. im Frühjahr (April-Juni) und
Herbst (September/Oktober) sowie Flugreisen im Herbst und Winter eine
überdurchschnittliche Bedeutung ein, so dass sie in diesen Monaten besondere Beachtung benötigen.

Auch eine Betrachtung nach Zielregionen zeigt eine notwendige Schwerpunktsetzung eines touristischen Mobilitätsmanagements auf. In den Sommermonaten Juli und August werden Haupturlaubsreisen im Vergleich zum
Gesamtdurchschnitt eher im Inland durchgeführt und in den Winter- bzw.
Frühjahrmonaten Januar bis April eher im Ausland.

**Abbildung 26: Zeitpunkt des Reiseantritts bei deutschen Urlaubsreisen
insgesamt und nach ausgewählten Verkehrsmitteln (in %)**

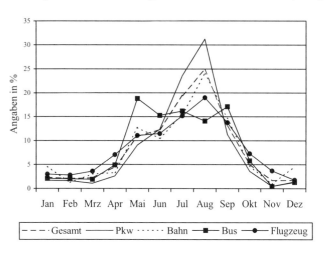

Quelle: Aderhold 2004

Eine Betrachtung der Angebotsseite zeigt, dass sowohl das ursprüngliche als auch das abgeleitete Angebot saisonale Effekte hervorrufen kann. „Tourism seasons therefore developed because of the climate at the origin and/or at the destination and because of nonclimatic attractions, including religious festivals, celebrations, and carnivals." (Bar-On 1993, S. 706) Der wohl wichtigste Bestandteil des natürlichen Angebots (= Teil des ursprünglichen Angebots) einer Destination ist ihr landschaftlicher Charakter und eng damit verbunden die klimatischen Verhältnisse. Typische Saisonverteilungen zeigen z. B. Küstengebiete bzw. Inseln, die überproportional in den klimatisch günstigen Sommermonaten frequentiert werden. (Mittel-) Gebirgsregionen haben dagegen eher im Winter Saisonspitzen zu verzeichnen (vgl. Freyer 2004, S. 657). Auch das abgeleitete Angebot kann in Form des Vorhandenseins von Ganzjahresangeboten bzw. -einrichtungen und/ oder speziellen Angeboten (z. B. Events, Preisreduzierungen) in den weniger stark frequentierten Monaten Einfluss auf die Saisonalität haben.

4.7 Konzeptioneller Aufbau eines touristischen Mobilitätsmanagements

Eine letzte Besonderheit eines touristischen Mobilitätsmanagements stellt der konzeptionelle Aufbau dar. Nachfolgend wird dieser Aufbau entwickelt, wobei das organisatorische Gesamtkonzept des Common-Konzeptes als Grundlage dient (siehe Kapitel 3.2.3, S. 78ff.). Dieser organisatorische Ansatz bedarf jedoch einer theoretischen Weiterentwicklung. Da sich aus touristischer Sicht – Sinn und Zweck einer Reise ist ein Ortswechsel, der über den normalen Aufenthaltsort hinausgeht und an einen „fremden" Ort führt – die Betrachtungsbereiche nicht auf ein Gebiet beschränken lassen, müssen sowohl das Quell- und Zielgebiet als auch die Hin- und Rückreise in ein Mobilitätsmanagement einbezogen werden. Somit kann und muss ein Mobilitätsmanagement im Tourismus an verschiedenen räumlichen Punkten ansetzen. Auch andere Autoren weisen auf diese verschiedenen Betrachtungsfelder hin (vgl. z. B. Kinder/Schäfer-Breede 1998, S. 26ff.; d'Oleire-Oltmanns/Eberhardt 2000, S. 304; Klewe/Dorra 1999, S. 158), eine tiefergehende Betrachtung wurde bisher jedoch nur in Ansätzen vorgenommen.

> „Mobility management can help people to travel around without using or owning a car. Services can be offered in the orientation phase before the trip, on-trip and at the final destination." (o. V. 2002, S. 2)

Auf der strategischen Ebene des konzeptionellen Aufbaus ist auch beim touristischen Mobilitätsmanagement eine (politische) Grundsatzentscheidung zu treffen, ob Mobilitätsmanagement eingeführt werden soll oder nicht (vgl. Abbildung 27, S. 124). Die Initiative zur Einführung eines Mobilitätsmanagements liegt meist bei einem Vorreiter und wird unabhängig vom jeweiligen Pendant bzw. von den Pendants im Quell- bzw. Zielgebiet stattfinden. Als Vorreiter kommen kommunale Behörden, Verkehrsunternehmen und/oder privatwirtschaftliche Unternehmen vordergründig in Betracht (siehe Tabelle 8 auf S. 81). Da meist eine Vielzahl an Akteuren bei die Initiierung involviert ist, ist die Koordination zwischen diesen wichtig. Dies kann in institutionalisierter Form z. B. durch die Bildung einer Arbeitsgruppe, einer Task-Force oder einem anderen Gremium geschehen. Einem Mobilitätsmanager kommt in diesem Zusammenhang eine bedeutende Rolle zu; ist er doch derjenige, der die Gesamtverantwortung für die Einrichtung und Einführung des Mobilitätsmanagements übernehmen und die Verbindung zwischen der strategischen und Management-Ebene gewährleisten soll.

Auf der Management-Ebene ist sowohl im Quell- als auch Zielgebiet eine Unterscheidung in flächenhafte und standortbezogene Konzeptbausteine möglich. Hierbei können auf beiden Ebenen in allen drei Reisephasen Mobilitätsmanagementmaßnahmen ergriffen werden. Bisherige Erfahrungen bei der Einführung von Mobilitätsmanagement zeigen, dass Mobilitätszentralen auf der städtischen/regionalen Ebenen einen besonders wichtigen und grundlegenden Baustein beim Aufbau eines umfassenden Mobilitätsmanagements darstellen. Sie haben als einer der hauptsächlichen Anbieter der Mobilitätsdienstleistungen auch maßgeblichen Einfluss auf die Etablierung der Mobilitätsdienstleistungspalette (vgl. Witte 2000a, S. 72). Die anvisierten Mobilitätsdienstleistungen sind in einem Mobilitätsplan festzuhalten, der die konkreten Aktivitäten, Zuständigkeiten, Zeitpläne usw. integriert. Eine Erweiterung der Träger des Mobilitätsmanagements ist um touristische Akteure vorzunehmen, da sie die Erfahrungen im Umgang mit den Reisenden und in vielen Fällen bereits Kontakt zu ihnen haben.

Als neue Träger eines touristischen Mobilitätsmanagements nehmen verschiedene touristische Akteure eine bedeutende Rolle ein. Wichtig ist dabei, dass – ähnlich der vorrangig in den 1980er und 1990er Jahren eingerichteten Umweltbeauftragten[95] – Stellen für Mobilitätsbeauftragte bei den einzelnen touristischen Akteuren eingerichtet werden, um die Inhalte und

---

[95] Der Deutsche Tourismusverband (damals noch Deutscher Fremdenverkehrsverband) hat z. B. im Jahre 1991 die Stelle eines Umweltbeauftragten und eine Umweltkommission ins Leben gerufen. Auch der Deutsche Hotel- und Gaststättenverband hat in dieser Zeit ein eigenes Umweltreferat etabliert (vgl. Zimmer 1993, S. 104f.).

Ideen des Mobilitätsmanagements in die Arbeitsgebiete und Aufgaben der einzelnen Akteure besser integrieren zu können (siehe zu den (potentiellen) touristischen Akteuren Kapitel 5.1.2, S. 134ff.).[96]

Die Nutzer-Ebene ist auch bei einem touristischen Mobilitätsmanagement durch die Ausgestaltung der Mobilitätsdienstleistungen geprägt. Es ist jedoch zu betonen, dass sie im Sinne einer ganzheitlichen Betrachtung sowohl das Quell- und Zielgebiet als auch den Transferraum betreffen sollten.

Der vorgestellte konzeptionelle Aufbau ist idealtypisch und alle Elemente konnten bisher nicht gleichzeitig installiert werden. Gegenwärtig gibt es erst wenige Destinationen mit Mobilitätsmanagementkonzepten, so dass nicht immer im Quell- oder Zielgebiet ein Pendant vorhanden ist. Dies ist nicht zwingend notwendig, da jede Destination für sich Mobilitätsmanagement einführen kann. Aber auch hier sollte die gesamte Reisekette mit Mobilitätsdienstleistungen bedient werden. Im Optimalfall ist zu beachten, dass ein Quellgebiet nicht nur ein Zielgebiet hat und umgekehrt, sondern dass verschiedene Zielgebiete einbezogen werden müssen. Eine flächenhafte Verbreitung des touristischen Mobilitätsmanagements bzw. von Bausteinen setzt jedoch voraus, dass über „Insellösungen" hinaus organisatorische Standardlösungen gefunden werden, die in allen Destinationen zur Geltung kommen können.[97]

---

[96] In der Fachdiskussion wird gefordert: „Statt mit einer Vielzahl von Berufsbezeichnungen wie etwa Mobilitätsberater, Mobilitätskoordinator, Mobilitätsbeauftragter oder Mobilitätsmanager in Kauf zu nehmen, daß die am Aufbau beteiligten Personen den ‚roten Faden' verlieren oder diesen angesichts einer unnötig geschaffenen Komplexität gar nicht erst aufnehmen, sollte vielmehr die Entwicklung des Serviceangebotes (...) in den Mittelpunkt der Diskussion gerückt werden." (Klewe 1998, S. 21) Trotzdem wird die Bezeichnung Mobilitätsbeauftragter genutzt, da das Mobilitätsmanagement so in die touristischen Unternehmen sprachlich und institutionell verankert wird sowie eine Unterscheidung zu den Mobilitätskoordinatoren möglich ist.

[97] Baustein meint, dass z. B. (zunächst) „nur" Mobilitätsmanagement für einen Standort, eine Mobilitätszentrale oder eine Mobilitätsmanager-Stelle eingerichtet wird.

**Abbildung 27: Konzeptioneller Aufbau eines
Mobilitätsmanagements im Tourismus**

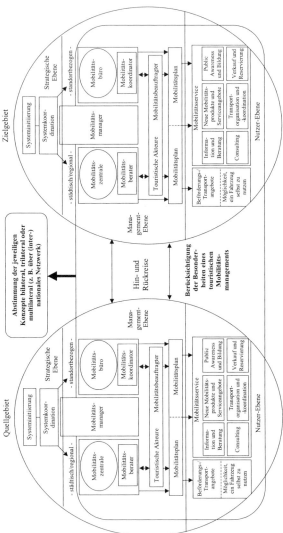

Quelle: eigene Darstellung

Eine Abstimmung der einzelnen Mobilitätsmanagementansätze zwischen Quell- und Zielgebieten/en (bzw. Zielgebiet und Quellgebiet/en) sowie die Festsetzung bestimmter Standards ist sinnvoll und kann bi-, tri- oder multilateral entweder direkt zwischen den jeweiligen Städten bzw. Regionen vorgenommen werden (z. B. Kommunikation zwischen einzelnen Mobilitätszentralen) oder über ein übergeordnetes (inter-)nationales Netzwerk[98], das unter dem Dach einer bestehenden Organisation oder durch den Aufbau einer eigenen Organisation etabliert wird. Die Möglichkeit ein Netzwerk unter dem Dach einer bestehenden Organisation zu integrieren, erscheint auf Grund der heterogenen Trägerschaft von Mobilitätszentralen schwierig, da es keine Organisation gibt, von der sich alle (deutschen) Mobilitätszentralen ausreichend repräsentiert sehen. Selbst der Verband Deutscher Verkehrsunternehmen könnte „nur" für die 80% der Mobilitätszentralen sprechen, deren Mitgliedsunternehmen zu den Trägern gehören, so dass gegenwärtig die Gründung eines eigenen Verbandes o. ä. am ehesten geeignet ist. Von den 42 in einer Untersuchung befragten Mobilitätszentralen halten 55% einen gemeinsamen Verband langfristig für denkbar (vgl. Müller/Rabe/Stierand 2002, S. 48). Zu den Aufgaben eines derartigen Verbandes könnte beispielsweise Folgendes zählen:

- Standards für Mobilitätszentralen aufstellen und empfehlen,
- Mitgliedern aktuelle Informationen zur Verfügung stellen,
- Abstimmung der einzelnen Konzepte initiieren und mit fachlichem Know-how unterstützen,
- Best-Practice-Beispiele dokumentieren und darüber informieren,
- Interessensvertretung gegenüber der Politik und Wirtschaft.

Vor allem die jeweiligen Mobilitätsmanager bzw. Mitarbeiter einer Mobilitätszentrale (Mobilitätsberater) und der ggf. vorhandenen Mobilitätsbüros (Mobilitätskoordinatoren) sind in eine Abstimmung der Mobilitätsmanagementansätze von Quell- und Zielgebiet/en einzubinden, da sie die lokalen bzw. regionalen Besonderheiten sowie Inhalte und Leitvorstellungen des eigenen Mobilitätsmanagementansatzes am besten kennen. Sofern es regionale Zusammenschlüsse von mehreren Gemeinden gibt, können auch diese einen gemeinsamen Vertreter für alle integrierten Gemeinden senden. Darüber hinaus sind die touristischen Akteure und mögliche weitere Partner aus Freizeit und Verkehr einzubinden.

---

[98] Auf europäischer Ebene kommt hierfür z. B. die Europäische Plattform für Mobilitätsmanagement (EPOMM), bei der derzeit fünf Staaten (Frankreich, Italien, Niederlande, Schweden, Österreich) sowie eine Region (Flandern) kooperieren, in Betracht (vgl. Anreiter 2000, S. 75ff.). Weitere Staaten, wie z. B. Dänemark, Deutschland, Finnland, Norwegen, Portugal, Spanien und die Schweiz, haben ihr Interesse an E-POMM ausgedrückt (vgl. www.epommweb.org, download vom 06.05.2004).

Aus Sicht eines Zielgebietes können sich z. B. in gemeinsamen Workshops die Träger des Mobilitätsmanagements des eigenen Gebietes mit Vertretern des wichtigsten Quellgebietes bzw. der wichtigsten Quellgebiete aus Tourismus (z. B. Reisemittler und -veranstalter bzw. Vertreter ihrer Verbände) und Verkehr (z. B. Bus-, Bahn und Fluggesellschaften bzw. Vertreter ihrer Verbände) über die jeweiligen Konzepte informieren und sie aufeinander abstimmen.

Die bisherige Zusammenarbeit von Mobilitätszentralen erfolgt überwiegend regional und auch dies nur in begrenztem Maße, wie eine Untersuchung aus dem Jahre 2002 offenbart (vgl. Abbildung 28). Eine darüber hinaus gehende bundesweite bzw. sogar internationale Vernetzung ist für die Abstimmung und Umsetzung des Mobilitätsmanagements förderlich und stellt einen wichtigen Schritt für die Etablierung des Mobilitätsmanagements im Tourismus dar. Auch wenn für die tägliche Arbeit der Mobilitätszentralen eher die lokale und regionale Kooperation notwendig sein wird, so ist eine bundesweite bzw. internationale Zusammenarbeit bei der Entwicklung gemeinsamer und abgestimmter Strategien und Mobilitätsdienstleistungen (z. B. einheitliche Namenszusätze, Telefonnummern, Symbole, abgestimmte Dienstleistungen zur Verbesserung der Schnittstellenübergänge, Mehrsprachigkeit der Internetdarstellung entsprechend der wichtigsten Quellgebiete) von maßgeblicher Bedeutung für den Erfolg des Mobilitätsmanagementansatzes im Tourismus.

Abbildung 28: Bisherige Kooperation von Mobilitätszentralen in Deutschland

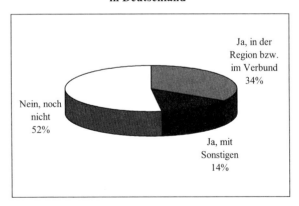

Quelle: Müller/Rabe/Stierand 2002, S. 48

4.8 Fazit

Zusammenfassend bleibt festzuhalten, dass v. a. im touristischen Verkehr ein internes und externes Schnittstellenmanagement bei den beteiligten Leistungserstellern gefordert ist, da die Schnittstellen zwischen den einzelnen Dienstleistungen, v. a. Verkehrsdienstleistungen, mit Kundenproblemen behaftet sind. Unter anderem durch die zunehmenden Auslandsreisen und der damit zusammenhängenden weiteren Entfernungen ist im Tourismus häufiger als im Alltagsverkehr ein Verkehrsmittelwechsel notwendig, was ein intermodales Mobilitätsmanagement und eine internationale Abstimmung und Kooperation der Leistungserstellung erforderlich macht. Bei einem externen Schnittstellenmanagement scheinen Maßnahmen, die „software-orientiert" (mit informatorischer Dimension) sind, eine höhere Umsetzbarkeit als baulich-architektonische Maßnahmen zu haben. Die Art und der Umfang der durch solche Maßnahmen möglichen Auswirkungen ist in der Praxis zu überprüfen.

Die Dienstleistungen eines touristischen Mobilitätsmanagements sind auch ausländischen Touristen nutzbar zu machen, so dass internationale bzw. interkulturelle Dienstleistungskontakte sowohl bei Verkehrsunternehmen als auch bei der Nutzung von Mobilitätszentralen oder -büros entstehen. Beschäftigte im internationalen Linienverkehr, wie z. B. Zugbegleiter, Stewards, sowie Mobilitätsberater, -koordinatoren und Servicemitarbeiter, die in Städten/Regionen mit hohem Anteil ausländischer Gäste im direkten Kundenkontakt eingesetzt werden, benötigen daher interkulturelle Kompetenzen.

Es hat sich darüber hinaus gezeigt, dass eine zielgruppenspezifische Ausrichtung des Mobilitätsmanagements sinnvoll ist, da z. B. Pauschalreisende leichter mit Dienstleistungen eines Mobilitätsmanagements erreichbar sind als Individualreisende oder Stammgäste meist weniger Informationsbedürfnisse haben als Erstbesucher. Saisonale Effekte, wie sie im Tourismus häufig zu finden sind, sind ebenfalls von den Trägern eines Mobilitätsmanagements zu beachten.

Das organisatorische Gesamtkonzept der MOMENTUM/MOSAIC-Projekte lässt sich mit Erweiterungen auch im Tourismus anwenden. Da das touristische Produkt aus mehreren (Teil-)Leistungen besteht, sind an einem touristischen Mobilitätsmanagement möglichst viele der beteiligen Leistungsträger aus Quell- und Zielgebiet sowie Transferraum einzubeziehen und als neuer Träger eines konzeptionellen Aufbaus einzuführen. Des Weiteren wurde deutlich, dass zur erfolgreichen Ausgestaltung eines Mobilitätsmanagements die grundsätzlichen Überlegungen und Mobilitätsdienstleistungen zwischen Quell- und Zielgebiet abgestimmt werden müssen, die Festsetzung bestimmter Standards und die Aufstellung eines

Mobilitätsplanes sinnvoll ist. Die Abstimmung kann entweder direkt zwischen den jeweiligen Städten bzw. Regionen vorgenommen werden (z. B. Kommunikation zwischen einzelnen Mobilitätszentralen) oder über ein übergeordnetes (inter-)nationales Netzwerk, das unter dem Dach einer bestehenden Organisation vereint wird bzw. neu aufgebaut wird. Für ein touristisches Mobilitätsmanagement ist eine Abstimmung der Konzepte bzw. eine Kooperation der Träger der jeweiligen Mobilitätsmanagementkonzepte von besonderer Relevanz, so dass die Professionalisierung dieser Kooperationen vorangetrieben werden muss.

Der erarbeitete konzeptionelle Aufbau eines touristischen Mobilitätsmanagements stellt mit seinen Bausteinen die Grundlage für die weitere Arbeit dar. Während zuerst die theoretischen und praktischen Möglichkeiten eines städtischen/regionalen Mobilitätsmanagements im Tourismus aufgezeigt werden, stehen im Anschluss daran verkehrsinduzierende Einrichtungen mit speziellem Bezug zum Tourismus im Mittelpunkt der Betrachtungen.

5 Touristisches Mobilitätsmanagement auf städtscher/ regionaler Ebene

Die Implementation eines städtischen/regionalen Mobilitätsmanagements sowohl im Quell- als auch im Zielgebiet trägt dazu bei, dass Touristen z. B. bereits im Quellgebiet Informationen über die Angebote im Zielgebiet vor Antritt der Reise („zu Hause") bekommen können, bei der An- und Abreise die größtmögliche Wahlfreiheit des Verkehrsmittels haben und im Zielgebiet der Verkehr effizient und umweltverträglich abgewickelt werden kann.

Für eine nachhaltige Abwicklung des touristischen Verkehrs ist neben der Ausgestaltung des Verkehrsangebotes auf der Hin- und Rückreise sowie im Zielgebiet die Information über die Angebote im Zielgebiet bereits vor Antritt der Reise von zentraler Bedeutung. Touristen werden nur dann eine An- und Abreise mit nachhaltigeren Verkehrsmitteln in ihre Überlegungen einbeziehen, wenn sie in ihrem potentiellen bzw. ausgewählten Zielgebiet ein adäquates Mobilitätsangebot erwarten können. Da es sich meist um „Ortsfremde" handelt, sowohl geographisch als auch sprachlich und kulturell gesehen, brauchen sie klare und exakte Informationen bereits im Quellgebiet.

> „Visitors have to be assumed before the trip, that non-motorised mobility does not mean reduced mobility, but the mobility management offers the opportunity to be individually informed about mobility patterns according to the personal needs. (...) It has been empirically shown, that the visitors informed themselves before their visit the longer they stayed in the destination." (Hoenninger 2003, S. 4)

Mobilitätszentralen, als operative Basis für das Mobilitätsmanagement auf städtischer/regionaler Ebene, liefern einen Schwerpunkt für Ansatzpunkte eines touristischen Mobilitätsmanagements (siehe Kapitel 3.2.3, S. 78ff.). Im Folgenden werden daher zuerst die theoretisch denkbaren Kontaktmöglichkeiten zwischen Mobilitätszentralen und ihren Kunden dargestellt. Mobilitätszentralen sind jedoch nicht die einzigen Anbieter von Mobilitätsdienstleistungen in einer städtischen/regionalen Betrachtung (vgl. Abbildung 27, S. 124). Daher werden die potentiellen Partner eines touristischen Mobilitätsmanagements auf städtischer/regionaler Ebene eingeführt.

Im Anschluss daran wird das Instrument des Mobilitätsplanes und seine Basis – die Grundlagenuntersuchung – genauer dargestellt. Im Rahmen eines Exkurses wird auf eine im Rahmen der vorliegenden Untersuchung durchgeführten Methodstudie zur Erfassung des Mobilitätsverhaltens von Touristen im Zielgebiet eingegangen. Aufbauend auf diesen theoretischen Betrachtungen werden konkrete Mobilitätsserviceleistungen einer Mobilitätszentrale und -dienstleistungen der (potentiellen) touristischen

Träger des Mobilitätsmanagements herausgearbeitet. Da die Notwendigkeit des intermodalen Mobilitätsmanagements bei den Besonderheiten des touristischen Mobilitätsmanagements (siehe Kapitel 4.2, S. 100ff.) herausgestellt wurde, sollen mögliche Mobilitätsdienstleistungen zur Verbesserung der Schnittstellenübergänge innerhalb einer Reise-/Wegekette einer separaten Betrachtung unterzogen werden.

5.1 Mobilitätszentralen als operative Basis eines Mobilitätsmanagements im Tourismus

Mobilitätszentralen können in unterschiedlicher Ausprägung (= Typen) ausgestaltet werden (vgl. Abbildung 29). Neben der Einrichtung von Mobilitätszentralen in zentraler Lage sind dezentrale Lösungen denkbar, bei denen mehrere Filialen über eine (Groß-) Stadt bzw. Region verteilt sind. Diese werden meist permanent eingerichtet, aber auch temporäre Mobilitätszentralen, z. B. auf Stadtfesten oder anderen Events sowie im ländlichen Raum sind denkbar. Die Einrichtung solch temporärer Mobilitätszentralen kann z. B. in Form von Informationsbussen erfolgen. Hinsichtlich der Organisationsform können reale und virtuelle Mobilitätszentralen unterschieden werden, wobei sich die beiden Organisationsformen auch überschneiden können. Während reale Mobilitätszentralen ein öffentlich zugängliches Büro haben, bieten virtuelle Mobilitätszentralen ihre Serviceleistungen über das Internet an. Reale Mobilitätszentralen haben aber auch die Möglichkeit virtuelle Angebote als Ergänzung anzubieten. Das Spektrum der angebotenen Leistungen kann sich auf den Verkehr beschränken (= mono) oder weitere Branchen, wie z. B. tourismus- oder freizeitspezifische Dienstleistungen (= multi), beinhalten (vgl. Müller 2000, S. 4f.; Müller/Rabe/Stierand 2002, S. 54; MOMENTUM/MOSAIC 1999, S. 59).[99]

---

[99] „Mono" meint in diesem Zusammenhang die Beschränkung auf den Verkehrsbereich und nicht auf einen Verkehrsträger, so dass innerhalb des Verkehrbereichs – im Sinne des Grundgedankens des Mobilitätsmanagements – wiederum multimodale Angebote vorgehalten werden.

Abbildung 29: Typen von möglichen Mobilitätszentralen[100]

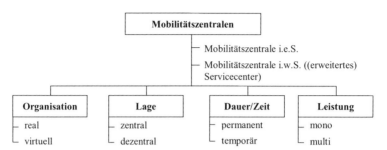

Quelle: eigene Darstellung

Von einer Mobilitätszentrale i.e.s. wird erst dann gesprochen, wenn verschiedene Standards erreicht sind, ansonsten handelt es sich um (erweiterte) Servicecenter, die Teilaufgaben einer „klassischen" Mobilitätszentrale übernehmen (vgl. Tabelle 12). Kundencenter, die viele Verkehrsunternehmen des öffentlichen Verkehrs betreiben, sollten nicht mit Mobilitätszentralen gleich gesetzt werden.

---

[100] Eine andere Typisierung von Mobilitätszentralen schlagen Pickel/Zappe (vgl. 1997, S. 70) vor. Sie unterscheiden zwischen „kleinen" Initiativen (Verbände, Betriebe, Stadtteilbüros), „Serviceoffensiven" von mehreren Verkehrsunternehmen und umfassende Kooperationen verschiedenartiger Akteure.

**Tabelle 12: Grundkriterien für die Klassifizierung
von Serviceeinrichtungen**

	Zugang	Lage	Angebot		Medien
Mobilitäts-zentrale	öffentlich	zentral, ein Anlauf-punkt	multimodale (d. h. verkehrs-mittelüber-greifende) und intermodale Information und Beratung	mindestens Angebote in zwei weiteren Kategorien der Mobilitäts-services	differen-zierte Medi-ennutzung (Face-to-Face, Tele-fon, Online, Printmedien, Touch-Screen etc.)
erweitertes Service-center	öffentlich	zentral, ein Anlauf-punkt	multimodale Information und Beratung konkret geplant bzw. im Aufbau	über den ÖV hinaus gehende Angebote ge-plant bzw. im Aufbau	Hauptmedi-um (Face-to-Face, Tele-fon), Ausbau anvisiert
Service-center	öffentlich	zentral, ein Anlauf-punkt	Information und Beratung v. a. zum ÖV, aber verkehrs-trägerübergrei-fend (Bus und Bahn)	Verkauf, Dis-position be-darfsgesteuerter Verkehre bzw. auf den ÖV bezogene Dienstleistun-gen	Hauptmedi-um (Face-to-Face, Tele-fon) plus ggf. weitere
Kunden-center	öffentlich	dezentral, örtlich ver-schieden	Information vorwiegend zum Angebot eines Verkehrs-unternehmens des ÖV	v. a. Verkauf bzw. auf den ÖV bezogene Dienstleistun-gen (Beschwer-demanagement, Fundbüro)	vorwiegend persönlich oder telefo-nisch

Quelle: vgl. Müller/Rabe/Stierand 2002, S. 52[101]

Die tatsächliche Organisationsform einer Mobilitätszentrale ist dabei von der Struktur und Größe des zu betreuenden Raumes, der Infrastruktur der Verkehrsträger, der vorhandenen Verkehrsbedienung und den zur Verfü-gung stehenden Finanzmitteln abhängig.

---

[101] In einer neueren Veröffentlichung werden die für Mobilitätszentralen genannten Kri-terien spezifiziert und um neue Kriterien erweitert (vgl. ILS 2004).

5.1.1 Mobilitätsservice in den einzelnen Reisephasen

Mobilitätszentralen werden ihre Leistungen vorrangig den Gästen und Einheimischen des jeweiligen Einzugsgebietes anbieten. Dank neuer Kommunikationstechnologien können Reisende mit Mobilitätsserviceleistungen von „ihrer" Mobilitätszentrale, die im Quellgebiet ihren Sitz hat, jedoch über die gesamte Reise betreut werden. Auch eine Mobilitätszentrale aus dem Zielgebiet kann seinen (potentiellen) Gästen über alle Reisephasen hinweg Leistungen anbieten. Für beide Betrachtungsbereiche gilt jedoch, dass nicht alle möglichen Leistungen, v. a. die Dienstleistungen, bei denen ein persönlicher Kontakt notwendig ist, erbracht werden können. In folgender Abbildung werden die theoretisch denkbaren Kontaktmöglichkeiten zwischen Mobilitätszentralen mit Sitz im Quell- und Zielgebiet sowie den (potentiellen) Gästen aufgezeigt.

Abbildung 30: Kontaktmöglichkeiten von Mobilitätszentralen zu (potentiellen) Gästen

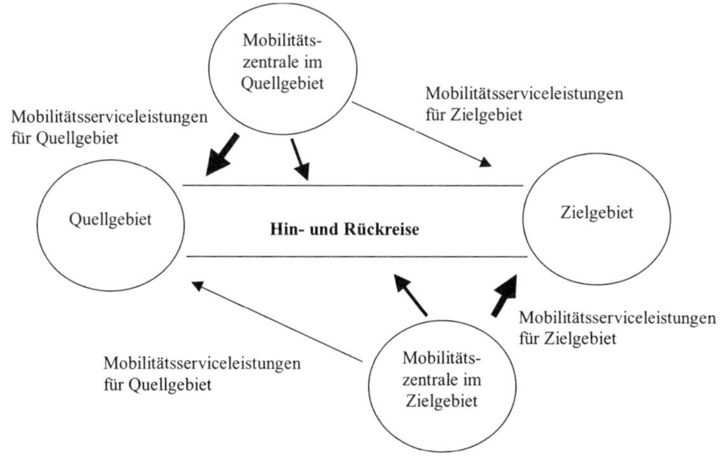

Anmerkung: Die Dicke der Pfeile entspricht dem zu erwarteten Umfang der angebotenen Leistungen.

Quelle: eigene Darstellung

Für eine Mobilitätszentrale im Zielgebiet geht es bei der Erbringung von Serviceleistungen an potentielle Reisende im Quellgebiet v. a. um eine Information <u>vor</u> der Anreise, mit der vermittelt werden soll, dass neben den bestehenden Alternativen bei der An- und Abreise auch die touristischen Ziele innerhalb des Zielgebietes problemlos (ohne eigenes Auto) erreichbar sind, bspw. zu Fuß, per Fahrrad, ÖPNV, Reisebus, Mietwagen, Car-Sharing oder Schiff. Während der Hin- und Rückreise können mittels neuer Kommunikationsmöglichkeiten (z. B. Internet, WAP-Handy, SMS) umfangreiche Mobilitätsserviceleistungen vom Reisenden abgerufen werden, um individuell und spontan Aktivitäten zu koppeln und Routenänderungen im ÖV oder mit motorisierten Individualverkehrsmittel vorzunehmen (siehe Kapitel 4.2, S. 100ff.). Vor Ort kann der Aufenthalt der Reisenden mit Mobilitätsserviceleistungen angenehmer gestaltet werden und eine Nutzung von nachhaltigen Mobilitätsformen erreicht werden.

> „Ganz wichtig ist, über die Mobilitätsangebote am Zielort schon ‚zu Hause'
> kurz, aber umfassend zu informieren, denn dort entscheidet sich die Wahl
> der Verkehrsmittel. (...) Telefonische Rückfragen bei einer ‚Mobilitätszent-
> rale' am Urlaubsort müssen möglich sein. Sie wären natürlich auch An-
> sprechpartner während des Aufenthaltes." (Fiedler 1995, S. 15)

Von einer Mobilitätszentrale im Quellgebiet können auch alle Reisephasen abgedeckt bzw. im Quell- und Zielgebiet sowie während der Hin- und Rückreise Serviceleistungen erbracht werden. Dies v. a. vor dem Hintergrund, dass eine Mobilitätszentrale dadurch „ihre" Kunden mit einer Rundum-Versorgung an sich binden kann und die Wahl des Verkehrsmittels, die zu Hause erfolgt, beeinflusst. Der Stand der Kommunikationstechnologien (z. B. CRS-Systeme, Datenbanken) sowie Schulungen der Mobilitätsberater und Servicemitarbeiter einer Mobilitätszentrale lassen diese z. T. schwer vorstellbaren Informationsvoraussetzungen, die eine Mobilitätszentrale für eine Vielzahl an potentiellen Zielgebieten vorhalten muss, möglich erscheinen. Dass derartiges möglich ist, zeigen die vielseitigen Kenntnisse, die Reisebüros bzw. ihre Mitarbeiter (Expedienten) über eine Vielzahl an Zielgebieten vorhalten bzw. abrufen können.

5.1.2 (Potentielle) Partner eines touristischen Mobilitätsmanagements auf städtischer/regionaler Ebene

Obwohl eine Mobilitätszentrale die operative Basis für ein Mobilitätsmanagementkonzept ist, ist auf städtischer/regionaler Ebene ein breites Netzwerk mit den verschiedensten Beteiligten notwendig (vgl. Abbildung 31). Beteiligt werden sollten auf jeden Fall lokale bzw. regionale Verwaltungen, öffentliche Verkehrsunternehmen und -verbünde sowie private Verkehrsanbieter.

> „Involving different departments of the company or of the city in the mobil-
> ity management process. This primarily includes the urban planning and
> transport departments." (MOST 2003, S. 156)

Die weiteren in ein touristisches Mobilitätsmanagement einzubeziehenden Akteure sind im Quellgebiet v. a. Reisemittler, Reiseveranstalter, CRS-Unternehmen und touristische Verkehrsunternehmen (inklusive Flughafengesellschaften) sowie im Zielgebiet Zielgebietsagenturen/Reiseleitungen, Beherbergungsstätten, CRS-Unternehmen und sonstige Betriebe der Freizeit- und Tourismuswirtschaft (z. B. gastronomische Betriebe, Incoming-Agenturen, Freizeiteinrichtungen). Je nach Aufgabenstellung sind seitens der klassischen Träger eines Mobilitätsmanagements (v. a. Mobilitätszentrale mit -beratern und Mobilitätsmanager) darüber hinaus Partner aus den Bereichen Freizeit, Verkehrswesen und Sonstige hinzuziehen.

Letztlich können auch die Zielgruppen selbst, d. h. die touristischen Besucher, in das Mobilitätsmanagement als Akteur und nicht nur als Nutzer einbezogen werden.

> „Involving the target group in the planning phase of the project is considered crucial for the succes of the project. Although not always easy to obtain, user participation in the planning phase is the basis for promoting the plannend activities, designing and adapting the services to the user needs, gaining interest or acceptance of the services implemented, gaining ownership of new initiatives or even starting off the active involement of the user group." (MOST 2003, S. 157)

Im Tourismus ist dies auf Grund der wechselnden Besucher und der jeweils nur kurzen Aufenthaltszeit (siehe Kapitel 4.6, S. 119ff.) schwierig umzusetzen. Über Befragungen, Beobachtungen, „Kummerkästen" oder ähnliche Maßnahmen können jedoch Kommentare und Erfahrungen von Touristen in das Mobilitätsmanagement einbezogen werden.

Wichtig für den Einbezug der unterschiedlichen Partner und eine optimale Abstimmung zwischen diesen ist eine sog. Akteursanalyse. Hiermit wird das Ziel verfolgt, alle beteiligten Akteure und mögliche Schnittstellen zwischen ihnen zu erfassen. „Auf Grundlage der Akteursanalyse können dann die Potenziale der Kooperationen untersucht und die in den Kooperationsprozessen möglicherweise auftretenden Hemmnisse identifiziert werden." (Schmithals/Schophaus/Leder 2004, S. 135)

Darüber hinaus ist es für Mobilitätszentralen wichtig zu wissen, wie die verschiedenen Akteure zu einer verstärkten Kooperation gewonnen werden können. Da beim Großteil der privatwirtschaftlichen Unternehmen und öffentlichen Einrichtungen verstärkt Kostenzwänge zu beobachten sind und durch die Beteiligung am Mobilitätsmanagement nicht unbedingt zusätzliche Einnahmen generiert werden können, kann den Betreibern einer Mobilitätszentrale eine Analyse der Interessen, Handlungsstrategien und möglichen Motiven einer Beteiligung der verschiedenen Akteure weiterhelfen (siehe Kapitel 7.2.2, S. 249ff., v. a. Tabelle 27).

**Abbildung 31: Potentielle Partner für ein touristisches Mobilitäts-
management auf städtischer/regionaler Ebene**

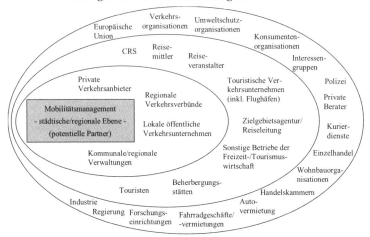

Quelle: eigene Darstellung, in Anlehnung an MOMENTUM/MOSAIC 1999, S. 49

Die einzelnen Unternehmen bzw. Akteure eines touristischen Mobilitätsmanagements können unabhängig voneinander Mobilitätsdienstleistungen
entwickeln und anbieten sowie die gleichen Zielgruppen ansprechen. Alle
Akteure versuchen in diesem Fall mit ganz ähnlichen Maßnahmen die
möglichen Zielgruppen anzusprechen und zur Inanspruchnahme der jeweiligen Leistung zu gewinnen (vgl. Abbildung 32 oben links).

Mobilitätszentralen können jedoch auch im Auftrag anderer Unternehmen
Dienstleistungen anbieten bzw. die einzelnen Mobilitätsdienstleistungen
teilweise aus einer Hand anbieten, so dass sie dann überbetriebliche Aufgaben wahrnehmen. Beispielsweise kann eine Mobilitätszentrale verschiedene Verkehrs-, Informations- und Serviceangebote als ganzheitliches Produkt kombinieren und vermarkten. Diese als integrierte bzw. neue integrierte Mobilitätsdienstleistungen (NIM) bezeichneten Angebote (z. B. in
Form von Mobil-Paketen) beinhalten mehrere bisher getrennte Beförde-
rungs- und Fahrzeugangebote sowie Dienstleistungen wie Information, Buchung, Reservation, Abrechnung usw. Vorreiter auf dem Gebiet der integrierten neuen Mobilitätsdienstleistungen ist die Schweiz. Im Jahre 2001 gab
es in mehr als 15 Städten solche Dienstleistungen, wie z. B. der „Zuger-
PassPlus" des Tarifverbundes Zug, das Paket „Züri-Mobil" der Verkehrsbetriebe Zürich oder die „Mobility Rail Card 444" der Schweizer Bundesbahnen (vgl. Tommasi 2001, S. 13).

Eine Mobilitätszentrale übernimmt im Zusammenhang mit Mobil-Paketen betriebsübergreifende Dienstleistungen für alle Beteiligten und koordiniert sie für die verschiedenen Zielgruppen, wobei diese Maßnahmen eine eigenständige Dimension haben (= Makro-Mobilitätsmanagement) (vgl. Abbildung 32 oben rechts). Es sind hierbei nicht nur Dienstleistungen im Quelloder Zielgebiet zu koordinieren, sondern auch die übergreifende Koordination aller Beteiligten und Vermarktung der Dienstleistungen kann im Falle des Makro-Mobilitätsmanagements Aufgabe einer Mobilitätszentrale sein.

Im Tourismus sind ähnliche Ansätze zu finden, wobei hier die einzelnen touristischen Leistungsträger für sich Marketing betreiben (= Mikro-Marketing) (vgl. Abbildung 32 unten links) bzw. Tourismusorganisationen Makro-Marketingaufgaben übernehmen (vgl. Abbildung 32 unten rechts).[102] Dies kann auf verschiedenen räumlichen Ebenen der Fall sein. „Die kooperative Tourismusorganisation (...) ist der hauptsächliche Träger der übergreifenden und kooperativ zu erbringenden Funktionen im Tourismus einer Destination. (...) Das Tourismusbüro (...) ist die Geschäftsstelle, gewissermaßen der Produktionsbetrieb der Tourismusorganisation. Dort werden z.B. touristische Leitbilder entwickelt, das Marketing betrieben und die Informationsleistungen erbracht." (Bieger 2002, S. 72)

---

[102] Makro-Marketing soll hier nicht mit den Begriffen Social Marketing, gesellschaftorientiertem Marketing oder Human Concept of Marketing gleichgesetzt werden, wie dies in der Literatur zu finden ist (vgl. Kirchgeorg 1994, S. 128ff.).

Abbildung 32: Von Mikro- über Makroansätze hin zum integrierten Mobilitätsmanagement

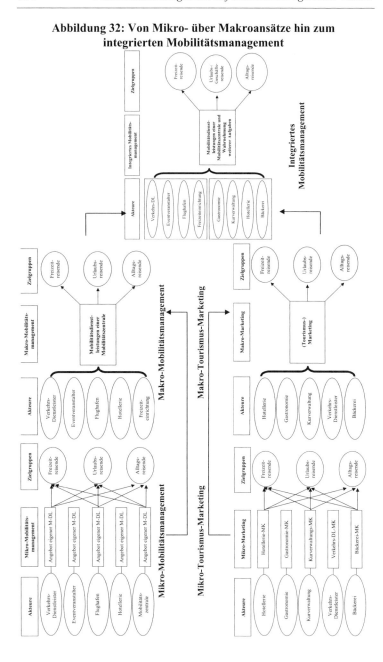

Eine Erweiterung der Makroebene kann dahingehend erfolgen, dass insbesondere von einer Mobilitätszentrale nicht nur Mobilitätsdienstleistungen, sondern auch andere Dienstleistungen, im Zusammenhang der Arbeit v. a. touristische Leistungen bzw. Aufgaben, angeboten bzw. wahrgenommen werden (= integriertes Mobilitätsmanagement). Eine schriftliche Befragung von 52 laufenden bzw. konkret geplanten Einrichtungen in Deutschland (81% Rücklaufquote) stellt den Status quo bzgl. der Integration von weiteren Leistungen für Touristen in Mobilitätszentralen dar. Fast die Hälfte der befragten Mobilitätszentralen (ca. 45%) geben an, im Baustein „Information/Beratung" explizit tourismus- bzw. freizeitspezifische Informationen zu offerieren. Informationen bzw. Beratungsleistungen über die Stadt selbst geben etwas mehr als die Hälfte (ca. 51%) als Leistung an. Das Angebot weiterer Leistungen für Touristen, wie z. B. Verkauf bzw. Reservierung von Tickets für Veranstaltungen (ca. 34%), Vermittlung von Unterkünften (ca. 23%) oder Verkauf/Reservierung von Rundfahrten/Besichtigungen (ca. 23%) wird von noch wenigen Mobilitätszentralen angeboten (vgl. Müller/Rabe/Stierand 2002, S. 20f.).

Integriertes Mobilitätsmanagement umfasst dabei im Zielgebiet die Aufgabe, Reisende zum Besuch des jeweiligen Zielortes zu bewegen und zwar mit nachhaltigen Mobilitätsformen sowie im Zielgebiet selbst z. B. Mobilitätsdienstleistungen zu bündeln und zu vermarkten.

> „Um die (potenziellen) Besucher des Ostharzes bei der Vorbereitung und Durchführung ihres Aufenthaltes optimal zu unterstützen, sollen die vorhandenen Informations- und Serviceangebote zu einem umfassenden Mobilitäts- und Tourismusservice (MTS) weiterentwickelt werden. Bestandteile des MTS sind v.a. Informations-, Beratungs-, Verkaufs- und Organisationsleistungen zu den vor Ort vorhandenen Aktivitätsangeboten (z.B. Unterkunft, Museen, Veranstaltungen, Wander- und Radtouren) und damit verknüpften bzw. verknüpfbaren Mobilitätsdienstleistungen (z.B. Personenbeförderung per Bus, Bahn etc.; Transport, Aufbewahrung und Verleih von Fahrrädern, Gepäcktransport), und zwar für die An- und Abreise wie auch für die Mobilität vor Ort (...)." (Steinberg/Kalwitzki 2001, S. 12f.)

Integriertes Mobilitätsmanagement im Quellgebiet ist durch das „Wegsenden" der ortsansässigen einheimischen Bevölkerung geprägt (= Vorbereitung und Organisation der Reise), wobei auch hier nachhaltige Formen der Mobilität für die Hin- und Rückreise genutzt sowie Mobilitätsdienstleistungen in die Überlegungen einbezogen werden.

Die Einheimischen spielen natürlich sowohl im Quell- als auch Zielgebiet weiterhin eine wichtige Rolle, da auch sie zum einen zur Inanspruchnahme der Mobilitätsdienstleistungen und zum anderen im Rahmen des sog. „Binnen-Marketing" bspw. von den Vorteilen des Tourismus überzeugt werden sollen.

Als Vorteile für den Aufbau einer Kooperation von Mobilitätsmanagement und Tourismus-Marketing, wie es z. B. in Auerbach, Bonn, Neuruppin, Stuttgart und im Harz bereits angedacht wird bzw. umgesetzt wurde, bestehen in der Chance, Synergieeffekte durch das Zusammenlegen von vorhandenen Infrastrukturen zu nutzen, weitere Erlösquellen zu generieren und Touristen, die im Zielgebiet häufig Kontakt zu Tourismusorganisationen haben, verstärkt in ein Mobilitätsmanagement einbeziehen zu können (vgl. Klewe 1997, S. 102f.). Aber auch in der Vorbereitungsphase einer Reise ist die Integration von Mobilitätsmanagement und Tourismus-Marketing auf Grund der meist breit gestreuten Informationswünsche von (potentiellen) Reisenden vielversprechend. Nach den Ergebnissen der Reiseanalyse nutzen mehr als 90% der Urlaubsreisenden mindestens eine Informationsquelle für ihre Entscheidung, welches Reiseziel sie letztlich auswählen.[103] Die durchschnittliche Anzahl der genutzten Informationsquellen liegt bei ca. zwei pro Reisenden, was im Alltagsverkehr (z. B. Berufs- oder Ausbildungsverkehr) nur selten erreicht wird (vgl. F.U.R. 2003b, S. 6ff.). Die Nutzung mehrerer Informationsquellen bei der Vorbereitung eines (Urlaubs-)Reise können sich die Träger des Mobilitätsmanagements zu Nutze machen.

> „If Mobility Management initiatives can make tourists (and hence travel agents and tour operators) feel that having a car is an unnecessary expense at a given holiday or leisure location, then the pratice will have succeeded in achieving a behavioural shift from car dependency to the use of more sustainable transport modes. If these same initiative can raise tourist demand at the same time, then Mobility Management will have a critical and permanent role in the tourism sector." (MOST 2003, S. 50)

5.2 Der Mobilitätsplan auf städtischer/regionaler Ebene

Nicht alle denkbaren Träger eines Mobilitätsmanagements (siehe Abbildung 31, S. 136) und -dienstleistungen (siehe Abbildung 15 und Tabelle 9 auf S. 85) sind in allen Destinationen bzw. bei allen Tourismusarten einzubeziehen bzw. einzusetzen. Je nach Zielgruppe, Saison und Rahmenbedingungen sind bestimmte Akteure zu beteiligen bzw. Mobilitätsdienstleistungen angebracht. Die jeweils sinnvollen Akteure und Dienstleistungen werden am besten in einen Mobilitätsplan integriert.

---

[103] Persönliche Gespräche mit Freunden und Bekannten (2000: 42%) oder Auskunft im Reisebüro (2000: 35%) sowie Prospekte/Kataloge von Reiseveranstaltern (2000: 23%) sind dabei die wichtigsten Informationsquellen (vgl. F.U.R. 2003b, S. 6ff.).

Dieser ist zwar nicht essentiell für die Umsetzung eines Mobilitätsmanagements; er ist aber zuträglich für eine erfolgreiche Umsetzung, da er für alle beteiligten Akteure, die Ziele, Inhalte und Zuständigkeiten transparent darstellt.

> „(...) the mobility plan, originally limited to site level, proved to work for long-term and large-scale applications for whole regions." (Wilhelm 2003a, S. 7)

5.2.1 Grundlagenuntersuchung

Vor der Aufstellung eines Mobilitätsplanes ist eine Grundlagenuntersuchung („Baseline Study") für die Träger des städtischen/regionalen Mobilitätsmanagements, allen voran eine Mobilitätszentrale, wichtig. Hiermit können durch Eigen- oder Fremdforschung[104] die lokalen Gegebenheiten untersucht, die relevanten Zielgruppen und Akteure herausgefiltert sowie die potentiellen Barrieren und negativen Nebeneffekte identifiziert werden. Mit Hilfe von Zählungen und/oder persönlichen Interviews sollten die in Tabelle 13 dargestellten Inhalte ermittelt werden.

Tabelle 13: Notwendige Inhalte einer Grundlagenuntersuchung

Inhalt	Beispiele
Mobilitätsverhalten und Bedürfnisse der Zielgruppe/n	- Größe der Zielgruppe und sozio-demographische Daten - Verkehrsmittelwahl und Gründe für die gegenwärtige Verkehrsmittelwahl - Mobilitätsverhalten: Distanzen, Zeit, Routen usw.
Erreichbarkeit des Standortes, der Stadt oder Region mit den verschiedenen Verkehrsmitteln	- ÖV-Angebot und verfügbare Verbindungen - bestehende Fußgänger- und Radfahrinfrastruktur, Einrichtungen, wie Abstellanlagen, sanitäre Einrichtungen, Umkleidekabinen (bei standortbezogenem Mobilitätsmanagement) - Verfügbarkeit von Parkplätzen - Anbindung der Stadt/Region mit (über-)regionalen Straßen- und Zugverbindungen
bestehende Mobilitätsdienstleistungen	- Mobilitätsdienstleistungen, die bereits bestehen und in ein übergeordnetes Mobilitätsmanagement einbezogen werden können - Qualität der bestehenden Informationen über das ÖV-Angebot, Radfahrverbindungen usw. - Nutzung und Zufriedenheit mit bestehenden Mobilitätsdienstleistungen

Quelle: vgl. MOST 2003, S. 160

---

[104] Eigenforschung meint, dass Mitarbeiter einer Mobilitätszentrale oder eines anderen Hauptträgers des Mobilitätsmanagements (z. B. Kommune) die benötigten Inhalte erheben. Bei der Fremdforschung werden die benötigten Daten dagegen von einem beauftragten Unternehmen oder einer Einzelperson erhoben.

„An analysis of current mobility behaviour und future mobility needs is cru-
cial. The reason for this is clear – by understanding current mobility behaviour and future mobility needs, you can design services and measures to ensure that you meet your project aims as well achieve the greatest possible
impact in terms of sustainable mobility, all within the limits of your budget.
Without basic information, there is a danger that the measures you design
will be irrelevant, duplicative or inadequate for your target group. (...) Although detailed analyses of user needs for broadly focussed mobility management projects at city or regional levels demand a significant proportion
of a project's time and budget, it is an investment that will ensure that the
most appropriate and effective services are ultimately implemented."
(MOST 2003, S. 160f.)

Ein Teil der in der obigen Tabelle ausgewiesenen Inhalte lässt sich durch
Sekundärquellen unproblematisch erschließen (z. B. ÖV-Angebot und ver-
fügbare Verbindungen, Anbindung der Stadt/Region mit (über-)regionalen
Straßen- und Zugverbindungen). Daten zum Mobilitätsverhalten von Touristen können trotz einer Fülle an Informationsquellen in der Tourismus-
und Verkehrsforschung nur in sehr begrenztem Umfang aus den vorhandenen Quellen erschlossen werden (vgl. Tabelle 14 und Anhang 2). Dies trifft
v. a. für die Mobilitätsindikatoren, wie z. B. Mobilitätsrate, -strecken-
budget, -zeitbudget sowie Modus (Verkehrsmittelwahl) und Anlass der
Ortsveränderung (Wegezweck) (siehe Kapitel 2.2.2.3, S. 41f.) für Zielgebiete zu.

Tabelle 14: Studien der Tourismus- und Verkehrsforschung im Überblick

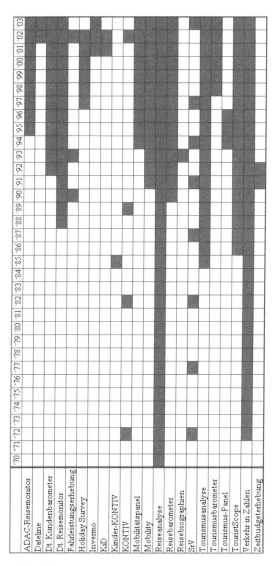

Quelle: eigene Darstellung

Touristische Informationsquellen beziehen sich v. a. auf Daten der amtlichen Statistik, von Verbänden im Tourismus und aus Media-Analysen, von privatwirtschaftlichen Untersuchungen und aus touristischen Datenbanken (vgl. z. B. Freyer 2004, S. 233ff.; Seitz/Meyer 1995, S. 26ff.; Stenger 1998, S. 81ff.). Bundesweite Befragungen (z. B. Reise-, Tourismusanalyse, Reisemonitor) zum Reiseverhalten der Deutschen, die im Quellgebiet durchgeführt werden, untersuchen „nur" verkehrsrelevante Aspekte, wie die Verkehrsmittelwahl bei der An- und Abreise, die Reiseziele und -organisation.[105] Im Zielgebiet selbst gibt es in der Tourismusforschung v. a. die sog. Gästebefragungen, die sich mehr auf das allgemeine Reiseverhalten (z. B. Organisation, Ausgaben, Motive, Aktivitäten) als auf das Mobilitätsverhalten beziehen.[106] Eine umfangreiche Mobilitätsanalyse von Touristen im Zielgebiet, die sich einer aus den Verkehrsforschung bekannten Methode, den Wegeprotokollen bedient, wurde 1999 in Österreich durchgeführt. Um alle Aktivitäten während eines Urlaubstages zu erfassen, wurde als Stichtag der vorangegangene Tag herangezogen und diese mit Hilfe eines Mobilitätstagebuches[107] erhoben. Die Mobilitätstagebücher wurden im Tourismusbüro und in einigen Hotels verteilt, wobei der Rücklauf mit 36 Fragebögen gering ausfiel (vgl. Herry/Schuster/Reuss 1999a und 1999b). Weitere Anwendungen dieser Methodik sind im Tourismus nicht bekannt.

Eine besondere Form der Gästebefragung ist der in der Tourismusforschung v. a. von der Fremdenverkehrsgeographie verwendete aktionsräumliche Ansatz. Mit dieser Methode werden die verschiedenen Aktivitäten in der Regel durch Tagesprotokolle erfasst, die im Rahmen eines Ausfluges oder beim Verlassen des Quartiers ausgeübt werden. Es sind sowohl Beispiele bekannt, die den gesamten Aufenthalt umfassen als auch solche, die einen Tag oder mehrere Tage betreffen. Anfang der 1990er Jahre wurden insgesamt 14 Arbeiten gezählt, wobei ein Schwerpunkt auf den 1970er und 1980er Jahren liegt. Die Art, die Häufigkeit der Ausübung, die Dauer der

---

[105] Eine europaweit vergleichbare Tourismusstudie hat bspw. als einzigen verkehrsrelevanten Aspekt die Verkehrsmittelwahl bei Urlaubsreisen untersucht (vgl. Schmidt 2002, S. 5).

[106] Eine in Deutschland weit verbreitete Gästebefragung ist die sog. Permanente Gästebefragung (PEG), die vom ausführenden Institut bisher in sechs Bundesländern (Baden-Württemberg, Brandenburg, Hessen, Nordrhein-Westfalen, Rheinland-Pfalz, Sachsen-Anhalt) durchgeführt wurde. In einem mehr als 170 Fragen umfassenden Fragepool sind ca. zehn Fragen zum Mobilitätsverhalten enthalten, wobei bei einem meist ca. 25 Fragen umfassenden Fragebogen ein bis zwei Fragen zum Mobilitätsverhalten gestellt werden (vgl. Trimborn 2003).

[107] Das Mobilitätstagebuch wurde „MOBILO – Ihr persönlicher Urlaubs-WEG-Begleiter" genannt.

einzelnen Aktivitäten sowie die Orte, an denen die jeweilige Aktivität ausgeübt wird, werden erfasst, so dass der aktionsräumliche Ansatz ein umfassendes Bild vom raumzeitlichen Verhalten von Urlaubern und/oder Ausflüglern ermöglicht (vgl. Becker 1992b, S. 84ff.).

Informationsquellen für verkehrsbedeutsame Daten sind ebenso vielfältig
und umfassen neben Verkehrserhebungen, amtlichen Statistiken und
marktwirtschaftlichen Untersuchungen Arbeiten zum Verkehrsverhalten,
die im Auftrag von Städten und Kreisen im Rahmen der Verkehrsent-
wicklungs- oder Nahverkehrsplanung erhoben werden (vgl. KVR 1996, S.
9).[108] Bekannteste Beispiele von Mobilitätsstudien im deutschsprachigen
Raum sind die KONTIV und SrV. Neben diesen „Allzweck-
Untersuchungen" haben sich weitere Studientypen etabliert, die z. B. eine
geringere Probandenzahl oder eine Fokussierung auf spezielle Themen haben bzw. eine Verknüpfung mit neuen Analysemethoden vornehmen (vgl.
Kollaritis 1993, S. 51f.). Häufig ist eine Anlehnung an die Methodik der
KONTIV oder des SrV festzustellen, wie bei Untersuchungen von
Götz/Loose/Schubert 2001, Lanzendorf 2001 oder Zängler 2000.[109]

Zusammenfassend ist festzuhalten, dass bei den meisten touristischen Studien Aussagen zum Reiseverhalten, wie z. B. Reisedauer, Aktivitäten während der Reise, Verkehrsmittelwahl bei An- und Abreise oder Informationsquellen, im Vordergrund stehen. Die Verwertung der vorhandenen Daten der Tourismusforschung gestaltet sich für verkehrswissenschaftliche
Zwecke kompliziert. Da nur die Zahl der Reisen erfasst wird, gibt es keine
Angaben zur Zahl der, auch der am Aufenthaltsort, zurückgelegten Wege.

---

[108] Eine ständig überarbeitete Übersicht über durchgeführte, laufende und geplante Verkehrserhebungen in Deutschland enthält die „Dokumentation der Verkehrserhebungen in Bund, Länder und Gemeinden" des Bundesministeriums für Verkehr, Bau-
und Wohnungswesen. In der Fassung aus dem Jahre 2002 sind weniger als zehn Erhebungen angeführt, die einen Schwerpunkt auf den touristischen Verkehr legen
bzw. überhaupt touristischen Verkehr einbeziehen (vgl. BMVBW 2002).
[109] Die ersten KONTIV-Untersuchungen (1972, 1982 und 1989) wurden in den alten
Bundesländern im Rahmen standardisierter schriftlicher Befragungen von Haushalten angewendet (vgl. Schnabel/Lohse 1997, S. 113). Nach der Wiedervereinigung
wurden v. a. mit Befragungen auf kommunaler Ebene Informationen zur Mobilität
der Bevölkerung erfasst. Es ist hier das SrV zu nennen, dessen Befragungen durchschnittlich alle fünf Jahre in mindestens 15 ostdeutschen Städten zeitgleich und nach
einheitlichem Erhebungsdesign durchgeführt wurde (vgl. Engelhardt et al. 2002a, S.
140; Ahrens/Badrow/Lieβke 2002, S. 295). Da eine für das gesamte Bundesgebiet
repräsentative und alle Personenverkehrsarten umfassende Datenbasis fehlte, wurde
2000 eine aktuelle KONTIV-Erhebung unter dem Namen „Mobilität in Deutschland"
(KONTIV 2002) vom BMVBW in Auftrag gegeben.

Weiterhin fehlen Entfernungsangaben, die sich nur näherungsweise und mit einem erheblichen Aufwand aus den Zielländern der Reisen erschließen lassen.

„Nicht vergessen werden darf, daß zum Teil am Urlaubsort ein erheblicher Verkehrsaufwand verursacht wird. Die statistische Erfassung dieses Phänomens ist schwierig und bisher nicht erfolgt." (Lanzendorf 1997, S. 35)[110]

Die Verkehrsforschung interessiert v. a. die Mobilitätsindikatoren, in dem für alle Wege eines Stichtages z. B. die zurückgelegte Entfernungen, die Dauer, das Ziel und der Ausgangspunkt erfasst werden. Auch die Nutzung der verkehrswissenschaftlichen Studien für den Tourismus ist nur in Ansätzen gegeben, da der hauptsächliche Untersuchungsgegenstand das alltägliche Verhalten der einheimischen Bevölkerung ist und Touristen ebenso wie Einpendler vernachlässigt werden. Neuere Untersuchungen der Verkehrswissenschaft (z. B. INVERMO, Dateline), aber auch die seit längerem eingeführte KONTIV, beschäftigen sich mit (Fern-)Reisen, die auch aus Sicht des Tourismus von Interesse sind. Für beide Disziplinen gilt, dass bei den mit Übernachtungen verbundenen Reisen im Allgemeinen nur die An- und Abreise betrachtet wird. Ausnahmen bilden hierbei die Studie INVERMO, die auch Fernfahrten am Ziel (z. B. im Zuge einer Rundreise) berücksichtigen will (vgl. Chlond/Manz 2001a, S. 220), und der aktionsräumliche Ansatz.

Es konnte gezeigt werden, dass in bisherigen Untersuchungen der Verkehrs- und Tourismusforschung Mobilitätsanalysen im Zielgebiet eine untergeordnete Rolle einnehmen. Da für die Einführung und Weiterentwicklung eines Mobilitätsmanagements jedoch Kenntnisse über das Reise- und Mobilitätsverhalten der Besucher eines Zielgebietes wichtig sind (siehe Tabelle 13, S. 141), wird eine an den anerkannten Methoden der Verkehrs- und Tourismusforschung angelehnte Methodik im Rahmen eines Exkurses entwickelt und diskutiert. Hierauf können die Träger eines touristischen Mobilitätsmanagements zurückgreifen, die im Rahmen einer Grundlagenuntersuchung notwendigen Daten zum Mobilitätsverhalten von Touristen im Zielgebiet erheben wollen. Eine Mobilitätsanalyse ist v. a. bei Einführung eines Mobilitätsmanagements wichtig, wobei die Ergebnisse auch in der laufenden Arbeit des Mobilitätsmanagements genutzt werden können. Eine Wiederholung (ca. alle zwei bis fünf Jahre) ist darüber hinaus in den meisten Fällen sinnvoll.

---

[110] Ähnliche Aussagen sind bei Benthien (vgl. 1997, S. 80) zu finden und auch eine europaweite Untersuchung kommt zu folgendem Schluss: „The mobility of visitors at destinations is widely unknown." (Potier 2000, S. 225f.)

Exkurs: **Methodenstudie zur Erfassung des touristischen Mobilitätsverhaltens im Zielgebiet**

Zu Beginn einer Mobilitätsanalyse muss geklärt werden, welche Personen und Sachverhalte untersucht werden sollen und was die Grundgesamtheit umfasst. Bei der Grundgesamtheit handelt es sich um die Menge von Objekten, für die die Aussagen der Untersuchung gelten sollen und die möglichst klar definiert und abgegrenzt werden muss (vgl. Schnell/Hill/Esser 1999, S. 247ff.). Die Grundgesamtheit könnte z. B. alle Gäste, nur Geschäftsreisende oder Urlaubs-Touristen in einem Zielgebiet umfassen, wobei definiert werden muss, ob nur Übernachtungs-, nur Tagesgäste oder beide Zielgruppen befragt werden sollen.

Der aus statistischen Gesichtspunkten einfachste Weg, um zu sicheren Daten zu kommen, ist die Befragung der gesamten Grundgesamtheit (= Vollerhebung). Eine Vollerhebung scheidet bei Zielgebietsbefragungen unter Berücksichtigung pragmatischer Überlegungen – bei der Untersuchung müssten an 365 Tagen im Jahr alle Gäste befragt werden – als auch aus Kostengründen aus. In der Praxis wird in den meisten Fällen nur eine Teilmenge der Grundgesamtheit untersucht, was eine sog. Teilerhebung („Stichprobe") darstellt. Hierbei gilt es, nach Lösungen zu suchen, die die Verteilung der zu untersuchenden Merkmale einer Grundgesamtheit in der Teilgesamtheit (Stichprobe) strukturgetreu wiederzugeben vermag, da die Untersuchungsergebnisse möglichst repräsentativ sein sollen. Grundsätzlich können bei einer Zielgebietsbefragung alle bekannten Verfahren der zufälligen, d. h. einfache und geschichtete Zufallsstichprobe, Klumpenstichprobe, mehrstufige Auswahlverfahren, und nicht-zufälligen, d. h. willkürliche und bewusste Auswahlen (Auswahl extremer Fälle, typischer Fälle und nach dem Konzentrationsprinzip sowie Schnellball- und Quotaverfahren), Auswahlen angewendet werden. Jedoch gewähren nur Zufallsstichproben, dass „(...) aus den Ergebnissen einer Stichprobe in bezug auf die Verteilung aller Merkmale (innerhalb bestimmter statistischer Fehlergrenzen) auf die Verteilung dieser Merkmale in der Grundgesamtheit geschlossen werden kann." (Schnell/Hill/Esser 1999, S. 284)

Eine Zufallsauswahl ist bei Zielgebietsbefragungen nur aus theoretischer Sicht anwendbar.[111] Sie kann nicht sinnvoll durchgeführt werden, da die Grundgesamtheit, d. h. alle Gäste, die sich innerhalb eines bestimmten Zeitraumes in einer Destination (= Befragungsraum) aufhalten, nicht

---

[111] Ausführliche Überlegungen zu Zufallsauswahlen im Zielgebiet finden sich bspw. bereits bei Christl/Koch 1957 und Schmidhauser 1962.

bekannt ist und es sich um eine „bewegte Masse" handelt, d. h. die Gäste halten sich nur eine kurze Zeit und zu unterschiedlichen Zeitpunkten im Befragungsraum auf (vgl. Datzer/Grünke 1998, S. 208; Hautzinger 2003, S. 23).

Zur Auswahl der Gäste ist das Quotaverfahren das in der Praxis am häufigsten angewandte Verfahren.[112] Dies stellt ein Kompromiss zwischen den Anforderungen seitens der Repräsentativität einer Stichprobe und dem leistbaren Aufwand dar. Bei dieser nicht-zufälligen Auswahl wird Repräsentanz dadurch angestrebt, dass bestimmte Merkmale der Erhebungseinheiten (= Gäste) und ihre Verteilung in der Grundgesamtheit als Auswahlkriterien benutzt werden. Die Verteilung dieser Merkmale (z. B. Beherbergungsart, monatliche Ankünfte, Befragungsorte) müssen im Voraus bekannt sein und den Interviewern als einzuhaltende Maßgabe vorgegeben werden.

> „Wenn die Verteilung aller Merkmalsausprägungen auf allen Merkmalsdimensionen einer Grundgesamtheit bekannt ist, so wäre es möglich, ein Modell dieser Grundgesamtheit zu erstellen, also eine Stichprobe zu entwickeln, die in allen Merkmalen für die Grundgesamtheit repräsentativ ist." (Berekoven/Eckert/Ellenrieder 2001, S. 55)

Ein weiterer wichtiger Parameter bei der Bestimmung der Erhebungseinheiten ist die Anzahl der Probanden. Da eine Vollerhebung aus den beschriebenen Gründen in nahezu allen Fällen nicht durchführbar ist, muss die Stichprobengröße festgesetzt werden. Mit wachsendem Stichprobenumfang nähert sich die Verteilung der Stichprobe der Verteilung der Grundgesamtheit an, wobei ca. 400 Befragte als Mindestgröße angesehen werden.[113]

Damit jeder Gast eines abzugrenzenden Zielgebietes die (gleiche) Chance hat, in die Untersuchung mit aufgenommen zu werden, und damit Gäste aller Saisonzeiten einbezogen werden können, wird ein Befragungszeitraum von zwölf Monaten oder eine Befragung in mehreren Wellen (z. B. entsprechend der Jahres- oder Saisonzeiten) empfohlen (vgl. Bahrmann 2002, S. 49; Harrer/Scherr 2002, S. 11f.). Sofern andere Überlegungen, wie

---

[112] Untersuchungen (z. B. Busch/Leitner 1992) haben bei Gästebefragungen versucht, über eine Schichtung der Stichprobe nach Beherbergungskategorien eine möglichst strukturgetreue Abbildung der Grundgesamtheit zu erreichen. Die Ergebnisse der Untersuchungen zeigen jedoch, dass der mit der Durchführung verbundene Aufwand in keinem ausgewogenen Kosten-Nutzen-Verhältnis steht.

[113] Eine Verdopplung des Genauigkeitsgrades verlangt eine Vervierfachung des Stichprobenumfangs. Beträgt der Zufallsfehler bei einer Wahrscheinlichkeit von 95% bei 100 Interviews plus/minus 9,8%, so ist der Zufallsfehler bei 500 Interviews plus/minus 4,4% und bei 2.000 Interviews plus/minus 2,2% (vgl. Bosold 1988, S. 28f.).

z. B. der Wunsch nach schneller Verfügbarkeit der Daten, nach Aussagen nur über den Winter- oder Sommergast oder nach Daten über Senioren, Jugendliche, Familien mit Kindern, vorherrschen, kann der Befragungszeitraum hiervon abweichen.

Aus Kostengesichtspunkten ist eine Erhebung an 365 Tagen kaum durchführbar. Es muss also festgelegt werden, ob die Gäste an einem Tag im Monat oder an verschiedenen Tagen befragt werden sollen. Um einen breites Spektrum an Gästen in die Untersuchung einbeziehen zu können, sollten die Erhebungen an verschiedenen Tagen im Monat statt finden, wobei Wochen- und Wochenendtage ausgewählt werden sollten. Eine Erhebung zum Mobilitätsverhalten von Touristen im Rahmen einer Face-to-Face-Befragung im Zielgebiet bezieht sich am sinnvollsten auf den vorherigen Tag, sofern dieser bereits im Zielgebiet verbracht wurde. Eine Beschränkung der Befragungstage auf Mittwoch bis Freitag sowie Sonntag und Montag scheint sowohl aus Sicht der Tourismus- als auch Verkehrsforschung angebracht. Im Rahmen des SrV werden für den alltäglichen Verkehr die Wochentage Dienstag, Mittwoch und Donnerstag empfohlen, da der Verkehr an Montagen, Freitagen und Wochenendtagen andere Merkmale als der Verkehr an den mittleren Werktagen aufweist. Aus touristischer Sicht ist v. a. der Freitag als Stichtag für eine Analyse des Mobilitätsverhaltens ungeeignet, da er häufig bei Wochenend- und Kurzurlaubsreisen als Anreisetag gilt. Ebenso ist der Montag als Stichtag weniger geeignet, da hier viele Geschäftsreisende, Außendienstmitarbeitern, usw. anreisen und sich noch nicht im Zielgebiet bewegt haben.

Im Zielgebiet selbst sind persönliche Interviews (Face-to-Face-Interviews) schriftlichen oder telefonischen Befragungen vorzuziehen, da bei direkten Befragungen per Interview die Erfolgsquote im Vergleich zu den übrigen Befragungsmethoden am höchsten ist und die Gäste, trotz zunehmenden Mobilfunkbesitzes, im Zielgebiet telefonisch kaum zu erreichen sind (vgl. Bahrmann 2002, S. 38).

> „Gebräuchlich ist es aber auch, die Befragung zeitlich und ggf. auch örtlich von der Auswahl zu trennen. Dabei wird dem Besucher unmittelbar vor Ort ein später zurückzugebender Fragebogen ausgehändigt oder es wird die Anschrift oder Telefonnummer des Besuchers zum Zweck seiner späteren schriftlichen oder telefonischen Befragung erfasst." (Hautzinger 2003, S. 22)

Eine Erhebung mit standardisierten Fragebogen, in dem alle Befragten die gleichen Fragen mit der gleichen Formulierung und Reihenfolge gestellt bekommen, sollten den Vorzug vor teil oder nicht standardisierten Fragebögen bekommen, da der Untersuchende auf ein und dieselbe Frage miteinander vergleichbare Antworten bekommt und die sich damit ergebenden Kumulierungs- und Korrelationsmöglichkeiten als Vorteil zu sehen sind (vgl. Berekoven/Eckert/Ellenrieder 2001, S. 98ff.). Vor allem wenig strukturierte Interviews, d. h. dem Interviewer werden nur das Thema und Ziel der Befragung genannt, die konkreten Fragen, deren Reihenfolge und Inhalt werden von ihm selbst der aktuellen Befragungssituation angepasst, sind für Mobilitätsanalysen wenig geeignet, da so die Ergebnisse schwierig zu quantifizieren und vergleichen sind.

Neben den genannten Aspekten müssen bei der konkreten Ausgestaltung einer Mobilitätsanalyse im Zielgebiet die Anforderungen an die Formulierung der Fragen und Antworten, das Design, Format und Layout, die Länge und Struktur bzw. den Aufbau des Fragebogens beachtet sowie ein Pretest durchgeführt werden. Hierauf sei auf die Literatur zu Gästebefragungen, (touristischer) Marktforschung bzw. zur empirischen Sozialforschung verwiesen (z. B. Bahrmann 2002; Berekoven/Eckert/Ellenrieder 2001; Bosold 1988; Finkbeiner 1999; Seitz/Meyer 1995; Schnell/Hill/Esser 1999).

Ziel einer im Rahmen der vorliegenden Untersuchung durchgeführten Erhebung zum Reise- und Mobilitätsverhalten von Touristen war es nicht, repräsentative Angaben zu erhalten, sondern vielmehr eine, an den dargestellten methodischen Überlegungen, orientierte Methodik im Feld zu prüfen. Als Befragungsmethode wurde ein mehrfach geschichtetes Quotenverfahren angewendet. Die notwendigen Daten für die Stichprobenauswahl, wie die Benennung der Befragungsorte und Standorte (Beherbergungsbetriebe, Tourist-Informationen, Parkplätze in der Nähe von Wäldern, Sehenswürdigkeiten u. ä.), der Befragungszeitraum sowie die Quoten für die ausgewählten Monate und Orte wurden den Interviewern vorgegeben.

Die Interviews wurden von 127 Studierenden der Hochschule Harz in vier Erhebungsorten im Harz (Braunlage, Schierke, St. Andreasberg, Wernigerode) durchgeführt. Auf Grund forschungsökonomischer Gründe konnten die Interviewer nur in den Vorlesungszeiten eingesetzt werden, so dass zwei Befragungswellen mit jeweils mehreren Befragungstagen durchgeführt wurden. Zum einen wurden Befragungen für die Wintersaison im Dezember 2002 und Januar 2003 und zum anderen für die Frühjahrs-/Sommersaison in den Monaten Mai bis Juni 2003 durchgeführt. Zur Überprüfung der Umsetzbarkeit des Untersuchungsdesigns in die Feldphase der Erhebung wurde Anfang Dezember 2002 ein Pretest mit 40 Befragten durchgeführt. Die ausgefüllten Unterlagen wurden auf Qualität und Quantität geprüft sowie die Interviewer nach ihren Erfahrungen bzgl. dem Umfang und Layout, der Verständlichkeit, Ergänzungswünschen und unangemessenen Fragestellungen befragt. Die erzielten Ergebnisse gingen in die weitere Arbeit ein.

Der Fragebogen selbst besteht aus drei Teilen (vgl. Anhang 3):

a) Fragen zum allgemeinen Reiseverhalten (z. B. Unterkunftsart, Stellenwert des Aufenthaltes, Ausgaben, durchgeführte Aktivitäten),

b) aus Wegeprotokollen („Mobilitätstagebuch") zum Mobilitätsverhalten vor Ort am Tag zuvor (Stichtage: Dienstag, Mittwoch, Donnerstag, Samstag, Sonntag),

c) Fragen zu soziodemographischen Daten (z. B. Alter, Stellung im Berufsleben, Lebensphasengruppe, Hauptwohnsitz, Geschlecht).

Die Auswahl der Fragen erfolgte vor dem Hintergrund in der Tourismus- und Verkehrsforschung anerkannter Studien und des vorgestellten Forschungsstandes zu Indikatoren von Mobilität und Verkehr (vgl. Kapitel 2.2.2.3, S. 41). In den Wegeprotokollen sind Fragen zu den einzelnen Wegen enthalten, die von der befragten Person am Tag zuvor im Befragungsraum (= Harz) durchgeführt wurden. Sie sind weitestgehend analog zu den klassischen „Travel Diaries" konzipiert (vgl. z. B. Badrow 2000; Götz/ Loose/Schubert 2001; EMNID-Institut 1989; Lanzendorf 2001; Zängler 2000). Aus touristischer Sicht mussten v. a. die Angaben zum Zweck des Weges angepasst werden, da die in den Untersuchungen zum Alltagsverkehr gebräuchlichen Unterscheidungen nicht eins zu eins übernommen werden konnten. In Anlehnung an touristische (Reiseanalyse, Untersuchung zu den Tagesreisen der Deutschen vom DWIF) und verkehrswissenschaftliche Studien (vgl. Götz/Loose/Schubert 2001; Lanzendorf 2001; Zängler 2000) sowie eigenen Überlegungen wurde eine Liste der einzubeziehenden Zwecke erstellt (vgl. Anhang 3). Da bei der gewählten Erhebungsmethode der Kontakt zu den Befragten über die Interviewer erfolgte, wurde eine Interviewerschulung durchgeführt, ein Merkblatt „Hinweise zum Ausfüllen des Mobilitätstagebuches" (vgl. Anhang 3) zur Verfügung gestellt und laufende Kontrollen der Interviewer vorgenommen.

Laut Quotierungsplan waren 744 Interviews vorgesehen. Letztendlich wurden 755 Interews von Übernachtungsgästen durchgeführt, die sich über die einzelnen Befragungsorte und -monate wie folgt verteilen (vgl. Tabelle 15).

Tabelle 15: Quotierung der Befragung[114]

	Sommer				Winter			
	Mai		Juni		Januar		Dezember	
	geplant	realisiert	geplant	realisiert	geplant	realisiert	geplant	realisiert
Braunlage	48	48	73	74	60	60	83	79
St. Andreasberg	50	50	35	35	16	17	24	24
Schierke	39	39	35	37	17	17	17	18
Wernigerode	83	83	78	78	36	38	50	58
Gesamt	220	220	221	224	129	132	174	179

Aus den gemachten Erfahrungen während der Erhebungen lassen sich einige Anforderungen aufstellen, die weitere Untersuchungen berücksichtigen sollten. Mit dem eingesetzten Fragebogen konnte zwar eine Vielzahl an interessanten Daten erhoben werden, die hier nicht vorgestellt werden sollen, die Erfassung des Mobilitätsverhaltens stellt jedoch besondere Anforderungen an Befragte und Interviewer, so dass von einem derart umfangreichen Fragebogen Abstand genommen werden sollte. Insbesondere die Fragen zum Ausgabeverhalten wurden im vorliegenden Fall nach dem schwierigen Mittelteil („Wegeprotokoll") weniger gut beantwortet. Aber auch die vielfältigen sozio-demographischen Angaben sind in dem erhobenen Umfang selten notwendig. Aus Sicht des Mobilitätsmanagements wäre z. B. die Aufnahme von Fragen zur Nutzung von Informationsquellen zur Vorbereitung der Reise und vor Ort sowie zur Kenntnis bestehender Mobilitätsdienstleistungen interessanter gewesen (vgl. Tabelle 13, S. 141).

Für die Durchführung der Befragungen sollten erfahrene Interviewer zum Einsatz kommen. Die meisten eingesetzten Interviewer konnten die Befragungen adäquat durchführen und schätzen die Qualität ihrer Interviews auf einer Skala von 1 (= sehr schlecht) bis 10 (= sehr gut) mit durchschnittlich 6,94 als gut ein. Bei den Wegeprotokollen gab es insbesondere Schwierigkeiten mit der vollständigen Erfassung der durchgeführten Wege (ein Drittel der Interviewer gab an, dass sie nicht alle Wege erfassen konnten, da sich die Befragten nicht erinnern konnten bzw. ungeduldig wurden)[115] und Einschätzung der Entfernungen (vgl. Abbildung 33).

---

[114] Die Quotierung wurde auf Basis der zu Beginn der Erhebungen vorliegenden Statistiken der Statistischen Landesämter von Niedersachsen und Sachsen-Anhalt durchgeführt (vgl. Niedersächsisches Landesamt für Statistik 2002; Statistisches Landesamt Sachsen-Anhalt 2002).

[115] Dies ist z. T. durch die eisigen Temperaturen zu erklären, die im Dezember 2002 und Januar 2003 geherrscht haben.

Während die Entfernungen über den auch erfassten Aspekt „Zielort" ableitbar sind, was „nur" einen hohen Nachkodierungsaufwand nach sich zieht, ist für die Mobilitätsrate eine höhere Wegeanzahl sehr wahrscheinlich.

Abbildung 33: Bewertung der einzelnen Aspekte der Wegeprotokolle durch die Interviewer (n = 102)

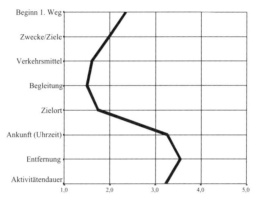

Mittelwert (1=sehr gut/2=gut/3=befriedigend/4=ausreichend/5=mangelhaft)

Quelle: eigene Erhebung

Ein Ansatzpunkt für die Verbesserung der Erhebungstechnik wird in der Verteilung von Wegeblättern („memory jogger") gesehen, wie sie bei der KONTIV 2002 eingesetzt wurden (vgl. Engelhardt et al. 2002b, S. 208). Bei Befragungen von Gästen in Unterkunftsbetrieben oder nach Registrierung einer Adresse vor Ort können die einzelnen Aktivitäten im Verlauf des Stichtages festgehalten werden und als Gedächtnisstütze bei einem in den nächsten Tagen folgenden Interview eingesetzt werden. Ein derartiges Vorgehen lässt noch fundiertere Daten erhoffen, die praktische Umsetzung und das Kosten-Nutzen-Verhältnis bleibt weiteren Forschungsarbeiten vorbehalten. Auch die bereits in Österreich eingesetzten Mobilitätstagebücher, mit denen das Mobilitätsverhalten über mehrere Tage erfasst wurde, sollte in einem breiteren Feldversuch auf Optimierungspotentiale hin (in Deutschland) getestet werden.

Mit der Durchführung der Erhebung im Harz konnte gezeigt werden, dass es möglich ist, Daten sowohl zum Mobilitäts- als auch zum allgemeinen Reiseverhalten von Touristen im Zielgebiet zu erheben, die zur Einführung und Weiterentwicklung eines touristischen Mobilitätsmanagements nutzbar sind (z. B. Verkehrsmittelwahl bei An- und Abreise sowie vor Ort, mitgeführtes Gepäck, Mobilitätsindikatoren im Zielgebiet). Weitere notwendige Daten einer Grundlagenuntersuchung, wie z. B. das ÖV-Angebot oder die verfügbaren Verbindungen, lassen sich über sekundärstatistisches Material erfassen.

5.2.2 Mobilitätsplan

In Fortführung einer Grundlagenuntersuchung spezifiziert der Mobilitätsplan die konkreten Aktivitäten, Zuständigkeiten, Zeitpläne usw. und integriert ggf. die zu Beginn eines Mobilitätsmanagements durchgeführten Machbarkeitsstudien zu ausgewählten Themen (z. B. zur Finanzierung, zu den Zielgruppen oder möglichen Dienstleistungen einer Mobilitätszentrale), die Grundlagenuntersuchung und je nach örtlicher Situation flexible Inhalte (vgl. Wilhelm 2003b, S. 5). Darüber hinaus sollte er auf die Auswirkungen eingehen und auch die möglichen Vorteile für die einzelnen Partner aufzeigen.

> „Der Mobilitätsplan legt fest, wer für die Umsetzung der Maßnahmen verantwortlich ist, wie sie umzusetzen sind, und wie sich der Zeitplan für die Umsetzung gestaltet. In einem Mobilitätsplan sollte explizit festgehalten werden, welche Ziele in welchem Zeitraum erreicht werden sollen, um auf diese Weise zu motivieren, Geldgeber zu überzeugen und Zielstellungen für eine spätere Evaluierung festzulegen." (PORTAL 2003, S. 19)

Bei der Aufstellung eines Mobilitätsplans ist es empfehlenswert, dass ein beteiligter oder mehrere beteiligte Träger des Mobilitätsmanagements oder eine beauftragte Institution (z. B. Planungs- oder Beratungsbüro) als fester Ansprechpartner und Koordinator fungiert. Bei städtischem/regionalem Mobilitätsmanagement kommen hierfür vorrangig kommunale Einrichtungen (z. B. Planungsamt), Verkehrsunternehmen oder – sofern es sie bereits in einer Stadt/Region gibt – Mobilitätszentralen in Betracht. Der Mobilitätsplan sollte dabei allen beteiligten Akteuren bekannt und zugänglich sein. Eine gemeinschaftliche Erarbeitung aller am Mobilitätsmanagement beteiligten Akteure („Runder Tisch", „Zukunftswerkstatt" o. ä.) bzw. die Vorstellung der Ergebnisse vor den Partnern wirkt sich ebenso positiv auf die Einhaltung dieses Planes aus wie eine Transparenz der Inhalte.

Eine Aufteilung des Mobilitätsplanes in Maßnahmen für verschiedene Zielgruppen und die Betrachtung aller Formen an Mobilitätsdienstleistungen (Beförderungs-/Transportangebote, temporäre Möglichkeiten, ein Fahrzeug selbst zu nutzen und Mobilitätsserviceleistungen) ist dabei eine sinnvolle Vorgehensweise (vgl. Abbildung 34).

Abbildung 34: Mobilitätsplan für ein Zielgebiet mit touristischem Schwerpunkt

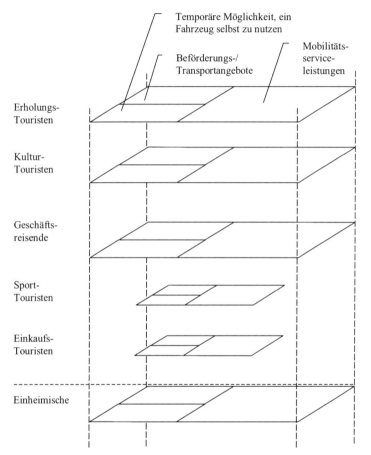

Anmerkung: Die Größe der Fläche steht für die Bedeutung der einzelnen Zielgruppen.

Quelle: eigene Darstellung

Je nach lokalen Gegebenheiten, vorrangig bzgl. der Art und Rolle der möglichen Träger, der wichtigsten Quellgebiete (bzw. bei Mobilitätsplan im Quellgebiet die wichtigsten Zielgebiete; siehe Kapitel 4.7, S. 121ff.) sowie der wichtigsten Zielgruppen (siehe Kapitel 4.5, S. 116ff.), ist die Ausgestaltung und Art der anzubietenden Dienstleistungen vorzunehmen. Bei der Entwicklung der tatsächlich einzusetzenden Mobilitätsdienstleistungspalette ist es ratsam, je nach zeitlichem, technischem und finanziellem Aufwand sowie Anforderungen (an das Personal) aus der Vielzahl der möglichen Dienstleistungen in Entwicklungsstufen vorzugehen (vgl. Finke et al. 1999, S. 8). Eine Unterteilung der möglichen Mobilitätsdienstleistungen in Einstiegsbausteine, Grundangebot und Erweiterungsmöglichkeiten ist hier anzuraten (vgl. Abbildung 35).

Die Mobilitätsdienstleistungen für touristisch Reisende können dabei als Ergänzung bestehender Mobilitätsdienstleistungen einer Stadt bzw. Region eingeführt werden. In stark touristisch geprägten Destinationen können sie aber auch aus Erfordernissen heraus implementiert werden, die durch den Tourismus entstehen. Wichtig hierbei ist, dass den potentiellen Beteiligten ein Zusatznutzen für ihr Unternehmen bzw. die gesamte Destination aufgezeigt werden kann und das Image zusätzliche Hürden aufzubauen, beseitigt wird bzw. erst gar nicht aufkommt (vgl. o. V. 2002, S. 2).

Abbildung 35: Beispielhafte Entwicklungsstufen einer Mobilitätszentrale

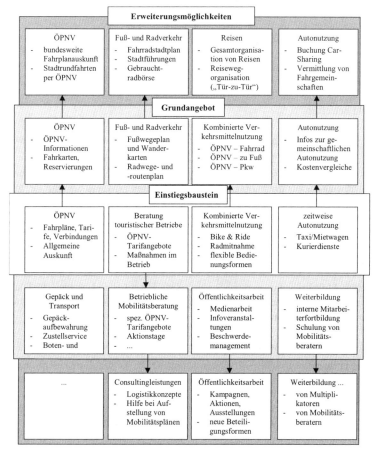

Erweiterungsmöglichkeiten			
ÖPNV	Fuß- und Radverkehr	Reisen	Autonutzung
- bundesweite Fahrplanauskunft - Stadtrundfahrten per ÖPNV	- Fahrradstadtplan - Stadtführungen - Gebraucht- radbörse	- Gesamtorganisa- tion von Reisen - Reiseweg- organisation („Tür-zu-Tür")	- Buchung Car- Sharing - Vermittlung von Fahrgemein- schaften

Grundangebot			
ÖPNV	Fuß- und Radverkehr	Kombinierte Ver- kehrsmittelnutzung	Autonutzung
- ÖPNV- Informationen - Fahrkarten, Reservierungen	- Fußwegeplan und Wander- karten - Radwege- und -routenplan	- ÖPNV – Fahrrad - ÖPNV – zu Fuß - ÖPNV – Pkw	- Infos zur ge- meinschaftlichen Autonutzung - Kostenvergleiche

Einstiegsbaustein			
ÖPNV	Beratung touristischer Betriebe	Kombinierte Ver- kehrsmittelnutzung	zeitweise Autonutzung
- Fahrpläne, Tari- fe, Verbindungen - Allgemeine Auskunft	- ÖPNV- Tarifangebote - Maßnahmen im Betrieb	- Bike & Ride - Radmitnahme - flexible Bedie- nungsformen	- Taxi/Mietwagen - Kurierdienste

Gepäck und Transport	Betriebliche Mobilitätsberatung	Öffentlichkeitsarbeit	Weiterbildung
- Gepäck- aufbewahrung - Zustellservice - Boten- und	- spez. ÖPNV- Tarifangebote - Aktionstage - ...	- Medienarbeit - Infoveranstal- tungen - Beschwerde- management	- interne Mitarbei- terfortbildung - Schulung von Mobilitäts- beratern

...	Consultingleistungen	Öffentlichkeitsarbeit	Weiterbildung ...
	- Logistikkonzepte - Hilfe bei Auf- stellung von Mobilitätsplänen	- Kampagnen, Aktionen, Ausstellungen - neue Beteili- gungsformen	- von Multipli- katoren - von Mobilitäts- beratern

Quelle: vgl. Kinder/Schäfer-Breede 1998, S. 35

Bei der Aufstellung eines Mobilitätsplanes kann darüber hinaus eine Unterteilung in einen Mobilitätsmasterplan, einen interkommunalen und einen
intrakommunalen Mobilitätsplan vorgenommen werden (vgl. Vogelaere
2003, S. 135). Hiermit können die Aussagen von allgemeinen Leitlinien
immer konkreter werden. Im Masterplan sind je nach Art und Größe der
betrachteten Destination Aussagen für die gesamte Region, das gesamte
Bundesland, den gesamten Staat bzw. bei grenzüberschreitenden Projekten

auch für mehrere Staaten bzw. Bundesländer zu treffen. Darüber hinaus
sind die notwendigen Maßnahmen zur Abstimmung der jeweiligen Konzepte mit den wichtigsten Quell- bzw. Zielgebieten sowie die anvisierten
Maßnahmen für die wichtigsten Quellgebiete (aus Sicht eines Zielgebietes
bzw. Maßnahmen für die wichtigsten Zielgebiete aus Sicht eines Quellgebietes) und An- und Abreise zu integrieren. Im interkommunalen Mobilitätsplan sind Maßnahmen aufzunehmen, die v. a. die Destination und ihre
benachbarten Städte und Gemeinden betreffen. Im intrakommunalen Mobilitätsplan sind letztlich die Maßnahmen enthalten, die die Stadt/Region direkt betreffen.

5.3   Mobilitätsdienstleistungen für die Nutzer des touristischen Mobi-
litätsmanagements

Während die bisherigen Ausführungen des städtischen/regionalen Mobilitätsmanagements die hauptsächlichen Bestandteile (Mobilitätszentrale, touristische Akteure, Mobilitätsplan) auf der Management-Ebene betrachtet
haben und konzeptioneller bzw. theoretischer Art sind, geht es in den folgenden Abschnitten um die Entwicklung konkreter Mobilitätsdienstleistungen für die Nutzer-Ebene. Zuerst wird auf mögliche Mobilitätsserviceleistungen einer Mobilitätszentrale in allen drei Reisephasen eingegangen,
woran sich Vorschläge für die potentiellen weiteren Akteure eines touristischen Mobilitätsmanagements anknüpfen. Abschließend werden Maßnahmen vorgestellt, die der Notwendigkeit nach intermodalem Mobilitätsmanagement entsprechen.

5.3.1   Mobilitätsserviceleistungen einer Mobilitätszentrale

Mit Hilfe von virtuellen Informationspaketen (z. B. durch neue Kommunikationstechnologien wie Internet, WAP-Handy) sowie klassischen Medien
(z. B. Printmedien, CD-Roms, Fax, Telefon) lassen sich von Reisenden
umfangreiche Serviceangebote bei einer Mobilitätszentrale im Quell- oder
Zielgebiet abrufen, so dass sie individuell und spontan Aktivitäten koppeln
und Routenänderungen, auch im öffentlichen Verkehr, vornehmen können.
„At the other end of the spectrum, a basic one page summary of the transport links between a given tourist destination and the surronding region (...)
is invaluable for tourists (...).“ (MOST 2003, S. 50) Informationsmateria-
lien, wie Orts-, Regional- und Hotelprospekte, Kartenwerke, Reise- und
Wanderführer können Hinweise (z. B. Verbindungen, Tarife, Auskunftsstellen) für die An- und Abreise sowie Mobilität vor Ort beinhalten. Im Zuge einer Buchung, unabhängig ob beim Reisebüro, direkt beim Vermieter
oder über die örtliche Tourismusorganisation im Zielgebiet, sind dem Gast

genauere Detailinformationen zur Verfügung zu stellen, die bei Zusammenarbeit von Mobilitätszentrale und Unterkunftsbetrieb bzw. Tourismusorganisation seitens der Mobilitätszentrale an den Gast gesendet werden können.

Weitere Mobilitätsserviceleistungen, die Mobilitätszentralen im Quellgebiet für Wegreisende bzw. Mobilitätszentralen im Zielgebiet für Hinreisende anbieten können, sind z. B. (persönliche) Routenplanung, Organisation des Gepäcktransportes, Reservierung und Verkauf von Fahrscheinen, Verkauf von Fahrplänen, Vermittlung von Fahrgemeinschaften, Car-Sharing-Angebote, Mietwagen, Baustelleninformationen, Verkauf von Touristen-Cards der Zieldestination und Informationen über Rad- und Wandertouren oder das Wetter vor Ort (z. B. Schneehöhen für Skitouristen).

Informationen und andere Mobilitätsserviceleistungen, die während der Fahrt angeboten werden können, benötigen größtenteils technische Hilfsmittel. Eine Prognos-Umfrage von 1998 hat ergeben, dass ein hoher Bedarf an intermodalen Informations- und Buchungssystemen besteht. 44% aller Reisenden wünschten sich ein System, welches gleichermaßen alle Verkehrsmittel im Blick hat und darüber hinausgehende Serviceleistungen anbietet (vgl. Rogl 2001, S. 37). Es können beispielsweise Informationen über Übernachtungsmöglichkeiten und Sehenswürdigkeiten, das oder die Anschlussverkehrsmittel via WAP-Handy, SMS, Internet oder PTA[116] bei einer Mobilitätszentrale angefragt werden.

Auch die Buchung eines Car-Sharing-Autos als Anschlussverkehrsmittel über ein WAP-Portal oder die Abrufung von alternativen Routenvorschlägen während der Fahrt ist denkbar (siehe Kapitel 4.2, S. 100ff.).[117]

---

[116] Seit den 1990er Jahren gibt es bspw. Vorschläge zur Nutzung von Mobiltelefonen für Fahrgastinformationen unabhängig vom Aufenthaltsort des Fahrgastes und unabhängig von der personellen Besetzung eines Auskunftstelefons bzw. einer Mobilitätszentrale. Hierfür stehen neben dem normalen Telefongespräch zwei Technologien zur Verfügung: der Short Message Service (SMS) und das Wireless Application Protocol (WAP). Darüber hinaus sind Informationen auch über das Internet bzw. portablen digitalen Endgeräten (Personal Travel Assistant, PTA) abrufbar (vgl. Beutler/Brackmann 1999, S. 36; Brehl/Surmann 2001, S. 29; Hoyer/Klewe 2001, S. 54).

[117] Eine Buchung von Car-Sharing-Autos über ein WAP-Portal wird in Rahmen des EU-Projektes Moses getestet (vgl. www.moses.de, download vom 11.06.2003). Seit Sommer 2003 funktioniert ein Navigationsservice (NaviGate von T-Mobile), vergleichbar mit einem Bordcomputer im Auto oder Kleincomputern wie Personal Digital Assistants (PDA), auch mit leistungsstarken Smartphones. Die benötigten Routen werden unter Berücksichtigung der aktuellen Verkehrslage ermittelt und via GPRS als Pfeildiagramm oder Sprachausgabe auf das Handy übertragen (vgl. Malbeck 2004, S. 46).

Die DB AG bietet bereits den sog. „rail&mail"-Internetservice[118] und den Service an, sich unterwegs über Handy, Organizer oder Pocket-PC die aktuellen Ankunfts- und Abfahrtszeiten oder einen persönlichen Fahrplan auf das Display des mobilen Endgerätes zu holen (vgl. Krohn 2004, S. 43). Einen Schritt weiter geht ein Projekt in Bayern.

> „Im Rahmen eines Pilotvorhabens in Bayern mit Namen BayernInfo wurde eine Software entwickelt, die online Informationen zu den verschiedenen Verkehrsmitteln anbietet. Durch eine breite Informationsbeschaffung auf allen Netzen und eine weitgehend offene Systemarchitektur können auf dieser Diensteplattform in Zukunft verschiedene Dienste integriert werden. Gänzlich neu an der Anwendung ist, daß der PTA als ein intermodaler Routenplaner funktioniert. Das heißt, die Routenvorschläge beziehen alle Verkehrsträger ein, und ermitteln, je nach Präferenz des Nutzers, den günstigsten Weg." (Beutler/Brackmann 1999, S. 36)[119]

Eine weitere Dienstleistung, die Mobilitätszentralen anbieten bzw. vermitteln können, ist der Fahrscheinverkauf und die Abrechnung per Handy. In Bonn gibt es derartige Tickets z. B. seit Anfang 2004, wobei der Kunde mit seinem Mobiltelefon eine kostenfreie Servicenummer anruft, die an jeder Haltestelle aushängt. Das Ticket kommt dann als Fahrschein-sms direkt auf das Handy.[120]

Die Zusammenstellung und Aufbereitung der für die dargestellten Dienstleistungen benötigten Daten („Mobilitätsinformationszentrale/-pool") kann in Zusammenarbeit von Mobilitätszentralen und Verkehrsunternehmen (z. B. DB AG, Busunternehmen, ÖPNV) geschehen. Fraglich ist hierbei, ob

---

[118] Mit rail&mail, dem Internetservice der Deutschen Bahn, können Besucher und Fahrgäste in den DB Lounges der Bahnhöfe Bremen, Frankfurt am Main (Hbf und Flughafenbahnhof), Hannover, Köln, Mannheim, München und Stuttgart mit eigenem W-Lan-fähigen Laptop oder PDA kabellos ins Internet gelangen. Für die Nutzer mit anderen Endgeräten ohne W-Lan sind Ethernet-Netzwerkanschlüsse an PC-Arbeitsplätzen vorhanden (vgl. www.bahn/de./pv/view/home/aktion/rail_and_mail. shtml, download vom 15.04.2004).

[119] Ähnliches wird im Rahmen des Projektes WAYflow im Ballungsraum Frankfurt getestet. Dabei soll ein Chip-Karten-gestütztes Mobilitätsberatungssystem zum Einsatz kommen.

[120] Seit Februar 2004 wird diese Möglichkeit des Fahrscheinverkaufs auch im Vogtland (Sachsen) getestet, wobei den Nutzern bei dieser von der Siemens Business Service entwickelten Pilotlösung zwei Varianten nach einer einmaligen telefonischen Anmeldung offen stehen. Einerseits gibt es den Fahrscheinkauf per Anruf und zum anderen kann mit einem Java-fähigem Handy, nach herunterladen der notwendigen Software, auch per Tastendruck und Menüsteuerung das Ticket gelöst werden. Der virtuelle Fahrschein selbst liegt dabei auf einem Server, zu dem Kontrolleure Zugriff haben. Mit diesem neuen Service ist es z. B. möglich bereits während der Hin- oder Rückreise das Ticket für ein Anschlussverkehrsmittel zu erwerben (vgl. Lenk 2003).

sensible Daten, z. B. über verspätete oder gestrichene Verkehrsdienstleistungen jemals frei verfügbar sein werden, da derartige Daten nur ungern über externe Provider kommuniziert werden. Vertraglich geregelte Zusammenschlüsse zwischen den Unternehmen sind daher am ehesten als Lösung anzusehen.

Mobilitätsserviceleistungen einer Mobilitätszentrale im Zielgebiet sind u. a. in folgenden Bereichen möglich (vgl. Brunsing 2002, S. 37ff.; Fiedler 1995, S. 15; Müller 2000, S. 37; Steinberg/Kalwitzki 2001, S. 13; Wilken 1993, S. 93):

- Informationen für die Anreise, Ausflüge und Mobilitätsberatung mit Hilfe modernster EDV-Auskunftssysteme und einer engen EDV-gestützten Kooperation mit anderen Informationsstellen im In- und Ausland,
- persönliche Routenplanung, wie sie der ADAC für seine Mitglieder im motorisierten Individualverkehr vornimmt, ist auch für den öffentlichen Verkehr möglich,
- Organisation bedarfsorientierter Angebote des öffentlichen Verkehrs (z. B. Rufbus, Anrufsammeltaxen),
- Koordinierung und Buchung von Car-Sharing sowie Vermietung von elektrisch angetriebenen und anderen emissionsarmen alternativen Fahrzeugen,
- Fahrrad- und Sportgeräteausleih, Unterstützung ortsansässiger Anbieter bzw. Kooperation mit überregionalen Anbietern (z. B. DB Call-a-Bike in einigen Großstädten Deutschlands),
- Öffentlichkeitsarbeit für nachhaltige Mobilität,
- Beratung der Vermieter der klassischen Hotellerie und Para-Hotellerie[121], so dass diese ihre Gäste über die bestehenden Mobilitätsangebote unterrichten können; eine periodisch durchgeführte Mobilitätsberatung der Vermieter liefert aktuelle Informationen und animiert zum Tätigwerden,
- Beratung von Dienstleistern (z. B. Sportschulen, die Sportarten anbieten, die unter Anleitung gelernt und ausgeübt werden, wie Ski fahren, Tauchen, Tennis), die den Gästen Tipps und Informationen zur Mobilität (vor Ort) weitergeben können,
- Erstellung von Informationsbroschüren, -flyern, -prospekten, Karten, sowie Integration von Informationen in touristische Medien (Reiseprospekte, Gastgeberverzeichnisse, Veranstaltungskalender usw.),

---

[121] Das Beherbergungswesen wird in klassische Hotellerie (Hotel, Hotel garni, Pension und Gasthof) sowie Para-Hotellerie (Ferienwohnung/-häuser, Sanatorien/Kurkrankenhäuser, Ferienlager/Vereinsheime, Camping/Caravaning, Privatzimmer und Jugendherbergen) unterschieden (vgl. Freyer 2001a, S. 118).

- Angebot individueller Reisepakete,
- Zusammenfassung von Fahrten mit dem privaten Pkw durch Verabredungen („abgesprochene Mitnahme"). Touristen können untereinander, durch den Vermieter, die örtliche Tourismusorganisation oder eine Mobilitätszentrale zusammenkommen.[122]
- Ergänzend sind Ranger (in Nationalparken, Biosphärenreservaten usw.) und andere Gästebetreuer in Fahrzeugen des öffentlichen Verkehrs, zumindest zeitweise, zur Unterhaltung, Informationsvermittlung und Mobilitätsberatung einsetzbar. Durch entsprechende Schulungen von Mobilitätsberatern können sie auf diese Aufgaben vorbereitet werden.

Ein für Touristen entsprechendes Tarifangebot für Busse und Bahnen, welches über Mobilitätszentralen vertrieben werden kann, sind die in vielen europäischen Destinationen bekannten Urlauber-/TouristenCards (z. B. Hamburg Card, harz-mobil-card, Bodenseepass, RostockCard, Sauerland-Urlauberkarte, EngadinCard) hervorzuheben. In einer Untersuchung zum Angebot derartiger Karten bei touristischen Verkehrsunternehmen in Deutschland wurde festgestellt, dass sich vier von zehn Unternehmen (40,3%) an ebensolchen Urlauber-/TouristenCards beteiligen (vgl. Freyer/ Groß 2003a, S. 21). Mit dem Erwerb dieses Tickets ist die Benutzung der öffentlichen Verkehrsmittel im Ort bzw. in der Region jederzeit für eine bestimmte Zeitspanne (z. B. drei, fünf oder sieben Tage) ohne weitere Kosten und der Eintritt in angeschlossenen touristischen Attraktionen (z. B. Museen, Freizeitparks, -einrichtungen) meist reduziert, teilweise aber auch kostenfrei möglich. Ein anderes attraktives Tarifangebot sind Kombi-Tickets, die die Inanspruchnahme der Beförderung durch ein Verkehrsunternehmen als auch den Eintritt zu einer Veranstaltung, Schwimmhalle, einem Museum, Kino, Zoo o. ä. beinhaltet.

Die Mitarbeiter einer Mobilitätszentrale können darauf hinwirken, dass entsprechende touristische Verkehrswege (vgl. Abbildung 8, S. 48) vorhanden sind bzw. geplant werden, da Touristen während ihres Aufenthaltes vielfältige Aktivitäten durchführen (wollen), bei denen solche Verkehrswege Voraussetzung sind. Bei den bedeutendsten Aktivitäten, die von deutschen Urlaubern ausgeübt werden, stehen Ausflüge in die Umgebung, der Besuch von (kulturellen, natürlichen) Sehenswürdigkeiten, Wandern und

---

[122] „Seit Juni 1994 gibt es die Alpine Mitfahrzentrale (...) Dort können Autofahrer unter einer bestimmten Telefonnummer anrufen und auf einen Anrufbeantworter ihr Ziel, Abfahrts- und evtl. Rückfahrtag sowie ihren Namen und ihre Telefonnummer hinterlassen. (...) Bergsteiger, die kein Auto haben und an einer Mitfahrgelegenheit interessiert sind, können unter einer anderen Telefonnummer die aktuellen Angebote abhören und den/die in Frage kommenden Autofahrer/in direkt anrufen." (Hanemann 1998, S. 57; siehe ähnlich für den Freizeitsport im Alltag Kuhn 1998, S. 32)

Radfahren weit oben (vgl. F.U.R. 2003a, S. 120f.). Dementsprechend sind in Destinationen mit hohem Anteil deutscher Gäste Rad- und Wanderwegen oberste Priorität einzuräumen. In Destinationen mit ausgeprägtem Ski-, Reit-, Lauf- oder Wassertourismus kommt der Entwicklung der entsprechenden Wege eine hohe Bedeutung zu. Rad- und Wandertouren sowie Wanderreiten werden als eigenständige Reiseform immer beliebter. Aber trotz einer Vielzahl an Pauschalangeboten führt die große Mehrheit der Wanderer, Radfahrer und Reiter ihre Reisen individuell durch, was die Bedeutung markierter und beschilderter Wege verdeutlicht (vgl. Becker 2000, S. 88). Gut ausgeschilderte und erholsame Routen, bei Radwegen abseits von Hauptverkehrsstraßen, umweltgerechte Streckenführung, Schnittstellen zu anderen Verkehrsmitteln (z. B. Fahrradmitnahmemöglichkeiten in Verkehrsmitteln des ÖPNVs, Hinweise auf die nächstgelegenen Haltestellen), zusammenhängende Netze und Integration in übergeordnete Routen, Kartenmaterial, Einstell- bzw. Abstellmöglichkeiten sind wesentliche Elemente bei der Routenplanung (vgl. Fiedler 1995, S. 14; Steinberg/ Kalwitzki 2001, S. 12; Wilken 1993, S. 91). Teilweise werden auch bei den – vornehmlich auf den motorisierten Individualverkehr ausgerichteten – touristischen Routen[123] Möglichkeiten zur Bereisung mit nachhaltigen Verkehrsmitteln (z. B. Fahrrad, zu Fuß, Bus) integriert bzw. Nutzer nachhaltiger Verkehrsmittel sind die hauptsächliche Zielgruppe (z. B. Elberadweg).

5.3.2 Mobilitätsdienstleistungen (potentieller) touristischer Akteure

Alle Leistungsträger, die am Gesamtprodukt „Reise" beteiligt sind (vgl. Kapitel 4.1, S. 99f.), können Dienstleistungen im Sinne des Mobilitätsmanagements übernehmen. Mit Hilfe des Modells der touristischen Dienstleistungskette können die möglichen Akteure mit ihren jeweiligen Dienstleistungen anschaulich dargestellt werden (vgl. Abbildung 36). Hierbei ist zu beachten, dass die einzelnen Akteure unabhängig von einer Mobilitätszentrale ihre Dienstleistungen anbieten können (= Mikro-Mobilitätsmanagement). Sie können die Mobilitätsdienstleistungen jedoch auch mit Unterstützung (z. B. Nutzung von Daten zur Beratung über Fahrtzeiten und Tarife, Informationsbroschüren oder Flyern) einer Mobilitätszentrale oder gebündelt über eine solche anbieten (= Makro-Mobilitätsmanagement).

---

[123] Touristische Routen lassen sich durch folgende Merkmale kennzeichnen: Dauerhaftigkeit, genaue Bezeichnung der Reiseroute (eindeutige Streckenführung), beziehen Bundes- und Landesstraßen ein, besitzen ein Angebot an thematisch abgegrenzten, speziellen Attraktionen kultureller, landschaftlicher, historischer, baulicher oder gastronomischer Art und haben ein verkehrslenkene Kennzeichnung (Beschilderung) (vgl. Müller 1994, S. 5).

Zu den Aufgaben der Mitarbeiter einer Mobilitätszentrale als operative Basis des städtischen/regionalen Mobilitätsmanagements zählen daher beispielsweise die (potentiellen) touristischen Akteure für die Teilnahme am Mobilitätsmanagement zu gewinnen, die Koordination zwischen diesen zu übernehmen und sie bei der Entwicklung und Umsetzung von Mobilitätsdienstleistungen zu unterstützen.

Abbildung 36: Mobilitätsdienstleistungen entlang der touristischen Dienstleistungskette

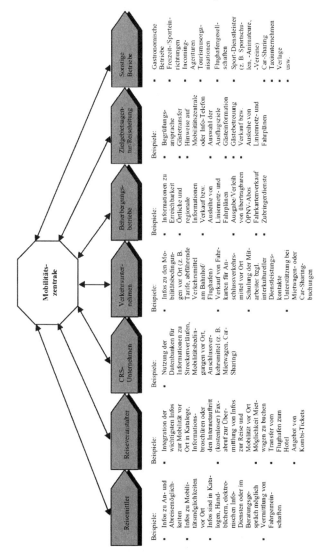

Quelle: eigene Darstellung

Reisemittler[124] können z. B. in ihren Beratungsgesprächen auf die An- und Abreisemöglichkeiten in ein bestimmtes Zielgebiet sowie die Mobilitätsmöglichkeiten vor Ort hinweisen oder Kataloge, Handbücher und elektronische Informationsdienste mit Informationen rund um das Thema Mobilität ihren Kunden zur Verfügung stellen. Durch das Angebot von (Internet-) Terminals im Geschäftsraum können Reisemittler ihren Kunden die möglicherweise entstehende Wartezeit mit Informationen rund um die Reise und damit auch zur Mobilität auf der Hin- und Rückreise sowie vor Ort verkürzen. Auch das Angebot von Sammeltransfers zum Flughafen, Busterminal oder Bahnhof sind Leistungen, die von Reisemittlern wahrgenommen werden können.

Reiseveranstalter sehen als ihre Hauptaufgabe die Kombination verschiedener (Teil-)Leistungen von Beherbergungsbetrieben, Verkehrsunternehmen und Reise-Nebenleistungen zur (Pauschal-)Reise, wobei die Beförderung, Übernachtung, Verpflegung, Reisebetreuung, -leitung, Animation, Versicherungsleistung und eventuelle kulturelle und sportliche Leistungen vor Ort die wichtigsten Teilleistungen sind (vgl. Freyer 2001a, S. 151). Reiseveranstaltung ist „(...) die Planung, Organisation, der Verkauf und die Durchführung von vorgefertigten Pauschalreisen." (Hebestreit 1992, S. 15) Eine Pauschalreise ist danach ein „(...) Dienstleistungspaket, bestehend aus mindestens zwei aufeinander abgestimmten Reisedienstleistungen, das im Voraus für einen noch nicht bekannten Kunden erstellt wurde und geschlossen zu einem Gesamtpreis vermarktet wird."[125]

---

[124] Reisemittler ist ein „(...) Betrieb (oder ein Betriebsteil), der Leistungen Dritter zur Befriedigung des zeitweiligen Ortsveränderungsbedürfnisses und damit zusammenhängender anderweitiger Bedürfnisse vermittelt." (Hebestreit 1992, S. 12) Die bekannteste Form dieses „Zwischenhandels" sind Reisebüros, die im Auftrag der Produzenten/Hersteller die jeweiligen Tourismusleistungen an den Endverbraucher verkaufen (vgl. Freyer 2001a, S. 167; für weitere Informationen zu Reisemittlern siehe auch Mundt 2000, S. 157ff. und S. 220ff. sowie Pompl 1996, S. 3).

[125] Middleton (1994, S. 292) definiert Pauschalreisen ähnlich. „Product packages are: Standardize, quality-controlled, repeatable offers comprising two or more elements of transport, accommodation, food, destination attractions, other facilities, and services (such as travel insurance). Product packages are marketed to the general public, described in print or other media and offered for sale to prospective customers at a published, inclusive price, in which the costs of the product components cannot be separately identified."

Diese auf die „vorgefertigte" Pauschalreise beschränkte Definition des Rei-
severanstalterproduktes wurde in den letzten Jahren um Teilpauschalreisen,
individuelle (oder teilgefertigte) Pauschalreisen, kundenspezifische/
-bestimmte Reisen sowie All-inclusive-Reisen erweitert (vgl. Pompl 1996,
S. 7f.; Pompl 2000, S. 77).[126]

Reiseveranstalter haben die Möglichkeit die wichtigsten Informationen
zum Thema Mobilität bereits in ihren Katalogen (z. B. Anreiseinformationen, Hinweise auf Verbindungen mit öffentlichen Verkehrsmitteln zum
Abflugflughafen, Hinweis auf Fahrplanauskünfte der DB AG) zu integrieren und ihren Kunden Mobilitätsdienstleistungen anzubieten (z. B. Privat-
transfer vom Flughafen zum Hotel, Möglichkeit der Buchung von Mietwagen im Zielgebiet bereits im Quellgebiet, Vermittlung von einer Busanreise
in das gewünschte Zielgebiet, „Rail-and-Fly"). In Informationsbroschüren,
die die Reiseveranstalter meist ihren Kunden zur Vorbereitung mit den
Reiseunterlagen zu senden, können detaillierte Informationen (z. B. Anreiseinformationen zum Zielort für Bus-, Bahn-, Pkw- oder Fluganreise) gelie-
fert werden und Hinweise auf weitergehende Mobilitätsserviceleistungen
des Reiseveranstalters (z. B. durch Faxabruf, Internet, im Videotext, per E-
Mail) oder anderer Einrichtungen (z. B. Mobilitätszentralen) gegeben werden. Mit Hilfe von Vertragsgestaltungen mit den Eigentümern der Beherbergungsbetriebe (v. a. Ferienwohnungen und -häuser) können die Bele-
gungszeiten entzerrt werden. Durch die in der Hauptsaison häufig nur von
Samstag bis Samstag buchbaren Unterkünfte sind Verkehrsstauungen auf
den Autobahnen und überfüllte Züge und Busse vorprogrammiert. Eine
flexible An- und Abreise wird zu einer gleichmäßigeren Auslastung der
Verkehrsträger führen. Durch die Zusammenarbeit mit Verkehrsunternehmen können Reiseveranstalter dazu beitragen, dass bei Flugreisen zumindest die An- und Abreise zum Flughafen mit Verkehrsmitteln des Umweltverbundes z. B. über Kombi-Tickets („Rail-and-Fly") oder Buchungsmög-
lichkeiten für Übernachtungen am Ort des Abfluges oder der Abfahrt abgewickelt wird (siehe auch Kapitel 6.3, S. 220ff.).

---

[126] **Teilpauschalreise:** Das Angebot besteht aus einer Hauptleistung (Beförderung oder
Unterkunft), die von einem Reiseveranstalter katalogmäßig angeboten wird.
Individuelle Pauschalreise: Der Kunde hat die Möglichkeit, sich seine individuelle
Reise aus katalogmäßig angebotenen Einzelleistungen nach dem Baukastenprinzip
selbst zusammenzustellen und als Paket beim Reiseveranstalter zu buchen.
Kundenspezifische Pauschalreise: Der Kunde bestimmt die wesentlichen Elemente
der Reise. Die Tätigkeit des Reiseveranstalters besteht hier in der Kundenberatung,
der Reservierung der einzelnen Reiseleistungen und ggf. in der Stellung der Reiseleitung.
All-inclusive-Reisen: Im Reisepreis sind alle Leistungen, die der Kunde während
des Aufenthaltes in Anspruch nehmen kann, enthalten (vgl. Pompl 1996, S. 7f.;
Pompl 2000, S. 77).

Computerreservierungssysteme (z. B. Galileo, Sabre, Worldspan) sind e-
lektronische Medien zum Vertrieb von Reiseleistungen, die die Benutzer
über Leistungen, Preise und Vakanzen informieren und ihm den Kauf (Buchung, Reservierung) über ein Terminal ermöglichen. Hiermit können aber
auch allgemeine Informationen (z. B. Einreisebestimmungen, Wetter im
Zielgebiet, Impfbestimmungen) und mobilitätsbezogene Informationen
(z. B. Streckenverläufe, Anschlussverkehrsmittel, Mobilitätsbedingungen
im Zielgebiet) übermittelt werden. Insbesondere den Reisemittlern und
-veranstaltern, Tourismusorganisationen (z. B. Tourismus-Information) und
Mobilitätszentralen können hiermit aktuelle Daten zur Verfügung gestellt
werden.

Ein ausreichendes Angebot im öffentlichen Personenverkehr ist eine fun-
damentale Voraussetzung für ein effektives Mobilitätsmanagement. Sofern
dieses nicht vorhanden ist, ist dies für die Verkehrsunternehmen als Herausforderung zu sehen, neue Angebote auf den Weg zu bringen.

> „In the context of tourism, this not only means providing transport infra-
> structure (such as bus or rail links for example) in parallel with Mobility
> Management measures (such as integral multi-modal ticketing or real time
> point of departure public transport information), but also implementing
> measures that encourage and manage the tourism itself." (MOST 2003,
> S. 49)

Aus touristischer Sicht sind hier v. a. die Etablierung von Wander-, Ski-,
Rad- und ähnlichen touristischen Bussen bzw. Linien, speziellen Serviceta-
xen (z. B. „Wandertaxi" für den Transfer zum Ausgangspunkt von Wande-
rungen), Sammeltaxen mit Zubringerfunktionen zu Bus- und Bahnlinien
und zur Erschließung von Wandergebieten und anderen Naturräumen,
Sammeltaxen für die Beförderung vom Bahnhof, Busbahnhof oder Flughafen in die Beherbergungsstätte, autofreie Ausflugsangebote, Vermietung
von elektronisch angetriebenen und anderen emissionsarmen alternativen
Fahrzeugen sowie die Entwicklung von erlebnis- und gruppenorientierten
Mobilitätsangeboten zu nennen (vgl. Lung 2000, S. 111; Kanatschnig/
Fischbacher 2000, S. 90).

Erlebnisorientierte Angebote tragen dazu bei, dass der Weg von Ziel A nach B über die reine Distanzüberwindung hinaus, auch emotional zum positiv bewerteten Erlebnis wird. Durch entsprechende Fahrzeuge, wie etwa Oldtimerbusse, Draisinen, Flöße, Kanus und Streckenverläufe ist dies zu erreichen (vgl. Fontanari/Hörning 2000, S. 247; Klewe/Dorra 1999, S. 161).[127]

Des Weiteren können die Verkehrsbetriebe auch Mobilitätsserviceleistungen im Quellgebiet bzw. bei der An- und Abreise, wie z. B. Informationen zu den Mobilitätsbedingungen vor Ort, Verkauf von Fahrkarten für Anschlussverkehrsmittel bzw. Verkehrsmittel vor Ort oder Hilfestellungen bei einer Mietwagen- oder Car-Sharing-Buchung anbieten. In den Verkehrsmitteln selbst können darüber hinaus Informationen, z. B. via Video-Bildschirm, über Geschichte, Politik oder Traditionen der jeweiligen durchquerten Städte, Regionen (z. B. Bus, Bahn) oder überquerten Länder (im Flugzeug) einen Zusatznutzen für die Reisenden bieten. Aber auch Informationen zum angesteuerten Zielgebiet können bereits während der Fahrt auf den Aufenthalt einstimmen (z. B. können Reisenden ohne feste Unterkunft Informationen zu Beherbergungsstätten zugänglich gemacht werden).

Die Beherbergungsbetriebe können ihrerseits eigene Maßnahmen ergreifen, um ihren Kunden die An- und Abreise sowie die Mobilität vor Ort mit öffentlichen Verkehrsmitteln zu erleichtern bzw. überhaupt erst zu ermöglichen. Informationen über die Erreichbarkeit sind in die Ortsprospekte der Tourismusorganisationen, den Katalogen der Reiseveranstalter und/oder den eigenen Hausprospekten integrierbar. Diese müssen über die Erreichbarkeit mit dem Auto hinausgehen, d. h. die Erreichbarkeit mit öffentlichen Verkehrsmitteln, Hinweise zum Verkehrsangebot, zu Informationstelefonnummern und Tarifen enthalten. Örtliche und regionale Informationsangebote, wie Wander- und Radtourenempfehlungen, Möglichkeiten ohne (eigenes) Auto mobil sein zu können, sind ebenso wie Liniennetz- und Fahrplan in der Beherbergungsstätte vorzuhalten und den Gästen bereitzustellen. Auch ein verbilligter Preis für die Unterkunft bei der An- und Abreise mit der Bahn ist denkbar und wird gelegentlich bereits angeboten (z. B. 20% preiswertere Unterkünfte im Kleinwalsertal) (vgl. Klewe 1997, S. 101f.). Das eigene Personal sollte mit verkehrsrelevanten Fragen vertraut

---

[127] Im Nationalpark Sächsische Schweiz werden z. B. Oldtimerbusse als Wanderbusse eingesetzt und im Rahmen des Projektes MobiTour wird der sog. Moorexpress mit Verkehrsmitteln wie Moorkähne und Kremser (Pferdekutsche) verknüpft (vgl. Brunsing 2003, S. 4).

sein (z. B. über preisgünstige Urlaubsfahrkarten), um Gästeanfragen konkrete ÖPNV-Hinweise geben zu können; ggf. nach Rückfragen bei Auskunftsstellen der Verkehrsunternehmen bzw. der örtlichen Mobilitätszentrale. Des Weiteren wäre wünschenswert:

- Ausgabe/Verleih eines eigenen übertragbaren ÖPNV-Abos des Hauses zur freien Benutzung aller öffentlichen Verkehrsmittel im Raum,
- Größere Häuser mit Portier können in Absprache mit Verkehrsunternehmen Fahrkarten verkaufen,
- Aktuelle Ausflugs-/Sonderfahrtenangebote und spezielle örtliche Tarifangebote durch Aushang bekanntgeben,
- Vermittlung und Abrechnung von Car-Sharing-Autos,
- Hausinterne Vermittlung spezieller Serviceangebote wie Gemeinschaftstaxen (z. B. Bringen zu höher gelegenen bzw. weiter entfernten Wanderzielen zwecks leichter Rückwanderung) und Bildung abgesprochener Mitnahmen sowie
- Zubringer- und Abholdienste – z. B. zum Messegelände, zu Ausflugszielen, zum Strand oder zum Skihang – zu arrangieren und sich finanziell daran zu beteiligen.

Die Schulung der Mitarbeiter der Beherbergungsbetriebe in verkehrsrelevanten Fragen ist dabei am sinnvollsten von einer Mobilitätszentrale bzw. einem ihrer Mobilitätsberater vorzunehmen. Zur Abrundung der größtenteils zu den Informations- und Beratungsangeboten zählenden Maßnahmen kann von den Beherbergungsstätten ein Gepäcktransport zum Flughafen, Bahnhof o. ä. vorgehalten bzw. in Zusammenarbeit mit örtlichen Verkehrsunternehmen angeboten werden, sofern diese Leistung nicht bereits beim Reiseveranstalter mitgebucht wurde. Fahrradabstellanlagen, Rad-, Inline-Skatingverleih und die Ausleihmöglichkeit weiterer Sportgeräte führt dazu, dass diese nicht transportiert werden müssen und somit eher eine An- und Abreise mit dem Umweltverbund in Frage kommt.

Zielgebietsagenturen als ein weiterer möglicher Leistungsträger der touristischen Dienstleistungskette vertreten die Interessen des Reiseveranstalters vor Ort und erbringen bestimmte Teilleistungen des Pauschalreisepaketes. Innerhalb der klassischerweise zu ihrem Aufgabengebiet gehörenden Leistungen sind vielfältige Ansatzpunkte für Mobilitätsserviceleistungen gegeben (vgl. Tabelle 16).

Tabelle 16: Mögliche Mobilitätsserviceleistungen einer Zielgebietsagentur

Aufgaben einer Zielgebietsagentur	Mögliche Mobilitätserviceleistungen
Organisation und Durchführung der Gästetransfers zwischen Verkehrsstation und Beherbergungsstätte	bei der Begrüßungsansprache kann auf die Mobilitätsbedingungen und -besonderheiten des Landes bzw. Ortes eingegangen oder auf eine Mobilitätszentrale, Info-Hotline o. ä. hingewiesen werden, Privattransfer vom Flughafen zum Hotel
Organisation und Durchführung von Ausflügen, Rundreisen bzw. Landprogrammen bei Kreuzfahrten	Zusammenarbeit mit örtlichen Verkehrsunternehmen und/oder Mobilitätszentralen, Auswahl erlebnisorientierter und/oder ökologisch verträglicher Verkehrsmittel und -ziele
Informationen über neue Entwicklungen im Zielgebiet	Auswahl neuer Ausflugsziele, Freizeiteinrichtungen und Unterhaltungsangebote, die gut mit Verkehrsmitteln des Umweltverbundes erreichbar sind, Beschaffung von Informationen über Mobilitätsmöglichkeiten im jeweiligen Zielgebiet für Kataloge, Informationsbroschüren, Informationshotline eines Reiseveranstalters, Mitarbeiter von Mobilitätszentralen
Mithilfe bei der Vorbereitung und Durchführung des Hoteleinkaufs	(Vor-)Auswahl gut mit dem öffentlichen Nahverkehr erschlossener Beherbergungsbetriebe, (Vor-)Auswahl von Beherbergungsbetrieben mit speziellen Mobilitätsangeboten, wie bspw. Fahrrad- oder Inline-Skatingverleih, Verleih von Sportgeräten, Freizeiteinrichtungen, die direkt im/am oder in fußläufiger Entfernung zum Beherbergungsbetrieb sind

Quelle: eigene Darstellung, in Anlehnung an Pompl 2000, S. 102f.

Eine vor Ort eingesetzte Reiseleitung, die gleichzeitig Mitarbeiter einer Zielgebietsagentur sein kann, kann durch den direkten Kontakt mit den Reisenden im Zielgebiet gezielt auf sie „einwirken". Im Rahmen der anfallenden Aufgaben gibt es auch hier vielfältige Anknüpfungspunkte (vgl. Tabelle 17).

Tabelle 17: Mögliche Mobilitätsserviceleistungen einer Reiseleitung

Aufgaben einer Reiseleitung	Mögliche Mobilitätserviceleistungen
Organisation	Begrüßung der Gäste und Transferbegleitung (siehe Tabelle 16), in Anfahrtsbeschreibungen für Gäste von Ferien-wohnungen/-häuser auf Verkehrsmittel des Umweltverbundes für die An- und Abreise sowie vor Ort hinweisen
Gästeinformationen	zielgebietsspezifische Informationsbroschüren mit Mobilitätshinweisen, Info-Treff in den ersten Tagen der Reise, Info-Mappe, -Tafel im Beherbergungsbetrieb und Info-Center, bei bzw. in denen auf die Mobilitätsmöglichkeiten im öffentlichen Personennahverkehr hingewiesen werden
Gästebetreuung	Vermittlung von Ausflügen mit Verkehrsmitteln des Umweltverbundes, (alternativ betriebenen) Mietwagen oder Fahrgemeinschaften

Quelle: eigene Darstellung, in Anlehnung an Harling/Weiss 2004, S. 285ff.; Pompl 2000, S. 103f.

Letztendlich seien noch die sonstigen Betriebe der Freizeit- und Tourismuswirtschaft sowie aus dem Verkehrswesen genannt, wie z. B. Freizeiteinrichtungen, Incoming-Agenturen, Gastronomiebetriebe, Sport-Dienstleister, Buch- und Zeitschriftenverlage, Car-Sharing- und Taxigesellschaften. Die im Zielgebiet ansässigen Unternehmen können ähnliche Mobilitätsserviceleistungen wie die Beherbergungsbetriebe anbieten (z. B. Aushang, Auslage und Ausgabe von Fahrplänen, Verkauf von Fahrkarten des Umweltverbundes), sich z. B. an Urlauber-/TouristenCards beteiligen oder Kombi-Tickets in Zusammenarbeit mit Verkehrsunternehmen anbieten. Einrichtungen mit hoher verkehrsinduzierender Wirkung können darüber hinaus auch Gegenstand eines standortbezogenen Mobilitätsmanagement werden (siehe Kapitel 6, S. 181ff.).

Car-Sharing-Anbieter und Taxigesellschaften sehen Touristen mehr und mehr als Zielgruppe. Neben sog. Querbuchungen von Kunden, die sich bereits im Quellgebiet einer Car-Sharing-Organisation angeschlossen haben, kommen spezielle Produkte für Touristen in Frage.

„Gemeinsam mit den österreichischen Bundesbahnen OBB hat DENZEL-DRIVE ein für den Tourismus attraktives Produkt entwickelt. Im Sommer das Sommerticket, im Winter das Wedelweißticket. (...) Das Produkt wird auch für Touristen aus dem Ausland angeboten." (Bauer 2000, S. 256)

Durch eine Zusammenarbeit von Car-Sharing-Organisationen und Beherbergungseinrichtungen kann gewährleistet werden, dass Touristen mit öffentlichen Verkehrsmitteln anreisen, vor Ort jederzeit ein Auto für Ausflüge, Geschäftstermine o. ä. zur Verfügung haben und die Reservation und Abrechnung über die Beherbergungsstätte erfolgen kann (vgl. Emmenegger 2002, S. 31). Taxigesellschaften bieten in einigen Destinationen die Möglichkeit von Stadtführungen mit einem normalen Taxi („Taxi-Guide") oder Fahrradrikschas an. Beispielsweise werden in Dresden die Dienste von Fahrradrikschas angeboten und in Köln von der Industrie- und Handelskammer sowie dem Kölner Tourismusservice spezielle Schulungen für Taxifahrer/-innen angeboten, die mit einem Zertifikat enden (www.taxipress.de, download vom 18.08.2002).

Wie aus Abbildung 36 ersichtlich, sind verschiedene Unternehmen aus unterschiedlichen Branchen mit der Erstellung von Leistungen für die verschiedenen Komponenten einer (Pauschal-)Reise beteiligt und bilden zusammen die Dienstleistungskette. Wenn eines der Unternehmen aus dieser Kette sich entschließt, auch andere zum Produkt (Pauschal-)Reise gehörende Bestandteile herzustellen und mit seiner ursprünglichen Leistung zu kombinieren, dann betreibt es vertikale Integration. Dies kann geschehen durch den Zukauf bereits bestehender oder die Gründung neuer Unternehmen (vgl. Mundt 1998, S. 336). In Deutschland fand Ende der 1990er Jahre eine zunehmende vertikale Integration statt. Insbesondere die TUI AG, der weltweit größte integrierte Reisekonzern, die Thomas Cook AG und die Rewe Touristik sind hier zu nennen.

Für einen Reiseveranstalter nimmt insbesondere der Aspekt der Kontrolle und Sicherstellung eines gewünschten Qualitätsstandards für das Gesamtprodukt bei der vertikalen Integration eine bedeutende Rolle ein, da die Einflussmöglichkeiten auf Zielsetzungen und konkrete Aktivitäten des Herstellers dieser Teilleistung erhöht wird. Auch für die den einzelnen Leistungserstellern zugeschriebenen Maßnahmen eines Mobilitätsmanagements ist bei vertikal integrierten Konzernen eine höhere Qualitätssicherung und bessere Koordination der einzelnen Leistungen möglich. Mobilitätszentralen haben im Falle integrierter Konzerne einen Hauptansprechbzw. Kooperationspartner, so dass ein geringeren Abstimmungsaufwand besteht.

5.3.3 Mobilitätsdienstleistungen zur Verbesserung der Schnittstellenübergänge innerhalb einer Reise-/Wegekette

Wie im Kapitel 4.2 (siehe S. 100ff.) aufgezeigt, ist im touristischen Verkehr ein Verkehrsmittelwechsel häufiger als im Alltagsverkehr notwendig. Somit sind auch Schnittstellenübergänge zwischen verschiedenen Verkehrsträgern bzw. Verkehrsmitteln eines Verkehrträgern des Öfteren gegeben. Daher wird nachfolgend ein Schwerpunkt auf mögliche Mobilitätsdienstleistungen gelegt, die diese Schnittstellenübergänge optimieren.

Das Angebot „Rail&Fly" enthält z. B. für Flugreisende Bahn- und Flugticket und kann im Quell- und Zielgebiet Verbindungen enthalten, die zeitlich optimal aufeinander abgestimmt sind.[128] Durch die Möglichkeit, bereits zu Hause oder aber an einem Bahnhof der Stadt, in dem der Flughafen liegt, für den gebuchten Flug einzuchecken sowie die Gepäck-Durchabfertigung bis zum Zielort ist eine reibungslose An- und Abreise mit der Verkehrsmitteln des Umweltverbundes am Reisetag möglich.

Weitere Maßnahmen zur Verbesserung der Schnittstellenübergänge sind eine Abstimmung der Fahrpläne der Bahnen und Flugpläne der Luftverkehrsgesellschaften, von Bahnen im Nachbarschaftsverkehr und/oder von Bus- und Bahnunternehmen sowie die Information hierüber.[129] Zwei vom Verkehrsclub Deutschland herausgegebene Broschüren („Zügig durch Europa" und „Naherholung – Deutschlandurlaub ohne Auto") tragen z. B. zur Optimierung der Reisekette bei, in dem alle Verbindungen, Informationen (z. B. direkte Tag- und Nachtverbindungen in alle Regionen Europas, Tipps für Radfahrer und Reisezeittabellen) und Adressen für europäische Urlaubsdestinationen zusammengestellt wurden (vgl. VCD 2002, S. 4).

Ein weiterer Ansatzpunkt ist das Eingehen von Kooperationen. Möglichkeiten bestehen bei der Deutschen Bahn AG beispielsweise mit Mietwagenanbietern[130], mit der Schifffahrt oder mit Busunternehmen und lokalen Transportanbietern (z. B. BahnTaxi als ehemaliges Angebot der

---

[128] Weiterführende Informationen zum Thema „Rail&Fly" finden sich bspw. bei Ewald 2000, S. 81ff.

[129] So bietet z. B. das Busunternehmen Taeter Tours GmbH ab Frühjahr 2004 für die Sommersaison Fahrten von Dresden zum Bahnhof in Lübbenau an, so dass die Züge von der Connex AG auf ihrem Weg von Zittau nach Rügen an der Ostsee erreicht werden.

[130] Die Deutsche Bahn AG arbeitet mit den Mietwagenfirmen AVIS, Europcar, Hertz und Sixt zusammen. Gegenwärtig (Stand Mitte 2004) sind in über 40 Städten die Autovermieter am Bahnhof mit eigenen Stationen vertreten. An etwa 80 weiteren Bahnhöfen erfolgt die Abwicklung einer Mietwagenbestellung über einen Mitarbeiter im jeweiligen Reisezentrum und der bestellte Wagen wird am Bahnhof bereitgestellt (vgl. www.bahn.de./pv/view/service/bhf/bahn_und_auto.shtml, download vom 15.04.2004).

DB AG), Car-Sharing-Anbietern und Verkehrsunternehmen (z. B. City-Ticket der DB AG seit Dezember 2003 in nahezu 40 deutschen Städten) (vgl. Bretthauer 1997, S. 26ff.; Bretthauer 1998, S. 1555f.). Für Reisende ist der Gepäcktransport einer der wichtigsten mobilitätsrelevanten Ansprüche bei Nutzung des öffentlichen Verkehrs bzw. einer der wichtigsten Gründe, wenn nicht sogar der wichtigste Grund, für die Wahl des Autos als Anreiseverkehrsmittel.[131] Eng mit dem Gepäcktransport steht die Kontinuität der Reisekette. Reisende mit dem Auto besitzen die Möglichkeit, das benötigte Gepäck ohne große Überlegungen mitzuführen. Insbesondere Bahnreisende sehen sich jedoch Barrieren gegenüber.

„Bei der Mitnahme des Reisegepäcks im Zug zählen das eventuell erforderliche mehrmalige Umsteigen mit langen Wegen, erzwungenen Höhenüberwindungen und knappen Umsteigezeiten und die fehlende sichere Depositionsmöglichkeit in den Zügen zu den größten Problemen." (VCÖ 1994, S. 25)

Die Abwicklung des Gepäcktransportes wird daher als einer der wichtigsten Mobilitätsserviceleistungen für die Hin- und Rückreise angesehen. Verbesserungsmöglichkeiten sollten an einem Gepäckservice vom Quell- ins Zielgebiet sowie an der Gepäckmitnahme ansetzen (vgl. Tabelle 18).

Tabelle 18: Maßnahmen zur Verbesserung der Gepäckmitnahme

Maßnahme	Erläuterung
Umbau der Bahnhofsbereiche für komfortablen Gepäcktransport	- ausreichende Schließfächer, Kofferkulis - Erleichterungen bei Treppen/Unterführungen => Einsatz von Rolltreppen, Aufzügen, die auch mit Kofferkulis genutzt werden können
Umbau der Waggons (der Bahn) für leichteren Gepäcktransport	- Einbau von Schließfächern und Gepäckabteile - Abteile für Sportgeräte, z. B. Fahrrad-, Skiabteile - Einsatz von Niederflurtechnik, damit Züge oder Busse mit Kofferkulis nutzbar sind
Verbesserungen beim Gepäcktransport im ÖV	- Mitnahme von Sportgeräten, z. B. durch Einsatz von gepäcktauglichen Fahrzeugen und Fahrradanhängern - vorhandene Transportvolumina in Gepäckräumen von z. B. Bussen werden wegen mangelnder Information oft nicht genutzt => bessere Information und Beratung - Gepäckträgerservices an Bus- und Bahnhöfen

Quelle: vgl. FGSV 1998, S. 75ff.; VCÖ 1994, S. 89

---

[131] Während „Anreise-Gemeinschaften" (Familie, Personen mit Partner etc.), die mit der Bahn fahren, im Winter durchschnittlich 3,5 Gepäckstücke (Koffer, Taschen, Sportgeräte, wie Alpin- oder Langlaufski, Snowboards) mitnehmen, haben „Anreise-Gemeinschaften", die mit dem Auto in den Winterurlaub fahren, durchschnittlich 6,5 Gepäckstücke mit (vgl. Herry/Schuster/Reuss 1999a, S. 27ff.).

Ein Gepäckservice vom Quell- ins Zielgebiet („Tür-zu-Tür-Gepäck-service"), der von Mobilitätszentralen im Quell- und/oder Zielgebiet ver-mittelt werden kann, ist bei allen Anreisemöglichkeiten eine überaus attrak-tive Dienstleistung, da sie im Gegensatz zur Gepäckaufgabe an Bahnhöfen, Flughäfen o. ä. „echten" Komfort bietet. In der Praxis stößt ein derartiger Service jedoch auf erhebliche Schwierigkeiten, da eine Abholung und Zu-stellung an Wochenenden bzw. außerhalb der „normalen" Dienstzeiten e-benso beachtet werden sollte wie die Einbeziehung von Taxi-, Post- und privaten Botendiensten in die Gepäcklogistik am Quell- und Zielort (vgl. Lung 2000, S. 111; Meier 2000, S. 121).

Zur Optimierung der Kombination von verschiedenen Verkehrsmitteln bie-ten sich auch die sog. „integrierten Mobilitätsdienstleistungen" an, da hiermit die Schnittstellenübergänge zwischen den einzelnen Verkehrsträ-gern/-mitteln verbessert werden und eine Kombination verschiedener Ver-kehrsmittel gefördert wird. „Neue integrierte Mobilitätsdienstleistungen (NIM) sind Weiterentwicklungen bestehender Mobilitätsdienstleistungen oder Neuentwicklungen, die mit dem Ziel einer Integration mehrerer Ver-kehrsmittel angeboten werden." (Prognos 1998, S. 5) Die Integration von Mobilitätsdienstleistungen nutzt den Reisenden auf zwei Arten:

a) sie ermöglicht es, als Alternative zum eigenen Auto auf eine Palette un-terschiedlicher Verkehrsangebote zurückzugreifen und je nach Fahrt-zweck die am besten geeigneten Verkehrsmittel auszuwählen und

b) auf intermodalen Wegen vereinfacht sie die Benutzung mehrerer Ver-kehrsmittel entlang eines Weges (z. B. Kombination von Bahn und Mietwagen auf einer Reise) (vgl. Schad 2000, S. 81).

Bei diesen integrierten Mobilitätsdienstleistungen wird versucht, Mobili-tätsangebote (Beförderungs-/Transportangebote, temporäre Möglichkeit, ein Fahrzeug selbst zu nutzen), Mobilitätsserviceleistungen (z. B. Beratung, Information) und Funktionen der Transaktion (Buchung, Reservierung, Ab-rechnung) zusammenzuführen. In diesem Zusammenhang sind vor allem Mobil-Pakete (vgl. Tabelle 19) zu nennen, bei denen mehrere Mobilitäts-angebote und zusätzliche mobilitätsbezogene Dienstleistungen angeboten werden und die insbesondere im Zielgebiet, aber auch bei der An- und Ab-reise, eingesetzt werden können. Eine Integration von Maßnahmen der be-reits erwähnten Urlaubs-/TouristenCards (siehe S. 162) in ein Mobil-Paket ist weiterhin möglich. Sie richten sich vorrangig an Personen, die ihre Mo-bilität flexibel gestalten wollen, d. h. je nach Bedarf aus diesem Paket die geeigneten Mobilitätsangebote (z. B. ÖPNV, Pkw als Mietwagen oder Car-Sharing) und erforderlichen Zusatzdienstleistungen auswählen (Multimoda-lität).

Tabelle 19: Dienstleistungsangebote eines beispielhaften Mobil-Paketes im Zielgebiet

Mobilitätsangebote	Mobilitätsservice-leistungen	Transaktionen
- Benutzung öffentlicher Verkehrsmittel im regionalen Verbund - verbilligte Mitnahme einer Person - Fahrradtransport in Nahverkehrszügen - vergünstigte Nutzung von Car-Sharing-Autos, Mietwagen und/oder Taxis - reduzierter oder kostenloser Eintritt in die eingebundenen touristischen Attraktionen (z. B. Museen, Freizeitparks, Sporteinrichtungen) - Rabatte bei Fahrradverleihern, Schifffahrtsgesellschaften und/oder Bergbahnen	- Informationen über die Dienstleistungen des Mobil-Paketes - Kundenberatung per Telefon oder im persönlichen Gespräch - kostenlose Nutzung eines SMS- oder WAP-Fahrplanes	- multimodale Kundenkarte für den ÖPNV sowie die Car-Sharing und Mietwagen-Ausleihe

Quelle: eigene Darstellung, in Anlehnung an Prognos 1998, S. 45

5.4 Fazit

Im Tourismus sollte zur optimalen Ausgestaltung eines Mobilitätsmanagements der konzeptionelle Aufbau sowohl das Quell- und Zielgebiet als auch den Transferraum einbeziehen. Somit kann und muss ein Mobilitätsmanagement im Tourismus an verschiedenen räumlichen Punkten ansetzen. Eine Abstimmung der einzelnen Mobilitätsmanagementansätze von Quell- und Zielgebiet/en und die Festsetzung bestimmter Standards ist sinnvoll und kann entweder direkt zwischen den jeweiligen Städten bzw. Regionen vorgenommen werden (z. B. bi-, tri- oder multilaterale Kommunikation zwischen Mobilitätszentralen) oder über ein übergeordnetes (inter-) nationales Netzwerk geschehen. Letzteres kann unter dem Dach einer bestehenden Organisation integriert werden oder neu aufgebaut und institutionalisiert werden.

In gemeinsamen Workshops oder Arbeitsgesprächen können sich aus Sicht eines Zielgebietes die Träger des Mobilitätsmanagements im eigenen Raum mit den Vertretern der wichtigsten Quellgebiete aus Tourismus (z. B. Reisemittler und -veranstalter bzw. Vertreter ihrer Verbände) und Verkehr (z. B. Bus-, Bahn und Fluggesellschaften bzw. Vertreter ihrer Verbände) über die jeweiligen Konzepte informieren und sie aufeinander abstimmen.

Mobilitätszentralen nehmen einen besonders wichtigen und grundlegenden Baustein beim Aufbau eines umfassenden touristischen Mobilitätsmanagements ein, da sie als operative Basis für das Mobilitätsmanagement auf städtischer/regionaler Ebene einen Schwerpunkt für Ansätze bieten. Dank neuer Kommunikationstechnologien können sie Dienstleistungen über alle Reisephasen hinweg anbieten, so dass Kontaktmöglichkeiten im Quell-, Transport- und Zielgebiet möglich sind.

Obwohl eine Mobilitätszentrale die operative Basis für ein touristisches Mobilitätsmanagement ist, ist auf städtischer/regionaler Ebene ein breites Netzwerk mit den verschiedensten Beteiligten notwendig. Partner sollten auf jeden Fall lokale bzw. regionale Verwaltungen, öffentliche Verkehrsunternehmen und -verbünde sowie private Verkehrsanbieter sein. Die weiteren in ein touristisches Mobilitätsmanagement einzubeziehenden Akteure sind vorrangig Reisemittler, Reiseveranstalter, CRS-Unternehmen, touristische Verkehrsbetriebe, Zielgebietsagenturen/Reiseleitungen und Beherbergungsstätten. Je nach Aufgabenstellung sind darüber hinaus sonstige Betriebe der Freizeit- und Tourismuswirtschaft (z. B. gastronomische Betriebe, Incoming-Agenturen, Freizeiteinrichtungen) sowie Organisationen bzw. Betriebe des Verkehrswesens hinzuziehen. Mit Hilfe einer Akteursanalyse können alle beteiligten Akteure und die möglichen Schnittstellen zwischen ihnen erfasst werden, womit sichergestellt werden kann, welche Akteure einzubeziehen sind und wie eine optimale Abstimmung aussehen kann.

Es gibt eine ganze Reihe von Mobilitätsdienstleistungen, die Reisenden in den einzelnen Reisephasen von Mobilitätszentralen und den weiteren möglichen Akteuren eines städtischen/regionalen Mobilitätsmanagements angeboten werden können, um sie zu einer nachhaltigeren Mobilität anzuregen und diese zu fördern.

Die einzelnen Unternehmen bzw. Akteure eines touristischen Mobilitätsmanagements können unabhängig voneinander Mobilitätsdienstleistungen entwickeln und anbieten und die gleichen Zielgruppen ansprechen. Alle Akteure versuchen in diesem Fall mit ganz ähnlichen Maßnahmen die möglichen Zielgruppen anzusprechen und zur Inanspruchnahme der jeweiligen Leistung zu gewinnen („Mikro-Mobilitätsmanagement"). Mobilitätszentralen können jedoch auch im Auftrag anderer Unternehmen Dienstleistungen anbieten bzw. die einzelnen Mobilitätsdienstleistungen teilweise aus einer Hand anbieten, so dass sie dann überbetriebliche Aufgaben wahrnehmen. Eine Mobilitätszentrale kann z. B. verschiedene Verkehrs-, Informations- und Serviceangebote als ganzheitliches Produkt kombinieren und vermarkten (integrierte bzw. neue integrierte Mobilitätsdienstleistungen (NIM)). Sie übernimmt in diesem Zusammenhang betriebsübergreifend Dienstleistungen für alle Beteiligten und koordiniert sie für die verschiedenen Zielgruppen, wobei diese Maßnahmen eine eigenständige Dimension haben („Makro-Mobilitätsmanagement"). Es sind hierbei nicht nur Dienstleistungen im Quell- oder Zielgebiet zu koordinieren, sondern auch die übergreifende Koordination aller Beteiligten und Vermarktung der Dienstleistungen kann im Falle des Makro-Mobilitätsmanagements Aufgabe einer Mobilitätszentrale sein.

Eine Erweiterung der Makroebene kann dahingehend erfolgen, dass v. a. von einer Mobilitätszentrale nicht nur Mobilitätsdienstleistungen, sondern auch andere Dienstleistungen (z. B. touristische Leistungen bzw. Aufgaben) angeboten bzw. wahrgenommen werden („integriertes Mobilitätsmanagement"). Integriertes Mobilitätsmanagement umfasst dabei im Zielgebiet die Aufgabe, Reisende zum Besuch des jeweiligen Zielortes zu bewegen und zwar mit nachhaltigen Mobilitätsformen sowie im Zielgebiet selbst z. B. Mobilitätsdienstleistungen zu vermarkten. Integriertes Mobilitätsmanagement im Quellgebiet ist durch das „Wegsenden" der ortsansässigen einheimischen Bevölkerung geprägt (= Vorbereitung und Organisation der Reise), wobei auch hier nachhaltige Mobilitätsformen für die Hin- und Rückreise genutzt sowie Mobilitätsdienstleistungen in die Überlegungen einbezogen werden. Als Vorteile für den Aufbau einer Kooperation von Mobilitätsmanagement und Tourismus-Marketing bestehen v. a. in der Chance, Synergieeffekte durch das Zusammenlegen von vorhandenen Infrastrukturen zu nutzen, weitere Erlösquellen zu generieren und Touristen, die im Zielgebiet häufig Kontakt zu Tourismusorganisationen haben, verstärkt in ein Mobilitätsmanagement einbeziehen zu können.

Nicht alle denkbaren Träger eines Mobilitätsmanagements und Mobilitätsdienstleistungen sind in allen Destinationen bzw. bei allen Tourismusarten einzusetzen. Je nach Zielgruppe, Saison, Rahmenbedingungen sind bestimmte Akteure zu beteiligen bzw. Mobilitätsdienstleistungen angebracht. Die jeweils sinnvollen Akteure und Dienstleistungen werden am besten in einen Mobilitätsplan integriert und mit den Maßnahmen eines „normalen" Mobilitätsmanagements abgestimmt. Vor der Aufstellung eines Mobilitätsplanes ist eine Grundlagenuntersuchung für die Träger des städtischen/ regionalen Mobilitätsmanagements, allen voran eine Mobilitätszentrale, wichtig. Hiermit können die lokalen Gegebenheiten erforscht, die relevanten Zielgruppen und Akteure herausgefiltert sowie die potentiellen Barrieren und negativen Nebeneffekte identifiziert werden.

Mit der Durchführung einer eigenen Erhebung im Harz konnte gezeigt werden, dass es möglich ist, Daten sowohl zum Mobilitäts- als auch zum allgemeinen Reiseverhalten von Touristen im Zielgebiet zu erheben, die zur Einführung und Weiterentwicklung eines touristischen Mobilitätsmanagements nutzbar sind (z. B. Verkehrsmittelwahl bei An- und Abreise sowie vor Ort, mitgeführtes Gepäck, Mobilitätsindikatoren im Zielgebiet). Hierbei ist die Bestätigung der Einsetzbarkeit der Wegeprotokolle – eine für den alltäglichen Verkehr gängigen Methodik – aus wissenschaftlicher Sicht besonders hervorzuheben.

In Fortführung einer Grundlagenuntersuchung spezifiziert der Mobilitätsplan die konkreten Aktivitäten, Zuständigkeiten, Zeitpläne usw. Der Mobilitätsplan sollte dabei allen beteiligten Akteuren bekannt und zugänglich sein. Eine gemeinschaftliche Erarbeitung bzw. die Vorstellung der Ergebnisse wirkt sich positiv auf die Einhaltung dieses Planes aus. Eine Aufteilung des Mobilitätsplanes in Maßnahmen für verschiedene Zielgruppen und die Betrachtung aller Mobilitätsdienstleistungen (Beförderungs-/Transportangebote, temporäre Möglichkeiten, ein Fahrzeug selbst zu nutzen und Mobilitätsserviceleistungen) ist dabei anzuraten.

Es konnte letztlich gezeigt werden, dass alle Leistungsträger, die am Gesamtprodukt „Reise" beteiligt sind, Dienstleistungen im Sinne des Mobilitätsmanagements übernehmen können und das Modell der touristischen Dienstleistungskette geeignet ist, die möglichen Akteure und Dienstleistungen anschaulich darzustellen. Auch hierbei ist zu beachten, dass die einzelnen Akteure unabhängig von einer Mobilitätszentrale ihre Dienstleistungen (= Mikro-Mobilitätsmanagement) oder mit Unterstützung einer Mobilitätszentrale oder gebündelt über eine solche anbieten können (= Makro-Mobilitätsmanagement). Zu den Aufgaben der Mitarbeiter einer Mobilitätszentrale als operative Basis des städtischen/regionalen Mobilitätsmanagements zählen daher z. B. die (potentiellen) touristischen Akteure für die Teilnahme am Mobilitätsmanagement zu gewinnen, die Koordination zwischen diesen zu übernehmen und sie bei der Entwicklung und Umsetzung von Mobilitätsdienstleistungen zu unterstützen.

Allen in der touristischen Dienstleistungskette involvierten Leistungsträgern wurden beispielhafte Dienstleistungen zugeschrieben. Für touristische Einrichtungen mit hohen verkehrlichen Auswirkungen kann darüber hinaus ein eigenständiges standortbezogenes Mobilitätsmanagement eingeführt werden, worauf im folgenden Kapitel genauer eingegangen wird.

6 Standortbezogenes Mobilitätsmanagement im Tourismus

Beim standortbezogenen Mobilitätsmanagement werden verkehrsinduzierende Einrichtungen in den Mittelpunkt gestellt und im Gegensatz zum städtischen/regionalen Mobilitätsmanagement bestimmte Zielgruppen herausgegriffen (siehe Kapitel 3.2.3, S. 78ff.). Bei einem touristischen Mobilitätsmanagement sind in Anlehnung an das touristische Angebot[132] einer Destination ausgewählte verkehrsinduzierende Einrichtungen einzubeziehen (vgl. Abbildung 37). Hierzu zählen alle privaten und öffentlichen Einrichtungen und Infrastrukturmaßnahmen für den Tourismus, vorrangig das touristische Transportwesen (z. B. Flughäfen), die Freizeiteinrichtungen und spezielle touristische Angebote, wie Sport- und Kultur-Events aber auch wirtschaftliche Events, wie Messen, Ausstellungen und Tagungen.

Abbildung 37: Potentielle Einrichtungen für ein standortbezogenes Mobilitätsmanagement im Tourismus

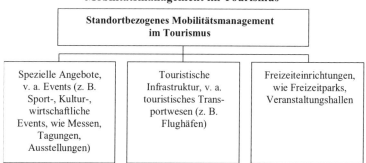

Quelle: eigene Darstellung

Bevor auf die konkreten Anwendungsfälle eingegangen wird, werden übergreifende Charakteristika von standortbezogenem Mobilitätsmanagement im Tourismus herausgearbeitet. Alle Anwendungsfälle von standortbezogenem Mobilitätsmanagement werden nach einheitlicher Struktur behandelt. Zunächst werden die einzubeziehenden Inhalte abgegrenzt, dann die Ausgangslage behandelt, um daran anschließend mögliche standortbezogene Mobilitätsdienstleistungen und die Träger zu behandeln.

---

[132] Das touristische Angebot einer Destination läßt sich in ursprüngliches (v. a. landschaftliches und sozio-kulturelles Angebot) und abgeleitetes Angebot (v. a. zusätzliche Angebote und Leistungen, die speziell für den Tourismus erstellt werden) unterscheiden (vgl. Freyer 2001a, S. 177).

Da Events auf Grund ihrer Seltenheit besondere Anforderungen an ein Mobilitätsmanagement stellen, wird hierauf ein Schwerpunkt gelegt. Bei den weiteren Anwendungsfällen von standortbezogenem Mobilitätsmanagement ist dieses in weiten Grundzügen einmal zu entwickeln und kann dann über Jahre in ähnlicher Form, bis auf Anpassungen und Weiterentwicklungen, durchgeführt werden.

6.1 Übergreifende Charakteristika von standortbezogenem Mobilitätsmanagement im Tourismus

Unabhängig von der jeweiligen Einrichtung gibt es übergreifende Charakteristika des standortbezogenen Mobilitätsmanagements, auf die im Folgenden eingegangen wird.

6.1.1 Strategien bei unterschiedlichen Ausgangslagen

Eine übergreifende Betrachtung von standortbezogenem Mobilitätsmanagement im Tourismus zeigt auf, dass zwei Strategien für drei verschiedene Ausgangslagen angewandt werden können (vgl. Tabelle 20).

Tabelle 20: Strategien für unterschiedliche Einrichtungstypen

Strategie Typ der Einrichtung	integrative Strategie	problem-/aktionsorientierte Strategie
neue Einrichtung	integratives Mobilitätsmanagement für eine neue Einrichtung	problem-/aktionsorientieres Mobilitätsmanagement für eine neue Einrichtung
bestehende Einrichtung	integratives Mobilitätsmanagement für eine bestehende Einrichtung	problem-/aktionsorientieres Mobilitätsmanagement für eine bestehende Einrichtung
periodische Nutzung einer Einrichtung (z. B. für Event)	integratives Mobilitätsmanagement für eine periodische Nutzung	problem-/aktionsorientieres Mobilitätsmanagement für eine periodische Nutzung

Quelle: eigene Darstellung

Die problem- oder aktionsorientierte Strategie ist meist auf einen bestimmten Zeitraum beschränkt und wird von einer überschaubaren Planung und Organisation bestimmt. Es kann einerseits ein Problem im Mittelpunkt stehen, das über ein oder mehrere konkret definierte Ziele im Rahmen des Mobilitätsmanagements gelöst werden soll. Andererseits können auch bestimmte Aktionen ad hoc ausgearbeitet und durchgeführt werden. Die Vorteile liegen in einem (meist) geringen Aufwand und der kurzfristigen Umsetzbarkeit. Dagegen ist die Wirkungsbreite und standortbezogene Durchdringung dieser Strategie bei den verschiedenen Ausgangslagen begrenzt. Der Reiz dieses strategischen Vorgehens liegt in der Einfachheit und Eignung als Einstieg in weitere Mobilitätsmanagementmaßnahmen. Eine integrative Strategie ist breiter und langfristiger angelegt und ist dementsprechend auch mit einer tieferen Wirkungstiefe ausgestattet. Hierbei wird häufig ein Mobilitätsplan auf der Basis einer Analyse des Status quo erarbeitet. Der hierfür benötigte höhere Aufwand und der längere Vorlauf zählen zu den Nachteilen dieser Strategie (vgl. Müller 2001b, S. 9f.; S.T.E.R.N. 1998, S. 64f.).

Beide strategischen Ansätze können bei bestehenden, neu zu schaffenden oder temporär genutzten Einrichtungen angewandt werden. Obwohl der Mobilitätsmanagementansatz noch relativ jung ist, gibt es bereits Beispielprojekte, bei denen z. B. mit Projektentwicklern, Unternehmensinhabern oder -geschäftsleitungen ein Mobilitätsmanagement bei neu zu schaffenden Einrichtungen erarbeitet wurde.[133] Die Vorteile einer Integration von Mobilitätsmanagementinhalten bereits bei der Planung von Einrichtungen liegen bspw. in der von Anfang an bestehenden Information und Beratung der Mitarbeiter, so dass sich kein gewohntes Verkehrsmittelwahlverhalten in Bezug auf den Pkw einstellen kann oder in der Integration der Ansprüche aller Verkehrsteilnehmer an den neuen Standort. Gegenwärtig wird Mobilitätsmanagement jedoch eher bei bestehenden oder temporär genutzten Einrichtungen angewendet.

6.1.2 Einzubeziehende Verkehrsarten

Beim standortbezogenen Mobilitätsmanagement können unterschiedliche Verkehrsarten in eine Betrachtung einbezogen werden. Erstens kann es um den Mitarbeiterverkehr, v. a. als Berufs- und Ausbildungsverkehr und den Geschäfts- und Dienstreiseverkehr der eigenen Mitarbeiter gehen. Zum zweiten ist eine Betrachtung des Besucherverkehrs von Kunden bzw. Gästen und ggf. Geschäftspartnern in Form von Urlaubs-, Freizeit-, Einkaufssowie Geschäfts- und Dienstreiseverkehr möglich. Letztlich kann auch der Wirtschafts- und Güterverkehr (z. B. Zulieferer-, Produktions- und Auslieferungsverkehr) in ein standortbezogenes Mobilitätsmanagement einbezogen werden.[134]

---

[133] Zu den Erfahrungen mit dem Umwelttechnologiepark Brandenburg (ÖkoPark Potsdam) und der Medienstadt Babelsberg siehe einen Beitrag von Lorenz/Müller (vgl. 1998, S. 1ff.).

[134] Thiesies (vgl. 1998, S. 59) gibt einen Überblick über ausgewählte Verkehrserzeuger (= Standorte), denen er jeweils nur einige der denkbaren Verkehrsarten zuordnet (z. B. Freizeiteinrichtung = Freizeitverkehr, Veranstalter = Veranstaltungs- und Anlieferungsverkehr, Betrieb = Berufs- und Lieferverkehr).

Abbildung 38: Mögliche einzubeziehende Verkehrsarten beim standortbezogenen Mobilitätsmanagement

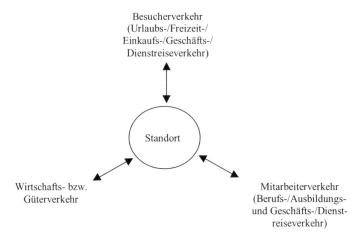

Quelle: eigene Darstellung

Geschäftsreisen der eigenen Mitarbeiter werden in den letzten Jahren verstärkt mit Hilfe eines Business Travel Managements[135] optimiert, wozu in den Unternehmen selbst z. B. Reiserichtlinien aufgestellt oder ein Fuhrparkmanagement eingeführt sowie von externen Unternehmen Softwareprogramme entwickelt und Beratungs- bzw. Abwicklungsleistungen angeboten werden. Seit kurzem bieten spezialisierte Unternehmen, wie z. B. TQ3 Travel Solutions oder BTI Central Europe[136], auch komplette Mobilitätskonzepte für Firmen mit folgender Grundidee an:

---

[135] Hierbei „(...) ist zwischen dem Business Travel und dem Travel Management zu unterschieden. Dabei versteht man unter Business Travel den Geschäftsreiseprozess zur Unterstützung der Mobilität der Mitarbeiter bei der Wahrnehmung ihrer Aufgaben. Die damit verbundenen Tätigkeiten reichen vom Durchführen der Reiseplanung und Reservierung bzw. Buchung von Leistungsträgern über die Durchführung der Reise bis zu deren Abrechnung. Im Gegensatz dazu befasst sich das Travel Management mit der Analyse, Steuerung und Optimierung der Leistungen und Prozesse bei Geschäftsreisen." (Espich 2001, S. 4)

[136] BTI Central Europe hat Ländergesellschaften in Deutschland (BTI Euro Lloyd), Schweiz (BTI Kuoni), Österreich, Liechtenstein und Ungarn.

„Die Idee ist, Firmenkunden nicht nur ein Bett oder einen Flug so preiswert
wie möglich zu buchen, sondern ihnen zu zeigen, was die Mobilität ihrer
Mitarbeiter insgesamt kostet, wie diese zusammenhängenden Einzelleistungen aus einer Hand organisiert werden können und wie sich diese Gesamt-
kosten optimieren lassen." (Jüngert 2004, S. 50)

Das Business Travel Management ist ein eigenes Handlungsfeld, welches
separat oder in einem Gesamtkonzept mit dem Berufs-/Ausbildungsverkehr
im Rahmen von Überlegungen zum Mitarbeiterverkehr angegangen werden
kann.[137] Der Mitarbeiterverkehr wird jedoch ebenso wie der Wirtschafts-/
Güterverkehr im Folgenden nicht weiter verfolgt. Im Rahmen der vorliegenden Untersuchung wird nahezu ausnahmslos der Besucherverkehr der
Einrichtungen, und zwar von touristischen Besuchern, in die Betrachtungen
einbezogen.

6.1.3 Träger und Organisation des standortbezogenen Mobilitäts-managements

Das standortbezogene Mobilitätsmanagement muss personell in den jeweiligen Einrichtungen verankert werden. Hiermit ist gemeint, dass eine Stelle
bzw. Person die Verantwortung für die Einführung und Umsetzung der anvisierten Maßnahmen besitzt. Die organisatorische Umsetzung, inklusive
der Träger, auf standortbezogener Ebene kann, wie in folgender Abbildung
dargestellt, ausgestaltet werden. Innerhalb der jeweiligen Einrichtung ist
ein Mobilitätskoordinator mit den Aufgaben, die im Rahmen des standortbezogenen Mobilitätsmanagements anfallen, zu betrauen oder die Aufgaben können auch, wie z. B. in den Niederlanden, durch spezialisierte externe Büros übernommen werden. Auf Grund der Koordinationsfunktion in
der Einrichtung sollte der Mobilitätskoordinator eine zentrale Stelle einnehmen bzw. ein externes Büro mit einer zentralen Stelle zusammenarbei-
ten. Ein Mobilitätskoordinator leitet die operative Basis, das Mobilitätsbüro, des standortbezogenen Mobilitätsmanagements und entwickelt allein
oder mit Kooperationspartnern geeignete Mobilitätsdienstleistungen. Auf
Grund der unterschiedlichen standortspezifischen Voraussetzungen und
den Vorstellungen bzw. Vorgaben der Unternehmens-/Einrichtungsleitung
sind die Aufgaben sehr verschieden und können wenig verallgemeinert
werden. Die Erstellung eines Handlungsleitfadens, d. h. eines Mobilitätsplanes, zur Reduzierung des standortbezogenen Verkehrs gehört jedoch zu

---

[137] Weitergehende Informationen zum Business Travel Management finden sich z. B.
bei Espich 2001, Freyer/Naumann/Schröder 2004, Müller 2001b, S. 9 und VDR
2003.

einer der wichtigsten Aufgaben. Dieser Mobilitätsplan sollte neben einer Zielformulierung, eine (Mobilitäts-)Analyse der Ausgangssituation, die geplanten Maßnahmen und Umsetzungsschritte beinhalten (vgl. Freudenau 2000, S. 89; Müller 2001b, S. 10).

Abbildung 39: Organisatorische Umsetzung eines standortbezogenen Mobilitätsmanagements

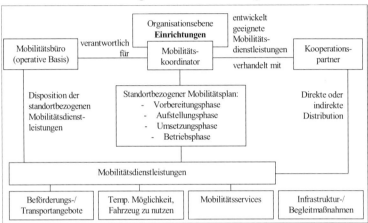

Quelle: eigene Darstellung, in Anlehnung an Freudenau 2000, S. 89

Die wichtigsten Beteiligten eines standortbezogenen Mobilitätsmanagements sind am jeweiligen Standort selbst zu finden, d. h. die Standortbesitzer/-betreiber und seine Angestellten sowie ggf. die Personalvertretung. Die weiteren einzubeziehenden Akteure (= Kooperationspartner) sind die lokalen öffentlichen, nationalen und internationalen (touristischen) Verkehrsunternehmen, kommunale bzw. regionale Verwaltung, Besucher, eine ggf. vorhandene städtische Mobilitätszentrale und je nach Größe, Einzugsgebiet und Zielgruppen der Einrichtung Reisemittler und -veranstalter. Je nach Aufgabenstellung sind weitere Partner aus den Bereichen Freizeit und Verkehrswesen sowie sonstige Partner hinzuziehen (vgl. Abbildung 40).

Jedes standortbezogene Mobilitätsmanagement verläuft in Abhängigkeit von den beteiligten Partnern und den organisatorischen Rahmenbedingungen unterschiedlich ab. Wichtig für den Einbezug der unterschiedlichen Partner und eine optimale Abstimmung zwischen diesen ist auch hier eine Akteursanalyse. Hiermit wird das Ziel verfolgt, alle beteiligten Akteure und mögliche Schnittstellen zwischen ihnen zu erfassen.

**Abbildung 40: Potentielle Partner für ein touristisches Mobilitäts-
management auf standortbezogener Ebene**

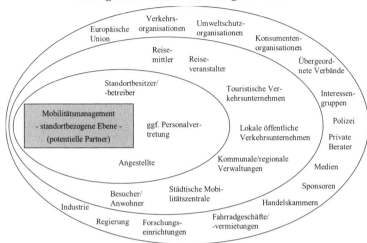

Quelle: eigene Darstellung, in Anlehnung an MOMENTUM/MOSAIC 1999, S. 50

6.1.4 Mobilitätsplan für standortbezogenes Mobilitätsmanagement

In Zusammenhang mit einem standortbezogenem Mobilitätsmanagement haben sich, unabhängig davon, ob es sich beim Standort um einen integralen Bestandteil eines städtischen/regionalen Gesamtkonzeptes oder um einen alleinigen Baustein handelt, spezielle Aspekte bei der Aufstellung eines Mobilitätsplanes herauskristallisiert. Bei bestehenden, in der Planung befindlichen und temporär genutzten Einrichtungen ist die Kenntnis der Verkehrsbeziehungen und des Mobilitätsverhaltens der Besucher entscheidend für die Ableitung von Handlungsansätzen, um gezielte und effiziente Strategien zu entwickeln und entsprechende Mobilitätsdienstleistungen anbieten zu können (= Grundlagenuntersuchung). Zur Festlegung dieser Strategien und von Zielen sowie der Untersuchung der Verkehrsbeziehungen und des Mobilitätsverhaltens eignet sich – wie auch auf städtischer/regionaler Ebene – die Aufstellung eines Mobilitätsplanes.

Der theoretische Ablauf für die Aufstellung und Umsetzung eines standortbezogenen Mobilitätsplans lässt sich, in Orientierung an den vier Phasen
eines Projektmanagements, in folgende Schritte untergliedern (vgl. Freudenau 2000, S. 80ff.; Litke/Kunow 1998, S. 19).[138]

**Tabelle 21: Aufstellung eines Mobilitätsplanes bei standortbezogenem
Mobilitätsmanagement**

Phase	Inhalte
Vorbereitungsphase	- geprägt durch strategische Gespräche und Entscheidungen - Voraussetzungen sind Offenheit der Geschäftsleistung bzw. des Vorstandes/Aufsichtsrates ggü. Mobilitätsmanagement und standortbezogene Vorteile (am besten finanzieller Art) - Ziele festlegen und sie über allgemeine Formulierungen hinaus mit quantitativen Aussagen unterlegen (= klare und nachprüfbare Ziele erleichtern die Wirkungskontrolle) - Kontaktaufnahme mit potentiellen Kooperationspartnern und beteiligten Akteuren = Interesse wecken und Austausch der jeweiligen Vorstellungen vornehmen - Akteursanalyse durchführen - ggf. unverbindliches „letter of intent" als gemeinsame Absichtserklärung aller Beteiligten aufsetzen
Aufstellungsphase	- inhaltliche und konzeptionelle Gestaltung der Mobilitäts-dienstleistungen - Grundlage ist Grundlagenuntersuchung und infrastrukturelle Bestandsaufnahme, die Rückschlüsse auf die Verkehrsmittelwahl gibt und als Ausgangspunkt für die Konkretisierung der verhaltensbeeinflussenden Maßnahmen dient - Gemeinschaftliche Aufstellung durch die Partner im Rahmen von Workshops, Gesprächen, Zukunftswerkstätten o. ä. - Umsetzungsschritte mit Verantwortlichkeiten, Kosten, Prioritäten, flankierende Maßnahmen und Erfordernisse sowie Evaluationsmethoden festlegen - Ausgestaltung der Maßnahmen im Mobilitätsplan fixieren
Umsetzungsphase	- Konkretisierung der Mobilitätsdienstleistungen - Einbezug von Kooperationspartnern und laufende Abstimmung mit diesen - Erstellung eines Marketingkonzeptes
Betriebsphase	- Einführung der Mobilitätsdienstleistungen - Durchführung von Marketingmaßnahmen - Evaluation/Controlling und ggf. Anpassung der Mobilitäts-dienstleistungen an neue Erfordernisse

Quelle: eigene Darstellung, in Anlehnung an Freudenau 2000, S. 81

---

[138] Peschke (vgl. 1996, S. 44f.) und Feigl/Vennefrohne (vgl. 1999b, S. 512) stellen auch
vierstufige Verfahren vor, die Schritte sind jedoch speziell auf betriebliches Mobilitätsmanagement ausgerichtet.

Wie beim städtischen/regionalen sind auch beim standortbezogenen Mobilitätsmanagement Maßnahmen für verschiedene Zielgruppen und die Einbeziehung aller Mobilitätsdienstleistungen sinnvoll, die je nach lokalen Gegebenheiten, v. a. die Art und Rolle der möglichen Träger, die wichtigsten Quellgebiete sowie die wichtigsten Zielgruppen, ausgestaltet werden. Auch die konkreten Maßnahmen sind wiederum mit anderen Feldern, z. B. dem Verkehrsmanagement oder der „klassischen" Verkehrsplanung (z. B. Infrastrukturmaßnahmen) abzustimmen.

Bei den zu betrachtenden Standorten (Events, Flughäfen, Freizeitgroßeinrichtungen) werden unterschiedliche Mobilitätsdienstleistungen angeführt (siehe Kapitel 6.2, S. 189ff., 6.3, S. 220ff. und 6.4, S. 232ff.). Bei der Entwicklung der tatsächlich einzusetzenden Dienstleistungspalette ist es ratsam, je nach zeitlichem, technischem und finanziellem Aufwand sowie Anforderungen (an das Personal) aus der Vielzahl der möglichen Dienstleistungen in Entwicklungsstufen Einstiegsbausteine, Grundangebot und Erweiterungsmöglichkeiten vorzugehen (vgl. Abbildung 35, S. 157). Auch durch die verschiedenen Strategien bei den drei Ausgangslagen (siehe Kapitel 6.1, S. 182ff.) wird der Umfang der Maßnahmen und die Ausgestaltung des Mobilitätsplanes beeinflusst.

6.2 Mobilitätsmanagement für Events

Events stellen durch das konzentrierte Auftreten großer Verkehrsnachfrage besondere Anforderungen an die Verkehrserschließung und -planung. Das konzentrierte Auftreten der Verkehrsnachfrage stellt aber auch eine günstige Voraussetzung zur Bündelung des Verkehrs und somit eine große Chance für den kollektiven Verkehr dar.

> „Mobility for events has the advantage to have concentrated destination, trips that occurs in a relatively limited span of time and relatively well defined target groups." (Viviani/Pernter/Tommasi 2000, S. 130)

Der Einbezug von verkehrlichen Inhalten in die wissenschaftliche Auseinandersetzung mit Events ist erst seit kurzem zu beobachten[139], wobei Maßnahmen v. a. aus Sicht der klassischen Verkehrsplanung betrachtet werden (z. B. Verkehrslenkungsplan und -zeichenplan, Abschätzung der Größe und zeitlichen Verteilung der erwarteten Verkehrsströme).

---

[139] Vor allem das BMBF-Projekt „Eventverkehr" und Beiträge der Beteiligten an diesem Projekt sind in der deutschsprachigen Literatur zu finden (vgl. Dienel/Schäfer 2003, S. 228ff.; Dienel/Schmithals 2004; Nexus 2001 und 2002; Flaig 2002, S. 163ff.; Flaig/Schiefelbusch 2002, S. 311ff.; Heinze 2002; Schäfer 2002, S. 185ff.; Schiefelbusch 2002, S. 54ff.; Schiefelbusch 2003; Walther 2003).

„Wenn es eine Eventverkehrsplanung gibt, dann ist sie meist noch immer beschränkt auf Maßnahmen für die möglichst sichere und effiziente Überwindung von Entfernungen." (Dienel 2004, S. 17)

Die bisherige Eventverkehrsplanung besteht meist aus mindestens zwei getrennten Ebenen. Auf der einen Seite gibt es den Organisator/ Veranstalter, der das Event plant, sich um den Ablauf der Veranstaltung sorgt und die wirtschaftliche Tragfähigkeit und vielleicht noch die Sicherheit beachtet. Wie ihre Gäste zum Ort des Events kommen, interessiert die Veranstalter noch immer kaum.

Auf der anderen Seiten stehen – manchmal – Verkehrsdienstleister, die sich aus Gründen der Daseinsvorsorge, der Gefahrenabwehr oder aus privatwirtschaftlichem Interesse mit der Planung von einzelnen Bausteinen der An- und Abreise befassen. Diese beiden Seiten arbeiten aber bisher meist nebeneinander und nicht miteinander (vgl. Heinze 2004c, S. 61ff.; Flaig/Kill 2004, S. 65).

Die Fragen, welche Anforderungen aus Sicht des Verkehrs an die verschiedenen Event-Typen gestellt werden (z. B. Dauer, Größe, Häufigkeit), welche Akteure einzubeziehen sind und wie eine Kooperation auszusehen hat, wie die Anreise Bestandteil des Events und damit selbst ein Erlebnis darstellen kann und welche Möglichkeiten bestehen, Mobilitätsmanagement in den verschiedenen Stadien einer Event-Planung einzubeziehen und damit den Eventverkehr als Handlungsfeld des Mobilitätsmanagements zu erschließen, sind weitestgehend unbeantwortet. Der Event-Tourismus mit seinem hohen Anteil von Mittel- und Langstrecken muss als Handlungsfeld des Mobilitätsmanagements daher erst noch erschlossen werden (vgl. Dienel/Schäfer 2003, S. 230; Viviani/Pernter/Tommasi 2000, S. 130).

Bei den Betrachtungen eines standortbezogenen Mobilitätsmanagements für Events sind sehr unterschiedliche Eventanlässe zu berücksichtigen, z. B. kulturelle, wirtschaftliche und sportliche Events. Auf Grund der angestrebten Allgemeingültigkeit der Aussagen können spezielle Aspekte, die einzelne Eventarten prägen, nicht berücksichtigt werden. Diese sind jedoch bei der konkreten Ausgestaltung eines Event-Mobilitätsmanagements einzubeziehen.

6.2.1 Abgrenzung und Vielfalt von Events

Veranstaltungen, Ereignisse, Attraktionen oder auch Festivals werden immer häufiger unter dem Begriff des Events[140] zusammengefasst und es finden sich in der wissenschaftlichen Literatur vielfältige Ansätze und Erklärungsversuche für eine Begriffsabgrenzung. Events sind zeitlich begrenzt, geplant oder ungeplant, und das Wissen der Menschen über die begrenzte Dauer verleiht einem Event etwas Besonderes. Auch wenn es sich um ein periodisches Ereignis handelt, ist jedes Event einmalig und in dieser Form nicht wiederkehrend (vgl. Getz 1997, S. 4). Zusammenfassend versteht Getz unter Events: „Events are transient, and every Event is unique blending of its duration, setting, management, and people." (ebd.)

Die Bedeutung der Events richtet sich auf vier wesentliche Aspekte, die sich z. T. überschneiden, aber auch ergänzen. Diese Events können nach wie vor als „echte" Events oder Events im engeren Sinne bezeichnet werden (vgl. Freyer/Dreyer 2004). Events i.e.S. sind etwas „Besonderes", von daher auch etwas Einmaliges oder Seltenes; sie stellen ein „Must-seen"-Ereignis dar. Sie sind kurzfristig und vergänglich (einmalig, selten); sie dauern oft nur wenige Minuten oder Stunden (100m-Lauf, Fußballspiel), selten länger als einige Tage (Musikfestival) und können nicht, zumindest nicht genauso authentisch, wiederholt werden. Events i.e.S. sind „künstlich" oder „inszeniert", sie sind an das Ereignis (und zumeist an Ort und Zeit) gebunden und entstehen selten „von alleine". Sie benötigen einen bestimmten organisatorischen und finanziellen Aufwand, damit sie stattfinden können. Letztlich ermöglichen Events i.e.S. die Teilnahme, sie integrieren den Besucher und bieten „Erlebnis", „Stimmung" usw.

Alles andere sind Sonderformen oder Events in einem erweiterten Verständnis. Aber auch ihnen haftet viel von den zuvor erwähnten Besonderheiten an. Wichtige Formen der „erweiterten Events" sind dauerhafte (oder längerfristige) „Events", wie Freizeitparks oder wöchentliche Punkt-/Ligaspiele, natürliche Attraktionen, wie Natur, Landschaft, Sehenswürdigkeiten (soweit sie nicht „inszeniert" sind, wie z. B. über Besuche, Führungen etc.) und individuelle Erlebnisse, die auch gerne als „Events" bezeichnet werden, da sie ja etwas „Besonderes" darstellen können, aber sie ermöglichen i.d.R. keine Teilnahme; sie werden nicht inszeniert usw. Allerdings ist hier die Grenze fließend, z. B. kann ein individuell erzielter Rekord auch für andere ein Erlebnis darstellen.

---

[140] Der Ursprung des Begriffs Event liegt im angelsächsischen Sprachgebiet und wird allgemein mit Ereignis übersetzt, wobei diese Übersetzung häufig durch Veranstaltung ersetzt wird (vgl. Nahrstedt 1998, S. 112; Nufer 2002, S. 19; Scherhag 1998, S. 85; Scherhag 2001, S. 129).

Unter touristischen Events werden üblicherweise speziell inszenierte oder herausgestellte Ereignisse oder Veranstaltungen von begrenzter Dauer mit touristischer Ausstrahlung verstanden. Entsprechend sind Events als Veranstaltungen oder Ereignisse zu sehen, die über eine „Besonderheit" verfügen und die sich anhand dieser „Besonderheit" von „normalen" Ereignissen und natürlichen Faktoren des touristischen Angebotes abgrenzen (vgl. Freyer 1996c, S. 212). „Although the majority of events have probably arisen for non-tourist reasons (...) there is clearly a trend to exploit them for tourism and to create new events deliberately as tourist attractions'." (Getz 1989, S. 125)

Die Palette der Events allgemein und speziell im Tourismus ist sehr vielfältig; die Vielfältigkeit lässt sich anhand von ganz unterschiedlichen Gesichtspunkten eingrenzen (vgl. Abbildung 41). Eine einheitliche Abgrenzung von Veranstaltungstypen ist in der Literatur jedoch nicht zu finden. So gibt es Differenzierungen nach der Größe, der Veranstaltungsdauer, dem Anlass, Zweck bzw. Motiv (z. B. Sport, Kultur, Politik, Wissenschaft), der Entstehung, der Häufigkeit bzw. dem Zyklus der Veranstaltung oder dem ökonomischen Charakter, wobei es zum Teil Überschneidungen der verschiedenen Gruppen gibt (vgl. Freyer 1996c, S. 214ff.; Getz 1997, S. 6f.; Rahmann et al. 2000, S. 65; Nexus 2001, S. 8ff.).

Ein wichtiges Unterscheidungsmerkmal ist die Größe der Events. Sie kann sich auf die wirtschaftlichen Effekte, Besucherzahlen, Dauer der touristischen Nachnutzung, Reichweite des Events und ähnliches beziehen. Die daraus resultierende Typologie umfasst Mega-, Medium- und Mini-Events.[141] Mega-Events stehen für übergreifende, universelle Großveranstaltungen mit internationalem Charakter, werden immer unabhängiger von Veranstaltungsort bzw. -land und gelten größtenteils unabhängig vom jeweiligen Gesellschaftssystem. Auf Grund der internationalen Ausrichtung, der beträchtlichen Zuschauer- bzw. Besucherströme, der umfangreichen Medienberichterstattung und der zumeist erreichten Imageverbesserung sind erhebliche Effekte im Tourismus zu erwarten (vgl. Freyer/Groß 2002a, S. 2; Rahmann et al. 2000, S. 66f.).

---

[141] Nahrstedt gebraucht als einer der wenigen Autoren die Begriffe Mega-, Mezzo- und Mini-Events (vgl. Nahrstedt 1998, S. 117). Die WTO und das IOC unterscheiden nur zwischen zwei Typen von Events: die „major and small-scale events" (vgl. WTO/IOC 2001, S. 25).

Die Abgrenzung von Mega-Events[142] wird in uneinheitlicher Weise vorgenommen.[143] Travis/Croizé (vgl. 1987, S. 61) unterscheiden zwischen Groß-Events („big events") ab 100.000 Besuchern und Mega-Events („megaevents") ab 500.000 Besucher. Auf dem gleichen AIEST-Kongress im Jahr 1987 wurden im Rahmen einer Abschlussresolution Groß-Events durch die Besucherzahl (mehr als 1 Mio. Besucher), eine Geldgröße (mehr als 500 Mio. Can-$-Umsatz/Kosten) und ihre psychologische Einschätzung/ weltweite Bedeutung („a must seen event") definiert (vgl. Marris 1987, S. 3ff.).

Medium- und Mikro-Events unterscheiden sich in Abgrenzung zu Mega-Events z. B. durch ihre vorrangig regionale Bedeutung und Besucherstruktur, eine selten über ein bis zwei Jahre dauernde Vorbereitungsphase sowie dem zumeist regionalen bis nationalen Medieninteresse. Die Besucher, die durch derartige Events angezogen werden, sind größtenteils Einheimische und Tagesausflügler. Übernachtungsgäste sind seltener zu verzeichnen. Trotzdem sind solche Mikro- oder Medium-Events oftmals von großer lokaler und regionaler Bedeutung und können sich im Laufe der Zeit zu Medium- bzw. Mega-Events mit überregionaler Bedeutung entwickeln (vgl. Freyer/Groß 2002a, S. 2).

---

[142] Die Begriffe Großveranstaltung und Mega-Event werden im Folgenden synonym verwendet.

[143] Unabhängig davon, welche Sichtweise zugrundelegt wird, hat „groß" bzw. „mega" eine relative Bedeutung. „So können Events auch aus lokaler Sicht ‚mega' sein, insbesondere wenn sie eine hohe ‚Event-Intensität' haben. Hiervon könnte man – in Analogie zur Tourismusintensität – sprechen, wenn die lokalen Kapazitäten zu einem bestimmten Grad ausgelastet oder überlastet werden, z. B. gemessen am Verhältnis von Besuchern zu Einwohnern oder Eventkosten zum regionalen Budget oder Belastung der Ver- und Entsorgungskapazitäten." (Freyer 1996c, S. 222)

Abbildung 41: Anlässe für Events

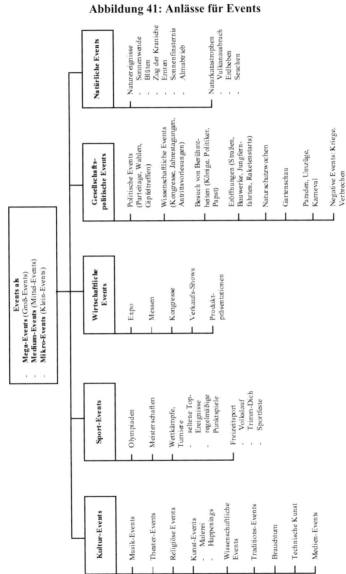

Quelle: Freyer 1996c, S. 213

Jago/Shaw (vgl. 1998, S. 25ff.) stellen eine andere Strukturierung von E-vents vor (vgl. Abbildung 42). Diese Sichtweise hat sich in der wissenschaftlichen Diskussion jedoch nicht durchsetzen können, v. a. auf Grund der nicht klar vollziehbaren Trennung zwischen den einzelnen Kategorien und der nicht klar vorzunehmenden Zuordnung von Events zu den Kategorien.[144]

Abbildung 42: Typen von Events

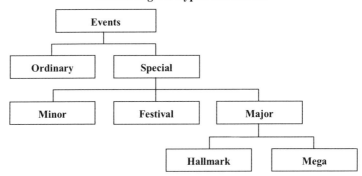

Quelle: Jago/Shaw 1998, S. 28

---

[144] Mit der Bezeichnung „special" werden zwei Sichtweisen unterschieden. Zum einen die des Veranstalters, für den etwas „special" ist, wenn es außerhalb seiner normalen Aktivitäten oder seines Programms abläuft. Zum anderen wird die Seite der Besucher betrachtet, für die ein Heraustreten aus dem Alltag durch neue kulturelle und soziale Erfahrungen ein besonderes, spezielles Ereignis darstellt. Diese Beschreibungen allein werden nicht als ausreichende Erklärung für „specialness" angesehen, da verschiedene weitere Faktoren ein Event zu einem Special-Event werden lassen. So z. B. die angestrebten Ziele, die Qualität, die Tradition oder Symbole (vgl. Getz 1991, S. 44 und S. 326ff.; Getz 1993, S. 946; Getz 1997, S. 4f.). Eine abschließende Abgrenzung, welche Faktoren herangezogen werden müssen, wurde jedoch noch nicht vorgenommen.
Hallmark-Events sind Events (auch Special-Events), die durch etwas Besonderes und Einzigartiges gekennzeichnet sind und sich hierdurch von anderen Events deutlich abgrenzen lassen. Hallmark-Events wird eine große Bedeutung zur Steigerung der Attraktivität und Bekanntheit sowie zur Erhöhung der Profitabilität von touristischen Destinationen zugeschrieben. „Hallmark events are the image builders of modern tourism." (Hall 1992, S. 1) Daneben werden Entwicklungsimpulse in Planung und Gestaltung angegeben, welche bspw. Infrastrukturverbesserungen nach sich ziehen und noch lange nach dem Event die Destinationen stärken (vgl. Hall 1992, S. 1; Rahmann et al. 2000, S. 66). Als klassische Definition von Hallmark-Events gilt die von Ritchie (1984, S. 2): „Major one-time or recurring events of limited duration, which serve to enhance the awareness, appeal and profitability of a tourism destination in the and/or long terms. Such events rely for their success on uniqueness, status, or timely significance to create interest and attract attention."

Es ist festzuhalten, dass über die verschiedenen Event-Begriffe keine Klarheit herrscht und es eine Vielzahl an Events mit unterschiedlicher Ausrichtung gibt, wobei aus touristischer Sicht v. a. die Mega-Events, da hiermit häufig auch Übernachtungen und ein Ortswechsel verbunden sind, sowie dauerhafte Events interessieren, die aber nicht zu den Events i.e.S. zu zählen sind.

Aus der dargestellten Vielfalt der Events wird auf Grund der Themenstellung der Arbeit im Folgenden der Schwerpunkt der Betrachtungen auf Mega- bzw. Groß-Events gelegt, wobei vorrangig langfristig geplante Veranstaltungen gemeint sind, die viele Besucher anziehen, v. a. Übernachtungsgäste, und breite Bevölkerungsschichten ansprechen, durch ein überdurchschnittliches Veranstaltungsbudget gekennzeichnet sind, eine internationale Medienberichterstattung herbeiführen und innerhalb der jeweiligen Eventkategorie eine herausragende Bedeutung besitzen. Hierbei geht es vor allem um die Möglichkeiten mit Hilfe des Mobilitätsmanagements die unterschiedlichen Event-Reisenden zu einer nachhaltigen Verkehrsmittelwahl bei der An- und Abreise sowie Mobilität vor Ort zu bewegen.

6.2.2 Ausgangssituation bei Events

Events können im Tourismus ausschlaggebender Faktor (= Hauptmotiv, primäres Reiseziel) für eine Reise sein, indem sie z. B. der Anlass einer Städtereise sind. Sie können aber auch Teil einer Reise sein (= Nebenmotiv, sekundäres Reiseziel), wenn z. B. im Rahmen einer Urlaubsreise auch ein Event besucht wird (vgl. Abbildung 43).

Abbildung 43: Event als primäres oder sekundäres Reiseziel

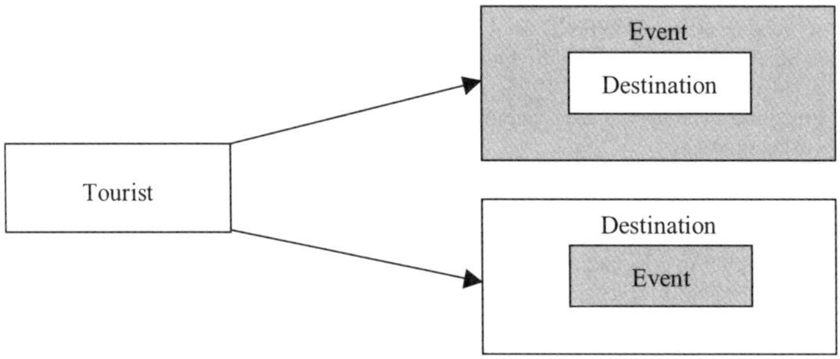

Quelle: eigene Darstellung

Event-Reisen wurden im Jahre 1996 von jedem fünften Bundesbürger über 14 Jahren durchgeführt (22%), d. h. ca. 8,5 Mio. Deutsche reisten zu einem Event und übernachteten dabei mindestens einmal. Der typische Event-Tourist ist dabei eher männlich, gehört der jüngeren Generation an und zählt zu den Besserverdienenden. Sportliche, kulturelle und gesellige E-vents als Anlaß für Reisen nutzen Männer mehr (26 Prozent) als Frauen (20 Prozent) (vgl. Opaschowski 1997, S. 22f.). Diese Reisen sind dabei im allgemeinen eher von kürzerer Reisedauer und somit häufiger Zweit- bzw. Drittreisen und der Großteil der Eventbesucher nutzt gegenwärtig den Pkw (76%). Eine ungefähr gleich große Bedeutung haben die Bahn (16%) und der Bus (17%), worauf das Motorrad und Flugzeug (je 2%) sowie das Wohnmobil (1%) folgen (vgl. Opaschowski 2001, S. 84ff.).[145]

Obwohl jedes Event seine eigenen Bedingungen hat, wird der Versuch unternommen, verschiedene Typisierungen von Events aus verkehrlicher Sicht herauszuarbeiten, womit die (planerische) Vorbereitung und Organisation von Events sowie die Abschätzung zukünftiger Entwicklungen auf Grundlage ähnlicher Typen erleichtert werden soll.

Es handelt sich zum ersten um eine strukturell-funktionale Einteilung von Events in zehn Typen. Die Typen sind „Altstadtfest", „Umzug", „Kundgebung", „Messe", „Festwiese", „Kirchentag", „Gartenschau", „Windjammer-Parade", „Woodstock" und „Stadion", die in der Realität auch als Mischformen zu finden sind. Jeder Strukturtyp wird durch charakteristische Verkehrsaspekte beschrieben. Es existiert aber eine sehr große Bandbreite verschiedener Ausprägungsformen der den zehn Strukturtypen zugeordneten Events. So können Events des gleichen Strukturtyps sowohl eine kurze Dauer haben, aber auch mehrere Tage dauern (vgl. Nexus 2001, S. 12; Heinze 2002, S. 4f.). In einer neueren Veröffentlichung werden diese Strukturtypen in sechs Typen (mit Varianten) zusammengefasst: „Altstadtfest" (Altstadtfest), „Bewegungsevent" (Umzüge, Kundgebungen, Windjammer-Parade), „Event auf einem Eventplatz" (Messe, Festwiese, Stadion), „Event an mehreren Locations" (Kirchentag), „Gestaltungsschau" (Gartenschau) und „Festival auf der Grünen Wiese" (Woodstock) (vgl. Heinze 2004a, S. 31ff.).

---

[145] Eine regionale Untersuchung in Norddeutschland zur Verkehrsmittelwahl bei Events kommt zu ähnlichen Ergebnissen: 73% Pkw, 10% Bus und Bahn, 4% Eisenbahn, 13% Reisebus (vgl. Dörnemann/Schüler-Hainsch 2004, S. 78ff.).

Um eine noch stärker raumbezogene und verkehrsplanerische Einteilung zu erhalten, wurde eine Typisierung von Events entwickelt, die auf der Zuordnung von je drei Gegensatzpaaren deutlich bestimmbarer Merkmale beruht (vgl. Nexus 2002, S. 6f.):

a) Veranstaltungsdauer (mehr als drei Tage versus kleiner bzw. gleich drei Tage),
b) Lage im Raum (öffentlicher Raum versus separates Gelände) und
c) Einzugsbereich (Anreisedauer mehr als eine Stunde versus weniger als eine Stunde).

„A further classification has been developed based on transport und planning implications with four categories ranging from ‚negligible planning requirements, no police measures necessary' to, substantiell planning and preparatory activities, massive impacts on normal traffic'." (Flaig/ Schiefelbusch 2002, S. 312, siehe Tabelle 22)

Tabelle 22: Event-Typen aus verkehrlicher Sicht nach Planungserfordernis

Kategorie I	geringe verkehrsplanerische/-organisatorische Vorbereitungen und kaum operative (bzw. polizeiliche) Lenkung
Kategorie II	geringe Angebotserweiterungen, aber verstärkter Einsatz verkehrlich ordnender Lenkung während des Events
Kategorie III	planerische Vorbereitung und Einsatz von zusätzlichen Angeboten (z. B. mehr Busse, Sonderparkplätze), aber ohne größere Eingriffe in Verkehrsablauf (d. h. einige Parkverbotszonen, Nutzung von Firmenparkplätzen usw.)
Kategorie IV	umfangreiche Vorbereitungen mit größeren Veränderungen/Erweiterungen im Verkehrsangebot und massiven Einschränkungen im normalen Verkehrsablauf (z. B. Sperrung ganzer Gebiete für den MIV)

Quelle: Nexus 2002, S. 7

Eine vierte Eventtypisierung aus verkehrlicher Sicht könnte mit Hilfe von Verhalten und Einstellungen der Besucher und Nutzer von Events erarbeitet werden. „Versucht man Profile für jede einzelne Veranstaltung zu modifizieren, ergibt sich ein extrem vielschichtiges Bild, so dass der umgekehrte Versuch, aus Verhalten und Einstellungen zu einer klaren Eventtypisierung zu gelangen, bisher noch scheiterte." (Flaig 2002, S. 171)

Die Betrachtung dieser Event-Typisierungsversuche macht deutlich, dass eine klare Zuordnung der verschiedenen Events zu einem Eventtyp bisher nur unzureichend vorgenommen wurde und keine der vorgestellten Varianten hochwertiger als die anderen ist und somit als alleinige Grundlage

herangezogen werden kann. Aus den, den Typisierungen zugrundeliegenden Veranstaltungsmerkmalen sowie weiterer Merkmale von Events können jedoch verkehrliche Anforderungen formuliert werden, die es bei der Planung, Organisation und Durchführung eines Event-Mobilitätsmanagements zu berücksichtigen gilt, die in Abbildung 44 zusammenfassend dargestellt werden und auf die im Folgenden eingegangen wird.[146]

Abbildung 44: Einflussfaktoren auf ein Mobilitätsmanagement bei Events

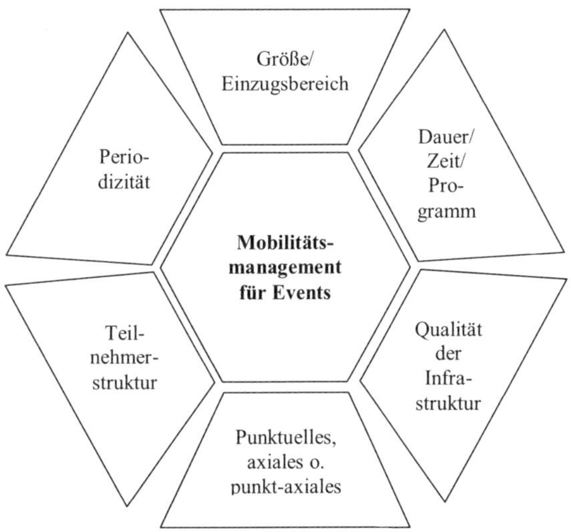

Quelle: eigene Darstellung

a) Periodizität des Events

„Transportation concepts and issues differ totally if large events are organized years after years at the same location or if a new, ad hoc transport strategy has to be developed from scratch for a specific event or multi-event in a new urban and geographical context." (Bovy 2003, S. 241) Regelmäßig wiederholte Veranstaltungen erleichtern die Planung, Organisation und Durchführung von Mobilitätsmanagement und machen bauliche

---

[146] Eine Betrachtung aller denkbaren Merkmale wird nicht vorgenommen; es wird sich auf die wichtigsten beschränkt. Weitere Merkmale können z. B. die Witterungsabhängigkeit, Vorbereitungszeit, das Veranstaltungsmotiv oder die Finanzierung sein (vgl. Bernhardt 2003, S. 461; Heinze 2004a, S. 25ff.; Nexus 2001, S. 9f.; Landert 1996, S. 3).

Veränderungen der Verkehrsinfrastrukturen oder Mobilitätsdienstleistungen eher rentabel, während bei einmaligen Events die Nachnutzung oder Übertragung der neuen Dienstleistungen auf andere Events sichergestellt werden sollte.

b) Punktuelles, axiales oder punkt-axiales Event

Aus Sicht des Verkehrs ist die räumliche Verankerung bzw. Ausdehnung eines Events von großem Interesse. Die Einbindung eines Events in den Raum kann dabei zwischen punktuell, axial und punkt-axial unterschieden werden (vgl. Abbildung 45).[147] Eine Veranstaltung, die ausschließlich an einem Ort stattfindet, ist punktuell in den Raum eingebunden. Die Verkehrsströme sind hier meist von außerhalb linear auf das Veranstaltungsgelände gerichtet, so dass die bereits erwähnte starke Konzentration der Verkehrsströme tatsächlich gegeben ist (siehe S. 197). Eine axiale Einbindung in den Raum umfasst Events, die entlang einer Strecke durchgeführt werden („Bewegungsevents"). Hierdurch entstehen besondere Anforderungen v. a. an den Binnenverkehr eines Events, da diese Events nur selten ein eigenes Veranstaltungsgelände haben, sondern eher entlang bzw. auf der vorhandenen Verkehrsinfrastruktur stattfinden (z. B. Radrennen, Love Parade).

Ein Event, das an mehreren Veranstaltungsorten durchgeführt wird, wie z. B. eine Fußball-Welt- oder Europameisterschaft, kann als punkt-axiales Event bezeichnet werden. Nicht nur die einzelnen Orte, sondern auch die Verkehrsachsen zwischen ihnen müssen mit in eine verkehrliche Betrachtung einbezogen werden, da diese die Interaktionen zwischen den Veranstaltungsorten gewährleisten. Sehr anspruchsvolle Aufgaben werden an ein Mobilitätsmanagement gestellt, wenn sich die Veranstaltungsorte auf zwei oder mehrere Staaten, wie z. B. bei der Fußball-WM 2002 in Südkorea und Japan oder Fußball-Europameisterschaft 2000 in Belgien und den Niederlanden, verteilen.

---

[147] Bovy (vgl. 2003, S. 242) und Potier (vgl. 2003, S. 185f.) nehmen eine Einteilung in „Mono- or Multi-Site events" vor, die mit den hier vorgestellten punktuellen und punkt-axialen Events vergleichbar sind. Die FGSV (vgl. 1998, S. 90) unterscheidet zwischen örtlich konzentrierten Veranstaltungen, wie Konzerte oder Museen, und örtlich weit verteilten Veranstaltungen, wie Stadtfeste oder Demonstrationen.

Abbildung 45: Einbindung von Events in den Raum

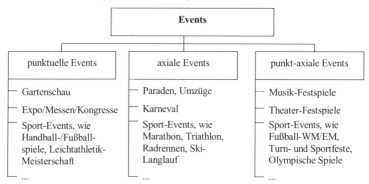

Events

punktuelle Events	axiale Events	punkt-axiale Events
├ Gartenschau	├ Paraden, Umzüge	├ Musik-Festspiele
├ Expo/Messen/Kongresse	├ Karneval	├ Theater-Festspiele
├ Sport-Events, wie Handball-/Fußballspiele, Leichtathletik-Meisterschaft	├ Sport-Events, wie Marathon, Triathlon, Radrennen, Ski-Langlauf	├ Sport-Events, wie Fußball-WM/EM, Turn- und Sportfeste, Olympische Spiele
└ ...	└ ...	└ ...

Quelle: eigene Darstellung

c) Qualität der Infrastruktur

Groß-Events behindern den Verkehrsfluss umso stärker, je ungewöhnlicher solche Ereignisse für den betreffenden Veranstaltungsort sind. Die verkehrlichen Anforderungen an ein Event sind daher leichter zu handhaben, wenn es sich um eine permanente Infrastruktur handelt, wie z. B. bei einem Stadion oder einer Veranstaltungshalle. Hier gibt es häufig Erfahrungen bzgl. der Zugänglichkeit oder des Parkraummanagements, die oft auch für einen Betrieb mit voller Auslastung ausgerichtet sind. Flug- und Bahnverbindungen sind ebenso wie ein dichtes ÖPNV-System meist vorhanden.

Events auf offener Fläche ohne permanente Infrastruktur bzw. bei neuen oder temporären Einrichtungen sind schwieriger zu planen, da hier selten Erfahrungen vorhanden sind und bspw. bei Events auf offener Fläche die geringfügig vorhandene Infrastruktur schnell überlastet ist (vgl. Schiefelbusch/Fliegel 2002, S. 4). Zu den „openspace" Events zählen insbesondere Veranstaltungen, die die vorhandene Kulisse einer Stadt oder attraktiven Landschaft (z. B. Kölner Straßennetz für den Karneval oder das überörtliche Straßennetz für die Tour de France oder den Giro d'Italia) nutzen.

Mit der Qualität der Infrastruktur hängt die Siedlungsgröße eng zusammen. Je nach dem, ob es sich um einen städtischen, suburbanen oder ländlichen Raum handelt, ist eine andere Qualität zu erwarten. Veranstaltungsorte in dicht bebauter, städtischer Umgebung mit hohen Kapazitäten im ÖPNV haben wenig gemeinsam mit Veranstaltungsorten in ländlichen Regionen und mit niedriger Bebauungsdichte. In beiden Fällen müssen die Mobilitätsdienstleistungen auf die spezifischen Anforderungen und Gegebenheiten des Veranstaltungsortes ausgerichtet werden (vgl. Bovy 2003, S. 243).

d) Veranstaltungsdauer, -zeit und -programm

Je nach dem, wie lange ein Event dauert und an welchen Wochentagen es stattfindet, sind andere Voraussetzungen gegeben. Ein Event mit einer kurzen Dauer und festem Beginn und Ende (z. B. 90-minütiges Fußball-Bundesligaspiel), welches bspw. an einem Samstag veranstaltet wird, ist anders anzugehen als ein Event mit langer Veranstaltungszeit, welches an allen Wochentagen stattfindet. Hier ist eine Überlagerung des Eventverkehrs mit dem Berufs-, Ausbildungs- und Güter-/Wirtschaftsverkehr stärker anzutreffen. Bei Events, die am Wochenende ausgetragen werden, ist dagegen zu beobachten, dass z. B. das ÖPNV-Angebot häufig ausgedünnter ist als an Wochentagen, wobei auch zwischen Tag- und Nachtstunden zu differenzieren ist (vgl. Nexus 2001, S. 9; Potier 2003, S. 187).

Auch das Veranstaltungsprogramm kann sehr unterschiedlich sein, wodurch verschiedene Anforderungen an ein Mobilitätsmanagement hervorgerufen werden. Einige Events haben jeden Tag den gleichen Programmablauf, während andere durch eine sehr spezifische Programmstruktur mit unterschiedlicher Häufigkeit einzelner Programmpunkte geprägt sind.

> „During the Summer Olympics, for example, specific disciplines have one, two or even three sessions per day (morning, afternoon and evening). Transportation requirements obviously grow with the schedule spread, variety and complexity. But transport equipment and drivers can be used more efficiently and frequently than during the Winter Games where, due to the one mountain-event per day scheduling, equipment is poorly used and transportation costs are proportionally two or three times higher than for the Summer Games." (Bovy 2003, S. 242)

Großveranstaltungen mit Qualifikationswettbewerben oder mehreren Wettbewerbsrunden (z. B. Olympische Spiele, Fußballweltmeisterschaften) stellen darüber hinaus spezielle Anforderungen an die Reiseplanung, da auf Grund des unbekannten Ausgangs verschiedene weitere Austragungsorte in Frage kommen können sowie bestimmte Zielgruppen erst mit dem Erreichen eines Endspiels, -laufs o. ä. eine Reise zum Event in Frage kommt.

e) Größe und Einzugsbereich

Wie bereits bei der Event-Abgrenzung dargestellt, haben v. a. Mega-Events (inter-) nationale Besucher, so dass ein Event-Mobilitätsmanagement über eine regionale Betrachtungsebene hinaus gehen und internationale sowie interkulturelle Aspekte (siehe Kapitel 4.4, S. 114ff.) beachten muss. Dies bedeutet z. B., dass das Personal, wie Busfahrer, Hostessen, aber auch Beratungs- und Informationspersonal, entsprechend zu schulen ist. Bei Mikro- oder Makro-Events sind die angestrebten Mobilitätsdienstleistungen dagegen eher auf die Austragungsregion bzw. das -land zu beschränken.

f) Teilnehmerstruktur/Zielgruppen

Events können sowohl durch sehr homogene Gruppen als auch durch sehr heterogene Gruppen besucht werden. Bei einer heterogen vorzufindenden Teilnehmerstruktur können bestimmte Teilgruppen dominierend sein und durch ihr Verhalten, z. B. Gewaltbereitschaft oder Hooligan-Verhalten, besondere Aufmerksamkeit erfordern. Eine andere Sichtweise der Teilnehmerstruktur offenbart verschiedene Zielgruppen, wie Zuschauer, Funktionäre, Medienvertreter, Hauptakteure (z. B. Künstler, Sportler, Aussteller) eines Events, die entsprechend ihrer Besuchsmotive und Verhaltensweisen unterschiedliche mobilitätsrelevante Ansprüche an ein Mobilitätsmanagement haben.

Informationen zu mobilitätsrelevanten Ansprüchen von touristisch Reisenden sind in der wissenschaftlichen Literatur bisher selten zu finden (vgl. FGSV 1998, S. 20ff.; Freyer/Groß 2003, S. 13ff.; Herry/Schuster/Reuss 1999a, S. 49ff.). In einer der wenigen Quellen werden die fünf Bereiche „Leistungsangebot", „Reiseverlauf", „Komfort", „subjektive Einschätzungen" und „Informationen" mit den dazu gehörigen wichtigsten mobilitätsrelevanten Ansprüchen genannt (vgl. Anhang 5). Diese sind im Rahmen des jeweiligen Event-Mobilitätsmanagements für die speziellen Zielgruppen zu ermitteln und bei der Planung der Dienstleistungen zu berücksichtigen.

6.2.3 Event-Planung

Nachdem klar ist, welche Ausgangssituation bei einem Event-Mobilitätsmanagement gegeben ist, muss geklärt werden, wann welche Maßnahmen für die einzelnen Nachfrager und Verkehrsarten eingesetzt werden können. Hierzu wird sich der Marketing- und Event-Theorie zur Planung und Organisation eines Events bedient. In der wissenschaftlichen Auseinandersetzung mit Events und Marketing sind jedoch zwei, teilweise drei unterschiedliche Sichtweisen bekannt, so dass diese kurz skizziert werden (vgl. Abbildung 46). Zuerst werden die theoretischen Ansatzpunkte eines eventbezogenen Mobilitätsmanagements betrachtet und danach wird in einer phasenbezogenen Betrachtung eine Auswahl an eventbezogenen Mobilitätsdienstleistungen vorgestellt.

Abbildung 46: Events und Marketing

Events und Marketing		
Marketing von Events ("Event-Marketing")	**Marketing mit Events** ("Marketing-Events")	**Marketing bei Events**
"Inszenierung" von Events - Planung - Organisation - Durchführung - Vermarktung	"Instrumentelle" Events als - Kommunikationspolitik - Marketing-Instrument - Integriertes Konzept - Erlebnisorientiertes Instrument	Bestehende Veranstaltungen werden als Werbeträger für Botschaften verwendet, um Kommunikationspolitik in einem attraktiven Umfeld betreiben zu können.
Die Sicht des Veranstalters	**Die Sicht der Wirtschaft** (bzw. eines Unternehmens)	**Die Sicht der Wirtschaft** (bzw. eines Unternehmens)

Quelle: eigene Darstellung, in Anlehnung an Freyer 2003, S. 487; Nufer 2002, S. 26; Pfaff 2003, S. 47; Wochnowski 1996, S. 18f. und Zanger 2001, S. 833[148]

a) Marketing mit Events

Nach Nickel (1998, S. 7) werden mit Marketing-Events „(...) im Auftrag inszenierte Ereignisse bezeichnet, die im Hinblick auf Unternehmen oder Marken das zentrale Ziel haben, den Teilnehmern Erlebnisse zu vermitteln bzw. bei diesen Emotionen auszulösen, und die gleichzeitig geeignet sind,

---

[148] Autoren, wie Wochnowski und Pfaff verfolgen drei verschiedene Sichtweisen von Events und Marketing. Ersterer schlägt vor, dass von Event-Marketing gesprochen werden sollte, wenn Marketing bei Veranstaltungen und Marketing mit Veranstaltungen gemeint ist. Veranstaltungsmarketing sollte mit Marketing von Veranstaltungen gleichgesetzt werden (vgl. Wochnowski 1996, S. 19). Pfaff (vgl. 2003, S. 47) setzt dagegen Event-Marketing mit Marketing mit Veranstaltungen sowie Erlebnismarketing mit Marketing von Veranstaltungen gleich. Marketing bei Veranstaltungen wird bei ihm gesondert angeführt. Andere Autoren, wie Freyer (2003), Nickel (1998), Nufer (2002) und Sistenich (1999) unterscheiden nur zwei Sichtweisen. Während Freyer (vgl. 2003, S. 487) Marketing von Events und Marketing mit Events unterscheidet, vertritt Nufer (vgl. 2002, S. 27) die Auffassung, dass es angebracht sei, Marketing bei Veranstaltungen und Marketing mit Veranstaltungen, wozu er Marketing mit Veranstaltungen und Marketing von Veranstaltungen (wie bei Wochnowski vorgeschlagen) fasst, zu differenzieren.

zur Durchsetzung der Marketingstrategie, d. h. zum Aufbau von Unternehmens- und Markenwerten, einen positiven Beitrag zu leisten."[149] Hier werden Events instrumentell eingesetzt, um für das eigentlich interessierende Produkt oder die Marke Marktvorteile realisieren zu können (vgl. Nufer 2002, S. 26). Unternehmen interessieren sich weniger für das Event, sie wollen mit dem Instrument „Event" andere unternehmerische Ziele erreichen. Hierzu zählen z. B. Kundenbindung, Verkaufswegeförderung oder Imagetransfer (vgl. Freyer 2003, S. 490).

b) Marketing bei Events

„Hierbei geht es um die Frage, wie Unternehmen aller Branchen fremdorganisierte Veranstaltungen dazu nutzen könnten, eigene Marketing-Ziele zu verwirklichen." (Wochnowski 1996, S. 18) Es werden hier „(...) bestehende Veranstaltungen als Werbeträger für Botschaften verwendet, um Kommunikationspolitik in einem attraktiven Umfeld betreiben zu können." (Nufer 2002, S. 26) Sponsoring und Merchandising werden beispielsweise als Bereiche des Marketing bei Events angesehen (vgl. Pfaff 2003, S. 47; Wochnowski 1996, S. 18).

c) Event-Marketing (Marketing von Events)

„Event-Marketing" oder Marketing von Events stellt das Event selbst in den Mittelpunkt und betrachtet dessen „Inszenierung". In den USA wird häufiger von Event-Management als von Event-Marketing gesprochen; „(...) ein Begriff, der in der deutschsprachigen Literatur so gut wie überhaupt nicht auftaucht (...)." (Nufer 2002, S. 22) Event-Management kennzeichnet dabei den „(..) process that includes research, design, planning, coordination, and evaluation of events." (Goldblatt/McKibben 1996, S. 62)

Event-Marketing wird im angelsächsischen Raum dagegen wie folgt charakterisiert:

> „The process that integrates a range of marketing elements around a central event sponsorship or lifestyle-themed activity. This process incorporates advertising, employee and consumer programs, sales promotion, public relations, causes, business to business, television property, and trade promotion with a specific event or events." (Goldblatt/McKibben 1996, S. 62; ähnlich Goldblatt 1997, S. 5)

---

[149] Sistenich (1999, S. 61) versteht in ähnlicher Weise unter Marketing-Events „(...) inszenierte Ereignisse in Form erlebnisorientierter firmen- oder produktbezogener Veranstaltungen und Aktionen, die dem Adressaten (Kunden, Händler, Meinungsführer, Mitarbeiter) firmen- und/oder produktbezogene Kommunikationsinhalte vermitteln, d.h. emotionale und physische Reize darbieten, die zu einem starken Aktivierungsprozeß führen (...)."

Event-Marketing wird als Teilgebiet des umfassenderen Event-Management und hauptsächlich als integrierende Klammer um Sponsoring-, Promotion- und Public Relations-Aktivitäten gesehen (vgl. Nufer 2002, S. 22). Event-Marketing wird in der deutschsprachigen Literatur umfassender gesehen. Es beinhaltet die systematische Vorbereitung, Planung, Organisation, Durchführung, Kontrolle bzw. Nachbereitung von Events und ist damit von den Inhalten her mit dem Event-Management im angelsächsischen Raum vergleichbar (vgl. Freyer 2003, S. 488; Nufer 2002, S. 19; Sistenich 1999, S. 61).

Für ein Event-Marketing können zwei unterschiedliche Methoden herangezogen werden. Zum einen kann die klassische Marketing-Management-Methode (vgl. z. B. Becker 2001, S. 806ff.; Freyer 2004, S. 109ff.; Freyer 2003, S. 106ff.; Kaspar 1995, S. 146) bzw. eine davon abgewandte Form für das Event-Marketing verwendet werden (vgl. Dreyer 1996, S. 250; Getz 1991, S. 187; Nufer 2002, S. 41ff.; Richards 1994, S. 21ff.; Zanger 2001, S. 849ff.). Da Events nur von begrenzter Dauer sind und viele Events „einmalig" oder selten sind, ist häufig keine fest implementierte Management-Methode erforderlich, sondern es besteht i.d.R. ein zeitlich begrenztes Projektmanagement (vgl. Freyer 1996c, S. 233). Für dieses Projektmanagement ist das aus der Dienstleistungstheorie bekannte phasenorientierte Marketingmodell hilfreich, da auch Events mehrere Phasen durchlaufen:

- Potentialphase: Vorbereitung und Bereitstellung des Events,
- Prozessphase: Durchführung der Events,
- Ergebnisphase: Ergebnis oder Wirkung des Events, meistens auch Nachbereitung der Veranstaltung.

6.2.4 Mobilitätsmanagement im phasenorientierten Event-Marketing

Ein Mobilitätsmanagement für Mega-Events kann der zuvor dargestellten phasenbezogenen Betrachtung Rechnung tragen, da in allen drei Phasen unterschiedliche Aufgaben anstehen (vgl. Abbildung 47). Ein derartiges Mobilitätsmanagement kann mit einer integrativen Strategie gleichgesetzt werden, da es alle Verkehrsarten und Zielgruppen einbezieht und für diese umfassende Möglichkeiten beinhaltet (siehe Kapitel 6.1, S. 182ff.). Es ist aber auch eine problem-/aktionsorientierte Strategie denkbar, bei der z. B. ein konkret definiertes Problem im Mittelpunkt steht.

Abbildung 47: Mobilitätsmanagement im phasenorientierten Event-Marketing

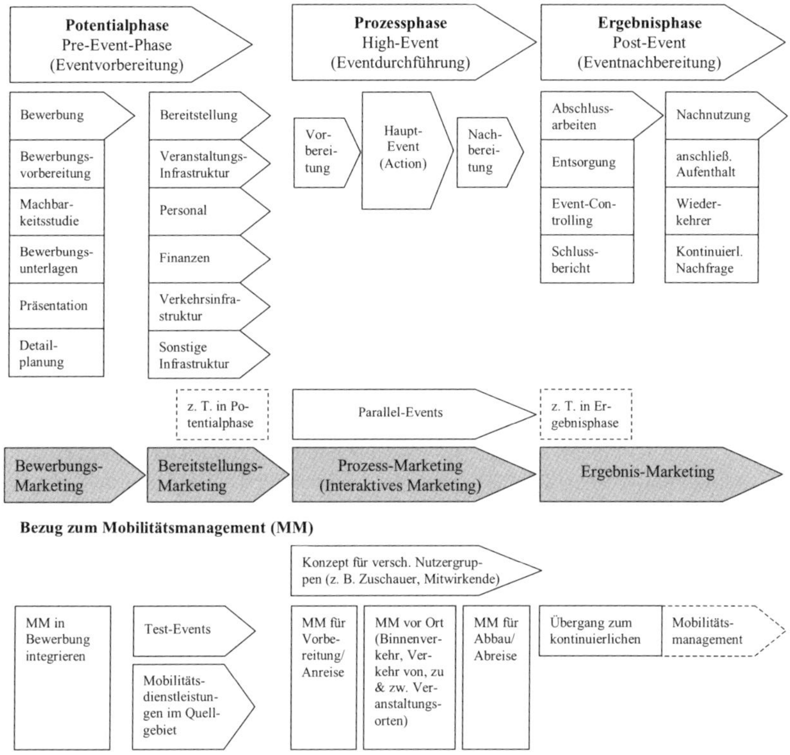

Potentialphase Pre-Event-Phase (Eventvorbereitung)	Prozessphase High-Event (Eventdurchführung)	Ergebnisphase Post-Event (Eventnachbereitung)

		Vor-berei-tung	Haupt-Event (Action)	Nach-berei-tung	Abschluss-arbeiten	Nachnutzung
Bewerbung	Bereitstellung					
Bewerbungs-vorbereitung	Veranstaltungs-Infrastruktur				Entsorgung	anschließ. Aufenthalt
Machbar-keitsstudie	Personal				Event-Con-trolling	Wieder-kehrer
Bewerbungs-unterlagen	Finanzen				Schluss-bericht	Kontinuierl. Nachfrage
Präsentation	Verkehrsinfra-struktur					
Detail-planung	Sonstige Infrastruktur					

z. T. in Po-tentialphase	Parallel-Events	z. T. in Er-gebnisphase

Bewerbungs-Marketing	Bereitstellungs-Marketing	Prozess-Marketing (Interaktives Marketing)	Ergebnis-Marketing

Bezug zum Mobilitätsmanagement (MM)

		Konzept für versch. Nutzergrup-pen (z. B. Zuschauer, Mitwirkende)				
MM in Bewerbung integrieren	Test-Events	MM für Vorbe-reitung/ Anreise	MM vor Ort (Binnenver-kehr, Ver-kehr von, zu & zw. Ver-anstaltungs-orten)	MM für Abbau/ Abreise	Übergang zum kontinuierlichen	Mobilitäts-management
	Mobilitäts-dienstleistun-gen im Quell-gebiet					

Quelle: eigene Darstellung, in Anlehnung an Freyer 2003, S. 489[150]

---

[150] Ähnliche Modelle bzw. Vorgehensweisen schlagen Bernhardt (vgl. 2003, S. 461f.), Heinze (vgl. 2004, S. 55f.) und Roche (vgl. 1994, S. 4ff.) vor. Roche nennt die drei Phasen jedoch Pre-Bid-, Post-Bid- und Post-Event-Phase und fasst z. T. andere Aspekte unter den drei Phasen zusammen: Pre-Bid-Phase = Conceptualization, Pre-bid feasibility study, Political commitment process, Bid group organization; Post-Bid-Phase = Re-evaluation, Post-bid feasibility study, Organizational planning, Implementation; Post-Event-Phase = Monitoring/feedback, Evaluation, New concept/new commitment. Bernhardt gliedert sein Modell in die vier Phasen Planung/ Vorbereitung, Vor-, Haupt- und Nachlauf. Heinze schlägt die vier Planungsphasen „Machbarkeit", „Planung/Genehmigung", „Durchführung" und „Ergebnis-/Nachbereitung". Liaudat/Henderson (vgl. 2002, S. 6) stellen darüber hinaus eine phasenbezogene Betrachtung für den Güter-/Wirtschaftsverkehr bei Sport-Events vor.

6.2.4.1 Potentialphase

Bereits in die Potentialphase eines Events können Mobilitätsmanagement-inhalte integriert werden. Zur Potentialphase zählt häufig eine, v. a. bei Mega-Events, vorangestellte Bewerbungsphase, bei der die entsprechenden Verbände, Vereinigungen oder unabhängige Kommissionen das Event nach bestimmten Kriterien und Auswahlverfahren vergeben (z. B. Internationa-les Olympisches Komitee die Olympischen Spiele, das Weltausstellungsbü-ro in Paris (Bureau International des Expositions, B.I.E.) die Expo oder die Benennung als Europäische Kulturhauptstadt durch eine internationale, siebenköpfige Expertenkommission). Im Rahmen dieser Bewerbung sind häufig Machbarkeitsstudien durchzuführen, Bewerbungsunterlagen zu er-stellen und die Bewerbung ist einem Auswahlgremium zu präsentieren (vgl. Freyer 2003, S. 488).[151]

Bei derartigen Bewerbungsunterlagen bzw. Machbarkeitsstudien sind v. a. Anforderungen aus Sicht der klassischen Verkehrsplanung (z. B. Aussagen zur Erreichbarkeit des Veranstaltungsgeländes, dem Leistungsvermögen des Flughafens und den Entfernungen zwischen den einzelnen Einrichtun-gen (in Kilometer und Zeit), Gegenüberstellung erwarteter Verkehrsnach-frage und vorhandener Angebote und Kapazitäten; Nachweis, dass der in-duzierte Eventverkehr den Normalverkehr nicht zum Erliegen bringt; Ver-kehrskonzepte für die verschiedenen Nachfrager) und ggf. des Verkehrs-managements (z. B. Verkehrslenkung und -sperrungen, Parkplatzmanage-ment) gefordert. Über die bisher vorherrschenden Anforderungen können auch Überlegungen zur Etablierung eines Mobilitätsmanagements und sei-ner Mobilitätsdienstleistungen gefordert bzw. von den Bewerbern auf frei-williger Basis eingebracht werden.

In der Bereitstellungsphase müssen die organisatorisch-operativen Aufga-ben in Angriff genommen werden. Hierzu zählen die Zeit-, Finanz-, Orga-nisations- und Personalplanung ebenso wie die Distributionsaufgaben und die Bereitstellung der benötigten Veranstaltungs-, Verkehrs- und sonstiger Infrastruktur.

Die steigende Komplexität von Mega-Events hat zur Folge, dass teilweise Test-Events im Vorfeld des eigentlichen Events durchgeführt werden. Seit den Olympischen Spielen 1992 in Barcelona (Spanien) müssen bspw. alle olympischen Stätten prinzipiell ein Jahr vor den Spielen getestet werden.

---

[151] Genauere Informationen zum Ablauf einer derartigen Bewerbungsphase sind u. a. Getz 1997, S. 75ff. und für das Beispiel von Olympischen Spielen Fontanari 1998, S. 135ff., Freyer/Groß 2002b, S. 73ff. und Schollmeier 2001 zu entnehmen.

„At it is difficult to run full-scale tests – although this is done for the Olympic Games, for instance, where all the installations are tested a year in advance under the same weather conditions as when the Games will be held (...)." (ECMT 2002, S. 4f.)

Ein bzw. mehrere Testläufe durchzuführen, wird immer häufiger gefordert, um bereits bei einem niedrigeren Niveau als beim Haupt-Event alle Maßnahmen und Konzepte zu erproben. Um die Funktionsweise der Beförderung und möglicher weiterer Mobilitätsdienstleistungen sowie ggf. Zwischenfälle und Pannen analysieren zu können, wird dies als sehr wichtig angesehen. Hieran anschließend können geeignete Maßnahmen abgeleitet werden, die die Durchführung des Haupt-Events effektivieren. Diese Maßnahmen, die zur Beeinflussung der Verkehrsmittelwahl und zur Zugangsverbesserung zu nachhaltigen Verkehrsmitteln eingesetzt werden, müssen bereits im Quellgebiet ansetzen (vgl. Groß/Geisler 2002, S. 20; Heinzel/Zimmermann 1990, S. 43).

6.2.4.2 Prozessphase

Maßnahmen des Mobilitätsmanagements können in der Prozessphase eines Events beim Verkehr zum Auf- und Abbau der Veranstaltungseinrichtungen (Güter-/Wirtschaftsverkehr), bei der Unterbringung des Veranstaltungsverkehrs (ruhender Verkehr), bei den Verkehren der Rettungsdienste, wie bspw. der Feuerwehr, Polizei und des Deutschen Roten Kreuzes, dem An- und Abreiseverkehr zum Ort des Events, dem (Stadt-)Verkehr von, zu und zwischen Veranstaltungsorten/Wettkampfstätten und anderen Einrichtungen, wie Medienzentrum, Beherbergungsstätten sowie beim Binnenverkehr auf dem Event und dem alltäglichen Verkehr ansetzen. Wichtig ist dabei zu betonen, dass v. a. der „normale" Alltagsverkehr nicht außer Acht gelassen werden darf und dass der Güter-/Wirtschaftsverkehr zwar einfacher handhabbar ist als der Zuschauerverkehr, aber der ganze Erfolg des Events vom reibungslosen Ablauf dieser Verkehrsart abhängt. Auf Grund der Themenstellung der Arbeit sollen die ersten drei genannten Verkehrsarten jedoch nicht weiter betrachtet werden.

Um eine ganzheitliche Betrachtung der angeführten Eventverkehre zu gewährleisten, bietet es sich an Aussagen zu den einzelnen Zielgruppen bzgl. der möglichen Verkehre zu tätigen. Aus Sicht des Mobilitätsmanagements sind, im Sinne einer möglichen Verlagerung auf nachhaltige Verkehrsmittel, v. a. die Zuschauer bzw. Besucher eines Events vielversprechend.

6.2.4.3 Ergebnisphase

Nach dem Abschluss des Events stehen die sog. Abschlussarbeiten, wie z. B. Entsorgung, Event-Controlling und die Erstellung eines Schlussberichtes an.

„Zu Beginn einer Eventverkehrsplanung wird häufig das ‚Rad neu erfunden'. Wissen und Erfahrungen werden in diesem Bereich in der Regel nur durch Personen von Projekt zu Projekt transportiert. Diese ‚Wissensträger' sind aber nicht immer und für jede Frage verfügbar. Daher gilt es zum Abschluss einer Eventverkehrsplanung die Arbeitsschritte und die Ergebnisse zu sichern. (...) Langfristig bietet eine Evaluation und Dokumentation des Planungsprozesses (..) die Möglichkeit zu organisationalen Lernprozessen und zur Effizienzsteigerung in zukünftigen Projekten." (Schmithals/Schophaus/Leder 2004, S. 133)

Die für den Verkehr zuständige Organisation ORTA (Olympic Roads and Transport Authority) bei den Olympischen Spielen in Sydney hat z. B. mehrere Handbücher („Transfer of Olympic Knowledge") erstellt, in dem sie ihre Erfahrungen wiedergibt und die sowohl positive als auch negative Erfahrungen für andere Eventveranstalter nutzbar macht (vgl. Bovy 2003, S. 258).

Des Weiteren ist für die bereitgestellten Infrastrukturen eine Nachnutzung vorzusehen. Hierunter kann auch eine touristische Nachnutzung („Verwertung") fallen, in dem z. B. die Veranstaltungsstätten als Sehenswürdigkeiten in Stadtführungen, Pauschalangeboten o. ä. integriert werden.

Die Ergebnisphase kann aus Sicht des Tourismus in eine Phase des anschließenden Aufenthaltes, eine „Phase der Wiederkehrer" und eine „Phase der kontinuierlichen Nachfrager" unterschieden werden (vgl. Kurtzman 2001, S. 26f.).[152] Alle Mitwirkenden eines Events (beim Kultur-Event z. B. Künstler und Begleiter, Zuschauer bzw. Zuhörer, Medienvertreter und Organisatoren) können direkt im Anschluss an das Event im Austragungsland bzw. der -region bleiben und einen Anschlussaufenthalt durchführen. Die beiden letzt genannten Phasen inkludieren nicht nur Besucher, die das ursprüngliche Event besucht haben, sondern auch „neue" Touristen, die durch das Event motiviert wurden (z. B. durch Freunde und Bekannte, die vom Event und/oder Austragungsort bzw. -land berichtet haben oder durch Medienberichte über das Event) in den Austragungsort bzw. das -land zu reisen. Für alle drei Bestandteile der Ergebnisphase gilt, dass die Besucher durch ein kontinuierliches Mobilitätsmanagement zu einer nachhaltigen Mobilität angeregt werden können, so dass hierauf nicht weiter eingegangen wird (siehe Kapitel 5, S. 129).

---

[152] Kurtzman (vgl. 2001, S. 26f.) nimmt hierbei eine zeitliche Abgrenzung vor:
   a) „Phase des anschließenden Aufenthaltes" = bis drei Monate nach dem Event
   b) „Phase der Wiederkehrer" = innerhalb von zwei Jahren
   c) „Phase der kontinuierlichen Nachfrage" = zwei bis fünf Jahre nach der „Phase der Wiederkehrer"

6.2.5   Eventbezogene Mobilitätsdienstleistungen

Nachdem theoretisch die verschiedenen Ansatzpunkte eines eventbezogenen Mobilitätsmanagements betrachtet wurden, wird im Folgenden in Anlehnung an die phasenbezogene Betrachtung eine Auswahl an möglichen
eventbezogenen Mobilitätsdienstleistungen vorgestellt.[153]

6.2.5.1   Potentialphase

Maßnahmen zur Beeinflussung der Verkehrsmittelwahl und zur Zugangsverbesserung zu umweltverträglichen Verkehrsmitteln müssen, wie bereits
erwähnt (siehe S. 208) bereits im Quellgebiet ansetzen. Wichtig ist u. a.,
dass Informationen leicht zugänglich gemacht werden, da die Reisegestaltung und damit auch die Verkehrsmittelwahl bereits vor dem Event erfolgt.
Hierzu kommen sowohl telekommunikative und schriftliche Medien sowie
Internet und Radio in Betracht (vgl. FGSV 1998, S. 93).

Mittels eines Mobilitätsportals im Internet oder eines Mobilitätsleitfadens
für das jeweilige Event können die wichtigsten Informationen rund um das
Ereignis nutzerfreundlich aufbereitet, dargestellt und öffentlich zugänglich
gemacht werden. Für die Fußball-WM 2006 gibt es derartige Planungen z.
B. bereits einige Jahre vor dem eigentlichen Event (vgl. Maatz 2003, S.
28).

Eine (vorhandene) Mobilitätszentrale bzw. ein Mobilitätsberater, der von
einer Mobilitätszentrale aus agiert, kann die Veranstalter bzw. Organisatoren im Rahmen des Mobilitätsservicetyps „Consulting" beratend zur Seite
stehen und eventspezifische Maßnahmen vorschlagen, die u. a. helfen sollen, den MIV von und zum Event zu verringern bzw. den notwendigen
Verkehr umweltfreundlicher abzuwickeln (z. B. Fahrer zum benzinsparen-
den Fahren zu schulen oder Überzeugungsarbeit für den Einsatz von Solar-
und/oder Elektromobilen zu leisten). Da bei Events auf Grund ihrer Imma-
terialität (und des uno-actu-Prinzips) keine physische Distribution der eigentlichen Leistung (= Event-Durchführung) möglich ist, werden im Vorfeld „Anrechte" auf die Event-Dienstleistung erworben. Hierbei handelt es
sich im Wesentlichen um den Kauf bzw. Verkauf von Eintrittskarten und
mit dem Event zusammenhängende weitere Dienstleistungen, wie z. B.
Verkehrsdienst- und Beherbergungsleistungen (vgl. Freyer 1996c, S.
236f.). Im Tourismus wird dies häufig durch Reiseveranstalter übernommen, die Events zum Anlass nehmen, spezielle Reisen (z. B. „Event-
Packages") zu diesen Events zu organisieren. Die Anbieterstruktur ist
durch wenige Großveranstalter und eine Vielzahl kleinerer Spezialisten gekennzeichnet. Hierdurch kann es für Mobilitätszentralen bzw. -büros, die

---

[153] Ausführliche Informationen zu weiteren Mobilitätsdienstleistungen für Events finden
sich in Dienel/Schmithals 2004 und den darin enthaltenen Beiträgen.

auch touristische Leistungen anbieten bzw. anbieten wollen (= integriertes Mobilitätsmanagement), Sinn machen selbst als Reiseveranstalter aufzutreten. Weitere Ideen eines Event-Mobilitätsmanagements in der Potentialphase sind (vgl. Dalkmann/Reutter 2002, S. 28ff.):

- Aktionen, wie Turniere, Shows, Präsentationen, Happenings können durch Kopplung an Kampagnen wie „autofreie Tage" oder „autofreie Verkehrszonen" Mobilitätsbezug erhalten und junge Zielgruppen erreichen,

- spezielle auf das jeweilige Event abgestimmte Themenwagen, wie Busse, Bahnen, S-Bahnen, können auf Angebote während des Events aufmerksam machen,

- Durchführung von Kampagnen, die umfassendes Informationsmaterial bereitstellen und allgemein die Auswirkungen von Verkehr sowie den möglichen Nutzungsformen des Umweltverbundes im Rahmen des Events darstellen,

- Bereitstellung von Broschüren, Postern, Postkarten u. ä. an zentralen Orten, um eine Sensibilisierung in Bezug auf ressourcenschonendes (Verkehrs-)Verhalten herzustellen,

- bei Tagen der offenen Tür (z. B. der Veranstaltungsstätten oder Verkehrsgesellschaften) können sich v. a. die Einheimischen bereits im Vorfeld auf Neubaustrecken im öffentlichen Personenverkehr oder neugebaute Veranstaltungsstätten einstellen,

- Fluggäste, die trotz einer weiten Entfernung von ihrem Wohnsitz zum Event auf umweltverträgliche Verkehrsmittel umsteigen, können Vorteile, wie vergünstigte Eintrittskarten zum Event und/oder Rahmenprogramm sowie (verbilligte) Mietwagen und/oder Mieträder erhalten und

- Entwicklung einer Mobilitätsdatenzentrale, um evtl. während des Events benötigte Informationen (z. B. für Reiseauskunft, Verkehrsmittelwechsel) bereit stellen zu können.

6.2.5.2 Prozessphase

Wie bereits herausgearbeitet (siehe S. 209), ist eine Unterscheidung der eventbezogenen Mobilitätsdienstleistungen für die verschiedenen Verkehrsarten zu betrachten, so dass im Folgenden auf die für die vorliegende Untersuchung relevanten Verkehrsarten eingegangen wird.

6.2.5.2.1 Alltäglicher Verkehr

Die Verkehrsströme zu und von einem Mega-Event sind ungewöhnlich groß und mit starker Konzentration in Zeit und Raum, so dass Maßnahmen erfordert werden, die mit dem alltäglichen Verkehr in Einklang stehen, der in Großstädten bzw. urbanen Räumen häufig selbst umfangreich ist. Maßnahmen, die ergriffen werden können, um den MIV in der Nähe des

Veranstaltungsgeländes und/oder in der Innenstadt reduzieren bzw. nachhaltiger abwickeln zu können, sind z. B. ein 24-Stunden-Parkverbot auf den Straßen rund um das Veranstaltungsgelände und/oder der Innenstadt, Anlieferungen in der Innenstadt bzw. Nähe des Veranstaltungsgeländes nur nachts, die existierende Taxiflotte mit Gas fahren zu lassen oder das Angebot eines effizienten und dicht getakteten (kostenfreien) ÖPNV-Netzes in der Innenstadt (vgl. Bovy 2003, S. 252; Greenpeace 2000, S. 64).

6.2.5.2.2   An- und Abreise zum Ort des Events

Die Anbindung des Veranstaltungsgeländes bzw. bei Mega-Events wie Olympischen Spielen der größten Veranstaltungsstätten muss mit massenleistungsfähigen Verkehrsmitteln geschehen, um v. a. die Zuschauer mit nachhaltigen Verkehrsmitteln an den Veranstaltungsort befördern zu können. Hierunter werden hauptsächlich schienengebundene Verkehrsmittel verstanden, für die eigene Haltepunkte genutzt bzw. temporär eingerichtet werden sollten. Die Lage der Haltepunkte wird dabei unterschiedlich diskutiert (vgl. Schiefelbusch 2002, S. 56). Haltepunkte nah zum Ort des Events sind aus betrieblicher Sicht der Verkehrsunternehmen und als Wettbewerbsfaktor wichtig. Je näher Haltepunkte zum Veranstaltungsort liegen, desto eher kann der Marktvorteil einer direkten Erreichbarkeit gegenüber dem MIV für größere Nutzerzahlen des öffentlichen Verkehrs führen. Weiter entfernt liegende Haltepunkte erfordern Fußwege, womit die Nachfragespitzen v. a. bei Veranstaltungsende entzerrt werden können. Je nach spezifischer Situation ist hierüber im Einzelfall zu entscheiden. Ist es nicht möglich, ein Angebot an massenleistungsfähigen, schienengebundenen Verkehrsmitteln an das Veranstaltungsgelände einzurichten, sind Bus-Shuttle-Services anzubieten, die die Haltepunkte des Nah-, Regional- und Fernverkehrs bedienen und für die auf entscheidenden Strecken Sonderspuren eingerichtet werden können. Für die beteiligten Verkehrsunternehmen ist es dabei unerlässlich, ausreichend Verkehrsmittel und Personal vorzuhalten.

Neben den Zuschauern, die die vorherigen Aussagen größtenteils betreffen, sind auch die weiteren Zielgruppen eines Events mit entsprechenden Beförderungs-/Transportangeboten zu bedienen. Für sie kommen jedoch größtenteils keine Angebote des „normalen" öffentlichen Personen(nah)verkehrs in Betracht. Spezielle eventspezifische Buslinien und Shuttle-Sevices sind für sie einzurichten, die sowohl für die An- und Abreise zum Ort des Events als auch im (Stadt-)Verkehr von, zu und zwischen den Veranstaltungsorten eingesetzt werden können. Beförderungsangebote können hierbei Shuttle-Services (Pkw, Van, (Mini-) Bus), Fahrservice mit Chauffeur eigens für VIPs, Funktionäre, Sponsoren sowie ein (reservierter)

Shuttle-Service für VIPs und Sponsoren zu speziellen P&R-Plätzen umfassen (vgl. Chernushenko 2001, S. 195ff.; Liaudat/Henderson 2002, S. 11f.; Stahl/Hochfeld 2002, S. 77).

Die An- und Abreise mit öffentlichen Verkehrsmitteln zu Events erfordert umfangreiche Maßnahmen zur Information der Reisenden, da häufig der Anteil von Seltenfahrern und Ortsunkundigen höher ist, so dass die Notwendigkeit entstehen kann, über betriebliche Sondersituationen und -angebote zu informieren und auf Angebotsänderungen reagieren und hinweisen zu können (vgl. Schiefelbusch 2002, S. 57). Fahrplanübertragungen auf Handys, dynamische Leuchttafeln bei Umsteigepunkten (z. B. Bahnhöfe, Bushaltestellen), Buchung von Mietwagen oder Car-Sharing-Autos über ein WAP-Portal und Telefon-Hotlines sind nur einige Beispiele, die hier genannt werden können.

> „TransInfo, carries detail information about rail, bus and other acces services to Pacific Bell Park[154] (...). TransInfo is free, available through a single regional phone number, on convenient Internet site, and disseminated through broadcast media as well." (Gonzàles/Schmidt 2000, S. 289)

Aber auch über Stadion- bzw. Hallensprecher, Fanzeitungen bzw. Programmhefte sowie die Anzeigetafeln in einem Stadion bzw. einer Halle kann auf eine nachhaltige Verkehrsmittelwahl bzw. die Mobilitätsdienstleistungen hingewiesen werden. Dies kann nicht nur auf die Abreise, sondern auch Einfluss auf die Anreise bei folgenden Veranstaltungen bzw. bei mehrtägigen Events auf die folgenden Veranstaltungstage haben (vgl. Desmedt 2000, S. 164 und siehe S. 202).

Kombi-Tickets (je nach Anlass des Events z. B. als Olympia-, Konferenz-, Messe- oder Ausstellungsticket anzubieten) wird in der wissenschaftlichen Diskussion übereinstimmend eine wichtige Bedeutung für Events beigemessen, wenn eine stärkere Nutzung nachhaltiger Verkehrsmittel als Zielsetzung besteht (vgl. z. B. Bovy 2003, S. 245; ECMT 2002, S. 4; FGSV 1998, S. 98; Heinze 2002, S. 16; Landert 1996, S. 6f.; Probst 199, S. 46ff.; Schiefelbusch 2002, S. 57). Dieses Ticket ermöglicht den Besuchern eine kostenlose Nutzung des ÖPNV, meist in der Austragungsstadt und evtl. noch der -region. Varianten bzw. Alternativen sind bspw. der Verkauf kombinierter Eintritts- und Fahrkarten, die preiswerter sind als der separate Kauf beider Leistungen, aber teurer als der Veranstaltungsbesuch, ein vergünstigter Eintritt für ÖV-Kunden, Ermäßigungen auf dem Event bei Vorlage eines ÖV-Tickets bis hin zur Anerkennung von Fahrkarten als Eintrittsberechtigung ohne weitere Zuzahlung, was bei Mega-Events jedoch selten zu finden ist.

---

[154] Pacific Bell Park = Baseball Stadion in San Francisco, USA.

Eine Gestaltung von Zugangsstellen mit Eventbezug, eine Einbeziehung der An- und Abreise in das Event und eine besondere Fahrzeuggestaltung für Unternehmen des Umweltverbundes ist in der wissenschaftlichen Diskussion (bisher) kaum ein Thema (vgl. Bethge/Jain/Schiefelbusch 2004, S. 103ff.; Schiefelbusch 2002, S. 56ff.). Eine An- und Abreise mit dem Bus oder der Bahn bietet jedoch vielfältige Ansätze, um die Reise als Erlebnis zu gestalten. In folgender Abbildung wird diese Ausdehnung des Erlebens auf die An- und Abreise zu einem Event verdeutlicht.

> „Eine Überhöhung zu einem erlebnisorientierten, mit Emotionen und körperlicher Anstrengung verbundenen Ereignis, das begeistert, läßt sich besonders leicht durch die Integration von An- und Abreise der Massen inszenieren." (Heinze 2002, S. 3)

**Abbildung 48: Ausdehnung des Erlebnisses auf die
An- und Abreise zum Event**

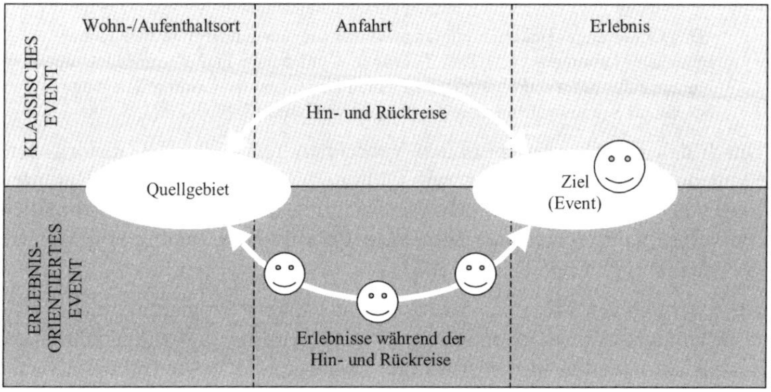

Quelle: eigene Darstellung, in Anlehnung an Scheller 2003, S. 167

Betrachtet man den Bus bzw. die Bahn als Aktionsraum, so finden sich verschiedene Möglichkeiten, um die unterschiedlichen Aspekte einer Reise schon während der Fahrt als Erlebnis zu gestalten (vgl. Uhlworm 2002, S. 253f.). Bei der Fahrt zu einem Fußballländerspiel im Rahmen einer Europa- oder Weltmeisterschaft können bspw. alte Spiele im TV gezeigt oder per Radio/CD-Player abgespielt und entsprechend der gegnerischen Mannschaft Speisen und Getränke serviert werden. Ein ähnliches Konzept verfolgte die DB AG bis zum Jahr 2001 bei Events, für die sie sog. „Deiner-Züge" speziell für Jugendliche einsetzte (vgl. Groß 1998a, S. 125 und 1998b, S. 24; Walter 2003). Die An- und Abreise zu einem Event kann auch durch die Nutzung verschiedener Verkehrsmittel, wie Floße, Draisinen, Zeppeline oder Oldtimer, oder durch Kunst- und Kulturaktionen zum Erlebnis werden. Ähnlich wie die bekannten Ferienstraßen bzw. touristischen Routen werden Eventstraßen in der Fachdiskussion eingebracht, die einen besonders attraktiven Anreiseweg zu einem Event darstellen (vgl. Dienel/Schäfer 2003, S. 233ff.). Eine ausführliche Übersicht mit Maßnahmen, wie Fahrzeuge in „Erlebnisfahrzeuge" umgewandelt werden können bzw. wie die An- und Abreise Teil des Events bzw. Erlebnisses werden können, finden sich bei Bethge/Jain/Schiefelbusch 2004, S. 112ff., Jain/Schiefelbusch 2004, S. 159f. und Schmithals 2004, S. 208ff.

6.2.5.2.3 (Stadt-)Verkehr von, zu und zwischen Veranstaltungsorten

Für die Mobilität am Austragungsort, -region bzw. -land kann wiederum ein Kombi-Ticket bzw. Event-Ticket hohe Nutzerzahlen für den nachhaltigen Verkehr generieren.

> „Das Conference-Ticket ist ein Angebot für die jährlich über 10.000 Konferenzgäste Tübingens. (...) Das Tübingen Conference-Ticket verbindet die Nutzung des Stadtverkehrs mit dem freien Eintritt zu fünf kulturellen Angeboten und Sehenswürdigkeiten (...)." (Grauer/Caspar/Sabbah 2002, S. 58)

Durch den Einsatz von speziellen Verkehrsmitteln, wie z. B. historischen Straßenbahnen oder Bussen sowie Oldtimern, kann auch bei der Beförderung von, zu und zwischen den Veranstaltungsorten eine Erlebnisorientierung eingeplant werden, der aber nicht für eine Bewältigung von Massen geeignet ist (vgl. MOST 2003, S. 73).

Besucher haben häufig über das rein eventbezogene Programm hinaus Interesse an nicht eventbezogenen Angeboten. Organisierte Ausflugsfahrten zu Sehenswürdigkeiten in der Austragungsstadt und/oder -umgebung, Stadtrundgänge, der Besuch von Museen, Freizeiteinrichtungen, wie Sport-, Bade- oder Themen- und Erlebnisparks, kann ein Mobilitätsbüro bzw. eine -zentrale den Besuchern anbieten. Es können die einzelnen genannten Leistungen oder Gäste- bzw. Touristenkarten, die für einen bestimmten Zeitraum (z. B. 24 Stunden, drei oder sieben Tage) gültig sind, angeboten werden.

Wichtig bei punkt-axialen Events mit mehreren Veranstaltungsorten ist (vgl. S. 200f.), dass nicht nur die Mobilität vor Ort, sondern auch zwischen den einzelnen Austragungsorten durch Mobilitätsdienstleistungen unterstützt wird. Hier können neben der Information und Beratung (z. B. persönliche Fahrpläne, Informationen zum Straßenzustand, Radfahrkarten) die Servicetypen „Transportkoordination/-organisation" (z. B. Fahrgemeinschaftsbörsen, Übernahme des Gepäcktransportes von Ort zu Ort oder Car-Sharing) sowie „Verkauf und Reservierung" (z. B. Vermietung von Autos oder ggf. Fahrrädern) eine wichtige Rolle einnehmen. Vor allem bei axialen und punkt-axialen Events mit mehreren Veranstaltungsorten (z. B. Fußball-WM, Radrennen, Kongresse) ist es sinnvoll, ein Kombi-Ticket zu konzipieren, das am jeweiligen Veranstaltungstag in allen Veranstaltungsorten gültig ist und nicht nur für die Stadt bzw. den Verkehrsverbund gilt, in dem das Event stattfindet. Hierdurch sind verkehrsverbundübergreifende Vereinbarungen erforderlich. Axiale Events („Bewegungsevents") erfordern weitergehende Mobilitätsdienstleistungen. Beispielhaft sei hier auf mögliche Aufbewahrungsmöglichkeiten für Gepäck am Start- und/oder Zielort, damit man als Zuschauer die Strecke ablaufen/-fahren kann, auf einen Transport zum Ausgangspunkt durch Taxi oder Bus/Bahn und auf Informationen (Flyer, Pläne, usw.) zu den Haltestellen des Umweltverbundes entlang der Strecke verwiesen.

6.2.5.2.4 Binnenverkehr auf dem Eventgelände

Hier geht es nahezu ausschließlich um die Fußgänger auf dem Eventgelände und die Vorbereitungen zur Abreise. Fußgängern sollte gegenüber dem i.d.R. ausgeschlossenen Pkw- und Lkw-Verkehr und ÖPNV Vorrang eingeräumt werden. Mit Hilfe einer optimalen Anordnung der Verkaufsstände, Sanitätscontainer, Behindertenplätze u. ä. kann der Fußgängerverkehr flüssig gehalten werden (vgl. Heinze 2002, S. 16).

Lagepläne, die über die Größe und verschiedenen Bereiche des Event-Geländes informieren, sind ebenso aufzustellen wie Fahrpläne und Informationen über Park- und Ride- oder Bike- und Ride-Möglichkeiten. Hierbei ist darauf zu achten, dass sie von vielen Personen gleichzeitig aus größerer Entfernung zu lesen sind. Für die gesamte Dauer des Events ist für Ansprechmöglichkeiten, v. a. für die Nutzung der öffentlichen Verkehrsmittel, zu sorgen. Dies kann mittels Informationsständen oder -bussen und/oder mobilem Personal gewährleistet werden, wobei letzteres aktiv auf die (möglichen) ÖV-Nutzer zugehen und nicht auf sie warten sollten. Zur Fußball-Europameisterschaft 2000 wurden bspw. in Rotterdam 200 „city ambassadors/mobile consultants" an strategisch wichtigen Orten auf dem Eventgelände und in der Stadt (z. B. Bahnhof, Flughafen) eingesetzt, die geschult wurden, mit großen Massen umzugehen und verschiedene Sprachen sprechen konnten, um mit Sprachschwierigkeiten fertig zu werden (vgl. MOST 2003, S. 73ff.).

Bereits am Veranstaltungsort sollten Rückfahrkarten erwerbbar sein. Dies kann durch das Aufstellen von Automaten und ggf. eingesetztem (mobilen) Personal sichergestellt werden. Um einen reibungslosen Zu- und v. a. Abfluss der Zuschauer zu erreichen, müssen Ankunfts- und Abfahrtszeiten der ÖPNV-Fahrzeuge, des Regional- und Fernverkehrs sowie von und zu den

Parkplätzen eindeutig ausgeschildert werden. Informationen über Lautsprecher und/oder stationäre Fahrtzielanzeiger (mit dynamischer Anzeigemöglichkeit) können die Beschilderung ergänzen (vgl. FGSV 1998, S. 93). Nach Beendigung der Programmpunkte sind oftmalig hohe abziehende Besucherzahlen zu verzeichnen. Mit flankierenden Maßnahmen, z. B. Unterhaltungsangeboten im Veranstaltungsgelände kann eine gleichmäßige Verteilung der vom Gelände weg strömenden Besucher erreicht werden (vgl. Leerkamp 2002, S. 229). Neben der Beschilderung für die an- und abreisenden Besucher sind spezielle Beschilderungen, Parkmöglichkeiten und Wege auf dem Eventgelände für die Hauptakteure (z. B. Künstler, Sportler) einzurichten, wobei für den notwendigen Verkehr Elektro- und Solarmobile bzw. mit Naturgas betriebene Busse als umweltfreundliche Alternative anderen Fahrzeugen vorzuziehen sind (vgl. Fischer 2000, S. 246; Greenpeace 2000, S. 5).

6.2.6 Träger des eventbezogenen Mobilitätsmanagements

Als Träger für die Implementierung des standortbezogenen Mobilitätsmanagements kommen bei Events neben den Veranstaltern bzw. Organisatoren vorrangig die kommunalen und regionalen Verwaltungen, (lokale, regionale, nationale und internationale) Verkehrsunternehmen und Reisebüros/-veranstalter in Betracht. Darüber hinaus sind die, den jeweiligen Eventanlass prägenden, weiteren Akteure einzubeziehen. Bei Messen sind dies beispielsweise die Aussteller, Messedienstleister (z. B. Messebau-Unternehmen, -Berater, Caterer) und die involvierten Verbände (vgl. Kim 2003, S. 23ff.). Bei Sport-Events können hierunter v. a. die beteiligten Sportvereine bzw. übergeordneten Verbände sowie zur Unterstützung die Medien und Sponsoren verstanden werden.

In der Potential-Phase ist eine temporäre Mobilitätszentrale bzw. ein Mobilitätsbüro mit adäquater personeller Ausstattung (Mobilitätsberater bei einer Mobilitätszentrale bzw. Mobilitätskoordinator bei einem Mobilitätsbüro und Servicemitarbeiter) zu implementieren bzw. bestehende organisatorische Einheiten sind auf das bevorstehende Event auszurichten, die die verschiedenen Mobilitätsdienstleistungen den (potentiellen) Event-Besuchern anbieten.

6.2.7 Fazit

Die Einsatzmöglichkeiten eines Mobilitätsmanagements bei Events kann mit Hilfe des phasenorientierten Marketingmodells anschaulich dargestellt werden, wobei die allgemeinen verkehrlichen Anforderungen, die sich aus dem Eventtyp ergeben, bei der konkreten Ausgestaltung des Mobilitätsmanagements beachtet werden müssen. Es hat sich weiter gezeigt, dass bereits

in der Potentialphase eines Events Ideen des Mobilitätsmanagements einbezogen werden können. Die hauptsächlichen Anstrengungen sind jedoch
in der Prozessphase notwendig, wobei die verschiedenen Verkehrsarten
und Zielgruppen einbezogen werden müssen.

Es ist eine Vielzahl an Maßnahmen in den einzelnen Phasen der Event-
Planung denkbar, wovon eine Auswahl vorgestellt werden konnte. Die große Anzahl an Events und der damit hohe Anteil an Mittel- und Langstrecken zeigen, dass Event-Mobilitätsmanagement in Forschung und Praxis
stärkere Beachtung geschenkt werden sollte, v. a. vor den Hintergrund,
dass Events eine gute Möglichkeit sind, innovative Mobilitätsdienstleistungen zu testen, bevor sie allgemein angebotene Dienstleistungen werden.

Gegenwärtig wird die Abwicklung des Verkehrs bei Events von den Event-
Organisatoren, aber auch von (touristischen) Verkehrsdienstleistern in
Deutschland wenig beachtet. Diese beiden Seiten arbeiten bisher meist nebeneinander und nicht miteinander. Event-Mobilitätsmanagement grenzt
sich zur traditionellen Eventverkehrsplanung hauptsächlich dadurch ab,
dass nicht nur die Bewältigung des Verkehrs vor Ort betrachtet wird, statt
dessen in allen drei Phasen eines Events ansetzt, die verschiedenen Verkehrsarten einbezieht und die unterschiedlichsten Akteure in eine nachhaltige Abwicklung des (touristischen) Verkehrs einzubeziehen versucht.

Die klassischerweise in eine Eventverkehrsplanung einbezogenen Themen-
bereiche, wie die Abschätzung der erwarteten Verkehrsströme und Kapazi-
tätsgrenzen, das Verkehrsmanagement (z. B. Verkehrslenkungsplan (u. a.
mit Aussagen zum Leiten des Veranstaltungsverkehrs, Maßnahmen zur Beschleunigung des Verkehrs und zur Ableitung des Verkehrs sowie den
notwendigen Verkehrssperrungen) und Verkehrszeichenplan) sowie der
hierfür erforderliche Genehmigungsprozess und die -praxis bei Events
wurde hier nicht betrachtet. Sie sind jedoch zur Abrundung eines umfassenden Verkehrskonzeptes für Events mit Maßnahmen des Mobilitätsmanagements abzustimmen.[155] Abschließend sei darauf hingewiesen, dass
Verkehrsaspekte intensiv mit anderen Bereichen eines Events (z. B. Si-
cherheitsaspekte, Beherbergungsfragen) verbunden sind, auf die im Rahmen der vorliegenden Arbeit jedoch nicht weiter eingegangen werden soll
(siehe hierzu z. B. Freyer/Groß 2002b).

---

[155] Ausführliche Informationen zu diesen Themenfeldern finden sich beispielsweise bei
Heinze 2003; Heinze 2004b, S. 36ff.; Heinze 2004c, S. 54ff. und Nexus 2002, S.
109ff.

6.3 Mobilitätsmanagement für Flughäfen

Flugreisen und damit Flughäfen sind wegen ihrer seit langem bekannten negativen Umweltauswirkungen[156] auf den ersten Blick nicht in ein touristisches Mobilitätsmanagement einzubeziehen. Da jedoch z. B. ca. die Hälfte (47,7%) der deutschen Urlaubsreisenden bei Auslandsreisen und ca. 10% (Inland) bzw. 60% (Ausland) der Geschäftsreisenden mit dem Flugzeug unterwegs sind, auch bei Mega-Events häufig Flugreisen notwendig sind und Flugtouristen potentielle Bus- und Bahnkunden im Zielgebiet sind, für die die Attraktivität der besuchten Destination von der Qualität der Bus- und Bahnverbindungen vom bzw. zum Flughafen und in der Destination selbst abhängt, werden auch Flughäfen in ein touristisches Mobilitätsmanagement einbezogen (vgl. F.U.R. 2004, S. 5; Focus 2003).

6.3.1 Abgrenzung von Flughäfen

Flughäfen sind intermodale Schnittstellen, welche im Personenverkehr den Flugverkehr mit verschiedenen landgebundenen Verkehrsmitteln (z. B. Pkw, Bahn, Bus, Taxi) verknüpfen. „Es gibt praktisch niemanden, der für eine Reise nur das Flugzeug nutzt. Man muß sowohl vom Wohn- oder Arbeitsort auf dem Weg zum Abflughafen immer ein Verkehrsmittel nutzen (Automobil, Bahn, Bus etc.) als auch zum Erreichen des Zielortes vom Ankunftsflughafen aus, da der Flughafen selbst in den seltensten Fällen mit dem eigentlichen Reiseziel identisch ist." (Mundt 1998, S. 273)

Allein in Deutschland gibt es mehr als 500 Flugplätze/-häfen, von denen 18 an das internationale Flugnetz angeschlossen sind. Zehn Regionalflughäfen ergänzen derzeit das Netz der internationalen Verkehrsflughäfen mit teilweise ähnlichen Angeboten im Linien- und Charterflugverkehr für innerdeutsche und grenzüberschreitende Zubringer- und Direktdienste (z. B. Frankfurt/Hahn, Friedrichshafen, Paderborn) (vgl. Wilken/Focke 2003, S. 4ff.). Diese beiden Kategorien kommen vorrangig als Anknüpfungspunkte für ein touristisches Mobilitätsmanagement in Frage.

6.3.2 Ausgangssituation bei Flughäfen

Verkehr rund um einen Flughafen entsteht dadurch, „(...) daß die Fluggäste einerseits zum Startflughafen und andererseits zu ihrem eigentlichen Zielort gelangen müssen. Zu- und Abwege der Flugreisenden werden meist individuell organisiert und mit privaten Pkw durchgeführt. Insbesondere im

---

[156] Die negativen Folgen des Flugverkehrs werden in den verschiedensten Untersuchungen nachgewiesen und beschrieben (vgl. z. B. Diegruber 1991, S. 159ff.; Egerer/ Graichen 2001, S. 145f.; Grether 2002, S. 14ff.; Petermann 1997, S. 56ff.; Pompl 2002c, S. 60ff.; UBA 2002, S. 7ff.; Vester 1999, S. 167f.).

Urlaubsverkehr entsteht zusätzlich erheblicher Verkehr durch Begleitpersonen (Hinbringen und Abholen). Bei der Entstehung dieses Verkehrs und der Verkehrsmittelwahl spielt die Beförderung des Reisegepäcks oft eine wesentliche Rolle." (ILS 1997, S. 1) Auf Grund der an Flughäfen, v. a. an den internationalen, in großer Anzahl vorzufindenden Arbeitsplätze (Beispiel: Düsseldorf ca. 12.000 am Flughafen und 20.000 im Umfeld) entsteht Berufs- und Wirtschaftsverkehr. Zusätzlich werden Flughäfen als Ausflugsziel genutzt und sind somit Zielpunkt von Fahrten des alltäglichen Freizeitverkehrs. Diese Verkehre führen häufig zu wiederkehrenden Spitzenbelastungen auf den Straßen im Umfeld der Flughäfen, was v. a. vor dem Hintergrund der geringen Nutzerzahlen von öffentlichen Verkehrsmitteln zu verstehen ist. Ende der 1990er Jahre nutzten z. B. in München 36%, in Frankfurt 28%, in Berlin-Schönefeld 21%, in Düsseldorf 20%, in Stuttgart 18%, in Leipzig/Halle 14% und in Hamburg 10% der Fluggäste öffentliche Verkehrsmittel zur An- oder Abreise, wobei das ÖV-Potential bei den Beschäftigten noch geringer als bei den Fluggästen ist (vgl. Bernhardt 1999, S. 9f.).[157] Bei den in Deutschland größtenteils zentrumsnahen Flughäfen sind darüber hinaus Überlagerungen mit anderen Verkehrsströmen und somit mit den Verkehrssystemen umliegender Städte zu beobachten. „Die auch für die Zukunft zu erwartende starke Zunahme des Luftverkehraufkommens wird sowohl die Dysfunktionalitäten im Verkehrssystem als auch Belastungen und Probleme aus dem flughafenbezogenen Verkehr verschärfen." (Nordwig 1999, S. 200; ähnlich Egerer/Graichen 2001, S. 146; Wilken/Focke 2003, S. 8ff.)

Die aufgezeigten Probleme verdeutlichen, dass v. a. für Flughäfen in Ballungsräumen die Notwendigkeit besteht, den flughafenbezogenen Verkehr zu verbessern. Während andere ausländische Flughäfen, z. B. Amsterdam-Schiphol, Brüssel, London-Heathrow, New York und Zürich bereits seit Jahren Mobilitätskonzepte entwickeln, steht die Entwicklung in Deutschland noch am Anfang.[158] Der Flughafen Hamburg ist hier als Vorreiter zu nennen.[159] Ein Schwerpunkt der bei anderen Flughäfen zu beobachtbaren Maßnahmen betrifft den Berufs- und Wirtschaftsverkehr; der Urlauber- und Geschäftsreisevekehr nimmt (noch) eine untergeordnete Stellung ein.

---

[157] Nordwig (vgl. 1999, S. 202) weist in Anlehnung an Bondzio (1996) andere Werte aus: München 35%, Frankfurt 27%, Stuttgart 14%, Düsseldorf 14%, Hamburg 8%.

[158] Ausführliche Informationen zum Flughafen London-Heathrow finden sich bspw. bei Duff 1998, S. 177ff. und BAA Heathrow 1997, für den Flughafen Zürich bspw. bei Spörri 2000, S. 233ff. und für den Flughafen Amsterdam-Schiphol bspw. bei Sam 2000, S. 237ff.

[159] Hinweise zum Flughafen Hamburg lassen sich u. a. bei Herrmann 1996, S. 6ff., Herrmann 1998, Herrmann 2002 und Reden 2001, S. 33ff. finden.

Erste Ansätze einer nachhaltigeren Abwicklung des flughafenbezogenen Passagierverkehrs (Urlaubs-/Geschäftsreisende) sind in Deutschland im Bereich der besseren Anbindung verschiedener Flughäfen an den öffentlichen Personennah- und -fernverkehr zu beobachten. Der erste Bahnanschluss wurde 1972 in Frankfurt am Main in Betrieb genommen, wobei der Flughafen von Anfang an nicht nur durch die S-Bahn, sondern auch von Fernzügen bedient wurde. 1975 wurde der S-Bahnanschluss am Flughafen Düsseldorf mit vergleichbar gutem Erfolg in Betrieb genommen. Die hier gemachten positiven Erfahrungen hatten eine deutliche Signalwirkung für die Planungen an anderen Flughäfen. Vor allem in den 1990er Jahren sind Planungen für Nah- (Flughafen Bremen, Hamburg, Hannover, Leipzig, Nürnberg) und Fernverkehrsanbindungen (Flughafen Frankfurt am Main, Düsseldorf, Köln/Bonn, München) deutscher Flughäfen zu verzeichnen (vgl. Bernhardt 1999, S. 7).

Auf der Suche nach dem „Luftfahrtkonzept 2015" setzt das Bundesministerium für Verkehr, Bau- und Wohnungswesen weiterhin auf verbesserte Verkehrsanbindungen von Flughäfen und auf die Vernetzung von Schiene und Luft. Am Beispiel von Nordrhein-Westfalen lässt sich dies anschaulich verdeutlichen.[160]

> „Das Ziel der Deutschen Bahn AG ist es, alle großen Flughäfen in NRW umsteigefrei mit allen Großstädten in NRW – zum Teil auch darüber hinaus – auf der Schiene zu verbinden und damit den Systemvorteil der Bahn, eines schnellen und sicheren Verkehrsweges, in ein leistungsfähiges Gesamtverkehrskonzept einzubinden. (...) Voraussetzung einer Integration von Bahnverkehr und Flughäfen bildet eine leistungsfähige Schieneninfrastruktur. Sie muss die Anbindung sowohl der schnellen ICE und EC-/IC-Züge des Fernverkehrs als auch der das weitere und engere Umland erschließenden RE- und S-Bahn-Züge des Regionalverkehrs ermöglichen. Je größer die durch die Infrastruktur ermöglichte Zahl der umsteigefreien Fern- und Nahverkehrsanbindungen ist, desto attraktiver ist die Schiene als Zubringer (...)." (Egerer/Graichen 2001, S. 147f.)

---

[160] Auch außerhalb Deutschlands trifft Intermodalität (Verknüpfung von Schiene/Luft) auf großes Interesse. Eine wachsende Zahl an Flughäfen hat einen Schienenanschluss an den Nah- und/oder Fernverkehr. So haben mehr als 30 Hauptflughäfen Europas einen Schienenanschluss in die Stadt (vgl. Blonk 2000, S. 32). „Aus regionalen Randbedingungen heraus wurden vielerorts Nahverkehrsprodukte umgesetzt (z.B. Heathrow-, Arlanda-, Gardermonn-Express). Im Hochgeschwindigkeitsverkehr (HGV) hingegen sind v.a. die europäischen Hub-Flughäfen, bei denen die Produktentwicklung vorangetrieben wird: Der Fernbahnhof in Amsterdam, die Thalys-Air France-Kooperation ‚Brussel-CDG2', das Flug-Rail-Produkt in der Schweiz (...)." (Scherz/Fakiner 2003, S. 2)

Die Anbindung des Flughafens Düsseldorf an das Nah- und Fernverkehrs-netz der DB AG wurde mit der Einrichtung des Haltepunktes „Düsseldorf Flughafen Fernbahnhof" Mitte 2000 und im Rahmen der Neubaustrecke Köln – Rhein/Main der Deutschen Bahn AG für den Flughafen Köln/Bonn Ende 2002 realisiert. Auch für die Flughäfen Münster/Osnabrück und Dort-mund wurde die grundsätzliche Machbarkeit einer Schienenanbindung festgestellt. Eine Anbindung des Flughafens Paderborn-Lippstadt an das regionale Schienennetz ist nur in einer niedrigen Dringlichkeitsstufe im Nahverkehrsplan Paderborn-Höxter vorgesehen (vgl. Egerer/Graichen 2001, S. 147ff.).

6.3.3 Flughafenbezogene Mobilitätsdienstleistungen

Über die Verbesserung der Schienenverkehrsanbindung hinaus sind weitere Maßnahmen gefordert, die den flughafenbezogenen Verkehr verbessern. Die für ein flughafenbezogenes Mobilitätsmanagement erforderlichen Ak-tivitäten lassen sich den einzelnen Reisephasen zuordnen (vgl. Abbildung 49). Mobilitätsdienstleistungen sind in der Potentialphase einer Reise (vor Reiseantritt z. B. im Reisebüro, vom Reiseveranstalter oder von der Flug-gesellschaft und während der Anreise), in der Prozessphase (im Startflug-hafen, während des Fluges und ggf. im Transferflughafen sowie im Zielge-biet, d. h. bei der Ankunft im Zielflughafen, bei der Weiterreise ab dem Flughafen und bei der Rückreise) und wieder am Heimatort in Form einer Nachbetreuung (= Ergebnisphase) denkbar.

Abbildung 49: Ansatzpunkte für ein flughafenbezogenes Mobilitätsmanagement

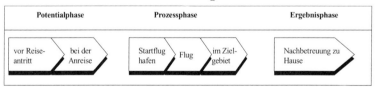

Quelle: eigene Darstellung

Bereits beim Verkauf der Flugtickets bzw. (Pauschal-)Reisen, v. a. in Rei-sebüros oder direkt bei der Fluggesellschaft, sind Informationen über nach-haltige Anreiseverkehrsmittel, Pauschalangebote von Reiseveranstaltern und Fluggesellschaften (z. B. Flugschein gilt bereits für eine An- und Abreise mit der Bahn), die die Bahnan- und -abreise beinhalten sowie die eventuelle Gültigkeit von Flugscheinen auf den Linien der Verbundgesell-schaften sinnvoll.

Das Angebot „Rail& Fly" kann z. B. im Quell- und Zielgebiet Verbindungen enthalten, die zeitlich aufeinander abgestimmt sind (siehe Kapitel 5.3.3, S. 174ff.).[161]

Wichtig für die vorbereitende Reiseplanung sind umfassende und ständig aktualisierte Informationen über alle Verkehrsangebote, wie beispielsweise alternative Routen und Verkehrsmittel, Kosten, Kapazitätsengpässe, die über Internet, Videotext oder (WAP-) Handy abgerufen werden können. Aber auch eine Integration der Informationen über Verkehrsangebote zur Anreise in die „klassischen" Reiseunterlagen, wie z. B. Reiseratgeber oder -unterlagen, ist eine sinnvolle Möglichkeit. „Auf dieser Informationsbasis können Mobilitätsentscheidungen gefällt werden, die zu einer gleichmäßigeren räumlichen, zeitlichen und verkehrsträgerbezogenen Verteilung des flughafenorientierten Verkehrs führen werden." (ILS 1997, S. 3) AirFrance bietet z. B. einen Verspätungsservice via SMS an, sofern der angestrebte Flug mehr als eine Stunde Verspätung hat bzw. ausfällt. Hierfür muss bei der Reservierung des Tickets die E-Mail- oder Telefonnummer hinterlassen werden.

Da bei touristisch Reisenden häufig der Gepäcktransport (z. B. für die Ausübung ausrüstungsintensiver Sportarten wie Surfen, Golf, Drachenfliegen oder Ski fahren), eine wichtige Rolle einnimmt, sind Informationen über die Möglichkeit einer Mitnahme, mit oder ohne Zusatzgebühren, sowie für den Reisenden erleichternde Maßnahmen notwendig (siehe S. 197). Während besondere Angebote im Urlaubsreiseverkehr für „übliche" Sportgeräte (z. B. unentgeltlicher Transport oder Sondertarife für Surfbretter, Fahrräder, Golftaschen bei Ferienfluggesellschaften) bekannt sind, sind Angebote

---

[161] Die Deutsche Bahn AG arbeitet (Stand Juli 2003) mit ca. 30 Reiseveranstaltern und mehr als 80 Fluggesellschaften im Rahmen von „Rail&Fly" zusammen (vgl. www.bahn.de/imperia/content/pdf/diverse/146.pdf und www.bahn.de/imperia/content/pdf/diverse/147.pdf, download vom 09.08.2003).

für „unübliche" Sportgeräte (z. B. Motorräder, Bobs, Stäbe, Flugdrachen, Pferde) sowohl bei Charter- als auch Linienfluggesellschaften, aber auch bei Bus und Bahn noch weitestgehend unbekannt (vgl. Freyer 2001b, S. 17f.).[162]

Abhol- und Bringservices zu/von Flughäfen sind (in Deutschland) relativ weit verbreitet. Durch die an fast allen Flughafenstandorten angebotenen Flughafentransfers in Kleinbussen von privaten Anbietern (z. B. Reisebüros, Reiseveranstalter, private Transportunternehmen) ist ein reibungsloses – in Hinsicht auf den Gepäcktransport – Reisen möglich. Seitens der DB AG gibt es darüber hinaus das Angebot BahnFlug-Kurier-Gepäck, bei dem drei Tage vor Abflug bzw. nach Ankunft das Gepäck zwischen Haustür und Flughafen transportiert wird (vgl. Scherz/Fakiner 2003, S. 3). Ein bisher in Deutschland wenig verbreitetes Angebot sind ausgelagerte Eincheck-Schalter, beispielsweise an Bahnhöfen. Der Flughafen Leipzig/Halle bietet seinen Fluggästen seit dem 30.06.2003 die Möglichkeit des ausgelagerten Eincheckens in Magdeburg am Abend vor der Abreise an. Nach einer Probezeit soll der Bahnhofs-Check-In auch in Berlin (Lehrter Bahnhof), Dresden und Chemnitz eingeführt werden (vgl. o. V. 2003, S. 2).[163]

Noch weiter geht der Frankfurter Flughafen, der für Lufthansa-Flugpassagiere einen Bahnhofs-Check-In („off-airport Check-In") am Flugtag auf den ICE-Strecken von Köln bzw. Stuttgart nach Frankfurt anbietet. Die Reisenden können hierbei den kompletten Check-In-Vorgang (inklusive der Gepäckaufgabe) an den DB-Bahnhöfen in Anspruch nehmen und erhalten bereits alle Reiseunterlagen (Bordkarte, Gepäckreceipt, Bag-Tag). Das aufgegebene Gepäck wird dabei containerisiert und zeitgleich mit dem

---

[162] Ohne nennenswerte Probleme können Golfer ihre Ausrüstung mit in den Urlaub nehmen. Bis zu einem Gewicht von 30 Kilogramm fliegt die Golftasche bei allen deutschen Ferienfliegern gratis mit und eine Anmeldung ist nicht notwendig. Die Mitnahme eines Fahrrades ist auf jeden Fall mit Kosten verbunden und eine vorherige Anmeldung erforderlich. Je nach Fluggesellschaft müssen pauschal zwischen 15 und 40 Euro für Hin- und Rückflug bezahlt werden. Unterschiedlich handhaben Ferienflieger die Mitnahme von Surfbrettern. Je nach Ferienflieger muss eine Pauschale oder ein Pauschalbetrag (z. B. 30 Euro bei Air Berlin) bis zu einem gewissen Gewicht (z. B. Hapag Lloyd, LTU, Aero Lloyd) und dann je Kilogramm wie Übergepäck bezahlt werden. Auch bei anderen Sportgeräten, wie Kanu, Kajak, Schlauchboot, Gleitschirm oder Tauchgeräte, ist die Mitnahme bis 30 Kilogramm meist gratis, manchmal wird sie pauschal berechnet. Für Reisende mit Kundenkarte, z. B. LTU-Card, World-of-TUI-Card, Hapag-Lloyd-Flight-Card, ist die Mitnahme von Sportgepäck gratis. Informationen über die Bedingungen können über die jeweiligen Internet-Seiten abgerufen werden (vgl. Poser 2003, S. 5).

[163] In der Einführungsphase war dieser Service kostenlos, danach wird ein Preis von 10 Euro pro Person erhoben. Das Gepäck von Kindern bis 17 Jahren wird in Begleitung eines mitreisenden Erwachsenen aber weiterhin kostenlos transportiert.

Reisenden zum Flughafen Frankfurt transportiert, so dass der Passagier mit seinem Handgepäck direkt zu den Gates gehen kann (vgl. Abbildung 50).[164] Darüber hinaus wird von mehreren Städten (z. B. zwischen Flughafen Frankfurt am Main und Heidelberg/Mannheim, Kaiserslautern, Saarbrücken und Straßburg sowie von München nach Nürnberg) aus Lufthansa-Passagieren ein Busshuttle mit Check-In-Möglichkeit angeboten (vgl. Pompl 2002c, S. 235; Rogl 2003, S. 13; Scherz/Fakiner 2003, S. 2ff.).

In der Schweiz besteht sogar die Möglichkeit sein Gepäck an nahezu jedem größeren Bahnhof der Schweizer Bundesbahnen (SBB) für die meisten Linien- und Charterflüge ab den Flughäfen Zürich und Genf einzuchecken und bei der Rückkehr auch wieder abzuholen.[165] Auch beim Transfer auf der Rückreise von der Unterkunft zum Flughafen „(...) besteht bei einigen Reiseveranstaltern bzw. Hotels die Möglichkeit, das Gepäck für die Rückreise schon im Hotel einchecken zu lassen und auch schon die Bordkarte für den Flug im Empfang zu nehmen. So kann der Transfer zum Flughafen später stattfinden und der Urlauber passiert Sicherheitskontrolle und Zoll direkt ohne weitere Wartezeiten beim Einchecken am Flughafen." (Bastian 2004, S. 67)

---

[164] Bei der Gepäckaufgaben erhalten die Flugpassagiere ein Gepäckreceipt, welches als Bestätigung für das aufgegebene Gepäck dient. Das Bag-Tag wird an den Gepäckstücken befestigt und enthält alle zur Identifizierung notwendigen Daten (ID). Ein ausführliche Studie zur Einführung des „off-airport Check-In" für den Flughafen Frankfurt geht auf die notwendigen Schritte und die Hemmnise der Einführung ein (vgl. Scherz 2000, S. 3f.; Scherz/Fakiner 2003, S. 6ff.).

[165] An insgesamt 52 schweizer Bahnhöfen und einem deutschen Bahnhof (Konstanz) ist der Bahnhofs-Check-In möglich. Die Kosten pro Gepäckstück liegen bei 20 Schweizer Franken, wobei sperrige Güter wie Fahrräder, Surfbretter usw. ausgeschlossen sind.

Abbildung 50: AIRail Service am Bahnhof

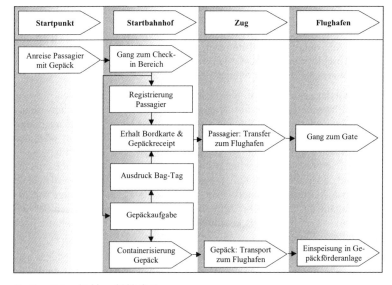

Quelle: Scherz/Fakiner 2003, S. 7

Auf dem Flughafen selbst wird mit Transportbändern, ausreichend und leicht zugänglichen Gepäckwagen, Gepäckträger-Service sowie einer leicht verständlichen Beschilderung[166] dafür gesorgt, dass für Benutzer des Umweltverbundes, v. a. von Schienenverkehrsmitteln, die Wege zwischen Ankunfts-/Abfahrtsstelle und Ankunfts-/Abflugbereich angenehm (er) gestaltet sind. Die Wartezeit bis zum Abflug kann für das Angebot von Mobilitätsserviceleistungen, die das Zielgebiet betreffen, genutzt werden. Insbesondere bei Charterflugreisen sind Wartezeiten von ein bis zwei Stunden die Regel, die nicht selten durch Unterhaltungsangebote geprägt sind. Am Flughafen Leipzig/Halle gibt es z. B. die Möglichkeit, sich im Check-In-

---

[166] Flughafengesellschaften bedienen sich immer häufiger Informationsdesignern, die sich auf das Anbringen von Wegweisern spezialisiert haben. Der Flughafen Schiphol in Amsterdam gilt als einer der benutzerfreundlichsten Airports der Welt. Hier sind die Fluginformationen schwarz auf gelb zu lesen (z. B. Hinweise auf die Gate-Nummer oder den Check-In-Schalter), alle sieben Meter gibt es eine Monitorwand mit Hinweisen zu Flugnummern, Fluggesellschaft, Abflugszeit usw. und zusätzlich gibt es dunkelgraue Schilder mit gelber Schrift (z. B. Hinweise auf Telefon, Toilette). Die Farbwahl wurde bewusst so gewählt, da gelb als alamierende Farbe gilt und für wichtige Informationen steht, während grau als neutrale Farbe für Informationen ohne Dringlichkeit steht (vgl. Mijksenaar 2004, S. 63).

Bereich an einem Internetpoint („self service") zu informieren und auf den
Flughäfen München, Hamburg, Stuttgart und Berlin-Tegel bietet Vodafone
einen kabellosen Internetzugang über W-Lan an, so dass mit dem eigenen
Laptop Internetdienste abgerufen werden können. Aber auch die (kostenlose) Nutzung von Service-Telefonen, Arbeitsmöglichkeiten inklusive Com-
puter-Anschluss an Online-Systeme oder die Auslage von Infomaterialien
in den Warteräumen und Lounges sind denkbar.

Mobilitätsserviceleistungen, die während des Fluges angeboten werden
können, betreffen z. B. Informationen über die örtlichen Verkehrsverhält-
nisse, den Zielort und abführende Verkehrsmittel, Tarife, können aber auch
die Unterstützung bei Mietwagen- oder Car-Sharingbuchungen oder der
Verkauf von Fahrkarten umfassen. Hierfür können u. a. die bei Fluggesellschaften verbreiteten Magazine, die allen Passagieren am Sitzplatz zugänglich sind, oder aber ein Internetzugang im Flugzeug genutzt werden. Die
Lufthansa AG rüstet beispielsweise seit März 2004 ihre Flugzeuge mit Internetzugang aus und will bis 2006 in allen Langstreckenjets diesen Service
anbieten.[167] Darüber hinaus kommen die Flugbegleiter für Auskünfte oder
Beratungen in Frage.

In den Zieldestinationen entstehen Wartezeiten während der Gepäckausga-
be, die wiederum im Sinne des Mobilitätsmanagements nutzbar sind. Für
eine reibungslose Weiterreise sollten v. a. die Fahrscheinautomaten und
-informationen sowie Hinweise auf die Anschlussverkehrsmittel mehrsprachig angelegt sein bzw. mit Hilfe von Piktogrammen verdeutlicht werden.
Genauso wie am Startflughafen spielt der reibungslose Transport des Ge-
päcks wiederum eine wichtige Rolle. Der Anschluss des Flughafens mit
dem ÖPNV oder anderen Verkehrsmitteln (z. B. Mietwagen, Car-Sharing,
Taxi) ist bedeutsam und die Taktzeiten der verschiedenen Verkehrsmittel
sind aufeinander abzustimmen. Einen besonderen Service an Flughäfen,
einen Airport-Shuttle-Service, gibt es bereits in vielen Städten. Eine Weiterentwicklung stellt die Integration von wichtigen Hotels als Haltepunkte
in die Fahrplangestaltung dar, wie es sie bspw. in Lissabon/Portugal gibt.
Im Zielgebiet selbst ist eine Reihe von Maßnahmen des Mobilitätsmanagements denkbar, auf die bereits eingegangen wurde (siehe Kapitel 5.3, S.
158ff.). Zurück am Heimatort sind v. a. Beschwerdemanagement, Aktivitäten zum Aufbau einer Stammkundschaft und Nachbetreuungsaktivitäten
(z. B. Direkt-Mailing-Aktionen) denkbar.

---

[167] Lufthansa wird damit nach eigenen Angaben weltweit die erste Gesellschaft mit In-
ternet-Routinebetrieb an Bord sein, wobei bei einem dreimonatigen Testbetrieb zwischen Frankfurt am Main und Washington etwa die Hälfte der Passagiere die Bereitschaft geäußert hat, rund 30 Euro für diesen Service pro Flug zu bezahlen (vgl. Wigger 2004, S. 10).

Weitere Mobilitätsserviceleistungen für den flughafenbezogenen Verkehr sind aus folgender Tabelle zu entnehmen.

Tabelle 23: Mobilitätsserviceleistungen für den flughafenbezogenen Verkehr

Information/Beratung	Transportkoordination/-organisation
- Aufbereitung und nutzerfreundliche Darbietung von Informationen in verschiedenen Printmedien (z. B. Flugmagazin, Flyer, Broschüren) oder „neuen Medien" (z. B. Internet, Videotext, E-Mail-Newsletter) - zum Flugverkehr (Betriebsstörungen, Umleitungen, Ausfälle, Check-in-Zeiten, Angaben zu Terminals und Schaltern) - über zu und abführende Verkehrsmittel (Bahn- und Busfahrpläne, Sonderkonditionen) - zu konkreten örtlichen Verhältnissen (On-Line-Stau-/Wegeinfos, multimodales Routing unter Berücksichtigung von P&R, Infos über Anschlüsse) - zum Zielort (geschichtliche, politische und kulturelle Hintergrundinfos, Veranstaltungs-tipps, Wetterbericht) - Aufbau eines Mobilitätsbüros/-zentrale (ggf. Einrichtung eines Call-Centers)	- Verbesserung der Zufahrtsbedingungen sowie Auf- und Abstellmöglichkeiten für Busse und Taxen - Ausbau von Transportserviceangeboten, wie z. B. Haus-zu-Haus-Service, Gepäcktransport im Flughafen - Entwicklung eines differenzierten Parkraummanagements (gestaffelte Parkgebühren, Parkgebühren für Beschäftigte, Parkleitsystem) - Attraktivierung des Radverkehrs (z. B. Wegweisung, Abstellmöglichkeiten) - Einführung betriebsbezogener Maßnahmen (z. B. Erarbeitung eines (über-)betrieblichen Mobilitätsplans, Einsatz von Mobilitätsberatern, individuelle Routenplanung) - Vermittlung von Fahrgemeinschaften
Verkauf/Reservierung	**neue Mobilitätsprodukte/Serviceangebote**
- Tickets für Airport-Shuttle - Tickets für ÖPNV - Ermöglichung von Buchung und Reservierung aller Verkehrsmittel der Wegekette bereits im Rahmen der Reisevorbereitungen - Self-Service Check-In - Ticketkauf via Internet und Check-In via Telefon/Handy (bei Reisenden mit Handgepäck möglich)	- „Rail and Fly" - „Sleep and Fly" (An-/Abreise mit öffentlichen Verkehrsmitteln und verbilligte Übernachtung im Flughafenhotel)[168]

---

[168] Das Quality Hotel Airport München/Schwaig offeriert z. B. seinen Gästen ein besonderes „Park, Sleep & Fly-Programm" an. Im Rahmen dieses Angebotes sind eine Übernachtung im Doppelzimmer, der Transfer zum Flughafen und das Parken in der Tiefgarage für 14 Tage enthalten (vgl. www.airport-hotel-schwaig.de, download vom 17.02.2004).

Tabelle 23: Mobilitätsserviceleistungen für den flughafenbezogenen Verkehr (Fortsetzung)

Consulting	Public Awareness und Bildung
- mobile Mobilitätsberater auf dem Flughafen - Erarbeitung von Mobilitätsplänen in Zusammenarbeit mit örtlicher Mobilitätszentrale - Schulung von Flugbegleitern - Beratung spezieller Zielgruppen, wie z. B. behinderte Personen	- Aktionstage, z. B. autofreie Tage, bei der Besucher ohne Auto preiswerteren bzw. kostenlosen Eintritt haben - Tage der offenen Tür

Quelle: eigene Zusammenstellung, in Anlehnung an ILS 1997, S. 6f.; Nordwig 1998, S. 201

6.3.4 Träger des flughafenbezogenen Mobilitätsmanagements

Als Träger für die meisten Mobilitätsserviceleistungen an Flughäfen kommt am ehesten ein Mobilitätsbüro in Frage. Dieses am besten in zentraler Lage des jeweiligen Flughafens liegende Büro und sein Mobilitätskoordinator sowie die Servicemitarbeiter haben die Möglichkeit, bei entsprechenden interkulturellen Kompetenzen als Ansprechpartner für alle Fragen rund um die Mobilität zu fungieren. Sofern kein Mobilitätsbüro auf Dauer eingerichtet werden kann, sollte zu nachfragestarken Zeiten (z. B. Ferienzeit) ein Informations-Mobil[169] am Flughafen stationiert werden oder bei Zusammenarbeit mit Reiseveranstaltern oder Fluggesellschaften deren Flughafenrepräsentanzen für das Angebot von Dienstleistungen genutzt werden.

Für eine Etablierung und Finanzierung sind im Sinne einer partnerschaftlichen Finanzierung neben der Flughafengesellschaft sowohl die Flug- und Bahngesellschaften als auch die örtlichen Verkehrsunternehmen als Kooperationspartner einzubeziehen. Weitere Partner (z. B. Reiseveranstalter, Kommune, Land) sind jedoch denkbar und je nach örtlicher Situation zu integrieren. Sinnvoll ist vor Einführung von Mobilitätsmanagementmaßnahmen die Benennung eines Ansprechpartners innerhalb der Flughafengesellschaft, der als Mobilitätskoordinator den Kontakt mit den anderen möglichen Akteuren aufnimmt, den Aufbau möglicher Leistungen organisiert und zusammen mit Servicemitarbeitern den laufenden Betrieb des Mobilitätsmanagements unterhält.

---

[169] Ein derartiges Informations-Mobil kann aber auch für eine Mobilitätsberatung der Mitarbeiter und ansässigen Firmen eingesetzt werden, wie dies beispielsweise am Flughafen Dresden durch den Verkehrsverbund Oberelbe praktiziert wird.

Durch eine Integration des Themas Mobilitätsmanagement in die Aufgaben der übergeordneten Interessenverbände, z. B. Board of Airline Representatives in Germany (BARIG) und Arbeitsgemeinschaft deutscher Verkehrsflughäfen (ADV), können Erfahrungen („Best-Practice-Beispiele") ausgetauscht, Standards festgelegt und Finanzierungskonzepte vorgestellt werden. Im ADV gibt es bereits einen Arbeitskreis „Flughafenanbindung", der sich dem Thema Mobilitätsmanagement annehmen könnte.[170]

Bei der Planung und Etablierung von Mobilitätsserviceleistungen sind die tageszeitlichen und saisonalen Nachfrageschwankungen an Flughäfen und die Größe des Flughafens zu berücksichtigen (siehe Kapitel 4.6, S. 119ff.). „Die tageszeitlichen Nachfrageschwankungen erklären sich im Kurz- und Mittelstreckenbereich des Linienverkehrs aus der Möglichkeit zu Eintagesreisen, die ‚Tagesrandverbindungen' morgens und abends sind daher besonders beliebt." (Pompl 2002c, S. 42) Auch Urlaubsreisende sind an einer möglichst langen Aufenthaltsdauer am Zielort interessiert, so dass der Vormittag zur Hinreise und der späte Nachmittag zur Rückreise bevorzugt werden. Dies gilt jedoch vorrangig für den Kurz- und Mittelstreckenbereich, da sich die Abflüge im interkontinentalen Verkehr verstärkt an den erwünschten Ankunftszeiten der Zieldestinationen ausrichten.

6.3.5 Fazit

Flugreisen und damit Flughäfen scheinen wegen der negativen Umweltauswirkungen vordergründig nicht in ein touristisches Mobilitätsmanagement einbeziehbar. Es bieten sich jedoch vielfältige Ansatzpunkte für Mobilitätsdienstleistungen in den einzelnen Reisephasen an. Dies stellt ein großes Potential dar, welches in Deutschland und anderen europäischen Staaten bisher spärlich genutzt wurde.

Für ein flughafenbezogenes Mobilitätsmanagement kommen vor allem die an das internationale Flugnetz angeschlossenen Flughäfen und Regionalflughäfen als Anknüpfungspunkte in Frage. Weitergehende Forschungsarbeiten und Umsetzungsschritte sind erforderlich, um die vielfältigen Vorschläge in der Praxis zu prüfen. Für eine erfolgreiche Einführung sprechen jedoch insbesondere die gute Planbarkeit der Maßnahmen (Hin- und Rückreisetermin kann in Erfahrung gebracht werden), die hohe Wahrscheinlichkeit, dass die Flugreisen Bus- und Bahnkunden im Zielgebiet sind und die Tatsache, dass die meisten Reisenden während des Fluges und auf den – mindestens zwei – Flughäfen Beförderungs- und Wartezeiten haben, in denen sie für Mobilitätsserviceleistungen gut ansprechbar sind.

---

[170] BARIG = Zusammenschluss aller im deutschen Markt tätigen Fluggesellschaften

6.4 Mobilitätsmanagement für Freizeitgroßeinrichtungen

Der durch Freizeitgroßeinrichtungen induzierte (touristische) Verkehr hat in seinen strukturellen Merkmalen einige Besonderheiten, die für den Einsatz eines Mobilitätsmanagements sprechen. Durch die Betrachtung eines einzelnen Verkehrsziels ist jeweils nur eine bestimmte Relation von Interesse, so dass die Besucherverkehre punktuell zielgerichtet und damit räumlich gebündelt auftreten. Darüber hinaus treten die Besucherverkehre, in Abhängigkeit von der Form des Freizeitangebotes, häufig auch zeitlich gebündelt auf. Vor allem am Abend und am Wochenende sowie in den Ferienzeiten werden diese in besonderem Maße genutzt. Diese deutlich vorzunehmende Bestimmung des Verkehrsziels erlaubt ein gezieltes Vorgehen bei der Planung von Beförderungs- und Transportangeboten sowie Mobilitätsserviceleistungen.

6.4.1 Abgrenzung von Freizeitgroßeinrichtungen

Die Palette von Freizeiteinrichtungen ist vielfältig. Sie reicht von stadtintegrierten Großkinos bis zu im Stadtumland liegenden Freizeitparks, wobei die Freizeiteinrichtungen in der Literatur in unterschiedlicher Weise differenziert werden. Einige Autoren (z. B. Beckmann 2002, S. 12; Küchler 1997, S. 42; Wenzel 2001, S. 8; Wenzel 2003, S. 138; Witte 2000b, S. 17) nehmen eine Auflistung aller Einrichtungen, die sie zu den Freizeiteinrichtungen zählen, vor.[171]

Andere systematisieren die verschiedenen Einrichtungen, wobei mindestens sieben verschiedene Vorgehensweisen bekannt sind.

Bereits 1976 wurde der Versuch einer umfassenden Systematik der Freizeitinfrastruktur vorgenommen. Hierbei wird zwischen soziologischen Gruppen, standortorientierter Systematik und Systematik nach Freizeitfunktionen unterschieden. Die erste Systematik ist eine auf den Kriterien Alter, Familienzyklus und soziale Benachteiligung beruhende Aufteilung soziologischer Gruppen. Die standortorientierte Systematik enthält die vier Standortbereiche „Wohnung", „städtischer Bereich", „außerhalb der Wohnung im städtischen/außerstädtischen Bereich" und „außerstädtischer Bereich".

---

[171] Derartige Auflistungen enthalten bspw. Freizeitparks, Sport- und Veranstaltungsarenen, (Indoor-) Sportanlagen, Großausstellungen, Multiplex- und Sonderprojektionskinos, Spaß-/Erlebnisbäder, Fitness-/Gesundheits-/Wellnesseinrichtungen, Großdiskotheken, Aquarien/Zoos, Musicaltheater, Spielbanken, themenorientierter Darstellungen der Arbeitswelt (z. B. AutoStadt in Wolfsburg) sowie Mischformen und Kombinationen mit Handelseinrichtungen als „Urban Entertainment Center" (vgl. Beckmann 2002, S. 12; ILS 1994, S. 24ff.; Wenzel 2001, S. 8; Wenzel 2003, S. 138; Witte 2000b, S. 187).

Bei der dritten vorgeschlagenen Systematik werden die Freizeiteinrichtungen den Freizeitfunktionen „Natur/Sport/Vergnügen", „Natur/Landschaft", „Kultur/Vergnügen/Unterhaltung", „Wintersport", „Kur", „Weiterbildung", „Freizeitwohnen" und „Hobbyfreizeit" zugeordnet (vgl. Köhl/Turowski 1976, S. 21ff.).

Nach Organisationsformen wird zwischen öffentlichen, halböffentlichen und privaten Freizeiteinrichtungen unterschieden (vgl. Agricola 2001, S. 242). Eine weitere Systematik geht auf einzelne Raumkategorien ein, wobei Einrichtungen mit überregionaler Bedeutung, Einrichtungen mit regionaler oder örtlicher Bedeutung, Einrichtungen für das Wohnquartier und Einrichtungen für die engere Nachbarschaft unterschieden werden (vgl. Tabelle 24).

Tabelle 24: Freizeiteinrichtungen nach ihren Bezugsräumen

Einrichtungstyp	Beispiele
Einrichtungen mit überregionaler Bedeutung	z. B. Veranstaltungshallen, Großstadien, Freizeitparks, bedeutende Museen
Einrichtungen regionaler oder örtlicher Bedeutung	z. B. Sport- und Fitnesscenter, Stadthallen, Theater, Freizeitbäder
Einrichtungen für das Wohnquartier	z. B. Kleinsportanlagen, Spielplätze, Freizeitheime, Spielhallen
Einrichtungen für die engere Nachbarschaft	z. B. private Gemeinschaftsanlagen für Kinderspiel- und Freizeitaktivitäten

Quelle: Heuwinkel 1995, S. 331f.

In einer auf Funktionen aufbauenden Systematik werden drei Einrichtungstypen unterschieden (vgl. Huber/Brosch 2002, S. 35):

• Einzeleinrichtungen mit einer Hauptfunktion,

• modular aufgebaute Einrichtungen (jeder Bestandteil hat eigene Funktionen; alle Bestandteile jedoch eine gemeinsame (thematische) Ausrichtung) und

• Einrichtungskombinationen (sie sind untereinander unabhängig, können aber gleiche oder gegensätzliche Ausrichtungen aufweisen).

Eine thematisch vorgenommene Einteilung in Sport- und Spieleinrichtungen, Freizeitstätten/-häuser, Kultureinrichtungen, touristische Einrichtungen, Freizeitwohnen und Gastronomie ist letztlich zu nennen (vgl. Agricola 2001, S. 124).

Diese Ansätze stellen jeweils auf spezifische Fragestellungen ausgerichtete Systematisierungen dar. Eine allgemein anerkannte und für alle Fragestellungen und Disziplinen gültige Systematisierung der Freizeitinfrastruktur bzw. -einrichtungen ist nicht in Sicht.

Im Rahmen dieser Arbeit soll aufbauend auf den dargestellten Ansätzen folgende Systematisierung zugrunde gelegt werden (vgl. Abbildung 51). Da nicht alle Freizeiteinrichtungen derart verkehrsinduzierend sind, dass sie ein standortbezogenes Mobilitätsmanagement rechtfertigen, wird sich auf die Freizeitgroßeinrichtungen beschränkt. Eine genaue Abgrenzung „großer" gegenüber „kleinen" Einrichtungen ist dabei schwierig, da „groß" mehrdimensional und variabel, situationsabhängig und abhängig vom Angebotselement ist. Als „Groß"-Einrichtungen können jedoch bauliche und betriebliche Anlagen der jeweiligen Nutzungsangebote (z. B. Kultur, Sport, Freizeitparks) verstanden werden, die hinsichtlich

* Größe (z. B. Grundfläche, Nutzfläche, umbauter Raum, Anzahl der Angebotselemente, Platzanzahl, aber auch Investitions- oder Betriebskosten bzw. Umsatz) und

* Besucher- und Nutzerzahl sowie

* mehr und mehr durch Multifunktionalität der Angebote (z. B. verschiedene Freizeitelemente, Gastronomie, Handel, Dienstleistungen)

aus der Gesamtheit der sonstigen Einrichtungen herausfallen (vgl. Beckmann 2002, S. 5). Sowohl bezüglich der Dimensionierung der baulichen Anlagen als auch der Besucherzahlen stellen Freizeitgroßeinrichtungen somit einen Maßstabssprung gegenüber traditionellen Einrichtungen dar. Die nachfolgenden Aussagen treffen demnach hauptsächlich für ausgewählte Einrichtungen der Kategorien Sportstätten (v. a. Arenen, Stadien, Spaß-/Erlebnisbäder, Skihallen), Freizeitstätten (v. a. Mehrzweckhallen, Veranstaltungs-/Messehallen) und Freizeitparks (v. a. thematisierte und nicht-thematisierte Freizeitparks, Tier- und Pflanzenparks, sonstige Freizeitparks) zu.

Abbildung 51: Systematisierung der Freizeiteinrichtungen

Freizeiteinrichtungen

Kultureinrichtungen
- Theater
- Opernhäuser
- Konzertsäle
- Musical Center
- Musikfestivals
- Freilichtbühnen (Freilicht-)
- Museen
- Historische Baudenkmäler
- Religiöse Stätten
- Bibliotheken
- Kulturhäuser
- Volkshochschulen
- Musik-, Mal- und Kunstschulen

Sporteinrichtungen

Sportstätten
- Allg. Sportanlagen
  - Sportplätze
  - Sporthallen
  - Arenen/Stadien
- Spez. Sportanlagen
  - Eislaufbahnen
  - Rollschuhbahnen
  - Freizeit-/Ballsport-Center
  - Bowling-/Kegelbahnen
  - Schwimmbäder/Thermen/Pools
  - Golfplätze
  - Sonstige spez. Sportanlagen

Sport-Sehenswürdigkeiten
- Sport-Museen
- Hist. Sportgebäude/-gelände
- Archäologische Stätten
- Wohnort-/häuser von (Ex-)Sportlern
- Von Sportlern besuchte Stätten bzw. Hotels, Gaststätten usw.

Freizeitstätten/-häuser
- Kinos
- Urban Enter-/Infotainment Center
- Großdiskotheken
- Casinos
- Veranstaltungs-/Messehallen
- Mehrzweckhallen
- Bürgerhäuser
- Soziokulturelle Zentren
- Kinder-, Jugend-, Seniorenstätten
- Schullandheime

Freizeitparks/Freizeitwohnen
- Thematisierte Freizeitparks
- Nicht-thematisierte Freizeitparks
- Tier- und Pflanzenparks
- Sonstige Freizeitparks
- Ferienparks/Freizeit-Resorts
- Campingplätze
- Ferienhausanlagen
- Wochenendkolonien

Gärten und Parkanlagen
- Städtische Parkanlagen
- Landschaftsparks
- Regionalparks
- Großschutzgebiete
- Gartenschauen
- Botanische Gärten
- Kleingartenanlagen

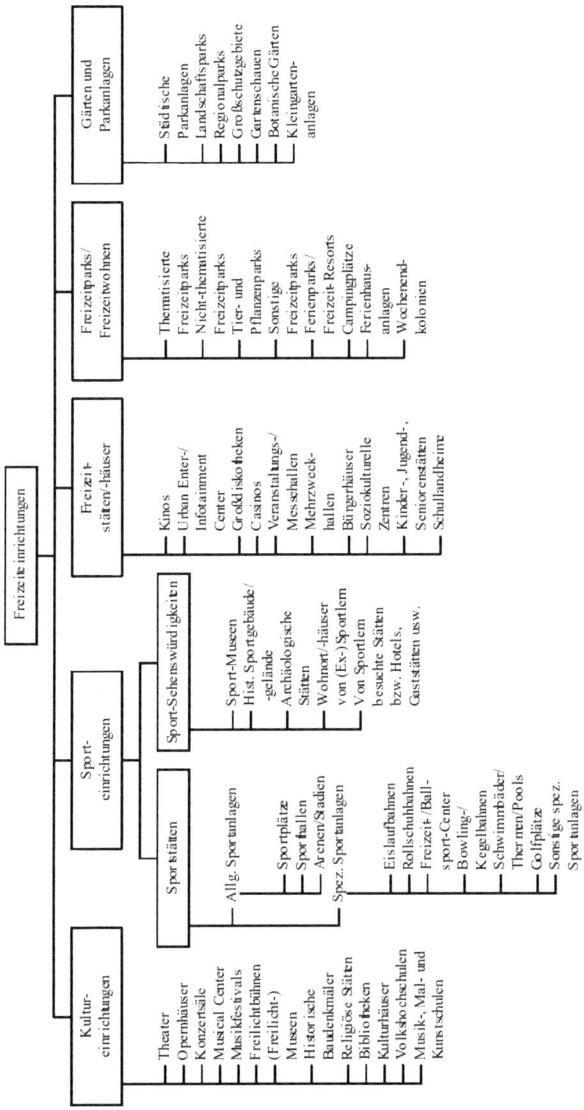

Quelle: eigene Darstellung

6.4.2 Ausgangssituation bei Freizeitgroßeinrichtungen

Freizeitgroßeinrichtungen können ebenso wie Events primäres oder sekundäres Ziel einer Reise sein, wobei sie eher während einer (Urlaubs-)Reise von Touristen besucht werden, als dass sie primäres Ziel sind. Am Beispiel von Spaß-/Erlebnisbädern und Skihallen kann die Unterscheidung verdeutlicht werden. So besuchen laut einer Untersuchung des DWIF im Durchschnitt rund 12% der Urlauber in Deutschland ein Spaß-/Erlebnisbad während ihres Aufenthaltes (vgl. Maschke 2000, S. 82). Die Hundertwasser-Therme „Rogner-Bad Blumenau" (Steiermark, Österreich) mit angrenzendem Beherbergungsangebot von 247 Zimmern und 24 Appartements zielt darüber hinaus auch auf Übernachtungsgäste. 1999 hatten die Übernachtungsgäste eine durchschnittliche Aufenthaltsdauer von 3,4 Tagen und das Bad verzeichnete einen Anteil von 39,1% an ausländischen Gästen aus über 80 Nationen (vgl. Brittner 2000, S. 175ff.). Ein anderes Beispiel für ein Hauptreiseziel sind Indoor-Skianlagen. In Deutschland gibt es zwar gegenwärtig nur im Senftenberger Snowtropolis Übernachtungsmöglichkeiten (22 Ferienbungalows) (vgl. www.snowtropolis.de, download vom 23.11. 2003), aber auch für die zweite Ausbaustufe der Skihalle Neuss ist ein Hotel geplant (vgl. Franck/Roth 2001, S. 94).

Im Einklang mit den immer häufiger angebotenen Übernachtungsmöglichkeiten bei Freizeiteinrichtungen steht der Trend zu immer größeren Anlagen, die zunehmende multifunktionale Angebote beinhalten. Durch beide Entwicklungen steigt die Anfahrtsbereitschaft der Gäste, das Einzugsgebiet wird ausgeweitet und derartige Angebote kommen verstärkt als Hauptreiseziel, zumindest für eine Wochenend- oder Kurzreise, in Frage (vgl. Franck 2000, S. 35f.; Franck/Roth 2001, S. 89ff.; Wenzel 2003, S. 150; Witte 2000b, S. 187).

Im Regelfall dominiert bei der Verkehrsmittelwahl zu Freizeitgroßeinrichtungen der motorisierte Individualverkehr. Eine Aussage, die getroffen werden kann, obwohl das Mobilitäts- und Verkehrsmittelwahlverhalten der Besucher solcher Anlagen bisher nur wenig erforscht ist (vgl. Küchler 1997, S. 41). Von den Besuchern wird i.d.R. eine leistungsstarke Anbindung für den motorisierten Individualverkehr erwartet und ist somit für die Einrichtungsbetreiber eine wichtige Voraussetzung für den wirtschaftlichen Erfolg. Dies hat zur Folge, dass bei den Einrichtungen MIV-Anteile von 90 und mehr Prozent erreicht werden (vgl. Tabelle 25).

Tabelle 25: Verkehrsmittelwahl und Einzugsbereich von ausgewählten Freizeitgroßeinrichtungen[172]

Typ	Verkehrsmittelwahl	Einzugsbereich
Freizeitparks	- hauptsächlich Individualverkehr (ca. 90% MIV-Anteil), 6% Bus, 1% Bahn, 2% Fahrrad, 2% sonstige Verkehrsmittel	- durchschnittlich werden im Ausflugsverkehr 1,5 bis 2 Stunden Fahrtzeit akzeptiert (etwa die Hälfte der Besucher nehmen 150 und mehr Kilometer in Kauf)
Veranstaltungshallen/Arenen	- hauptsächlich Individualverkehr (70-75%) - ÖV-Anteile von bis zu 25% bei Standorten an bestehendem ÖV-Netz	- Mittlerer Einzugsbereich ca. 100-150 km (entspricht ca. eineinhalb bis zwei Fahrstunden)
Spaß- und Erlebnisbäder	- an integrierten Standorten ca. 74% Pkw-, 13% ÖV- und 13% Fuß-/Fahrrad-Anteil - an peripheren Standorten ca. 90% Pkw- und 10% ÖV-Anteil	- Ausflugsverkehr: Anfahrtszeiten bis zu eineinhalb Stunden werden akzeptiert - Urlauberausflugsverkehr: Anfahrtszeiten bis zu einer Stunde werden akzeptiert, 75% der Ausflüge spielen sich innerhalb einer 30-Minuten-Anfahrtszeiten-Isochrone ab

Quelle: eigene Zusammenstellung nach ILS 1994, S. 32ff.; Maschke 2000, S. 80

Besucher im alltäglichen Freizeitverkehr nehmen, je nach Einrichtung, Wege von bis zu 150 km bzw. zwei Fahrtstunden bei einem Tagesausflug in Kauf. Bei Freizeitgroßeinrichtungen mit Übernachtungsmöglichkeiten liegen diese Werte sicherlich höher; genauere Angaben können auf Grund fehlender Daten jedoch nicht gemacht werden. Auch Touristen vor Ort besuchen im Rahmen des Ausflugsverkehr von ihrem Aufenthaltsort aus Freizeitgroßeinrichtungen. Über die Wege bzw. Zeiten, die sie bereit sind zurückzulegen, liegen nur vereinzelt Daten vor (vgl. Tabelle 25).

Aus dem Projekt „FreiMove" ist letztlich auf Grund der Auseinandersetzung mit insgesamt zehn Großeinrichtungen der Freizeit bekannt, „(...) dass die Einzugsgebiete mit der ‚Singularität' der Einrichtungen (...) zunehmen und (Anm. d. Verf.) dass die Verkehrsmittelwahl zugunsten ÖPNV und

---

[172] Diese Angaben beziehen sich größtenteils auf NRW. Neuere Daten wurden beispielsweise im Rahmen des Projektes „FreiMove – Großeinrichtungen der Freizeit, Handlungsansätze des Mobilitätsmanagement und der Erschließung" erhoben, aber auch sie beziehen sich auf Einrichtungen in NRW (vgl. Beckmann 2002, S. 14ff.).

nichtmotorisierten Verkehrsmitteln tendenziell mit ‚stadtintegrierten' (zentralen) Lagen wie auch mit der ÖPNV-Erschließungsqualität der Standorte sowie der Beschränkung der Einzugsbereiche auf Stadt und Stadtumland zunimmt." (Beckmann 2002, S. 14)

6.4.3   Einrichtungsbezogene Mobilitätsdienstleistungen

Im Sinne einer integrativen Strategie (siehe Tabelle 20, S. 182) sollte es übergeordnetes Ziel eines Mobilitätsmanagements bei Freizeitgroßeinrichtungen sein, alle verkehrlichen Teilbereiche, also Mitarbeiter-, Besucher- und Wirtschafts-/Güterverkehr mit Mobilitätsmanagementmaßnahmen anzugehen. Aus Sicht der vorliegenden Arbeit nimmt der Besucherverkehr (von Touristen) die höchste Bedeutung ein, so dass sich die vorgeschlagenen Mobilitätsdienstleistungen hierauf beziehen.

Die dargestellte Ausgangssituation bei Freizeitgroßeinrichtungen impliziert, dass ein standortbezogenes Mobilitätsmanagement bei Freizeitgroßeinrichtungen an der Dominanz des MIV ansetzen muss, aber auch Potentiale für die Nutzung des Umweltverbundes vorhanden sind. Mobilitätsdienstleistungen von bzw. für Freizeitgroßeinrichtungen sollten, wie auch bei den anderen standortbezogenen Ansätzen (Events, Flughäfen), den (potentiellen) Besuchern im Quellgebiet[173] vor Fahrtantritt zugänglich gemacht werden und die gesamte Reise umfassen. Touristen, die eine Freizeitgroßeinrichtung während ihres Aufenthaltes aufsuchen, sollten im Zielgebiet selbst Dienstleistungen des Mobilitätsmanagements zugänglich gemacht werden. Hierzu können z. B. die Beherbergungseinrichtungen, Reiseveranstalter (v. a. der Reiseleitung und Zielgebietsagenturen) oder Verkehrsunternehmen einbezogen werden. Maßnahmen vor Ort nehmen bei Freizeitgroßeinrichtungen jedoch eine besondere Stellung ein, da aufgezeigt werden konnte, dass bis zu 65% der Besucher einer Freizeitgroßeinrichtung einen Wiederholungsbesuch erwägen. Hierdurch können Maßnahmen eines Mobilitätsmanagements bereits den nächsten Besuch beeinflussen (vgl. Nolle 2000, S. 44).

---

[173] Als Quellgebiet kann hierbei zweierlei aufgefasst werden: Zum einen der Wohnort, vor allem dann, wenn die Freizeitgroßeinrichtung das Hauptreiseziel ist und zum anderen der Aufenthaltsort während einer Reise (z. B. Hotel, Ferienhaus), wenn die Freizeitgroßeinrichtung ein Nebenreiseziel ist.

Hochwertige Transport- und Beförderungsangebote im öffentlichen (Linienbildung, Linienverknüpfung, Umsteigequalitäten, Lage und Qualität der Haltestellen, Bedienfrequenzen/Takt, Qualität der Fahrzeuge, Shuttle-Verbindung, Gruppentarife usw.) und nichtmotorisierten Verkehr (Routenführung, Abstellanlagen, Beschilderung, usw.) sind v. a. für die Verbindungen von Interesse, die sich auf die direkte Erreichbarkeit des jeweiligen Standortes beziehen (vgl. Beckmann 2002, S. 15).

Neben der Optimierung der Voraussetzungen im Umweltverbund ergeben sich konkrete Handlungsfelder für einrichtungsbezogene Mobilitätsdienstleistungen vor allem in den Bereichen „Information", „Koordination" und „Entwicklung neuer Mobilitätsprodukte". Da die Entscheidung zum Besuch von Freizeitgroßeinrichtungen teilweise spontan und die Besuche – trotz der festgestellten Absicht eines Wiederholungsbesuches – eher singulär und unregelmäßig sowie wetterabhängig sind, sind Informationen über die Anreisemöglichkeiten im Umweltverbund und eine individuelle Anreiseinformation besonders wichtig.

> „Eine gute, d.h. schnelle und nutzergerechte Informationsbasis ist hier ein entscheidender Faktor für die Berücksichtigung von Alternativen zum privaten Pkw." (Witte 2000b, S. 190)

Die direkte Bereitstellung von Anreiseinformationen durch den Einrichtungsbetreiber (z. B. durch Mobilitätsbüro) bzw. der Hinweis auf Möglichkeiten der individuellen Anreiseinformation (z. B. durch eine Mobilitätszentrale) stellt einen ersten Schritt der benutzergerechten Information dar. Anreiseinformationen für den Umweltverbund durch den Einrichtungsbetreiber können z. B. in Werbematerialien, auf Eintrittskarten oder im Internet zur Verfügung gestellt werden (vgl. ebd.). Eine Auswahl an weiteren möglichen Mobilitätsserviceleistungen von Freizeitgroßeinrichtungen, die auch die benötigte Informationsbasis entscheidend beeinflussen können, finden sich in Tabelle 26.

Tabelle 26: Mobilitätsserviceleistungen für Freizeitgroßeinrichtungen

Information/ Beratung	Verkauf/ Reservierung	Transportkoor- dination/ -organisation	neue Mobilitäts- produkte/ Serviceangebote
- Fahrplan-/Tarif- auskunft, z. B. über elektroni- sche Fahrplan- auskunft - Infos über Son- derfahrten bei bestimmten Veranstaltungen - Broschüren über das öffentliche Verkehrsange- bot (Bus- und Bahnfahrplan, Haltestellenver- zeichnis) - Aufstellung von Fahrplänen - Info-Portal der Einrichtungen über Angebote (z. B. Sportge- räteverleih) - Anreiseinfos in Werbemateria- lien oder auf Eintrittskarten - Infos über Park- plätze, Park- raumbewirt- schaftung in der Umgebung, P&R-, Bike-& Ride-Möglich- keiten	- Verkauf von Tickets des öf- fentlichen Per- sonenverkehrs und Kombi- Tickets - Verkauf von einrichtungsbe- zogenen Fahr- plänen - Vergünstigun- gen beim Eintritt bei der Vorlage des ÖV-Zeit- fahrausweises (Refinanzierung durch Verkehrs- unternehmen möglich) - Rückerstattung des ÖV-Tickets beim Einrich- tungsbesuch - Anrufservice für Taxibestellung - Online- Reservierung von Parktickets - Reparaturservice für Fahrräder, Inline-Skates	- Gepäckaufbe- wahrung für den Besuch der Ein- richtung - Koordination und Abnahme des Gepäck- transportes (z. B. Sportgeräte wie Ski, Fahrrä- der, Tauchaus- rüstung) - Einrichtung ei- ner Mitfahrzent- rale zur Bildung von Fahr- gemeinschaften - Anrufservice für Taxibestellung - Nachtbusse zur Freizeiteinrich- tung	- Kombi-Tickets (Eintritt zur Ein- richtung kombi- niert mit ÖV- Ticket) - Shuttle-Bus zum nächstgelegenen Bahnhof - Erlebnisorien- tierte Verkehrs- mittel (v. a. für junge Zielgrup- pen von z. B. Indoorskianla- gen, Veranstal- tungshallen/ -arenen)
Consulting		**Public Awareness und Bildung**	
Beratung spezieller Zielgruppen, wie z. B. behinderte Personen oder Schüler (-gruppen) bzw. deren Lehrer, Betreuer und/oder Eltern		Aktionstage, z. B. Sondertage für Schüler, autofreie Tage, bei der Besucher ohne Auto einen preiswerteren bzw. kostenlo- sen Eintritt bekommen	

Quelle: eigene Darstellung, in Anlehnung an Nolle 2000, S. 53ff.; Schwafert 2001, S. 56; Witte 2000b, S. 190

6.4.4 Träger des einrichtungsbezogenen Mobilitätsmanagements

Hauptsächliche Träger des einrichtungsbezogenen Mobilitätsmanagements bei Freizeitgroßeinrichtungen sind die Betreiber der jeweiligen Einrichtung. Vor allem für die Bereitstellung verschiedener Infrastrukturangebote ist jedoch die Kooperation mit den örtlichen Verkehrsunternehmen und/oder -verbund und der Kommune notwendig.

> „Die Koordination mit lokalen und regionalen Partner ist ein zentrales Handlungsfeld. Basis für abgestimmte Handlungsstrategien ist beispielsweise die Gründung eines regelmässig tagenden Arbeitskreises vor Ort. Hier können z.b. Betreiber der Freizeiteinrichtungen, Stadtverwaltung (Planungsamt, Tiefbauamt, Stadtmarketing), ÖV-Betreiber, Taxi-Dienste, Polizei, Betriebe und Einrichtungen im Umfeld, Touristikunternehmen etc. beteiligt sein. (...) Eine intensive Zusammenarbeit mit dem Stadtmarketing und der Kundeninformation der ÖV-Betriebe oder einer Mobilitätszentrale kann zu einer breit gestreuten und einfach zugänglichen Information über zentrale Telefon-Nummern, Internet-Adresse zu Fahrplan-Information o.ä. beitragen." (Witte 2000b, S. 190)

Die Benennung eines Ansprechpartners (Mobilitätskoordinator) im jeweiligen Unternehmen ist vor der Einführung von Mobilitätsmanagementmaßnahmen sinnvoll, der sich im Regelfall aus der Mitarbeiterschaft einer Einrichtung rekrutieren sollte. Er nimmt den Kontakt mit den anderen Akteuren sowohl innerhalb als auch außerhalb der Einrichtung auf, organisiert den Aufbau der Dienstleistungen und trägt zum laufenden Betrieb maßgeblich bei.

Nur bei entsprechender Anlagengröße ist die Bereitstellung eines eigens eingerichteten Mobilitätsbüros denkbar. Bei den anderen Anlagen sind die Mobilitätsserviceangebote eher in die bestehenden Informations- und Verkaufsangebote zu integrieren. Vorteilhaft für die Integration von Mobilitätsdienstleistungen in die Organisationsstrukturen von Freizeitgroßeinrichtungen stellen die bereits kundenorientierten Infrastrukturen dar, auf die häufig zurückgegriffen werden kann. „So können z.B. Auskünfte über ÖV-Verbindungen oder ein Gepäckservice an den bestehenden Kassen- und Informationsschaltern abgewickelt werden. Teile der auf die Freizeiteinrichtung bezogenen Leistungen (z.B. standortbezogene Fahrplanauskünfte, Kombiticket-Verkauf) können dabei auch außerhalb der Einrichtung z.B. durch die Verkehrsunternehmen oder kommunale Einrichtungen erbracht werden." (Schwafert 2001, S. 57)

6.4.5 Fazit

Bei nahezu allen Freizeitgroßeinrichtungen bestehen Ansätze für Mobilitätsdienstleistungen, da die Erreichbarkeit der Standorte eine wesentliche Voraussetzung für die Sicherung einer ausreichenden Gästezahl darstellt. Bestehende Angebote (z. B. Informationsbroschüren mit Angaben zur Lage, zu den Öffnungszeiten und den Eintrittspreisen) und kundenorientierte Infrastrukturen können als Ansatzpunkt zur Erweiterung der Dienstleistungen mit dem Ziel eines umfassenden Mobilitätsmanagements genutzt werden. Die hier vorgeschlagenen Maßnahmen sind größtenteils auf alle Freizeitgroßeinrichtungen übertragbar, allerdings müssen die Vorgehensweise und Maßnahmen den Rahmenbedingungen des jeweiligen Standortes angepasst werden.

Eine schnelle und nutzergerechte Informationsbasis ist für die mögliche Berücksichtigung von Alternativen zum Pkw ebenso wichtig für den Erfolg von Mobilitätsmanagementmaßnahmen bei Freizeitgroßeinrichtungen wie die Abstimmung mit lokalen und regionalen Partnern (z. B. innerhalb eines Arbeitskreises).

6.5 Fazit zum standortbezogenen Mobilitätsmanagement im Tourismus

Allen drei Betrachtungsfeldern ist gemein, dass Mobilitätsmanagement bisher noch selten für eine nachhaltigere Abwicklung der verschiedenen Verkehrsarten eingesetzt wird. Durch die Betrachtung des Mobilitätsmanagements für Events, Freizeitgroßeinrichtungen sowie Flughäfen konnten spezifische theoretische Ansätze und praktische Maßnahmen herausgearbeitet werden. Es wird hiermit gezeigt, dass es neben dem in der gegenwärtigen Praxis dominierenden betrieblichen Mobilitätsmanagement für den Mitarbeiterverkehr von Firmen und öffentlichen Verwaltungen weitere erfolgversprechende Anknüpfungspunkte eines standortbezogenen Mobilitätsmanagements gibt. Zusammen mit einem städtischen/regionalen Mobilitätsmanagement machen diese standortbezogenen Ansätze ein umfassendes Gesamtkonzept aus (vgl. Abbildung 27, S. 124).

7 Umsetzung eines touristischen Mobilitätsmanagements

Im Folgenden werden in Anlehnung an die bereits im Kapitel 3.2.3.3 (siehe S. 89f.) angeführten Umsetzungsstufen des Mobilitätsmanagements übergreifende Aussagen für die Umsetzung eines touristischen Mobilitätsmanagements getroffen (vgl. Abbildung 52). Über die in Kapitel 5 (siehe S. 129ff.) und 6 (siehe S. 181ff.) dargestellten Notwendigkeiten einer Umsetzung (z. B. Grundlagenuntersuchung, Aufstellung von Mobilitätsplänen und Aufbau von Partnerschaften) werden Erfolgsfaktoren und Hindernisse für die Umsetzung eines touristischen Mobilitätsmanagements herausgearbeitet.

7.1 Umsetzungsstufen

In Anlehnung an die wirtschaftswissenschaftliche Planungs- und Politikdiskussion kann auch für die Umsetzung eines Mobilitätsmanagements das Ziel-Mittel-Denken bzw. der Ziel-Mittel-Ansatz herangezogen werden, wie in Abbildung 52 verdeutlicht (vgl. Freyer 2001a, S. 278).

Für die Initiierung eines Mobilitätsmanagements bzw. einzelner Bausteine muss eine Person bzw. eine Personengruppe identifiziert werden, die als Hauptverantwortlicher gilt. Die Hauptfunktion dieser Person bzw. Gruppe besteht darin, dafür Sorge zu tragen, dass der Mobilitätsmanagementprozess angestoßen wird, unterstützende Personen gewonnen werden und die Koordination während der verschiedenen Phasen des Mobilitätsmanagements übernommen wird. In der Sondierungs-/Initiierungsphase wird erst einmal die grundsätzliche Machbarkeit des Mobilitätsmanagements abgeschätzt und eine erste Zielformulierung vorgenommen, was teilweise auch ohne weitergehende Partner möglich ist. Die jeweiligen Mobilitätsmanagementprozesse werden im Quell- und Zielgebiet dabei weitestgehend unabhängig voneinander begonnen.

In der Gestaltungs-/Planungsphase wird dann eine Aktualisierung der Ziele vorgenommen, eine Leitvision oder ein Leitbild entwickelt bzw. die Probleme benannt, die mit dem Mobilitätsmanagement angegangen werden (sollen). Es ist hierbei darauf zu achten, dass möglichst viele der in Frage kommenden Partner (siehe Kapitel 5.1.2, S. 134ff.) einbezogen werden. Diese können an der Ausgestaltung und Einführung der einzelnen Mobilitätsmanagementmaßnahmen beteiligt werden, wodurch die Identifizierung mit den Maßnahmen steigt und das Risiko späterer Einwände sinkt. Bei der Zusammensetzung der Partner muss sichergestellt sein, dass für die Planung und Implementation der verschiedenen Mobilitätsdienstleistungen Beteiligte mit entsprechender Sachkompetenz eingebunden sind (vgl.

MOST 2003, S. 150f.). Die potentiellen Partner in einem touristischen Mobilitätsmanagement wurden bereits benannt, wobei sie nicht nur aus dem
jeweiligen Gebiet, in dem das Mobilitätsmanagement angewendet wird,
stammen können, sondern auch aus den entsprechenden Quell- bzw. Zielgebieten und dem Transferraum.

> „Dabei sind Partnerschaften nicht allein wichtig im Hinblick auf eine ge-
> meinsame Trägerschaft oder Finanzierung. Die Rolle der Beteiligten (Pro-
> jektpartner, Geldgeber, Berater oder Informant) wird ebenso verschieden
> sein wie ihr Beitrag (Geldmittel, Personal, Infrastruktur, Dienstleistungen,
> aktive Unterstützung, moralische Unterstützung, Information oder Feed-
> back)." (Müller 2000, S. 8)

In dieser Phase sind auch Finanzierungsfragen zu klären und das Mobilitätsmanagement ist zu institutionalisieren, d. h. insbesondere, dass entsprechende organisatorische Strukturen aufgebaut werden (z. B. Benennung
oder Einstellung eines Mobilitätsmanagers, Aufbau einer Mobilitätszentrale). Dies kann im Rahmen bestehender oder neu zu schaffender Organisationen geschehen.

In der nächsten Phase, der Implementations-/Betriebsphase, ist zunächst
eine Grundlagenuntersuchung (siehe Kapitel 5.2.1, S. 141ff.) vorzunehmen,
um das Mobilitätsmanagement auf die lokalen Gegebenheiten hin ausrichten zu können, die relevanten Zielgruppen und Akteure (= Akteursanalyse)
sowie die potentiellen Barrieren und negativen Nebeneffekte zu identifizie-
ren. Ein Mobilitätsplan spezifiziert in Fortführung der Grundlagenuntersuchung die konkreten Aktivitäten, Zuständigkeiten, Zeitpläne usw. und integriert die ggf. in der Initiationsphase durchgeführten Machbarkeitsstudien, die Grundlagenuntersuchung und je nach örtlicher Situation flexible
Inhalte. Der Detaillierungsgrad des Mobilitätsplanes ist dabei vom jeweiligen Mobilitätsmanagementprozess abhängig und kann laufend ergänzt
bzw. überarbeitet werden. Letztlich sind in der Implementationsphase die
konkreten Mobilitätsdienstleistungen umzusetzen. Zur Komplementierung
der Umsetzung gehört die Evaluation der durchgeführten Maßnahmen bzw.
des Mobilitätsplanes und die anvisierten Ziele, wobei die Vorbereitungen
bereits eher beginnen sollten.

> „Um sicher zu stellen, dass genügend Zeit, Ressourcen und Fachwissen für
> Monitoring und Evaluation zur Verfügung stehen, sollte dieser Bereich be-
> reits in der Planungsphase Berücksichtigung finden." (PORTAL 2003,
> S. 28)

Abbildung 52: Umsetzung mit Hilfe der Ziel-Mittel-Methode

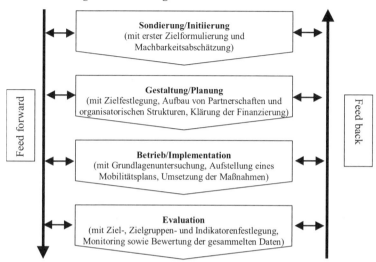

Quelle: eigene Darstellung, in Anlehnung an Freyer 2001a, S. 278

7.2 Erfolgsfaktoren der Umsetzung

Da es sich beim Mobilitätsmanagement um einen Ansatz handelt, der auf einer Vielzahl von Akteuren sowie Maßnahmen und Dienstleistungen basiert und je nach örtlicher Situation anders anzugehen ist, ist es schwierig, einen idealtypischen Ablauf für eine Umsetzung zu definieren. In der wissenschaftlichen Diskussion haben sich jedoch aufbauend auf verschiedenen Pilotprojekten mehrere Erfolgsvoraussetzungen herauskristallisiert, die es in erster Linie zu berücksichtigen gilt (vgl. z. B. Finke et al. 1999, S. 7ff.; Müller 2000, S. 7ff.; MOMENTUM/MOSAIC 1999, S. 72ff.; MOST 2003, S. 155ff.; Witte 2000, S. 70ff.). Hierzu zählen qualifiziertes Personal, die Finanzierung, eine Evaluation bzw. Bewertung der Wirkungen des Mobilitätsmanagements sowie ein Marketing für die Einführung der (neuartigen) Dienstleistungen, auf die alle im Folgenden näher eingegangen wird.

Darüber hinaus werden die Rahmenbedingungen, sei es politischer, rechtlicher, fiskalischer oder organisatorischer Art, für die Umsetzung von Mobilitätsmanagement als wichtiger Faktor verstärkt in die wissenschaftliche Diskussion eingebracht (vgl. Müller 2004, S. 374ff.; Müller/Wixey 2003, S. 1; MOST 2003). Im Rahmen des Forschungsprojektes MOST wurden diese Rahmenbedingungen für Mobilitätsmanagement in Europa (u. a. in Deutschland) analysiert. Neben direkten Einflüssen, wie z. B. staatliche Förderprogramme oder gesetzliche Vorgaben, können auch indirekte Wirkungen Einfluss auf die Umsetzung eines Mobilitätsmanagementkonzeptes auf lokaler oder regionaler Ebene haben. Zentrales Ergebnis der MOST-Analyse der Rahmenbedingungen für Mobilitätsmanagement in verschiedenen europäischen Ländern ist ein Schema, das die wichtigsten Erfolgsfaktoren zur Förderung von Mobilitätsmanagement strukturiert (vgl. Abbildung 53).

Das so genannte P.A.I.R.-Schema erlaubt eine Bestandsaufnahme auf Bundes-, Landes- oder kommunaler Ebene, um Verbesserungsvorschläge zu erarbeiten, die die Umsetzung eines Mobilitätsmanagements erleichtern. Es werden eine Reihe von Grundbedingungen (z. B. Berücksichtigung der Mobilitätskultur: in Norddeutschland exitiert beispielweise eher eine Fahrradkultur, was den Aufbau multi- und intermodaler Konzepte unterstützt) postuliert sowie darauf hingewiesen, dass möglichst keine kontraproduktiven Maßnahmen bestehen sollten (z. B. eine hohe Zahl vorgeschriebener Stellplätze bei Neubauvorhaben oder die steuerliche Benachteiligung von ÖPNV-Maßnahmen durch den Arbeitgeber im Vergleich zur Bereitstellung kosterloser Stellplätze). Darüber hinaus werden für die vier Bereiche Politik, Akteure und Strukturen, Integration und Ressourcen Empfehlungen für ein erfolgreiches Mobilitätsmanagement aufgestellt, die die Umsetzung erleichern sollen (z. B. Politik: Mobilitätsmanagement sollte Bestandteil der grundlegenden verkehrspolitischen Pläne und Programme sein, sowohl in der Zielsetzung als auch bei Strategien und Maßnahmen; Akteure und Strukturen: Neben der Einbettung von Mobilitätsmanagement in vorhandene Institutionen besteht ein Bedarf für eigenständige Organisationsstrukturen; Integration: Strategien für ein Mobilitätsmanagement müssen zuallererst dem multimodalen (verkehrsmittelübergreifendem) Charakter des Ansatzes Rechnung tragen; Ressourcen: Mittelfristig sind Qualitätsstandards und Qualitätsmanagement als Instrumente zur Sicherung der Dienstleistungsqualität und Kosteneffizienz notwendig) (vgl. Müller 2004, S. 374ff.).[174]

„The P.A.I.R.-scheme guides policy makers in their effort to detect the most important barriers and support structures for Mobility Management in their city, region or country." (Müller/Wixley 2003, S. 8)

---

[174] Die weiteren Empfehlungen für die einzelnen Bereiche sind bei MOST 2003, S. 97ff., Müller 2004, S. 376ff. und Müller/Wixey 2003, S. 4ff. nachzulesen.

Abbildung 53: P.A.I.R.-Schema

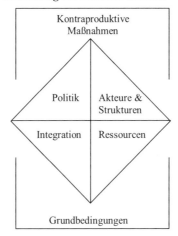

Quelle: Müller/Wixey 2003, S. 4

Letztlich ist bei der Implementierung eines touristischen Mobilitätsmanagements auf die im Rahmen der vorliegenden Untersuchung herausgearbeiteten Besonderheiten zu achten (siehe Kapitel 0, S. 99ff.).

7.2.1 Personal

Qualifiziertes Personal in Mobilitätszentralen und -büros garantiert, dass die Anforderungen an den Service sowie an die konzeptionellen und organisatorischen Arbeiten im Hintergrund erfüllt werden (vgl. Müller 2000, S. 8). Für die erfolgreiche Etablierung eines touristischen Mobilitätsmanagements ist eine Doppelqualifikation der Mitarbeiter sowohl im Tourismus als auch Verkehr wünschenswert. In Österreich, Deutschland und der Schweiz wurden in den letzten Jahren Schulungen entwickelt, mit denen vorhandenes oder neu einzustellendes Personal aus- bzw. weitergebildet werden kann, wobei bisher selten ein Schwerpunkt auf die Doppelqualifikation in Tourismus und Mobilität gelegt wird. Neben diesen Qualifizierungsmaßnahmen gibt es Hochschulstudiengänge, die die Inhalte des Mobilitätsmanagements vermitteln und Personal ausbilden, welches am ehesten für Führungsaufgaben (Mobilitätsmanager, -berater oder -koordinator) in Frage kommt. Hier ist z. B. ein Studiengang „Tourismus und Mobilität" an der Fachhochschule in Luzern/Schweiz oder Erfurt zu nennen. Die Verbreitung derartiger Bildungsangebote ist aber noch relativ gering.

Neben fachlicher und sozialer Kompetenz müssen die Mitarbeiter über ausreichend Ortskenntnisse verfügen und die regionalen Besonderheiten kennen, um kompetent Auskunft gegen zu können (vgl. Kalwitzki 1998, S.
49f.). Auf Grund der bei einem touristischen Mobilitätsmanagement notwendigen Einbeziehung verschiedener Quellgebiete aus Sicht eines Zielgebietes (bzw. verschiedener Zielgebiete aus Sicht eines Quellgebietes) benötigen die Mitarbeiter einer Mobilitätszentrale bzw. eines Mobilitätsbüros
Kenntnisse und Informationen über eine Vielzahl an Gebieten und Verbindungen zu diesen Gebieten (siehe Kapitel 5.1.1, S. 133f.). Neben der Nutzung von Kommunikationstechnologien (z. B. CRS-Systeme, Datenbanken) und Schulungen der Mitarbeitern sind diese Informationen durch die
Kommunikation und (inter-)nationale Abstimmung von Mobilitätszentralen
(und ggf. Mobilitätsbüros) untereinander, beispielsweise über ein Netzwerk, zu bekommen, da so die vorhandene Ortskenntnis Trägern anderer
Mobilitätsmanagementansätze zugänglich gemacht wird.[175]

Die Schulung und Weiterbildung des Personals einer Mobilitätszentrale für
Fragen des Tourismus ist ebenso wichtig wie die Sensibilisierung der Mitarbeiter für die Anliegen der Gäste, da bei einem Mobilitätsmanagement
mit touristischem Schwerpunkt neben dem Angebot von Mobilitätsdienstleistungen auch Aufgaben im Rahmen eines touristischen Marketing übernommen werden (können) (= integriertes Mobilitätsmanagement). Darüber
hinaus ist aus touristischer Sicht bei vielen Mobilitätsdienstleistungen auf
Mehrsprachigkeit und die sich aus den interkulturellen Kontakten ergebenden Anforderungen ans Personal zu achten (siehe Kapitel 4.4, S. 114ff.).

Nach Freyer/Pompl erfordert internationales Management[176] „(...) neben
generellen Kompetenzen, die kulturabhängig vorhanden sein müssen und
im internationalen Kontext lediglich eine andere Ausprägung und Gewich-
tung haben als bei nationalen Managementaufgaben, zusätzliche multikul-
turelle Kompetenzen, die beim Aufeinandertreffen verschiedener Kultur-
kreise notwendig sind." (Freyer/Pompl 2000, S. 122ff.) Zu den generellen
Kompetenzen werden die technische, soziale und konzeptionelle
Kompetenz gezählt. Die interkulturelle Kompetenz, auch als sog.

---

[175] Zu den konkreten Aufgaben und benötigen fachlichen Qualifikationen von Mobilitätsberatern, -managern, -koordinatoren oder Servicemitarbeitern gibt es eine Reihe
von Veröffentlichungen (siehe z. B. Aurich/Konietzka/Heid 1998; BMVBW 2004;
Ferril/Preßl/Uranitsch 1996, S. 1ff.; Finke et al. 1999, S. 8f.; Kalwitzki 1998, S.
48ff.; Kalwitzki/Reiter 1993, S. 21ff. sowie www.mobilitaetsmanagement.nrw.de/
index.php?s=6&mp=1, download vom 13.05.2004).
[176] „Dabei ist „Management" auf verschiedenen betrieblichen Ebenen zu sehen. Management umfaßt außer den – vor allem in Deutschland vorherrschenden Verständnis –
unternehmerischen Führungsaufgaben auch Lower-Management-Funktionen im Sinne der operationalen, sprich ausführenden Aufgaben." (Freyer/Pompl 2000, S. 115)

Schlüsselkompetenzen bzw. -qualifikationen bezeichnet, setzt sich zusammen aus dem Wissen (Sprache, Gesetze, sozio-kulturelle Besonderheiten („does and dont's"), Normen, Werte, kulturelle Standards), den Einstellungen (Offenheit für fremde Kulturen, Empathie, Toleranz und Respekt ggü. fremder Normen und Gebräuche sowie Akzeptanz) und der Persönlichkeit und Qualifikation (Lernfähigkeit und Flexibilität, Verhaltensanpassung, kommunikative Kompetenz, die über reine Sprachkenntnisse hinausgeht, Teamfähigkeit und psychische Belastbarkeit) (vgl. Freyer 2002, S. 56; Freyer/Pompl 2000, S. 122ff.).

Interkulturelle Dienstleistungskontakte erfordern v. a. die Schulung der Mitarbeiter, die international im Einsatz sind oder im jeweiligen Zielgebiet mit ausländischen Gästen bzw. Gästen anderer Kulturen in Kontakt treten, was v. a. in Großstädten, stark touristisch geprägten Orten oder Einrichtungen (z. B. Flughäfen) und bei Mega-Events mit hohem Anteil ausländischer Gäste notwendig ist. Aber nicht nur an die Mitarbeiter der „klassischen" Mobilitätsmanagementträger sind besondere Anforderungen gestellt. Auch für die potentiellen Partner aus der Tourismuswirtschaft sowie die weiteren Partner aus Freizeit und Verkehr gelten die getätigten Aussagen. Neben den interkulturellen Kompetenzen, die z. T. bereits eine Mehrsprachigkeit integrieren, sind die mit ausländischen Gästen in Kontakt tretenden Mitarbeiter sprachlich zu schulen. Hier sei auch erwähnt, dass Informationsbroschüren, Flyer, ein Internetauftritt usw. mehrsprachig anzulegen sind.

7.2.2 Finanzierung

Beim Mobilitätsmanagement auf städtischer/regionaler Ebene nimmt die Etablierung von Mobilitätszentralen in möglichst vielen Quell- und Zielgebieten eine bedeutende Rolle ein. Neben den Einführungs- bzw. Investitionskosten müssen die laufenden Kosten (Betriebskosten) finanziert werden. Zu den Einführungskosten zählen die Aufwendungen für die Einleitung eines Mobilitätsmanagements, wie z. B. der Aufbau einer Mobilitätszentrale (Büro- und EDV-Ausstattung, Aufbau einer elektronischen Fahrplanauskunft usw.), die Einstellung eines Mobilitätsmanagers und/oder die Schulung der Mitarbeiter.

Darüber hinaus beinhalten sie „(...) die Kosten für die Durchführung einer Machbarkeitsstudie, für die Entwicklung eines Umsetzungskonzeptes (...). Die Betriebskosten bestehen aus Personal-, Miet- und Allgemeinkosten (Unterhalt, Kommunikation, Ausrüstung usw.), Produktionskosten für das Informations- und Public Awareness Material, Marketing und spezielle Anreize etc." (MOMENTUM/MOSAIC 1999, S. 81) Zu den Betriebskosten können darüber hinaus Kosten für eine Datenzentrale bzw. die benötigte Datenpflege (z. B. eines Internetauftritts) gezählt werden.

Die Höhe der Kosten ist stark von der gewählten Strategie abhängig. Zwischen einer einfachen Kampagne und einer vollausgebauten Mobilitätszentrale können auf städtischer/regionaler Ebene fünf bis siebenstellige Euro-Beträge pro Jahr liegen.[177] Beim standortbezogenen Mobilitätsmanagement ist eine problem- oder aktionsorientierte Strategie auf einen bestimmten Zeitraum beschränkt und (meist) mit einem geringen Aufwand verbunden. Eine integrative Strategie ist breiter und langfristiger angelegt und dementsprechend auch mit einer stärkeren Wirkungstiefe ausgestattet. Die Kosten sind für eine derartige Strategie aber auch höher zu veranschlagen.

Die Finanzierungsarten können je nach lokalen Bedingungen unterschiedlich ausgeprägt sein. Um die wirtschaftliche Tragfähigkeit sicherzustellen, sind verschiedene Akteure an der Finanzierung zu beteiligen. Eine wichtige Ressource sind dabei neben den Zuschüssen der direkten Partner (z. B. an der Trägerschaft einer Mobilitätszentrale Beteiligte), Unterstützungen von Dritten und Beiträge der Nutzer von z. B. Beratungsleistungen. Zuschüsse der direkten Partner und von weiteren Kooperationspartnern können in Form von Geldmitteln oder anderen Arten von Beiträgen (z. B. Einnahmen aus einer Parkplatzbewirtschaftung, Einkünfte der Fahrscheinverkäufe, Mittel der Arbeitsförderung) eingebracht werden. Einnahmen aus Beratungen, Verkauf, Vermietungen, Betrieb telefonischer Auskünfte und Werbung nehmen meist nur einen kleinen Teil des Budgets ein.

In der Anfangsphase der Etablierung von neuen Mobilitätsdienstleistungen, für einfache Informationen oder Werbemittel sollte kein Entgelt vom Nutzer verlangt werden. Bei einer komplexen Beratung oder Vermittlungsleistung (z. B. Buchung einer Reise, Verkauf von Tickets) kann dagegen ein Entgelt gefordert werden (vgl. Müller 2000, S. 9). Darüber hinaus hat sich gezeigt, dass „(...) On-Trip-Informationen anders als die Reisevorbereitung durchaus gebührenpflichtig sein dürfen (...)." (Rogl 2001, S. 38)

In den letzten Jahren konnten meist Projektmittel aus der Forschungs- und Strukturförderung der EU oder der einzelnen Länder für den Aufbau eines Mobilitätsmanagements genutzt werden. Diese Finanzierungsquelle, welche nicht für eine breite Anwendung zur Verfügung steht, sollte mittelfristig durch entsprechende staatliche Förderprogramme abgedeckt werden.

---

[177] Als Beispiel seien auf die Kosten der Mobilitätszentrale „Verkehrsinsel" in Frankfurt am Main genannt: Die Investitionskosten (Gebäude, Inneneinrichtung, Einrichtung der Arbeitsplätze) betrug 1,1 Mio. DM. Von den fünf Mitarbeitern sind zwei Angestellte der Stadt Frankfurt und drei des Betreibers traffiQ. An Betriebskosten fallen jährlich 240.000 Euro an, davon 200.000 Euro Personalkosten. Dem gegenüber stehen etwa 100.000 Euro jährliche Einnahmen aus Provisionserlösen von Verbund- und DB-Fahrkarten (Liebich 2003, S. 6).

„Funding for Mobility Management does not necessarily have to come from public sources alone, but specific (national) programmes will help. If no specific Mobility Management funds exist, there is a need for practitioners to be ‚creative‘ with existing programmes. The contribution of private funding, especially from the business sector, needs to be explored." (Müller/ Wixey 2003, S. 7)

Förderinstrumente für den Tourismus haben das Mobilitätsmanagement (bisher) nicht in die bekannten Förderungsprogramme (z. B. Gemeinschaftsaufgabe „Verbesserung der regionalen Wirtschaftsstruktur", Infrastrukturprogramm der Kreditanstalt für Wiederaufbau) einbezogen. Die wesentlichen Finanzierungsinstrumente im Verkehr (BVWP, RegG, GVFG) sind stark infrastruktur-orientiert und i.d.R. auf ein Verkehrsmittel bezogen. Mitte 2004 wurden Bundesmittel aus dem Gemeindeverkehrsfinanzierungsgesetz (GVFG) nur in Sachsen-Anhalt durch Verwaltungsvorschrift für den Aufbau und Betrieb von Mobilitätszentralen zugänglich gemacht. Ansonsten wird von den Ländern keine Möglichkeit zur Anwendung des GVFG gesehen. „Finanzielle Mittel aus dem Regionalisierungsgesetz werden von den Ländern in sehr unterschiedlicher Weise eingesetzt. In Nordrhein-Westfalen und Hessen werden Mobilitätszentralen aus dieser Quelle gefördert. Problem ist hierbei jedoch generell der Grundsatz der Zweckbindung der Mittelverwendung an den ÖPNV, was dem verkehrsmittelübergreifenden Integrationsgedanken der Mobilitätszentralen entgegensteht." (Liebich 2003, S. 5) Für eine langfristige und solide Finanzierung sind Finanzierungsmöglichkeiten vorstellbar, die gegenwärtig noch nicht zugänglich sind. Änderungen in der Steuergesetzgebung oder Einnahmen aus Road-Pricing sind hier beispielhaft zu nennen.

Die Finanzierung von standortbezogenem Mobilitätsmanagement hat weitestgehend der Betreiber und/oder Besitzer des jeweiligen Standorts zu leisten. An der Spitze der motivierenden Faktoren stehen daher unmittelbare finanzielle Einsparungen, die die Aufwendungen für die Einrichtung eines Mobilitätsmanagements – zumindest teilweise – gegenfinanzieren. Weitere Motive der beteiligten Akteure eines standortbezogenen Mobilitätsmanagements können eine Imageverbesserung und Kundennähe durch Ausweitung des Serviceangebotes und praktizierter Umweltschutz, Reduzierung der Umweltbelastungen und damit Akzeptanzsteigerung der Einrichtung bei der betroffenen Bevölkerung (z. B. für Flughafengesellschaften wichtig) sein (vgl. Tabelle 27). Es handelt sich hierbei nicht nur um „weiche", sondern auch um „harte" Motive, wie eine Umsatzerhöhung oder eine bessere Auslastung bestehender Angebote.

Tabelle 27: Beispielmotive ausgewählter Akteure eines Mobilitätsmanagements

Einrichtungs-betreiber/-besitzer	Verkehrsunter-nehmen	Reiseveranstalter/-mittler	Kommune
Imageverbesserung und Kundennähe durch Ausweitung des Serviceangebotes sowie praktizierter Umweltschutz = Profilierung als moderner Dienstleister	Imageverbesserung und Kundennähe durch Ausweitung des Serviceangebotes sowie praktizierten Umweltschutz = Profilierung als moderner Dienstleister	Imageverbesserung und Kundennähe durch Ausweitung des Serviceangebotes sowie praktizierten Umweltschutz = Profilierung als moderner Dienstleister	Imageverbesserung und Bürgernähe durch Ausweitung des Serviceangebotes sowie praktizierten Umweltschutz = Profilierung als moderner Dienstleister
Reduzierung der Umfeldbelastungen und damit Akzeptanzsteigerung der Einrichtung bei der betroffenen Bevölkerung	Gewinnung neuer Zielgruppen und erhöhte Kundenbindung	erhöhte Kundenbindung durch zielgruppenspezifische Verkehrsangebote und Gewinnung neuer Zielgruppen	durch Kooperation kann sich Kommunikation zwischen Verwaltung und Unternehmen verbessern
Wirtschaftlicher Ertrag/Vorteil, z. B. durch Einsparung von Pkw-Stellplätzen	bessere Auslastung bestehender Angebote (insbesondere außerhalb der Hauptverkehrszeiten)	Bereitstellung von Informationen, Beratungsleistungen, u. a. Mobilitätsserviceleistungen bereits im Quellgebiet	Schaffung guter verkehrlicher Erreichbarkeit und Angebote vor Ort, v. a. mit dem Umweltverbund
Wettbewerbsvorsprung	Wettbewerbsvorsprung	Wettbewerbsvorsprung	Wettbewerbsvorsprung
Erhöhte Kundenbindung durch zielgruppenspezifische Verkehrsangebote und Gewinnung neuer Zielgruppen	Verbesserung der Zusammenarbeit mit anderen Unternehmen	Generierung neuer Erlösquellen	Verringerung der Verkehrsbelastungen und dadurch höhere Zufriedenheit bei Gästen und Einheimischen
Mitarbeitermotivation/-beteiligung bzgl. nachhaltige Mobilität			
bei eigenen Beförderungsangeboten öffentlichkeitswirksame Angebotpräsentation außerhalb der Einrichtung			

Quelle: vgl. Nolle 2000, S. 71ff.; Schwafert 2001, S. 54ff.

Nicht nur für die Einrichtungsbetreiber bzw. -besitzer ergeben sich durch die Einführung eines Mobilitätsmanagements neue Chancen und Perspektiven. Auch für die weiteren beteiligten Akteure eines städtischen/regionalen bzw. standortbezogenen Mobilitätsmanagements sind die Vorteile bzw. Chancen wichtig und notwendig. Für Verkehrsunternehmen, aber auch für Betriebe der Tourismuswirtschaft (z. B. Reisemittler und -veranstalter, Beherbergungsbetriebe, touristische Transportbetriebe) liegen die Vorteile eines Mobilitätsmanagements z. B. im verbesserten Informationsaustausch mit bestehenden Kunden, einem Wettbewerbsvorsprung gegenüber Konkurrenten und durch das mögliche Angebot zusätzlicher Leistungen in der Erschließung neuer Märkte und Einnahmequellen (vgl. Kinder/Schäfer-Breede 1998, S. 25 und Tabelle 27).

Damit die beteiligten Akteure abschätzen können, ob und wenn ja, in wieweit sich ihre finanziellen Aufwendungen rechnen, ist eine Bewertung der Wirkungen bzw. eine Evaluation der umgesetzten Maßnahmen wichtig, worauf im folgenden Abschnitt eingegangen wird.

7.2.3 Bewertung/Evaluation

Ein Monitoring bzw. eine Evaluation ist für ein Mobilitätsmanagement besonders wichtig, da hiermit ein Vergleich von Fortschritt und Zielsetzungen sowie von erwarteten und tatsächlichen Auswirkungen möglich ist. Des Weiteren ist es für das Aufzeigen von Ergebnissen im Lauf der Zeit und v. a. für die Berichterstattung über die Auswirkungen ggü. Politikern und Geldgebern des Mobilitätsmanagements wichtig.

Die Wirkungen des Mobilitätsmanagements sind jedoch schwer abschätzbar. Hinsichtlich der Akzeptanz in der Bevölkerung wird dem Mobilitätsmanagement eine klar positive Wirkung beigemessen, da u. a. mit relativ geringem Mitteleinsatz ein Beitrag zur nachhaltigen Mobilität geleistet werden kann.

> „Ansätze und Maßnahmen, wie sie in den einzelnen Handlungsfeldern dargestellt werden, werden von der Bevölkerung honoriert. Sie werden zur Zeit vor allem von Personen angenommen, die bereits eine Affinität zum Umweltverbund haben und bestärken sie in ihrem Mobilitätsverhalten. Zudem sind sie im Vergleich mit stärkeren Eingriffen leichter durchzusetzen." (Tommasi 2001, S. 14)

Die ersten vorliegenden Evaluationen zeigen in der Regel ein hohes Maß an Kundenzufriedenheit mit den Angeboten von Mobilitätszentralen, einen steigenden Bekanntheitsgrad und positive Änderungen der Verkehrsmittelwahl im Sinne einer nachhaltigen Mobilität (vgl. Binnenbruck/ Hoffmann/Krug 1998, S. 20ff.; MOST 2003, S. 85ff. und S. 191; Müller 2000, S. 6; Müller 2002, S. 5; Müller/Stierand/Rabe 2002, S. 55).

> „In Münster geben 8 % der befragten Kunden an, umgestiegen zu sein, da-
> von zwei Drittel vom Auto zu den Verkehrsmitteln des Umweltverbundes
> (ÖPNV, Fahrrad, zu Fuß). In Frankfurt sind es je nach Befragungsjahr zwi-
> schen 7-10 %, davon die Hälfte vom Auto auf den Umweltverbund. Auch
> wenn die Zahlen sehr hoch erscheinen, so sind es (...) erste Indizien über Ef-
> fekte von Mobilitätszentralen in dieser Hinsicht." (Müller/Stierand/Rabe
> 2002, S. 55)[178]

Beim Mobilitätsmanagement handelt es sich aber um einen Prozess, bei
dem das Verkehrsmittelwahlverhalten, selbst in geringem Umfang, kurzfristig nur schwer zu ändern ist. Daher bedarf es einer längerfristigen Perspektive.

> „Mobility behaviour usually builds on strong habits, which cannot be chan-
> ged all at once. Many changes only occur gradually, which is why lager
> impacts of Mobility Management often only occur in the long run, espe-
> cially on a system level (e.g. congestion, air pollution)." (Wilhelm 2003a, S.
> 7)

Erfolge stellen sich nicht von heute auf morgen ein und eine Beurteilung
der Wirkungen eines Gesamtkonzeptes oder einzelner Dienstleistungen ist
mit erheblichen methodischen Problemen verbunden. Die Isolierung von
Ursache-Wirkungsbeziehungen, die Berücksichtigung externer Kosten oder
Kriterien wie bessere Lebensqualität, bessere Koordination der Beteiligten,
effizienterer und koordinierterer Mitteleinsatz quantifizieren zu können,
sind als Beispiele zu nennen (vgl. Witte 2000a, S. 72).

Da es sich beim Mobilitätsmanagement im Tourismus generell um ein neues Forschungsfeld handelt, gibt es kaum einschlägige Erfahrungen mit Evaluationen bzw. Wirkungskontrollen. Die Erfahrungen aus den USA nut-
zend, wurde im Rahmen des MOST-Projektes ein „Monitoring and Evaluation Toolkit" erarbeitet, welches in mehreren Schritten durch den Monito-
ring- und Evaluation-Prozess begleitet und auch beim touristischen Mobilitätsmanagement angewendet werden kann (vgl. Abbildung 54).[179]

---

[178] Auch andere Untersuchungen berichten von ähnlichen Ergebnissen: „At the regional
level, 3 to 5 percent vehicle reduction has been reported. At site level, 20 to 40 percent vehicle trip reduction has been achieved, usually through a combination of park-
ing charges and financial incentives." (Winters 1999, S. 1)

[179] Eine Übersicht zum „Mobility Management and Evaluation in the United States" gibt
Schreffler 2000.

Abbildung 54: Das MOST-MET Toolkit und seine Bewertungsebenen

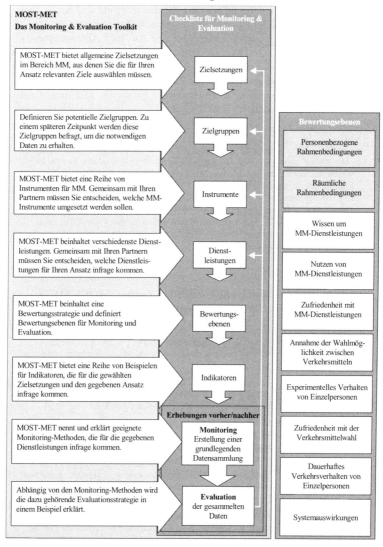

Quelle: PORTAL 2003, S. 29

Der erste Schritt besteht darin, ein Leitziel festzulegen. Basierend auf diesem generellen Leitziel sollte/n für jede Mobilitätsmanagementmaßnahme ein oder mehrere Ziele definiert werden, die messbar sind und ein Zeithorizont, innerhalb dem das Ziel erreicht werden soll, beinhalten (z. B. Reduktion der Pkw-Nutzung von Touristen bei der An- und Abreise innerhalb eines Jahres um 10%). Im zweiten Schritt sind die Zielgruppen möglichst genau zu definieren, die mit den angebotenen Leistungen erreicht werden sollen. Ausgehend von den definierten Zielgruppen ergeben sich die benötigten Mobilitätsmanagementbausteine und die passenden Mobilitätsdienstleistungen sind auszuwählen.

Eine detaillierte Beschreibung der Mobilitätsdienstleistungen hilft zu klären, was genau geplant ist und wie Synergieeffekte genutzt werden können.

„For the assesment of MM the MOST-MET offers Assessment Levels on which monitoring and evaluation could focus. These levels depend on the kind of Services to be assessed and the status of implementation. Levels A to C concentrate on the quality and success of MM Services like marketing, information, consulting etc. Level D to F deal with the quality of the transport system that offers the basis on which the MM Services rely. (...) Levels E to H of the assessment strategy allow the assessment ot the change of people's travel behaviour and finally the impacts on the transport system." (Finke 2003, S. 2 und für eine detaillierte Betrachtung der einzelnen Bewertungsebenen vgl. Tabelle 28)

Tabelle 28: Monitoring and Evaluation Toolkit (MOST-MET) – Beispiele für die einzelnen Bewertungsebenen

Mobilitäts-dienstleis-tungen	Level A	Kenntnis der Mobilitätsdienstleistungen: hier wird geprüft, ob das Mobilitätsmanagement im betreffenden Raum im Allgemeinen bekannt ist und wenn ja, welche Dienstleistungen am bekanntesten sind
	Level B	Nutzung der Mobilitätsdienstleistungen: die Zahl der Nutzer der angebotenen Dienstleistungen gibt eine Einschätzung bzgl. der Attraktivität und des notwendigen Angebotes
	Level C	Zufriedenheit mit den Mobilitätsdienstleistungen: Prüfung, ob die Nutzer mit den angebotenen Leistungen zufrieden sind und wie sie verbessert werden können, um die Bedürfnisse der Nutzer noch besser zu treffen
Reiseop-tionen („Travel Options")	Level D	Akzeptanz der Reiseoptionen: hier wird geprüft, ob die Nutzer die vorgeschlagenen Reiseoptionen akzeptieren
	Level E	individuelles Mobilitäts-/Reiseverhalten während einer Probephase („experimental individual travel behaviour"): Prüfung, ob die Nutzer ihr Mobilitäts-/Reiseverhalten geändert haben, um eine (empfohlene) Alternative auszuprobieren

**Tabelle 28: Monitoring and Evaluation Toolkit (MOST-MET) –
Beispiele für die einzelnen Bewertungsebenen (Fortsetzung)**

Reiseoptionen („Travel Options")	Level F	Zufriedenheit mit den Reiseoptionen: Prüfung, ob die Nutzer mit den getesteten Alternativen (Verkehrsträger) zufrieden sind und wie sie verbessert werden können, um die Bedürfnisse der Nutzer noch besser zu treffen
Mobilitätsverhalten	Level G	gefestigtes Mobilitäts-/Reiseverhalten („permanent individual travel behaviour"): Prüfung, ob die Nutzer ihr Verhalten geändert haben und was geändert wurde (z. B. Verkehrsmittel-, Zielwahl, Häufigkeit der Ortsveränderung)
	Level H	Auswirkungen auf das Verkehrssystem („System impact"): Prüfung, welche Änderungen sich bzgl. des Verkehrsflusses, des Modal Splits, der Schadstoffemissionen usw. ergeben haben

Quelle: vgl. Finke 2003, S. 5ff.

Weitere Schritte beinhalten die genaue Beschreibung von Indikatoren, das Monitoring und die Evaluation. Um die Änderungen, die durch die Implementierung der Mobilitätsdienstleistungen erreicht wurden, messen zu können, werden Indikatoren benötigt.

Diese sind für jede Mobilitätsdienstleistung festzulegen und können vom städtischen/regionalen zum standortbezogenen Mobilitätsmanagement variieren. Unter Monitoring als sechste Stufe wird die Sammlung von Daten verstanden, die für die Prüfung der Wirkungen benötigt werden. Es können hier Verkehrszählungen oder die Untersuchung der öffentlichen Meinung zum Mobilitätsmanagement genannt werden. Im Rahmen der Evaluation (7. Stufe) wird die Entwicklung der einzelnen Maßnahmen und ihre Wirkungen auf das Verkehrsverhalten und -system erfasst. Um die Entwicklung zu dokumentieren, muss ein Monitoring vor der Einführung der Mobilitätsmanagementmaßnahmen beginnen und auch die Vorher-Situation beschreiben. Die Ergebnisse der Vorher-Untersuchung, deren notwendigen Inhalte größtenteils mit einer Grundlagenuntersuchung (siehe Kapitel 5.2.1, S. 141ff.) erfassbar sind, sind nach einer gewissen Zeit mit den Ergebnissen der Nachher-Untersuchungen zu vergleichen (vgl. Finke 2003, S. 5ff.; MOST 2003, S. 18ff.).

7.2.4   Marketing einer Mobilitätszentrale

In der Auseinandersetzung mit dem Mobilitätsmanagement wird häufig von der Notwendigkeit eines Marketing[180] gesprochen, um die Dienstleistungen erfolgreich zu implementieren (vgl. z. B. Witte 2000a, S. 71; Finke et al. 1999, S. 7; MOMENTUM/MOSAIC 1999, S. 85ff.).

Es wird sich aber (bisher) wenig den Erkenntnissen aus den Wirtschaftswissenschaften, v. a. aus der Marketing- und Dienstleistungstheorie, bedient.[181] Auch über die Inhalte, die Ziele und Maßnahmen eines Marketing, die Trägerschaft oder das Vorgehen bei der Erarbeitung einer Marketing-Konzeption für eine Mobilitätszentrale bzw. ein -büro – als operative Basen des Mobilitätsmanagements – ist in der Literatur (bisher) wenig zu finden.[182] Auf Grund der besonderen Bedeutung der Mobilitätszentralen für ein touristisches Mobilitätsmanagement wird hierauf im Folgenden ein Schwerpunkt gelegt.

Das Marketing einer Mobilitätszentrale setzt sich aus internem, politischem, Social und dienstleistungsorientiertem Marketing zusammen und greift auf allen drei Stufen des konzeptionellen Aufbaus des Mobilitätsmanagements. Hierdurch können die verschiedenen Anspruchsgruppen (z. B. Politiker, Mitarbeiter, Nachfrager, Allgemeinheit) des Mobilitätsmanagements abgedeckt werden (vgl. Abbildung 55).

---

[180] Meffert (2000, S. 8) definiert Marketing als „(...) marktorientierte Führung des gesamten Unternehmens oder marktorientiertes Entscheidungsverhalten in der Unternehmung" und ordnet dieser Disziplin die Aufgabe der „(...) Planung, Koordination und Kontrolle aller auf die aktuellen und potentiellen Märkte ausgerichteten Unternehmensaktivitäten" zu. In der Marketing-Forschung wurden konkrete Konzepte entwickelt, mit deren Hilfe sich das beschriebene Grundverständnis in unternehmerisches Handeln umsetzen lässt (vgl. Becker 2001, S. 824ff.; Freyer 2003, S. 106ff.; Freyer 2004, S. 111).

[181] Generell gilt, dass das Marketing im Verkehrswesen gering ausgeprägt ist. Zahlreiche Autoren argumentieren für ein verstärktes Marketing bzw. beklagen eine geringe Verbreitung und theoretische Auseinandersetzung mit dem Marketing im Verkehrswesen (vgl. z. B. Bentler 1984, S. 320; Hoffmann 1997, S. 75; Pingel 1997, S. 20; Pradel 1994, S. 582; Teubner/Finke 1993, S. 61).

[182] Erste Ansätze geben z. B. Bracher/Loose 1999, Fischer 1999, Lübke 2000 und Weber 2001.

Abbildung 55: Marketingsystem einer Mobilitätszentrale

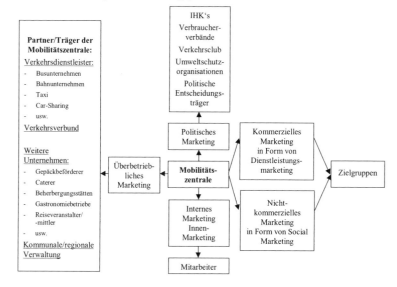

Quelle: eigene Darstellung

Nachfolgend werden diese einzelnen Bestandteile des Marketingsystems einer Mobilitätszentrale dargestellt.

a) Politisches Marketing

Im Rahmen eines politischen Marketing sind v. a. die involvierten Entscheidungsträger vom Mobilitätsmanagement und von der Bedeutung einer Gesamtverkehrsgestaltung zur chancengleichen Mobilitätssicherung aller Verkehrsteilnehmer zu überzeugen. Politisches Marketing ist nicht nur für politische Mandatsträger anzuwenden. Auch innerhalb der politischen Parteien sowie anderer Verbände und Organisationen beschäftigen sich verschiedene Gremien mit dem Thema Verkehr. Durch Entscheidungshierarchien bzw. Beteiligungsverfahren haben sie ein Mitspracherecht und somit Gestaltungsmöglichkeiten, die es im Rahmen eines politischen Marketing u. a. mit Informationen über die Ziele eines Mobilitätsmanagements zu beeinflussen gilt. Problematisch ist, dass „(...) erhöhte Anstrengungen für ein verbessertes politisches Marketing für Mobilitätszentralen in der Regel über deren Leistungsgrenzen hinausgehen, da sie mit dem Tagesgeschäft bereits bis an ihr Limit belastet sind." (Liebich 2003, S. 5)

b)   Internes Marketing

Zu den Instrumenten des internen Marketing[183] werden zum einen Instrumente des per-sonalorientierten Marketingmanagements (z. B. Mitarbeiterzeitschriften, Versammlungen, Verhalten der Führungskräfte) und zum anderen Instrumente des marktorientierten Personalmanagements (z. B. Maßnahmen der Personalentwicklung, wie alle Arten von Schulungen, Plan- und Rollenspiele; Personalbeschaffung und -entlohnung) unterschieden (vgl. Bruhn 1999, S. 31f.). Im internen Marketing ist durch gezieltes Einwirken auf die Mitarbeiter die Interaktion zwischen Kunden und Mitarbeiter einer Mobilitätszentrale im Sinne eines nachfrageorientierten Marktauftritts zu optimieren. Der Entwicklung einer Unternehmensphilosophie, die als Soll-Zustand der Unternehmenskultur (= Ist-Ausprägung der im Unternehmen vorliegenden Werte, Normen und Verhaltensweisen) aufgefasst werden kann, wird dabei eine wichtige Rolle beigemessen. Eine solche Unternehmensphilosophie besteht aus einem Set von gemeinsamen Werten, Normen und Verhaltensweisen der Mitarbeiter, welches den Kunden und seine spezifischen Leistungsanforderungen in der Mittelpunkt sämtlicher Aktivitäten stellt (vgl. Meffert 1998, S. 124).

c)   Social Marketing

Social Marketing[184] wird gleichgesetzt mit der „(...) Planung, Organisation, Durchführung und Kontrolle von Marketingstrategien und -aktivitäten nichtkommerzieller Organisationen, die direkt oder indirekt auf die Lösung sozialer Aufgaben gerichtet sind." (Bruhn/Tilmes 1994, S. 23) Es hat das Ziel, Ausprägungen von Werten, Ansichten und Einstellungen der Bevölkerung zu verändern und ungünstige Verhaltensweisen aufzugeben sowie neue Vorstellungen und Verhaltensweisen anzunehmen. Es bezieht sich hierbei v. a. auf immaterielle Güter, wie Ideen, Ansichten oder Verhaltensmuster (vgl. Kotler/Roberto 1991, S. 38f.).

---

[183] Ende der 1970er Jahre entstand das Konzept des internen Marketing (vgl. Meffert/ Bruhn 2000, S. 511). Der Begriff wurde dabei v. a. von Berry/Burke/Hensel 1976, George 1977, Grönroos 1981 und Berry 1983 in die wissenschaftliche Diskussion eingebracht (vgl. Stauss 1995, S. 261). Definiert wird es als „(...) die systematische Optimierung unternehmensinterner Prozeße mit Instrumenten des Marketing- und Personalmanagements, um durch eine konsequente Kunden- und Mitarbeiterorientierung das Marketing als interne Denkhaltung durchzusetzen, damit die marktgerichteten Unternehmensziele effzienter erreicht werden." (Bruhn 1999, S. 20)

[184] Der Begriff Social Marketing wurde erstmals von Kotler und Zaltmann im Jahre 1971 genutzt, um den Einsatz von Marketingprinzipien und -techniken in Bezug auf gesellschaftliche Anliegen, Vorstellungen und Verhaltensweisen zu benennen (vgl. Bruhn/Tilmes 1994, S. 21f.; Fox/Kotler 1980, S. 24; Kotler/Roberto 1991, S. 37). Weitere Definitionsansätze finden sich z. B. bei Fejer 1990, S. 8f., Kotler/Roberto 1991, S. 37 und Raffée/Wiedmann/Abel 1983, S. 684f.

Kampagnen[185] sind eine Möglichkeit, um Einstellungen und Verhaltensweisen zu ändern. Im Verkehrswesen werden Kampagnen z. B. für mehr Verkehrssicherheit, für Tempo-30, für die Nutzung von Bussen und Bahnen oder für autofreie Tage organisiert (vgl. Schäfer 1993, S. 23ff.; Reuter/Beik 2000, S. 180ff.; Tommasi 2001, S. 11; VDV 1994, S. 3). Im Rahmen des Mobilitätsmanagements sind es z. B. die sog. Public Awareness-Kampagnen, die in der Öffentlichkeit ein Bewusstsein für die nachteiligen Auswirkungen des Verkehrs und für die Existenz von Alternativen zum Auto und deren Möglichkeiten, individuelle Mobilitätsbedürfnisse zu stillen, schaffen soll. Eine andere Möglichkeit sind z. B. Kampagnen, die den Tourismus in Deutschland unterstützen („Urlaubsland Deutschland"), was zu einer Reduktion der Distanzen im touristischen Verkehr führen kann.

In Anlehnung an das AIDA-Modell[186] sind bei einer Public Awareness-Kampagne vier Stufen zu durchlaufen (vgl. Abbildung 56). Die letzte Stufe kann hierbei erst erreicht werden, wenn die anderen Stufen absolviert sind.

Abbildung 56: Das Public Awareness-Konzept

1. Allgemeines Problembewusstsein schaffen

2. Persönliche Betroffenheit erzeugen

3. Soziale Akzeptanz sichern

4. Nachhaltige Veränderungen bewirken

Quelle: Brög 1990, S. 149; Brög/Erl 2002, S. 234

„Zunächst muss ein Problembewusstsein geschaffen werden, dass die (..)Mobilität zunehmend umweltverträglicher für die Menschen, Städte und Umwelt abgewickelt wird. Dann ist zu vermitteln, dass jede/r Bürger(in) durch eigenes Verhalten dazu beiträgt. (...) Letztendlich können dann Verhaltensänderungen angestrebt werden, die auch stabilisiert werden müssen, damit sie anhaltend wirksam bleiben. Für diese Kommunikationsstufen müssen getrennte Programme für die verschiedenen Zielgruppen entwickelt und umgesetzt werden." (Brög/Erl 2002, S. 234f.)

---

[185] Unter einer Social Marketing-Kampagne wird ein von einer Gruppe bzw. Institution betriebenes systematisches Bemühen mit dem Ziel, andere (die Zielgruppe) zur Annahme, Änderung oder Aufgabe bestimmter Vorstellungen, Einstellungen, Gewohnheiten und Verhaltensweisen zu bewegen, verstanden (vgl. Roehl 1991, S. 1f.).

[186] In der betriebswirtschaftlichen Entscheidungslehre und der Werbepolitik des betrieblichen Marketing werden Entscheidungsprozesse mit Hilfe verschiedener Modelle dargestellt. Eines der Modelle kann durch die Kurzformel AIDA (A = Attention, I = Interest, D = Desire, A = Action) beschrieben werden (vgl. Freyer 2001a, S. 82).

d)   Dienstleistungsorientiertes Marketing einer Mobilitätszentrale

In der Potentialphase geht es im dienstleistungsorientierten Marketing vorrangig um die Vermittlung von Kompetenz und Vertrauen sowie um Kapazitäten (= Bereitstellungspotential) (vgl. Abbildung 57). Die Kompetenz z. B. für eine gute Beratung oder eine gute „technische" Durchführbarkeit einer Beförderung soll aufgezeigt werden. Ebenfalls gehört zur Potentialphase, dass dem potentiellen Kunden durch eine Mobilitätszentrale vermittelt werden kann, für ihn aktiv zu werden. Dies betrifft die Bereithaltung entsprechender Beratungskapazitäten während der Potentialphase, also z. B. Personal für Beratung bestimmter Leistungen, und das Vorhandensein ausreichender Platzkapazitäten (z. B. in einem Zug oder Leistungen eines Mobil-Paktes) (vgl. Hilke 1989, S. 11).

Abbildung 57: Dienstleistungsorientiertes Marketingmodell

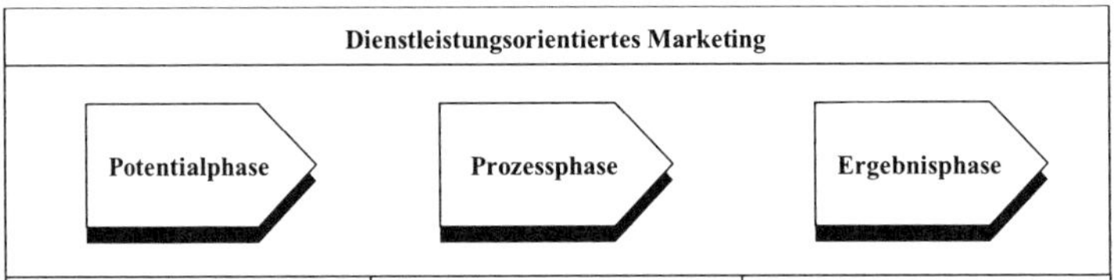

Dienstleistungsorientiertes Marketing		
Potentialphase	Prozessphase	Ergebnisphase
Potential-Marketing:	**Prozess-Marketing:**	**Ergebnis-Marketing:**
- Kompetenz zeigen	- Interaktions-Marketing	- Zufriedenheit erreichen (nach außen und innen)
- Vertrauen schaffen	- Kommunikation	
- Glaubwürdigkeit	- 0-Fehler-Problematik	- Reklamations-Management
- Materialisierung des Fähigkeitenpotentials	- Verrichtungsqualität	- Nachbetreuung
- Kapazitäten bereitstellen	- Servicequalität	
- Potentialqualität		

Quelle: Freyer 2003, S. 99

Das Konzept des „individualisierten Marketing" nimmt hierauf Bezug und versucht mit Hilfe einer effektiven Bereitstellung von Informationen die Angebote des Mobilitätsmanagements bekanntzumachen. Die Informationen über die zur Verfügung stehenden Möglichkeiten werden zum Nachfrager gebracht, anstatt zu erwarten, dass der Nachfrager sie beim Anbieter abruft (Bring- statt Holschuld). Hierdurch sollen auch diejenigen angesprochen werden, die persönlich nicht bei einer Mobilitätszentrale vorsprechen würden. Ziel des „individualisierten Marketing" ist es, den Informationsstand über die verschiedenen Verkehrsmittel zu verbessern und die Nachfrager davon zu überzeugen, dass z. B. der ÖPNV in Wahrheit besser ist, als in den subjektiven Welten seiner potentiellen Kunden (vgl. Bróg/Erl/Mense 2002, S. 6).

Typisch für Dienstleistungen ist, dass in der Prozessphase der Produktions- und Konsumakt zeitgleich ist („uno-actu-Prinzip"). Des Weiteren treten in der Prozessphase Produzent und Konsument der Leistung miteinander in persönlichen Kontakt, wodurch bei den meisten Mobilitätsdienstleistungen eine Mitwirkungspflicht bei der Leistungserstellung wichtig ist. Da das Verhalten der Konsumenten den Erfolg und das Ergebnis mitbestimmt, muss aus Marketingsicht das Mitwirkungspotential der Nachfrager aktiviert werden (= Interaktions-Marketing). Nur wenn die Wünsche der Kunden (z. B. Fahrtzeit und Zielort, zu transportierende Gepäckbedarf) genau bekannt sind und beim Dienstleister, hier der Mobilitätszentrale, eine Bereitschaft die Kundenwünsche zu erkennen und möglichst zu befolgen, vorhanden ist, kann die Dienstleistung optimal erfolgen.

> „Wenn diese Eigenschaften seitens des Anbieters nicht gegeben bzw. seitens des Nachfragers nicht zu erkennen sind, werden die entsprechenden Marketing-Aktivitäten nicht vom gewünschten Erfolg begleitet sein." (Freyer 2004, S. 73)

Ein weiterer Bereich im Rahmen der Prozessorientierung ist die „Verrichtungsqualität". Ein entstandener Fehler, wie z. B. eine überbuchte Bahn, eine falsche Beratung über Abfahrtszeiten oder ein nicht ankommendes Gepäckstück, kann so gut wie nicht rückgängig gemacht werden. Das Prozess-Marketing enthält somit u. a. die Aufgabe der Fehlervermeidung.

Aufgabe des dienstleistungsorientierten Marketing in der Ergebnisphase ist es, die Wirkungen einer Dienstleistung, die im Wesentlichen immaterieller Natur sind, zu veranschaulichen und dem Kunden darzustellen (vgl. Hilke 1989, S. 13). Mit der Mobilitätsserviceleistung „Information" hat ein Nachfrager z. B. ein besseres Wissen um die verschiedenen Möglichkeiten der Verkehrsmittel, was ihm bewusst gemacht werden muss. Bei der Ergebnisorientierung ist daneben die Erreichung der Zufriedenheit und einer hohen Qualität von Bedeutung (vgl. Freyer 1999, S. 131). Marketing-Aufgaben beziehen sich bei einer Mobilitätszentrale v. a. auf Nachbetreuungsaktivitäten, wie z. B. Direct-Mailing-Aktionen mittels Briefen oder E-Mail, an die Kunden, die Dienstleistungen in Anspruch genommen haben, Beschwerdemanagement und Aktivitäten zum Aufbau einer Stammkundschaft, wie z. B. Database Marketing.[187] Diese Nachkaufaktivitäten gehen unmittelbar in „Vorkaufaktivitäten" einer nächsten Potentialphase über.

---

[187] Durch den intensiven Kontakt mit den Kunden besteht die Möglichkeit zur Erhebung individueller Kundendaten und -wünsche. Diese können für computer- und datengestütztes Database Marketing genutzt werden, bei dem in Abhängigkeit von den in einer Kundendatei des Dienstleistungsanbieters gespeicherten Kundenmerkmalen (z. B. Soziodemographie, Aktions- und Reaktionsdaten) ein „maßgeschneidertes" Kommunikations- und Verkaufsförderungspaket erstellt werden kann (vgl. Becker 2001, S. 585; Meffert/Bruhn 2003, S. 474; Wilde 1989, S. 1ff.).

e)   Überbetriebliches Marketing (Kooperationsmarketing)

Da eine Mobilitätszentrale im Sinne des Makro- oder integrierten Mobilitätsmanagements Aufgaben für andere Unternehmen übernehmen kann bzw. an der Erstellung einer Mobilitätsdienstleistung mehrere Akteure beteiligt sein können (z. B. bei Mobil-Paketen), muss eine Mobilitätszentrale überbetriebliche Marketingaufgaben beachten. Ein so verstandenes Marketing wird als Kooperationsmarketing[188] bezeichnet.

Der besondere Stellenwert des Kooperationsmarketing liegt darin begründet, dass die wahrgenommene Qualität der von einer Mobilitätszentrale erbrachten Dienstleistung nicht nur vor ihr selbst, sondern Ergebnis eines komplexen Zusammenwirkens aller involvierten Dienstleistungsanbieter ist (vgl. Meffert/Perrey/Schneider 2000, S. 15). Eine Mobilitätszentrale muss daher an einer hohen Qualität und abgestimmten Erbringung der einzelnen Dienstleistungen interessiert sein. Dies ist z. B. durch Festlegung und Kontrolle von Qualitätsstandards oder die Sicherstellung eines einheitlichen bzw. abgestimmten Marktauftritts möglich.

7.2.5   Berücksichtigung   der   Besonderheiten   eines   touristischen Mobilitätsmanagements

Aus den Besonderheiten, die sich aus dem touristischen Produkt, touristischen Verkehr bzw. Verhalten der touristischen Nachfrager für ein Mobilitätsmanagement ergeben (siehe Kapitel 0, S. 99ff.), sind Anforderungen für die Implementierung eines touristischen Mobilitätsmanagements abzuleiten. Da das touristische Produkt aus mehreren (Teil-)Leistungen besteht, sind an einem touristischen Mobilitätsmanagement möglichst viele der beteiligen Leistungsträger aus Quell- und Zielgebiet sowie Transferraum einzubeziehen. Die Bildung von tragfähigen Partnerschaften stellt demnach die Basis für ein touristisches Mobilitätsmanagement dar, vereinigt es doch unterschiedliche Potentiale sowie Zugangsebenen zu den (potentiellen) Nutzern der Mobilitätsdienstleistungen.

Auf Grund der sich im touristischen Verkehr häufiger als im Alltagsverkehr ergebenden Reise-/Wegeketten, v. a. bei der An- und Abreise, nehmen intermodale Angebote im Rahmen eines touristischen Mobilitätsmanagements eine wichtige Rolle ein. Dementsprechend sind Mobilitätsdienstleistungen, die die Schnittstellenübergänge innerhalb einer Reise-/ Wegekette optimieren, verstärkt bei einem touristischen Mobilitätsmanagement

---

[188] Bereits Ende der 1970er Jahre wurde Kooperationsmarketing für ein Marketing, an dem mehrere Organisationen beteiligt sind, eingeführt. Es wurde jedoch noch nicht auf den Verkehr bezogen (vgl. Raffée 1979, S. 43f.). Auch Verkehrsbetriebe und Kommunen können bspw. ein kooperatives Marketing betreiben, um mit aufeinander abgestimmten Maßnahmen wirkungsvoller zu sein (vgl. FGSV 1998, S. 110).

anzubieten. Hinzu kommt, dass durch die zunehmenden Auslandsreisen (Outgoing und Incoming) eine internationale Zusammenarbeit und Abstimmung der an der Beförderung beteiligten Unternehmen notwendig ist.

Die Dienstleistungen eines touristischen Mobilitätsmanagements sind auch ausländischen Touristen nutzbar zu machen, so dass internationale bzw. -kulturelle Dienstleistungskontakte sowohl bei Verkehrsunternehmen als auch bei der Nutzung von Mobilitätszentralen/-büros entstehen. Vor allem Beschäftigte im internationalen Linienverkehr, sowie Mobilitätsberater, -koordinatoren und Servicemitarbeiter, die in Städten/Regionen bzw. Einrichtungen mit hohem Anteil ausländischer Gäste im direkten Kundenkontakt eingesetzt werden, benötigen daher interkulturelle Kompetenzen.

Auf Grund der saisonalen Effekte kann nicht von einer ganzjährig gleichbleibenden Nachfrage ausgegangen werden, so dass eine ausreichende Vorhaltung aller Mobilitätsdienstleistungen auch zu Spitzenzeiten ebenso gewährleistet sein muss wie die Vermeidung von Überangeboten zu saisonschwachen Zeiten. Sowohl das ursprüngliche Angebot (z. B. haben Küstengebiete/Inseln im Sommer meist mehr Gästeankünfte als im Winter bzw. (Mittel-)Gebirgsregionen im Winter) als auch das Verhalten der Reisenden (z. B. Verkehrsmittelwahl oder Reisezielwahl sind je nach Jahreszeit unterschiedlich) ruft saisonale Effekte hervor, die es im Rahmen eines touristischen Mobilitätsmanagements zu berücksichtigen gilt.

Eine Betrachtung des Reiseantrittszeitpunktes nach Verkehrsmitteln zeigte auf (siehe Kapitel 4.6, S. 119ff.), dass in den genannten Hauptmonaten der Pkw-Verkehr eine überdurchschnittlich große Bedeutung einnimmt und somit in diesem Zeitraum verstärkt in Überlegungen des Mobilitätsmanagements einzubeziehen sind. Busreisen nehmen dagegen v. a. im Frühjahr (April-Juni) und Herbst (September/Oktober) sowie Flugreisen im Herbst und Winter eine überdurchschnittliche Bedeutung ein, so dass sie in diesen Monaten besondere Beachtung benötigen.

Die Ausgestaltung der Mobilitätsdienstleistungen sollte zielgruppenspezifisch erfolgen, da z. B. Pauschalreisende enger an die einzelnen touristischen Leistungsersteller gebunden sind als Individualreisende, Erstbesucher einer Destination bzw. Einrichtung eher mehr und andere Informationen benötigen als Stammbesucher oder Geschäftsreisen häufiger pro Jahr statt finden als Urlaubsreisen. Im Zielgebiet stellt die Tatsache, dass sich Touristen meist relativ kurz im jeweiligen Zielgebiet aufhalten, eine besondere Herausforderung für ein touristisches Mobilitätsmanagement dar, die bei Geschäftsreisenden (meist wenige Tage Aufenthaltsdauer) stärker ausgeprägt ist als bei Urlaubsreisenden (durchschnittliche Aufenthaltsdauer bei der Haupturlaubsreise ca. 14 Tage). Bei der Planung der anvisierten Mobilitätsdienstleistungen ist hierauf Rücksicht zu nehmen.

7.3 Hindernisse der Umsetzung

Schwierigkeiten bei der Umsetzung können sich aus der Tatsache ergeben, dass der Mobilitätsmanagementansatz im Tourismus weitestgehend unbekannt ist. Bestehende Strukturen und Aufgaben zu hinterfragen und neue Kooperationen und Ansätze zu installieren, wird eine große Überzeugungsarbeit erfordern. Hinzu kommt, dass es sich um eine freiwillige und für einen Teil der touristischen Leistungsersteller zusätzliche Aufgaben handelt.

Mobilitätsmanagement ist nicht nur für die touristischen Leistungsträger eine zumeist zusätzliche und freiwillige Aufgabe. Mobilitätsmanagement ist bisher (in Deutschland) auch im Verkehrswesen neben den klassischen Planungsverfahren (z. B. Verkehrsentwicklungs- und Nahverkehrsplanung) angesiedelt und baut dadurch auf Freiwilligkeit auf. Dies steht der Verbreitung des Ansatzes ebenso negativ gegenüber wie strukturelle Hemmnisse auf politisch-institutioneller Ebene. Letztere Hemmnisse hängen vor allem mit der Fragmentierung der Verwaltung (z. B. institutionelle Trennung der Verkehrs-, Umwelt- und Stadtentwicklungspolitik bzw. -planung) bzw. der mangelnden Integration verkehrsvermindernder Ziele in die Stadt- und Verkehrsplanung zusammen (vgl. S.T.E.R.N. 1998, S. 12).

Für eine Umsetzung unvorteilhaft stellt sich auch die Tatsache dar, dass Vorteile, die sich durch den Einsatz eines Mobilitätsmanagements einstellen (können), nicht immer genau quantifizierbar bzw. nachweisbar sind und sie sich erst mittel- bis langfristig einstellen. Potentielle Akteure von einer Teilnahme zu überzeugen, kann sich daher schwierig darstellen.

> „Allerdings sind gesamtwirtschaftliche Betrachtungsweisen im Verkehrswesen nicht einfach darzustellen und ‚zu verkaufen'. Weil gesteigerte Lebensqualität und finanzielle Vorteile nicht eindeutig berechenbar und nachweisbar sind, und niemand vorab Erfolgsgarantien abgeben kann, will keiner freiwillig ‚seine' Mittel einsetzen." (Hamann 2001, S. 172)

Ein weiteres Hemmnis für die Umsetzung stellen die Denk- und Verhaltensmuster der (potentiellen) Zielgruppen des Mobilitätsmanagements dar. Der Fahrzeugbesitz ist z. B. mit einem sozio-kulturellem Symbolgehalt beladen (Status, emotionale Bindung) und häufig mit einer schwer aufzubrechenden Nutzungsgewohnheit verbunden. Nicht nur die Nutzer, sondern auch die Entscheidungsträger haben zum Teil bestimmte Denk- und Verhaltensmuster, die nur langfristig zu verändern sind. In Untersuchungen wurde beispielsweise gezeigt, dass „(...) Meinungsbildner und Entscheidungsträger sowohl das Verkehrsverhalten als auch die tatsächlichen Präferenzen der Bevölkerung falsch einschätzen. Dabei wird die Bindung der Bevölkerung an das Auto systematisch überschätzt und die Bedeutung des Radfahrens und Zufußgehens unterschätzt. Die Diskrepanz beeinflusst auch die Verkehrspolitik – zugunsten des Autos." (S.T.E.R.N. 1998, S. 10)

Hindernisse bei der Umsetzung eines der wichtigsten Elemente eines touristischen Mobilitätsmanagements, einer Mobilitätszentrale, werden nach einer Expertenbefragung v. a. in den Bereichen Finanzierung (Investitionskosten, allgemeiner Spardruck von öffentlichen Haushalten und Unternehmen), Schnittstellenprobleme, Rahmenbedingungen (mangelnde politische Unterstützung) und den Verhaltensgewohnheiten bzw. der zu geringen Akzeptanz der (potentiellen) Nutzer gesehen, was auch Jahre nach der Veröffentlichung zum Teil noch Gültigkeit hat (vgl. Abbildung 58).

Abbildung 58: Faktoren, die nach einer Expertenbefragung der Ausbreitung von Mobilitätszentralen entgegenwirken

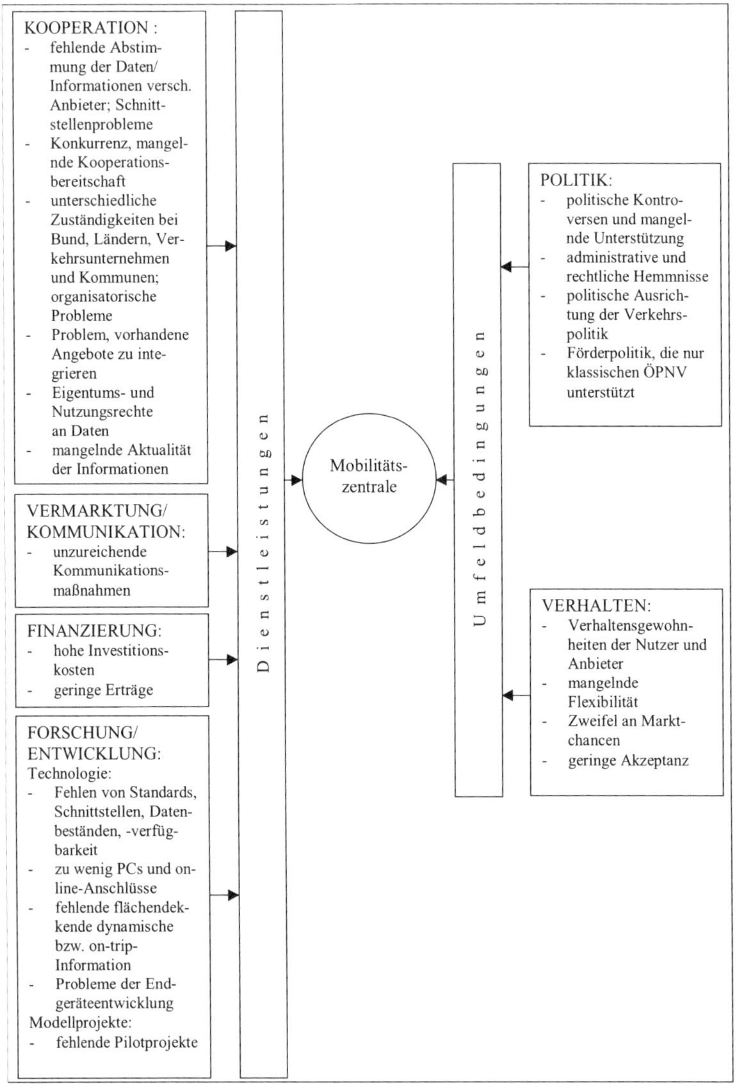

KOOPERATION :
- fehlende Abstim-
  mung der Daten/
  Informationen versch.
  Anbieter; Schnitt-
  stellenprobleme
- Konkurrenz, mangel-
  nde Kooperations-
  bereitschaft
- unterschiedliche
  Zuständigkeiten bei
  Bund, Ländern, Ver-
  kehrsunternehmen
  und Kommunen;
  organisatorische
  Probleme
- Problem, vorhandene
  Angebote zu inte-
  grieren
- Eigentums- und
  Nutzungsrechte
  an Daten
- mangelnde Aktualität
  der Informationen

VERMARKTUNG/
KOMMUNIKATION:
- unzureichende
  Kommunikations-
  maßnahmen

FINANZIERUNG:
- hohe Investitions-
  kosten
- geringe Erträge

FORSCHUNG/
ENTWICKLUNG:
Technologie:
- Fehlen von Standards,
  Schnittstellen, Daten-
  beständen, -verfüg-
  barkeit
- zu wenig PCs und on-
  line-Anschlüsse
- fehlende flächendek-
  kende dynamische
  bzw. on-trip-
  Information
- Probleme der End-
  geräteentwicklung
Modellprojekte:
- fehlende Pilotprojekte

Dienstleistungen

Mobilitäts-
zentrale

Umfeldbedingungen

POLITIK:
- politische Kontro-
  versen und mangel-
  nde Unterstützung
- administrative und
  rechtliche Hemmnisse
- politische Ausrich-
  tung der Verkehrs-
  politik
- Förderpolitik, die nur
  klassischen ÖPNV
  unterstützt

VERHALTEN:
- Verhaltensgewohn-
  heiten der Nutzer und
  Anbieter
- mangelnde
  Flexibilität
- Zweifel an Markt-
  chancen
- geringe Akzeptanz

Quelle: vgl. Prognos 1998, S. 211

Da es sich auch beim standortbezogenen Mobilitätsmanagement um eine freiwillige Aufgabe handelt, hängen alle Aktivitäten v. a. von der Kooperationsbereitschaft der Betreiber bzw. Besitzer der Einrichtungen ab. Die Grenzen liegen daher in der Bereitschaft der Betreiber/Besitzer sich mit mobilitätsrelevanten Inhalten über das für den Bau und die Genehmigung notwendige Maß hinaus zu beschäftigen. Für den Einrichtungsbetreiber bzw. -besitzer ist daher ein wichtiges Argument, dass sich das Engagement im Mobilitätsmanagement wirtschaftlich rechnet.

Projektentwickler für neue Einrichtungen legen ihr vorrangiges Interesse auf die rasche Erteilung der Baugenehmigung, die Einhaltung der Baukosten und -zeiten sowie ein attraktives Angebotskonzept. Verkehrsfragen sind für sie insofern von Bedeutung, dass nur bei gesicherter Erschließung eine Baugenehmigung erteilt wird. Zum Zeitpunkt der Objektplanung ist vorrangig die innere Erschließung, weniger die äußeren Bereiche von Bedeutung (vgl. Huber/Brosch 2002, S. 46). Erst wenn Mobilitätsmanagement seinen Weg in Regelwerke, gesetzliche Regelungen usw. findet, „(...) wird es damit zu einem standardisierten Vorgang und erhält die Chance, seinen Nutzen auf breiterer Basis unter Beweis zu stellen. Die Zertifizierungswelle zur Qualitätssicherung (ISO 9000) der letzten Jahre hat gezeigt, wie ein Standardisierungsprozess einem Konzept zum Durchbruch verhilft trotz vielfältiger Vorbehalte gegenüber den Inhalten." (Lorenz/Müller 1998, S. 13)

7.4 Fazit

Da es sich beim Mobilitätsmanagement um einen Ansatz handelt, der auf einer Vielzahl von Akteuren sowie Maßnahmen und Dienstleistungen basiert und je nach örtlicher Situation anders anzugehen ist, ist es schwierig, einen idealtypischen Ablauf für eine Umsetzung zu definieren. Mit Hilfe der Ziel-Mittel-Methode kann ein grundsätzlicher Ablauf jedoch skizziert werden. Über die bereits in den Kapiteln 5 (siehe S. 129ff.) und 6 (siehe S. 181ff.) getätigten Ausführungen zur Umsetzung (z. B. Notwendigkeit einer Grundlagenuntersuchung, Aufstellung von Mobilitätsplänen und Aufbau von Partnerschaften) konnten weitere Erfolgsfaktoren (Personal, Finanzierung, Bewertung/Evaluation und Marketing) für ein erfolgreiches Mobilitätsmanagement aufgezeigt werden, die es v. a. bei der Einführung und Umsetzung von Mobilitätsmanagementkonzepten zu beachten gilt. Darüber hinaus beeinflussen die jeweiligen (bundes-)länderspezifischen Rahmenbedingungen und die Besonderheiten des touristischen Mobilitätsmanagements die Umsetzung.

Es gibt jedoch nicht nur Erfolgsfaktoren, sondern auch Schwierigkeiten bei der Umsetzung. Sie können sich z. B. aus der Tatsache ergeben, dass der Ansatz des Mobilitätsmanagements im Tourismus weitestgehend unbekannt ist, es sich um eine freiwillige Aufgabe handelt und die Vorteile, die sich durch den Einsatz eines Mobilitätsmanagements einstellen (können), nicht immer quantifizierbar bzw. nachweisbar sind und sie sich erst mittel- bis langfristig einstellen.

Schwierigkeiten bei der Umsetzung eines der wichtigsten Elemente eines Mobilitätsmanagements, einer Mobilitätszentrale, werden nach einer Expertenbefragung von v. a. in den Bereichen Finanzierung (hohe Investitionskosten und allgemeiner Spardruck von öffentlichen Haushalten und Unternehmen), Schnittstellenprobleme, Rahmenbedingungen (mangelnde politische Unterstützung) und den Verhaltensgewohnheiten bzw. der zu geringen Akzeptanz der (potentiellen) Nutzer gesehen, was auch Jahre nach der Ergebnisveröffentlichung zum Teil noch Gültigkeit hat.

8 Zusammenfassung und Ausblick

8.1 Zusammenfassung und Würdigung der Untersuchungsergebnisse

Der Ausgangspunkt der vorliegenden Arbeit war der unbefriedigende Forschungsstand zu einem der zentralen Gegenstände der Tourismusforschung, dem Ortswechsel und damit das Problem räumlicher Mobilität von Touristen und hierbei v. a. die fehlenden Lösungsstrategien zur Eindämmung der negativen Effekte des touristischen Verkehrs. Es werden zwar Maßnahmen für eine nachhaltige Bewältigung des tourismusbedingten Verkehrs diskutiert, sie setzen jedoch zumeist erst bei der An- und Abreise bzw. im Zielgebiet an. Das Dilemma der heutigen Situation besteht daher v. a. darin, dass Maßnahmen und Ansätze existieren, die tourismusbedingten Verkehrsprobleme anzugehen, es jedoch auf Grund einer fehlenden Gesamtkonzeption mit integrativer Anwendung der Einzelmaßnahmen nur zu einer unzureichenden Problemlösung kommt. Hinzu kommt, dass mobilitätsbeeinflussende Konzepte oftmals erfolglos bleiben, da die hierin integrierten Maßnahmen überwiegend bzw. nur das bestehende Verkehrsaufkommen zu beeinflussen versuchen.

Mit der Entwicklung und Umsetzung eines touristischen Mobilitätsmanagements besteht die Chance zu einer Konzeption, die an der Verkehrsentstehung im Quellgebiet ansetzt bzw. sich mit einer ganzheitlichen Betrachtung von Maßnahmen zur nachhaltigen Beeinflussung des Mobilitätsverhaltens im Quellgebiet, bei der An- und Abreise und im Zielgebiet befasst. Für eine umfassende Gesamtkonzeption ist die Abstimmung mit anderen Maßnahmen im Verkehr jedoch unerlässlich, womit (städtische/re-gionale) Gesamtstrategien, Programme oder Pläne (z. B. Nahverkehrs-, Verkehrsentwicklungs-, Flächennutzungsplanung) sowie politische Entscheidungsprozesse ebenso gemeint sind wie eine Abstimmung mit Maßnahmen des Verkehrssystemmanagements. Im Rahmen der vorliegenden Arbeit wurde sich jedoch auf Grund der geringen Kenntnisse zu den Möglichkeiten eines Mobilitätsmanagements im Tourismus weitestgehend auf diesen Ansatz beschränkt.

Gegenstand des nachfrageorientierten Mobilitätsmanagements ist die Bereitstellung von Dienstleistungen, um den Verkehrsteilnehmern bzw. Reisenden eine nachhaltige Mobilität zu ermöglichen. Ziel ist es dabei, v. a. durch Information, Beratung und Kommunikation eine effiziente und systemübergreifende Nutzung der vorhandenen Verkehrsmittel zu erreichen. Mobilitätsmanagement ist dabei in der Verkehrsforschung selbst und insbesondere für den touristischen Verkehr ein relativ junger Lösungsansatz.

Mit Hilfe einer Darstellung des gegenwärtigen wissenschaftlichen Diskus-
sionsstandes der wichtigsten Untersuchungsgegenstände konnte der wissenschaftliche Zugang zur Untersuchung sowie die Zusammensetzung des
Verkehrs bzw. der Mobilität, des Tourismus und des touristischen Verkehrs
geklärt werden. Mittels letzterer Charakterisierung der wichtigsten Untersuchungsgegenstände wurde nicht nur für die vorliegende Untersuchung
eine wichtige theoretische Grundlage, sondern auch für weitergehende Arbeiten ein einheitliches Grundverständnis erarbeitet.

Aus der Betrachtung von Verkehr und Wissenschaft ist festzuhalten, dass
als neue Perspektive für die Verkehrswissenschaft in den letzten Jahren zunehmend eine sozial-ökologische Mobilitätsforschung an Bedeutung gewinnt. Mit der Umakzentuierung von Verkehrswissenschaft zu Mobilitätsforschung wird die Erweiterung und Öffnung des Interesses von dem technischen Vorgang der Raumüberwindung (Transport und Verkehr) hin zum
gesellschaftlichen Bedürfnisfeld Mobilität signalisiert. Nicht nur in der
Verkehrswissenschaft, sondern auch in der Verkehrsplanung und -politik
sind Neuorientierungen festzustellen (integrierte Verkehrsplanung und
Mobilitätsmanagement bzw. Information und Organisation als zunehmend
gleichberechtigter Teil der Verkehrspolitik), womit auch neue Vorgaben
für die Verkehrsforschung aufgezeigt werden. So hat sich die Verkehrswissenschaft bzw. Mobilitätsforschung verstärkt mit theoretischen Grundlagen
für die integrative Verkehrsplanung bzw. das Mobilitätsmanagement auseinanderzusetzen. Mobilitätsmanagement stellt dabei als integrativer Ansatz,
nicht länger die Verkehrsauswirkung, sondern die Quelle des Verkehrs, d.
h. das Individuum, in den Mittelpunkt der Betrachtung. In der wissenschaftlichen Diskussion um das Mobilitätsmanagement ist zunehmend die
Orientierung an theoretischen Ansätzen zu erkennen, die auch für die vorliegende Untersuchung genutzt werden konnten (z. B. konzeptioneller Aufbau des Mobilitätsmanagements, Methoden zur Evaluation, Relevanz und
Vernetzung der Akteure, Instrumente des Mobilitätsmanagements).

Die Diskussion um eine eigenständige Tourismuswissenschaft hat gezeigt,
dass bei Zuhilfenahme der Merkmale, die eine Wissenschaft konstituieren,
(noch) nicht von einer eigenständigen Tourismuswissenschaft gesprochen
und demnach auch nicht auf eine geschlossene „Theorie des Tourismus"
zurückgegriffen werden kann. Die Reise als gemeinsamer Erklärungsgegenstand, die Systemtheorie als methodischer Rahmen, die Heranziehung
von interdisziplinärem Wissen und interdisziplinären Ansätzen (im Sinne
einer vernetzten Betrachtung), die Notwendigkeit bzw. Forderung nach
phasenorientierten Betrachtungen (z. B. phasenorientierte Managementmodelle oder Betrachtung von Leistungsketten) und eine internationale

Ausrichtung sind jedoch vielfältige Ansatzpunkte, die für die Untersuchung des Mobilitätsmanagements aus tourismuswissenschaftlicher Sicht hilfreich sind.

Im Rahmen einer vergleichenden Diskussion von verschiedenen bekannten Mobilitätsmanagementansätzen („Common-Konzept" und „Wuppertaler Schule" sowie „Strategisches Mobilitätsmanagement") konnte ein für die vorliegende Untersuchung geeigneter konzeptioneller Aufbau identifiziert werden. Es wurde deutlich, dass im Tourismus ein umfassender Konzeptansatz sowohl das Quell- und Zielgebiet als auch den Transferraum umfassen muss. Dieser konzeptionelle Aufbau ist als Ausgangspunkt bzw. Hintergrund für ein touristisches Mobilitätsmanagement zu sehen und ist innerhalb der Untersuchung auch die Basis für die weitere Beschäftigung mit einem touristischen Mobilitätsmanagement. In diesem Zusammenhang ist wichtig zu betonen, dass der vorgestellte konzeptionelle Aufbau idealtypisch ist und es wichtig ist mit einzelnen Bausteinen des Mobilitätsmanagements zu beginnen.

Mit Hilfe des (räumlichen) Grundmodells des Tourismus wurde in der vorliegenden Arbeit eine Grundlage für die Analyse des Mobilitätsmanagements im Tourismus gefunden, die sowohl für die Ausgestaltung des konzeptionellen Aufbaus eines touristischen Mobilitätsmanagements als auch für die Kontaktmöglichkeiten und Maßnahmen der Träger eines städtischen/regionalen. standortbezogenen Mobilitätsmanagements den methodischen Rahmen bietet. Hiermit leistet die Untersuchung einen Beitrag zur (tourismus-)wissenschaftlichen Theoriebildung, da sie eine Weiterentwicklung bzw. weitere Ausdifferenzierung des (räumlichen) Grundmodells des Tourismus bietet.

Neben dem konzeptionellen Aufbau des touristischen Mobilitätsmanagements gibt es weitere Besonderheiten eines Mobilitätsmanagements aus touristischer Sicht. Vor dem Hintergrund der Besonderheiten, die sich aus dem touristischen Produkt, touristischen Verkehr bzw. Verhalten der touristischen Nachfrager für ein Mobilitätsmanagement ergeben, stand die Frage im Vordergrund, was hieraus für die Implementierung eines touristischen Mobilitätsmanagements zu berücksichtigen ist. Folgende Erkenntnisse können hieraus abgeleitet werden:

- Da das touristische Produkt aus mehreren (Teil-)Leistungen besteht, sind an einem touristischen Mobilitätsmanagement möglichst viele der beteiligen Leistungsträger aus Quell- und Zielgebiet sowie Transferraum einzubeziehen.

- Auf Grund der saisonalen Effekte kann nicht von einer ganzjährig gleichbleibenden Nachfrage ausgegangen werden, so dass eine ausreichende Vorhaltung aller Mobilitätsdienstleistungen auch zu Spitzenzeiten ebenso gewährleistet sein muss wie die Vermeidung von Überangeboten zu saisonschwachen Zeiten. Sowohl das ursprüngliche Angebot (z. B. haben Küstengebiete/Inseln im Sommer meist mehr Gästeankünfte als im Winter bzw. (Mittel-)Gebirgsregionen im Winter) als auch das Verhalten der Reisenden (z. B. Verkehrsmittelwahl oder Reisezielwahl sind je nach Jahreszeit unterschiedlich) ruft saisonale Effekte hervor, die es im Rahmen eines touristischen Mobilitätsmanagements zu berücksichtigen gilt.

- Die Ausgestaltung der Mobilitätsdienstleistungen sollte zielgruppenspezifisch erfolgen, da z. B. Pauschalreisende enger an die einzelnen touristischen Leistungsersteller gebunden sind als Individualreisende, Erstbesucher einer Destination bzw. Einrichtung eher mehr und andere Informationen benötigen als Stammbesucher oder Geschäftsreisen häufiger pro Jahr statt finden als Urlaubsreisen. Im Zielgebiet stellt die Tatsache, dass sich Touristen meist relativ kurz im jeweiligen Zielgebiet aufhalten, eine besondere Herausforderung für ein touristisches Mobilitätsmanagement dar, die bei Geschäftsreisenden (meist wenige Tage Aufenthaltsdauer) stärker ausgeprägt ist als bei Urlaubsreisenden (durchschnittliche Aufenthaltsdauer bei der Haupturlaubsreise ca. 14 Tage).

- Auf Grund der sich im touristischen Verkehr häufiger als im Alltagsverkehr ergebenden Reise-/Wegeketten, v. a. bei der An- und Abreise, nehmen intermodale Angebote im Rahmen eines touristischen Mobilitätsmanagements eine wichtige Bedeutung ein. Intermodales Mobilitätsmanagement stellt dabei die verknüpfte Nutzung verschiedener Verkehrsmittel für eine Reise bzw. einen Weg dar. Mittels Informationen und anderen Dienstleistungen können die Schnittstellenübergänge – eher als mit baulich-architektonischen Maßnahmen – zwischen den einzelnen Verkehrsmitteln optimiert und somit die Kombination mehrerer Verkehrsmittel für einen Weg bzw. eine Reise erleichtert werden. Zur Veranschaulichung des notwendigen internen und externen Schnittstellenmanagements eignen sich die aus der Dienstleistungstheorie bekannten Ansätze des dienstleistungsorientierten Betriebsmodells und der Dienstleistungsketten, die für eine Anwendung im touristischen Verkehr bzw. Mobilitätsmanagement jedoch erweitert werden mussten.

- Auf Grund der zunehmenden Auslandsreisen (Outgoing und Incoming) ist eine internationale Zusammenarbeit und Abstimmung der an der Beförderung beteiligten Unternehmen notwendig. Insbesondere die Steuerung der zwischenbetrieblichen Abläufe erfordert bei internationalen Kooperationen einen erhöhten Koordinationsaufwand, der z. B. durch parallele Teamstrukturen, Projektgruppen oder Austausch von Mitarbeitern zu reduzieren ist.

• Die Dienstleistungen eines touristischen Mobilitätsmanagements sind auch ausländischen Touristen nutzbar zu machen, so dass internationale bzw. interkulturelle Dienstleistungskontakte sowohl bei Verkehrsunternehmen als auch bei der Nutzung von Mobilitätszentralen oder -büros entstehen. Vor allem Beschäftigte im internationalen Linienverkehr, sowie Mobilitätsberater, -koordinatoren und Servicemitarbeiter, die in Städten/Regionen bzw. in Einrichtungen mit hohem Anteil ausländischer Gäste im direkten Kundenkontakt eingesetzt werden, benötigen daher interkulturelle Kompetenzen.

Eine gleichzeitige Implementierung aller Elemente (z. B. Mobilitätszentrale, -manager, -büros) eines touristischen Mobilitätsmanagements ist nicht anzustreben. Es hat sich gezeigt, dass je nach spezifischer örtlicher Situation die Wahl des bzw. der geeigneten Ansatzpunkte/s im Quell- und/oder Zielgebiet zu tätigen ist, die sukzessive um weitere Bestandteile ergänzt werden sollten („Prozess statt Projekt").

Ein touristisches Mobilitätsmanagement kann dabei als Ergänzung bzw. Schwerpunktsetzung eines bestehenden Mobilitätsmanagements eingeführt werden bzw. in stark touristisch geprägten Destinationen auch aus den Erfordernissen heraus, die durch den Tourismus entstehen, implementiert werden. Auf Grund der gegenwärtigen Verbreitung des Mobilitätsmanagementansatzes ist an eine Umsetzung im Urlaubsreiseverkehr v. a. in europäischen Destinationen und ggf. Destinationen mit hohem Pauschalreiseverkehr von europäischen Touristen (z. B. Türkei, Nordafrika) zu denken. Ein standortbezogenes Mobilitätsmanagement für Events, Freizeitgroßeinrichtungen und Flughäfen ist dagegen auch in Australien und Nordamerika kurzfristig denkbar.

In der Literatur besteht weitestgehend Einigkeit, dass sich als wichtigster Träger eines städtischen/regionalen Mobilitätsmanagements, operative Basis und Leitinstitution, die die Umsetzung koordiniert und voranbringt, eine Mobilitätszentrale mit seinen Mobilitätsberatern und Servicemitarbeitern herauskristallisiert, die mit privaten Akteuren gemeinsam aktiv wird. Als Motor der Initiierung werden dagegen Mobilitätsmanager sowie Kommunen und/oder Verkehrsunternehmen gesehen. Selten wird Mobilitätsmanagement als Ansatz gesehen, bei dem sich überwiegend private Akteure neue Märkte erschließen (z. B. Car-Sharing, Mobil-Pakete, Call-a-Bike) und die kommunalen bzw. regionalen Akteure nicht bzw. nur eingeschränkt einzubeziehen sind.

Im Gegensatz zum standortbezogenen Mobilitätsmanagement im Tourismus, in dem die Zahl der Akteure (z. B. bei Flughafen vorrangig Flughafengesellschaft (inklusive Mitarbeiter), Fluggesellschaften, Reiseveranstalter, Verkehrsunternehmen und Gebietskörperschaften) relativ überschaubar sind, sind im städtischen/regionalen Mobilitätsmanagement eine Vielzahl an unterschiedlichen Akteuren mit heterogenen Interessen sowie zeitlich und räumlich stark „gestreuten" Aktivitäten zu berücksichtigen. Die Bildung von tragfähigen Partnerschaften stellt demnach die Basis für ein touristisches Mobilitätsmanagement auf städtischen/regionaler Ebene dar, vereinigt es doch unterschiedliche Potentiale sowie Zugangsebenen zu den (potentiellen) Nutzern der Mobilitätsdienstleistungen. Wichtig für den Einbezug der unterschiedlichen Partner und eine optimale Abstimmung zwischen diesen ist eine sog. Akteursanalyse. Hiermit wird das Ziel verfolgt, alle beteiligten Akteure und mögliche Schnittstellen zwischen ihnen zu erfassen.

Die Auseinandersetzung mit den potentiellen Partnern für ein touristisches Mobilitätsmanagement auf städtischer/regionaler Ebene bildete die Basis für die Erkenntnis, dass die alleinige Betrachtung des Gebietes bzw. die Zusammenarbeit mit touristischen Leistungsträgern und anderen Partnern, in dem die jeweilige Mobilitätszentrale ihren Sitz hat, bei einem touristischen Mobilitätsmanagement nicht ausreicht. Es müssen daher sowohl Partner aus dem Quell- und Zielgebiet als auch Transferraum einbezogen werden. Maßnahmen eines touristischen Mobilitätsmanagements, die von (potentiellen) Reisenden in Anspruch genommen werden können, sind jedoch im Quellgebiet am wichtigsten, da hier die Verkehrsmittelwahl für die jeweilige Reise getroffen wird. Die Reisenden sind daher bereits im Quellgebiet davon zu überzeugen, dass sie auf der Hin- und Rückreise sowie im Zielgebiet ein hochwertiges und ihren Ansprüchen entsprechendes Verkehrsangebot erwarten können, womit ein multimobiles Verhalten (d. h. dass die Vorteile der einzelnen Verkehrsträger/-mittel je nach Situation genutzt werden können) möglich ist. In diesem Zusammenhang hat sich gezeigt, dass Mobilitätszentralen dank neuer Kommunikationstechnologien ihre Dienstleistungen in allen drei Reisephasen anbieten können und sich durch die verschiedenen am touristischen Produkt „Reise" beteiligten Leistungsersteller entlang der touristischen Dienstleistungskette vielfältige Kontaktmöglichkeiten für das Angebot von Mobilitätsdienstleistungen ergeben, die im Quell- und Zielgebiet als auch Transferraum möglich sind.

Hierbei ist zu beachten, dass die einzelnen touristischen Leistungsträger unabhängig von einer Mobilitätszentrale ihre Dienstleistungen anbieten können. Sie können die Mobilitätsdienstleistungen jedoch auch mit Unterstützung einer Mobilitätszentrale oder gebündelt über eine solche anbieten.

Zu den Aufgaben einer Mobilitätszentrale als operative Basis des städtischen/regionalen Mobilitätsmanagements zählen daher z. B. die (potentiellen) touristischen Akteure für die Teilnahme am Mobilitätsmanagement zu gewinnen, die Koordination zwischen diesen zu übernehmen und sie bei der Entwicklung und Umsetzung von Mobilitätsdienstleistungen zu unterstützten.

Da es sich beim Mobilitätsmanagement um eine freiwillige und für den Großteil der touristischen Leistungsersteller zusätzliche Aufgaben handelt, hängen die Aktivitäten der einzelnen Leistungsersteller im Wesentlichen von der Kooperationsbereitschaft und der Identifizierung mit den Zielen des Mobilitätsmanagements ab. Um Anreize für ein Engagement zu schaffen, bedarf es gezielter Überzeugungsarbeit, dem Aufzeigen von Vorteilen für die Unternehmen und Initiierung durch die klassischen Träger des Mobilitätsmanagements, v. a. den Mitarbeitern von Mobilitätszentralen bzw. -büros sowie ggf. eines Mobilitätsmanagers. Durch gezielte Öffentlichkeitsarbeit sowie Dokumentation und Präsentation gelungener Beispiele muss der Prozess der Etablierung von Mobilitätsmanagementideen und -maßnahmen in die touristischen Unternehmen begleitet werden. Die Einrichtung einer Stelle bzw. Benennung eines Mobilitätsbeauftragten – ähnlich der bekannten Umweltbeauftragten – scheint hierbei eine vielversprechende Möglichkeit zur Verankerung des Mobilitätsmanagements in den Unternehmen zu sein.

Des Weiteren wurde deutlich, dass zur erfolgreichen Ausgestaltung eines Mobilitätsmanagements die grundsätzlichen Überlegungen und Mobilitätsdienstleistungen zwischen Quell- und Zielgebiet abgestimmt werden müssen und die Festsetzung bestimmter Standards sinnvoll ist. Die Abstimmung kann entweder direkt zwischen den jeweiligen Städten bzw. Regionen vorgenommen werden (z. B. Kommunikation zwischen einzelnen Mobilitätszentralen) oder über ein übergeordnetes (inter-)nationales Netzwerk, das unter dem Dach einer bestehenden Organisation vereint wird bzw. neu aufgebaut wird. In gemeinsamen Workshops oder Arbeitstreffen sollten sich die Vertreter aus Tourismus (z. B. Reisemittler und -veranstalter bzw. Vertreter ihrer Verbände) und Verkehr (z. B. Bus-, Bahn und Fluggesellschaften bzw. Vertreter ihrer Verbände) sowie die klassischen Träger des Mobilitätsmanagements (z. B. Mobilitätsmanager, -berater) z. B. über die jeweiligen Konzepte informieren und sie aufeinander abstimmen.

Eine besondere Betrachtung innerhalb eines touristischen Mobilitätsmanagements bedürfen die Einrichtungen, die hohe verkehrsinduzierende Wirkungen haben und denen mittels einem standortbezogenen Mobilitätsmanagement Lösungen zur nachhaltigeren Abwicklung des Verkehrs aufgezeigt werden können. Die Auseinandersetzung mit dem touristischen

Angebot einer Destination hat gezeigt, dass ausgewählte verkehrsinduzierende Einrichtungen einzubeziehen sind. Hierzu zählen alle privaten und öffentlichen Einrichtungen und Infrastrukturmaßnahmen für den Tourismus, vorrangig das touristische Transportwesen (Flughäfen), die Freizeiteinrichtungen und spezielle touristische Angebote, wie Sport- und Kultur-Events aber auch wirtschaftliche Events, wie Messen, Ausstellungen und Tagungen.

Eine Analyse von übergreifenden Charakteristika zeigte als erstes auf, dass standortbezogenes Mobilitätsmanagement mittels einer problem-/aktionsorientierten Strategie oder einer integrativen Strategie bei bestehenden, neu zu schaffenden oder temporär genutzten Einrichtungen angegangen werden kann. Erstere Strategie ist meist auf einen bestimmten Zeitraum beschränkt und wird von einer überschaubaren Planung und Organisation bestimmt, wobei ein Problem im Mittelpunkt steht oder bestimmte Aktionen ad hoc ausgearbeitet und durchgeführt werden. Eine integrative Strategie ist breiter und langfristiger angelegt und ist dementsprechend auch mit einer stärkeren Wirkungstiefe ausgestattet, wobei ersteres strategische Vorgehen auch der Einstieg in weitere Mobilitätsmanagementmaßnahmen darstellen kann. Ein zweites übergreifendes Charakteristikum beim standortbezogenen Mobilitätsmanagement stellt die Tatsache dar, dass unterschiedliche Verkehrsarten in eine Betrachtung einbezogen werden können (Mitarbeiterverkehr und den Geschäfts- und Dienstreiseverkehr der eigenen Mitarbeiter; Wirtschafts- und Güterverkehr; Besucherverkehr in Form von Urlaubs-, Freizeit-, Einkaufs- und Geschäfts- und Dienstreiseverkehr). Im Rahmen der vorliegenden Untersuchung wurde jedoch der Schwerpunkt auf den Besucherverkehr gelegt. Ein drittes übergreifendes Charakteristikum betrifft die organisatorische Umsetzung des Mobilitätsmanagements in die jeweilige Einrichtung. Das Mobilitätsmanagement muss personell in den jeweiligen Einrichtungen verankert (Stelle bzw. Person, die Verantwortung für die Einführung und Umsetzung der anvisierten Maßnahmen besitzt) oder durch spezialisierte externe Büros übernommen werden. Die wichtigsten Beteiligten sind am jeweiligen Standort selbst zu finden, d. h. vorrangig die Standortbesitzer/-betreiber und seine Angestellten sowie ggf. die Personalvertretung. Weitere wichtige einzubeziehende Akteure (= Kooperationspartner) sind die lokalen öffentlichen sowie nationalen und internationalen (touristische) Verkehrsunternehmen, die kommunale bzw. regionale Verwaltung, die Besucher, eine ggf. vorhandene städtische Mobilitätszentrale (mit ihren Mobilitätsberatern) und je nach Größe, Einzugsgebiet und Zielgruppen der Einrichtung Reisemittler und -veranstalter. Mit diesen Kooperationspartnern sind die geeigneten Mobilitätsdienstleistungen zu entwickeln und umzusetzen.

Zur Festlegung der konkreten Maßnahmen und Ziele eines standortbezogenen Mobilitätsmanagements eignet sich, wie beim städtischen/regionalen
Mobilitätsmanagement auch, die Aufstellung eines Mobilitätsplanes und
Abstimmung mit anderen Maßnahmen im Verkehr. Hierbei sind Maßnahmen für die verschiedenen Zielgruppen unter Einbeziehung der verschiedenen Mobilitätsdienstleistungsarten sinnvoll, die je nach lokalen Gegebenheiten, v. a. die Art und Rolle der möglichen Träger, die wichtigsten Quellgebiete sowie die wichtigsten Zielgruppen, ausgestaltet werden.

Mit den Betrachtungen der konkreten Einrichtungen konnte gezeigt werden, dass bei allen Standorten (Events, Flughäfen, Freizeitgroßeinrichtungen) eine Vielzahl verschiedener Mobilitätsdienstleistungen möglich ist
und es neben dem, bisher in der Praxis dominierenden, betrieblichen Mobilitätsmanagement für den Mitarbeiterverkehr von Firmen und öffentlichen
Verwaltungen weitere erfolgversprechende Anknüpfungspunkte eines
standortbezogenen Mobilitätsmanagements gibt. Selbst der Einbezug von
Flughäfen in ein touristisches Mobilitätsmanagement erscheint vor dem
Hintergrund, dass z. B. die flughafenbezogenen Verkehre zu Spitzenbelastungen im Umfeld der Flughäfen führen oder ca. die Hälfte der deutschen
Urlaubsreisenden bei Auslandsreisen mit dem Flugzeug unterwegs sind
und somit im Zielgebiet potentielle Kunden eines Mobilitätsmanagements
sind, gerechtfertigt. Die Feststellung, dass Event-Reisen im Tourismus eine
zunehmende Bedeutung einnehmen und gegenwärtig die Abwicklung des
Eventverkehrs von den Event-Organisatoren und (touristischen) Verkehrsunternehmen wenig beachtet wird, bildete den Ausgangspunkt für die Auseinandersetzung mit einem Event-Mobilitätsmanagement. Hierbei hat sich
gezeigt, dass ein Event-Mobilitätsmanagement mit Hilfe des phasenorientierten Marketingmodells anschaulich dargestellt werden kann und aufbauend auf allgemeinen verkehrlichen Anforderungen, die sich aus dem Eventtyp ergeben, auszugestalten ist. Bereits in der Potentialphase können dabei
die Ideen des Mobilitätsmanagements einbezogen werden; die hauptsächlichen Anstrengungen sind jedoch in der Prozessphase notwendig, wobei die
verschiedenen Verkehrsarten und Zielgruppen berücksichtigt werden müssen. Letztlich wurde festgehalten, dass Event-Mobilitätsmanage-ment in
Forschung und Praxis stärkere Beachtung geschenkt werden sollte, da E-
vents u. a. eine gute Möglichkeit bieten, innovative Mobilitätsdienstleistungen zu testen, bevor sie allgemein angebotene Dienstleistungen werden.
Freizeitgroßeinrichtungen eignen sich ebenfalls gut für Mobilitätsmanage-
mentüberlegungen, da bei nahezu allen Freizeitgroßeinrichtungen Ansätze
für Mobilitätsdienstleistungen vorhanden sind sowie bestehende Angebote
(z. B. Informationsbroschüren mit Angeboten zur Lage der Einrichtung)
und kundenorientierte Infrastrukturen (z. B. Kassen- und Informations-
schalter) für ein Mobilitätsmanagement genutzt werden können.

Die innerhalb der Arbeit vorliegenden Resultate dokumentieren, dass allen möglichen Akteuren eines städtischen/regionalen und standortbezogenen Mobilitätsmanagements eine Vielzahl an potentiellen Mobilitätsdienstleistungen zugeschrieben werden konnte. Die einzelnen Akteure des touristischen Mobilitätsmanagements können dabei unabhängig voneinander Mobilitätsdienstleistungen entwickeln und anbieten sowie die gleichen Zielgruppen ansprechen (Mikro-Mobilitätsmanagement). Insbesondere Mobilitätszentralen können jedoch auch im Auftrag anderer Unternehmen Dienstleistungen anbieten bzw. die einzelnen Mobilitätsdienstleistungen teilweise aus einer Hand anbieten, so dass sie dann überbetriebliche Aufgaben wahrnehmen (= Makro-Mobilitätsmanagement). Beispielsweise kann eine Mobilitätszentrale verschiedene Verkehrs-, Informations- und Serviceangebote als ganzheitliches Produkt kombinieren und vermarkten. Diese als integrierte bzw. neue integrierte Mobilitätsdienstleistungen (NIM) bezeichneten Angebote in Form von Mobil-Paketen beinhalten mehrere bisher getrennte Beförderungs- und Fahrzeugangebote sowie Dienstleistungen wie Information, Buchung, Reservation, Abrechnung usw. Eine Mobilitätszentrale übernimmt in diesem Zusammenhang betriebsübergreifend Dienstleistungen für alle Beteiligten und koordiniert sie für die verschiedenen Zielgruppen. Es sind hierbei nicht nur Dienstleistungen im Quell- oder Zielgebiet zu koordinieren, sondern auch die übergreifende Koordination aller Beteiligten und die Vermarktung der Dienstleistungen kann im Falle eines Makro-Mobilitätsmanagements Aufgabe einer Mobilitätszentrale sein. Eine Erweiterung der Makroebene kann dahingehend erfolgen, dass z. B. von einer Mobilitätszentrale nicht nur Mobilitätsdienstleistungen, sondern auch andere Dienstleistungen, im Zusammenhang der Arbeit v. a. touristische Leistungen bzw. Aufgaben, angeboten bzw. wahrgenommen werden (= integriertes Mobilitätsmanagement).

Da es sich beim Mobilitätsmanagement um einen Ansatz handelt, der auf einer Vielzahl von Akteuren sowie Maßnahmen und Dienstleistungen basiert und je nach örtlicher Situation anders anzugehen ist, ist es schwierig, einen idealtypischen Ablauf für eine Umsetzung aufzuzeigen. Mit Hilfe der aus den Wirtschaftswissenschaften bekannten Ziel-Mittel-Methode kann ein grundsätzlicher Ablauf jedoch grob skizziert werden. Aus den Erfahrungen bisheriger Mobilitätsmanagementprozesse haben sich für die Umsetzung eines touristischen Mobilitätsmanagements die nachfolgenden Aspekte herauskristallisiert, die um weitere Erfolgsfaktoren (Personal, Finanzierung, Bewertung/Evaluation und Marketing) zu ergänzen sind.

Darüber hinaus nehmen die jeweiligen (bundes-) länderspezifischen Rahmenbedingungen für die Umsetzung eine wichtige Rolle ein:

- Vor der Etablierung von Mobilitätsdienstleistungen ist eine Grundlagenuntersuchung unerlässlich. Aus Sicht eines städtischen/regionalen Mobilitätsmanagements ist hier v. a. eine Analyse der Gästestruktur und des Mobilitätsverhaltens (von Gästen und Einheimischen, die verreisen), der Erreichbarkeit der Destination sowie bestehender Mobilitätsdienstleistungen vorzunehmen. Die Einrichtungen des standortbezogenen Mobilitätsmanagements sollten neben einer Analyse der räumlichen und infrastrukturellen Ausgangssituation das Verkehrsverhalten der Besucher erfassen. Die hiermit gewonnenen Kenntnisse lassen Rückschlüsse auf die Ursachen der Verkehrsmittelwahl zu und leisten einen wesentlichen Beitrag zur zielgruppenspezifischen Konkretisierung und Differenzierung des Mobilitätsmanagements. Darüber hinaus kann – bei entsprechender Ausrichtung der Untersuchung – abgeleitet werden, welche hauptsächlichen Quellgebiete (aus Sicht eines Zielgebietes oder Standortes) bzw. Zielgebiete (aus Sicht eines Quellgebietes) vorhanden sind. Da sich diese verändern können (z. B. durch neue Trendreiseziele oder andere Trends) ist eine permanente Anpassung der Mobilitätsdienstleistungen an die jeweils wichtigsten Zielgruppen und geographischen Fokusregionen notwendig.

- Mit der Durchführung einer eigenen Erhebung im Harz konnte gezeigt werden, dass es möglich ist, Daten sowohl zum Mobilitäts- als auch zum allgemeinen Reiseverhalten von Touristen im Zielgebiet zu erheben, die zur Einführung und Weiterentwicklung eines touristischen Mobilitätsmanagements nutzbar sind. Hierbei ist die Bestätigung der Einsetzbarkeit der Wegeprotokolle – eine für den alltäglichen Verkehr gängigen Methodik – aus wissenschaftlicher Sicht besonders hervorzuheben.

- Wichtig für die Umsetzung eines touristischen Mobilitätsmanagements sowohl auf städtischer/regionaler als auch auf standortbezogener Ebene sind Mobilitätspläne, die in Fortführung einer Grundlagenuntersuchung für eine bestimmte Laufzeit aufgestellt und nach Ablauf fortgeschrieben werden. Sie sollten allen beteiligten Akteuren zumindest bekannt und zugänglich sein. Eine gemeinschaftliche Erarbeitung bzw. die Vorstellung der Ergebnisse wirkt sich positiv auf die Einhaltung dieses Planes aus. Mit Hilfe eines Mobilitätsplanes können die jeweiligen Aktivitäten, Zuständigkeiten, Zeitpläne usw. für die Umsetzung der konkreten Mobilitätsdienstleistungen zusammengefasst werden. Hierbei ist im Falle des touristischen Mobilitätsmanagements eine Spezialisierung auf die einzelnen touristischen Marktsegmente und Zielgruppen ebenso sinnvoll wie eine Unterteilung in einen Mobilitätsmasterplan, einen interkommunalen und einen intrakommunalen

Mobilitätsplan. Durch letztere Unterteilung werden die Aussagen von
allgemeinen Leitlinien weiter konkretisiert und die Abstimmung mit
den wichtigsten Quell- bzw. Zielgebieten kann hiermit integriert werden.

- Der Aufbau der Dienstleistungspalette einer Mobilitätszentrale bzw.
-büros ist entsprechend dem zeitlichen, technischen und finanziellen
Aufwand sowie den Anforderungen an das Personal in Entwicklungsstufen (Einstiegsbausteine, Grundangebot, Erweiterungsmöglichkeiten) vorzunehmen. Damit den Reisenden eine möglichst umfassende
Dienstleistungspalette angeboten werden kann, sind Kooperationen
und Vereinbarungen zwischen den verschiedenen Dienstleistungsanbietern (Mobilitätszentralen/-büros mit Bahngesellschaften, Car-
Sharing-Anbietern, Autovermietern, Reiseveranstalter usw.) unerlässlich.

- Eine Abstimmung der anvisierten Mobilitätsdienstleistungen eines
touristischen Mobilitätsmanagements ist in zweierlei Hinsicht notwendig. Zum einen müssen die Mobilitätsdienstleistungen für Touristen
mit den Dienstleistungen abgestimmt werden, die für die Einheimischen angeboten werden bzw. sollen. Zum anderen müssen die Mobilitätsdienstleistungen mit anderen geplanten oder umgesetzten Maßnahmen im Verkehr abgestimmt werden (siehe S. 271). In Deutschland steht diese Entwicklung noch am Anfang.[189] Hier ist auch der Ge-
setzgeber gefordert, die Grundlagen für ein umfassendes Mobilitätsmanagement zu liefern. Steuerliche Anreize, finanzielle Zuwendungen
an Gemeinden und Unternehmen, die Integration von Mobilitätsmanagement in die Öko-Audit-Verordnung oder ISO 9000 bzw. bei in Planung befindlichen Einrichtungen Mobilitätsmanagement als Ersatz-
und Ausgleichsmaßnahme anzuerkennen, sind hier zu nennen.

Im Rahmen einer Betrachtung von Erfolgsfaktoren für die Umsetzung eines
Mobilitätsmanagements wurde deutlich, dass die Qualifikation des Personals, Finanzierung und Evaluation sowie das Marketing hervorzuheben
sind. Besondere Anforderungen an das Personal sind v. a. an die Mitarbeiter von Mobilitätszentralen und -büros, aber auch an die Mitarbeiter von
Verkehrsunternehmen und sonstigen Akteuren eines touristischen Mobilitätsmanagements gestellt. Durch das Personal muss z. B. eine qualifizierte,
z. T. sehr individuelle Beratung geboten werden, was eine hohe Identifika-
tion mit der Aufgabe und ein hohes Verständnis des Mobilitätsmanagements voraussetzt. Hierfür sind spezielle Ausbildungen und ständige Weiterbildungen gefordert.

---

[189] In Münster wurde das Mobilitätsmanagement z. B. in ein Rahmenkonzept Müns-
ter.mobil, in Flensburg als Handlungsfeld im Mobilitätsprogramm und in München
als Teilbereich des Verkehrsentwicklungsplans integriert (vgl. Müller 2003, S. 12).

Aus touristischer Sicht sind Schulungen bzw. Weiterbildungen v. a. bzgl. der interkulturellen Dienstleistungskontakte, Orts-/Regionalkenntnisse des eigenen Gebietes sowie der wichtigsten Quell- bzw. Zielgebiete, Sprachkenntnisse und touristische Kenntnisse gefordert. Interkulturelle Dienstleistungskontakte erfordern v. a. die Schulung der Mitarbeiter, die international im Einsatz (z. B. im internationalen Verkehr) sind oder im jeweiligen Zielgebiet mit ausländischen Gästen bzw. Gästen anderer Kulturen in Kontakt treten, was vorrangig in Großstädten, touristisch geprägten Orten und Einrichtungen sowie bei Mega-Events mit hohem Anteil ausländischer Gäste notwendig ist.

Die Personalkosten stellen bei den Betriebskosten einer Mobilitätszentrale bzw. eines -büros meist den größten Anteil dar. Um diese Kosten zu reduzieren, sind neue, z. T. auch unkonventionelle Lösungen gefragt (z. B. Mitnutzung von Räumlichkeiten anderer Einrichtungen, gemeinschaftlicher Betrieb eines Mobilitätsbüros von mehreren Organisationen/Unternehmen). An die Übernahme von Dienstleistungen für Dritte bzw. eine Kooperation mit Tourismusorganisationen ist hierbei aus touristischer Sicht vorrangig zu denken. Integriertes Mobilitätsmanagement, bei dem eine Mobilitätszentrale nicht nur Mobilitätsdienstleistungen, sondern auch touristische Leistungen anbietet bzw. Aufgaben übernimmt, öffnet u. a. die Chance, Synergieeffekte durch das Zusammenlegen von vorhandenen Infrastrukturen (auf der einen Seite z. B. die städtische Tourismus-Information und auf der anderen z. B. das Servicecenter eines städtischen Verkehrsunternehmens) zu nutzen und neue Erlösquellen zu generieren. Durch den Verkauf bzw. Vermittlung von touristischen Leistungen (z. B. Verkauf von Reisen bzw. Teilleistungen einer Reise, Vermittlung von Unterkünften oder Verkauf von Tickets für Kultur- oder Sport-Events) können Provisionen erwirtschaftet werden. Sofern es gelingt, (inter-) national agierende Reiseveranstalter, integrierte Reisekonzerne, Hotelketten oder Verkehrsbetriebe von den Vorteilen für das eigene Unternehmen und die Allgemeinheit zu überzeugen, stehen (teilweise) finanzkräftige Partner für ein Mobilitätsmanagement zur Verfügung, die sich an den Kosten beteiligen können.

Weitere Erfolgsfaktoren stellen die Etablierung eines Monitoring- und Evaluationssystems sowie die Anwendung von Marketing dar. Ein Monitoring bzw. eine Evaluation ist besonders wichtig, da hiermit ein Vergleich von Fortschritt und Zielsetzungen sowie von erwarteten und tatsächlichen Auswirkungen möglich ist. Des Weiteren ist es für das Aufzeigen von Ergebnissen im Lauf der Zeit und v. a. für die Berichterstattung ggü. Politikern und Geldgebern über die Auswirkungen des Mobilitätsmanagements wichtig. Vor dem Hintergrund der Forderung nach einem verstärkten Marketing im Rahmen des Mobilitätsmanagements wurde ein theoretisch fundiertes Marketingsystem für Mobilitätszentralen erarbeitet, das auf Grund

seiner Allgemeingültigkeit auch bei Mobilitätsmanagementansätzen Anwendung finden kann, die keine touristische Schwerpunktsetzung haben.
Dieses auf die verschiedenen konzeptionellen Ebenen eines Mobilitätsmanagements (strategisch/politische, Management- und Nutzer-Ebene) ausgerichtete Marketingsystem stellt die Grundlage für eine bessere Bekanntma-
chung und Vermarktung der Mobilitätsdienstleistungen sowie für ein abgestimmtes Handeln der beteiligten Akteure (inklusive Mitarbeiter und politische Entscheidungsträger) dar.

Schwierigkeiten bei der Umsetzung eines der wichtigsten Elemente eines
Mobilitätsmanagements, einer Mobilitätszentrale, werden nach einer Expertenbefragung von v. a. in den Bereichen Finanzierung (hohe Investitionskosten und allgemeiner Spardruck von öffentlichen Haushalten und Unternehmen), Schnittstellenprobleme, Rahmenbedingungen (mangelnde politische Unterstützung) und den Verhaltensgewohnheiten bzw. der zu geringen Akzeptanz der (potentiellen) Nutzer gesehen, was auch Jahre nach
der Ergebnisveröffentlichung zum Teil noch Gültigkeit hat. Weitere
Schwierigkeiten bei der Umsetzung können sich aus der Tatsache ergeben,
dass der Ansatz des Mobilitätsmanagements im Tourismus weitestgehend
unbekannt ist. Bestehende Strukturen und Aufgaben zu hinterfragen und
neue Kooperationen und Ansätze zu installieren, wird eine große Überzeugungsarbeit erfordern. Hinzu kommt, dass es sich um eine freiwillige Aufgabe handelt. Nicht nur für die touristischen Leistungsträger, sondern generell ist das Mobilitätsmanagement bisher (in Deutschland) neben den klassischen Planungsverfahren (z. B. Verkehrsentwicklungs- und Nahverkehrsplanung) angesiedelt und dadurch auf Freiwilligkeit aufgebaut. Auch die
Vorteile, die sich durch den Einsatz eines Mobilitätsmanagements einstellen (können), sind nicht immer quantifizierbar bzw. nachweisbar und stellen sich erst mittel- bis langfristig ein. Dies kann sich negativ auf die Gewinnung von Trägern des Mobilitätsmanagements auswirken.

8.2 Weiterer Forschungsbedarf und Ausblick

Eine umfassende Beeinflussung des Mobilitätsverhaltens von touristisch
Reisenden ist durch die Nutzung von Mobilitätsmanagementkonzepten
möglich, da die individuellen Verhaltensweisen und Bedürfnisse der Nachfrager stärker als bisher (z. B. bei den technisch-operativen Maßnahmen
des Verkehrssystemmanagements) einbezogen und die Ursachen des Verkehrs beeinflusst werden. Für eine erfolgreiche Verbreitung des Mobilitätsmanagements stellen sich weiterführende theoriegeleitete und praxisori-
entierte Forschungsarbeiten vorrangig in folgenden Bereichen:

a) Die praktische Anwendung der vorgeschlagenen Einzelmaßnahmen und Integration in die Aufgabenbereiche der touristischen Leistungsträger sowie klassischen Träger des Mobilitätsmanagements bleibt Pilotprojekten vorbehalten. Hierbei sind auch die verschiedene Kooperationsausgestaltungen (z. B. lose Zusammenarbeit, vertragliche Regelung) zwischen den klassischen Trägern und touristischen Leistungsträgern auf ihre Eignung hin zu untersuchen.

b) Eine gleichzeitige Anwendung aller Elemente eines touristischen Mobilitätsmanagements in einem Beispielraum bzw. zwei Destinationen trägt dazu bei, Synergien zu erproben und die (tatsächliche) Wirkung der aufeinander abgestimmten Maßnahmen zu messen. Hiermit hängt die Frage zusammen, ob es durch die nur für einen kurzen Zeitraum im jeweiligen Zielgebiet anwesenden Gäste und die nach Saisonzeiten häufig verschiedenen Gästegruppen Schwierigkeiten bei der Einführung und permanenten Etablierung eines touristischen Mobilitätsmanage-ments gibt. Ebenso sind die Folgen der Notwendigkeit von interkulturellen Managementkompetenzen, die insbesondere Anforderungen an die Qualifikation des Personals der beteiligten Akteure stellt, für das Mobilitätsmanagement noch weitgehend unbekannt.

c) Es sollte mit der Arbeit verdeutlicht werden, dass technisch-operative Maßnahmen (z. B. fahrzeugtechnische, fahrwegtechnische, verkehrstechnische oder ordnungspolitische Maßnahmen) allein zu keiner dauerhaften Verbesserung bei der Abwicklung des touristischen Verkehrs führen. Eine Einstellungs- und Verhaltensbeeinflussung, eine Zugangsverbesserung zu nachhaltigen Verkehrsmitteln und weitreichende Maßnahmen im Bereich der Information und Kommunikation sind bspw. mit dem Ansatz des Mobilitätsmanagements möglich. Der vernetzte Einsatz von Mobilitäts- und Verkehrssystemmanagement, also die Koppelung von Mobilitätsdienstleistungen mit technischen Entwicklungen der Telematik und Verkehrstechnik, ist verstärkt zu erproben, um die jeweiligen Stärken in eine Gesamtkonzeption zu integrieren und auf Synergien hin zu untersuchen. Durch die Hinzunahme weiterer wissenschaftlicher Disziplinen, wie der Pädagogik, Psychologie oder Soziologie, können darüber hinaus gehende Erkenntnisse geschaffen werden, wie eine nachhaltige Mobilität angeregt und gefördert werden kann.

d) Eine inhaltlich aussagekräftige, methodisch abgesicherte und quantitativ ausreichende Forschung zur Wirkung und Wirksamkeit von Maßnahmen des Mobilitätsmanagements fehlt im Allgemeinen weitestgehend und im Tourismus im Besonderen. Die methodische Weiterentwicklung und praktische Anwendung der ersten Ansätze (z. B. MOST-Monitoring and Evaluation-Toolkit) ist für einen langfristigen Erfolg des Mobilitätsmanagements unerlässlich, da hiermit u. a. ein effizienter und koordinierter Mitteleinsatz nachgewiesen werden kann.

e) Angesichts der Folgen des weltweit wachsenden Verkehrs werden sowohl die Entwicklungs- und Schwellenländer bei ihrem drängenden Zugang zu höheren Motorisierungsgraden als auch die Industrieländer zur Erhaltung ihrer Mobilität vor wachsende Herausforderungen gestellt. Die hiermit verbundene weltweite Nachfrage nach Lösungen für Verkehrsprobleme eröffnet Deutschland (bzw. Europa) die Chance, eine internationale führende Position aufzubauen. In Deutschland bzw. Europa eingeführte Lösungsstrategien, wie z. B. das Mobilitätsmanagement, müssen in diesem Zusammenhang auf ihre Übertragbarkeit hin untersucht und ggf. abgewandelt werden.

f) Für die Ausweitung von intermodalen Dienstleistungen, insbesondere während der Fahrt bzw. auf Reisen, wird die Weiterentwicklung der technischen Möglichkeiten unerlässlich sein, wobei hier insbesondere die Industrie (z. B. Telekommunikationsanbieter, Software- und Systemhäuser, Fahrzeugbauindustrie) gefordert ist. In diesem Zusammenhang sind auch die Art und der Umfang der durch solche Maßnahmen möglichen Auswirkungen in (weiteren) Forschungsprojekten zu prüfen.

Insgesamt wird deutlich, dass weitere Fragestellungen durch die Wissenschaft und Praxis zu beantworten bzw. Aufgaben zu lösen sind, die angesichts der notwendigen nachhaltigeren Abwicklung des touristischen Verkehrs gegenwärtig und in der Zukunft von besonderer Relevanz sind.

Anhang

Anhangsverzeichnis

Seite

Anhang 1: Indikatoren zu Mobilität und Verkehr..............................291
Anhang 2: Studien der Tourismus- und Verkehrsforschung
im Überblick (alphabetisch geordnet)..............................293
Anhang 3: Interviewerunterlagen für die Grundlagenuntersuchung
im Harz..309
Anhang 4: Fragebogen für die Befragung der Interviewer................317
Anhang 5: Mobilitätsrelevante Ansprüche von touristisch
Reisenden..318

Anhang 1: Indikatoren zu Mobilität und Verkehr

(1) Mobilitätsrate (Wegehäufigkeit) = Anzahl der außerhäusigen Wege (Fußwege und Fahrten) je Person und Tag,

(2) Mobilitätsstreckenbudget = zurückgelegte Wegestrecke je Person und Tag (= kumulierte Distanz einer Person über einen Tag) und

(3) Mobilitätszeitbudget = für Ortsveränderungen aufgewendete Zeit je Person und Tag.[190]

Von diesen originären Mobilitätsindikatoren lassen sich durch paarweise Divisionen drei weitere, abgeleitete Indikatoren bilden (vgl. Cerwenka 1999, S. 36; Eckey/Stock 2000, S. 2; Landtag NRW 2000, S. 17):

(4) (4) = (2)/(1) = durchschnittliche Wegelänge (km/Weg),

(5) (5) = (3)/(1) = durchschnittliche Wegedauer (h/Weg) und

(6) (6) = (2)/(3) = durchschnittliche Reisegeschwindigkeit (km/h).

Auch zur Beschreibung des Verkehrs (hier: Personenverkehr) werden (quantitative) Indikatoren herangezogen:

(1) Verkehrsaufkommen = Anzahl der Personenwege je Zeiteinheit (in einem Verkehrswegequerschnitt oder in einem definierten Gebiet),

(2) Fahrzeugaufkommen = Anzahl der Fahrzeugfahrten je Zeiteinheit (in einem Verkehrswegequerschnitt oder in einem definierten Gebiet),

(3) Verkehrsleistung (auch als Verkehrsaufwand bezeichnet) = Personen-Kilometer je Zeiteinheit (in einem Verkehrswegequerschnitt oder in einem definierten Gebiet) sowie

(4) Fahrleistung (im Öffentlichen Verkehr Betriebsleistung genannt) = Fahrzeug-Kilometer je Zeiteinheit (im Öffentlichen Verkehr z.T. auch: Platz-Kilometer je Zeiteinheit) (in einem Verkehrswegequerschnitt oder in einem definierten Gebiet).

---

[190] Diese Indikatoren können in disaggregierter Form z. B. als Anzahl, Distanzen und Zeitdauer von Wegen einer bestimmten Person an einem bestimmten Tag oder in aggregierter Form als Mobilitätsrate, Mobilitätsstreckenbudget und Mobilitätszeitbudget nach Wegezwecken und Verkehrsmitteln der deutschen Wohnbevölkerung angegeben werden (vgl. Zängler 2000, S. 21f.). Kleehaupt (vgl. 1997, S. 34ff.) und Hautzinger/Pfeiffer/Tassaux-Becker (vgl. 1994, S. 14ff.) liefern eine ausführliche Beschreibung der angeführten Mobilitätsindikatoren, auf die hier verzichtet wird.

Hieraus lassen sich durch paarweise Divisionen vier weitere, abgeleitete quantitative Indikatoren ableiten (vgl. Cerwenka 1999, S. 36):[191]

(5) (5) = (1)/(2) = durchschnittlicher aufkommensgewichteter Besetzungsgrad (Personen/Fahrzeug)

(6) (6) = (3)/(4) = durchschnittlicher leistungsgewichteter Besetzungsgrad (Personen-Kilometer/Fahrzeug-Kilometer)

(7) (7) = (3)/(1) = durchschnittliche Transportweite, durchschnittliche Beförderungsweite (Personen-Kilometer/Personenweg) und

(8) (8) = (4)/(2) = durchschnittliche Fahrtweite (Fahrzeug-Kilometer/Fahrzeugfahrt)

---

[191] Die durchschnittliche Transportweite ist identisch mit dem abgeleiteten Mobilitätsindikator „durchschnittliche Wegelänge", so dass eine definitorische Verbindung zwischen Mobilität und Verkehr besteht (vgl. Cerwenka 1999, S. 36).

Anhang 2: Studien der Tourismus- und Verkehrsforschung im Überblick (alphabetisch geordnet)

Deutscher Reisemonitor

Durchführendes Institut	seit 1988 jährlich vom Institut für Planungskybernetik (IPK), München
Ziel	Möglichst zeitnahe Erfassung des bundesdeutschen Reisemarktes hinsichtlich der Übernachtungsreisen. Der Reisemonitor ist Teil des Europäischen Reisemonitors, der in 30 europäischen Ländern Daten zum Reiseverhalten der jeweiligen Bevölkerung erhebt.
Gegenstand	Grundprogramm: - tägliche Erfassung aller Reisen mit mindestens einer Übernachtung - dies können Urlaubs- und Geschäftsreisen oder Privatbesuche sein Sonderfragen: - Schaltung spezieller Fragen ist möglich
Methode	- Rohdaten stammen aus den Studien Mobility und Tourist-Scope, die IPK nutzt und analysiert - deutschsprachige Personen in Privathaushalte, die mindestens 14 Jahre alt sind - Erfragung der Übernachtungsreisen der vergangenen zwei Monate mit gleitender Bezugsperiode
Aussagen zum Mobilitäts- und Reiseverhalten	Quantitative Inhalte: - z. B. Zahl der Reisen und Übernachtungen, Reisedauer, -ziel, -ausgaben, -organisation, Herkunftsregion, Geschäftsreiseart, Unterkunft, Verkehrsmittel, geplante Reisen der kommenden zwölf Monate Qualitative Inhalte: - Reisemotive Daneben Erhebung sozio-demographischer Merkmale
Nutzer/ Finanzierung	- Nutzer: Reiseveranstalter, Reisebüros, Tourismusverbände u. a. - Finanzierung: Multi-Client-Studie, durch Bezieher finanziert

Weiterführende Literaturhinweise:
Finkbeiner 1999, S. 78f.; Grosche 2002, S. 19; Lettl-Schröder 1991, S. 199ff.; Seitz/Meyer 1995, S. 194ff.; Stenger 1998, S. 102ff.; Kuchlbauer 1993, S. 161ff.; Wohlmann 1993, S. 558ff.

Holiday Survey

Durchführendes Institut	von 1998 bis 2002 jährlich durch TNS EMNID in sechs europäischen Ländern (je 1.000 sowie in Belgien 500 Interviews)
Ziel	Mit Hilfe des (European) Holiday Surveys sollte ein Querschnitt den Großteil der Bevölkerung Europas (6.500 Interviews decken 85% des EU-Tourismus ab) erfasst werden.
Gegenstand	- Holiday Survey sollte fundierten Eindruck erbringen, wer wo, wann, wie, für wie lange, wie oft Urlaub macht und über das Verhalten der Urlauber während des Urlaubs (Budget und soziale Muster) - Outgoing- und Inlands-Tourismus wurde von allen sieben Ländern ermittelt und mit den Ergebnissen der Vorjahre verglichen - Incoming-Tourismus der Haupt-Urlaubsziele und die Urlaubspläne für das nächste Jahr wurden in dieser Studie ebenfalls untersucht
Methode	- ex post-Befragung - in Deutschland 1.000 Interviews - Studie wurde als computergestützte telefonische Befragung durchgeführt - per Zufall ausgewählte repräsentative Stichprobe beinhaltete Personen ab 15 Jahren - Befragungen fanden im Januar eines Jahres statt
Aussagen zum Mobilitäts- und Reiseverhalten	keine Angaben
Nutzer/ Finanzierung	Nutzer: - Reiseveranstalter, Reisebüros, Tourismusverbände u. a. Finanzierung: - Multi-Client-Studie, wurde durch Bezieher finanziert

Weiterführende Literaturhinweise:
www.emnid.de

Kontinuierliche Verkehrserhebung (KONTIV)

Durchführendes Institut	Infas/Deutsches Institut für Wirtschaftsforschung (2002), seit 1972 viermalig (1972, 1982, 1989, 2002)
Ziel	Ziel ist es im Rahmen einer repräsentativen Querschnittserhebung bundesweite Daten zum Personenverkehr als Grundlage für die Verkehrsplanung zu erheben.
Gegenstand	Grundprogramm: - Befragungen zum Personenverkehr sollen Haushalts-, Personen- und Wegedaten erheben - Erfassung aller Wege an einem vorgegebenen Stichtag (= alltägliches Verkehrsverhalten) - Erfassung aller Reisen mit mind. einer Übernachtung (Geschäfts-, Pendlerreisen, private und sonstige Reisen) der letzten drei Monate
Methode	- ex post-Befragung - 2002 wurden in Basisstichprobe ca. 25.000 zufällig ausgewählte Haushalte v. a. nach alltäglichem Verkehrsverhalten am vorgegebenen Stichtag befragt (= 62.000 Personeninterviews) - Großteil telefonische Interviews, restliche Interviews schriftlich
Aussagen zum Mobilitäts- und Reiseverhalten	Quantitative Inhalte: - Wege am Stichtag (z. B. Ausgangspunkt, Zweck der Aktivität, Verkehrsmittel, Entfernung, Dauer) - Reisen der letzten drei Monate (z. B. Anzahl und Art der Reisen, wichtigstes Verkehrsmittel) Erhebung weiterer Daten zur Person (z. B. Verkehrsmittel-Verfügbarkeit, Sozio-Demographie) sowie zum Haushalt (z. B. Wohnlage, Einkommen)
Nutzer/ Finanzierung	Nutzer: - z. B. Ministerien auf Bundes- und Landesebene, Kommunen, wissenschaftliche Einrichtungen Finanzierung: - Bundesministerium für Verkehr, Bau- und Wohnungswesen (BMVBW)

Weiterführende Literaturhinweise:
Engelhardt et al. 2002a, S. 140.; Engelhardt et al. 2002b, S. 206ff.; Lanzendorf 1997, S. 32ff.

Mobilitätspanel zur Alltagsmobilität, MOP

Durchführendes Institut	Universität Karlsruhe/Infratest, seit 1994 jährlich (Westdeutschland) und 1999 in Ostdeutschland
Ziel	Erfassung des Alltagsverkehrs im Rahmen einer Längsschnittanalyse (= Panel).
Gegenstand	Grundprogramm: - Wege bis zu einer Reisedistanz von 100 km werden erhoben - im Mittel kann bei jedem sechsten Teilnehmer des MOP mit einem Fernverkehrsereignis gerechnet werden, so dass ca. 250 Reisen im Fernverkehr erfasst werden
Methode	- bei ca. 1.500 Befragten über zehn Jahren wird das Verkehrsverhalten jährlich drei Jahre lang im Herbst über sieben Tage erfasst - ein Teil der Personen, die über einen Pkw verfügen, soll jeweils im Frühjahr zwei Monate ein Tankbuch ausfüllen
Aussagen zum Mobilitäts- und Reiseverhalten	Quantitative Inhalte: - Wege an sieben Stichtagen (z. B. Wochentag, Ziel des Weges, Verkehrsmittel, Entfernung) - Erhebung von Fahrleistung und Kraftstoffverbrauch bei ca. 50% der Pkw-Besitzer Erhebung weiterer Daten zur Person (z. B. Alter, Geschlecht) sowie zum Haushalt (z. B. Lage der Wohnung, Anzahl der Personen und Pkw)
Nutzer/ Finanzierung	Nutzer: - z. B. Ministerien auf Bundes- und Landesebene, Kommunen, wissenschaftliche Einrichtungen Finanzierung: - Bundesministerium für Verkehr, Bau- und Wohnungswesen (BMVBW)

Weiterführende Literaturhinweise:
Sauer 2001, S. 35ff.; www.mobilitaetspanel.ifv.uni-karlsruhe.de

Mobilitätspanel zum Fernverkehr, INVERMO

Durchführendes Institut	Universität Karlsruhe/Infratest, 2001 bis 2003
Ziel	Erfassung des Fernverkehrs im Rahmen einer Längsschnittanalyse (= Panel), um einen aktuellen Stand der Verkehrsnachfrage (Intensitäten, Verteilung, Muster) der Bevölkerung im Fernverkehr zu erhalten.
Gegenstand	Grundprogramm: - Erfassung sämtlicher Wege mit mehr als 100 km Reisedistanz (entspricht ca. 1,3% aller Wege) - Unterscheidung nach privaten Reisen mit mehr und weniger als vier Übernachtungen sowie private Tagesfernreisen
Methode	- 1. Schritt: Screening für Hochrechnungsverfahren späterer Erhebungsrunden umfasste bundesweite Zufallsstichprobe von 10.000 Personen, die telefonisch nach letzten drei Reisen befragt wurden - 2. Schritt: Sampling-Stichprobe mit drei Wellen und je ca. 2.500 Personen ab 14 Jahren (schriftliche Befragung) - Erhebung kontinuierlich über das Jahr
Aussagen zum Mobilitäts- und Reiseverhalten	Quantitative Inhalte: - z. B. Reisezwecke, aufgesuchte Ziele, Verkehrsmittel, Reisedatum, Dauer Daneben Erhebung sozio-demographische Daten zur Person (z. B. Beruf, Alter, Familienstand) und zum Haushalt (z. B. Wohnlage, Einkommen, Pkw-Besitz) Besonderheit: Fernfahrten am Ziel, z. B. im Zuge einer Rundreise werden berücksichtigt
Nutzer/ Finanzierung	Nutzer: - z. B. Ministerien auf Bundes- und Landesebene, Kommunen, wissenschaftliche Einrichtungen Finanzierung: - Bundesministerium für Bildung und Forschung (BMBF)

Weiterführende Literaturhinweise:
Chlond/Manz 2000; Chlond/Manz 2001b; DVWG 2001; www.verkehrspanel.ifv.uni-karlsruhe.de

Mobility

Durchführendes Institut	Mobility wird seit 1991 jährlich von Infratest Burke durchgeführt
Ziel	Mobility dient zur Messung des Mobilitätsverhaltens der in Deutschland lebenden Bevölkerung im Fernverkehr. Es sollen Reiseströme innerhalb Deutschlands analysiert werden. Außerdem erfolgt Aufteilung auf die einzelnen Verkehrsträger.
Gegenstand	Grundprogramm: - Erfassung aller Reisen mit und ohne Übernachtung über 100 Kilometer, unabhängig, ob aus privaten oder geschäftlichen Gründen - Höchstens fünf Reisen pro Person Sonderfragen: - Schaltung spezieller Fragen möglich Befragung zu Reisen, die letzten zwei Monate betreffend ab dem Tag, wo das Interview erfolgt
Methode	- tägliche ex post-Befragung mit 600 durchgeführten Interviews pro Woche, jährlich ca. 30.000 computergestützten Interviews - Stichprobenkonstruktion über eigens konzipiertes Telefonhaushalts-Sample - Personen ab 14 Jahren
Aussagen zum Mobilitäts- und Reiseverhalten	Quantitative Inhalte: - z. B. Wohnort als Ausgangspunkt, Zielland/-region, Monat/ Wochentag des Reiseantritts/-rückkehr, Verkehrsmittel, Flug- und Bahnspezifische Fragen (z. B. Verkehrsmittel der Anreise zum und der Abreise vom Bahnhof) Daneben Erhebung sozio-demographischer Merkmale
Nutzer/ Finanzierung	Nutzer: - vorwiegend Verkehrsträger, wie die Deutsche Bahn AG, Lufthansa und der Verband der Automobilindustrie Finanzierung: - Beteiligungsuntersuchung Zusammenarbeit mit IPK, München

Weiterführende Literaturhinweise:
Finkbeiner 1999, S. 78f.; Grosche 2002, S. 18; Stenger 1998, S. 81ff.; Tregel/Jochems 1998, S. 188ff.

Reiseanalyse

Durchführendes Institut	Forschungsgemeinschaft Urlaub und Reisen (F.U.R.), seit 1970 jährlich (bis 1993 durchgeführt durch den Studienkreis für Tourismus, Starnberg)
Ziel	Untersuchung soll aktuelle, bevölkerungsrepräsentative Daten zum Urlaubs- und Reiseverhalten sowie zu tourismusrelevanten Einstellungen und Interessen der Deutschen auf Grundlage einer wissenschaftlichen methodisch vergleichbaren Basis liefern.
Gegenstand	Grundprogramm: - Untersuchung von Urlaubsreisen mit mind. vier Übernachtungen - Kurzurlaubsreisen mit mind. einer Übernachtung bzw. zwei bis vier Tagen Dauer Module: - Wechseln jährlich entsprechend aktuellen Fragestellungen - z. B. Geschäftsreisen, Gesundheitsurlaub, Mediennutzung Exklusivfragen: - Schaltung spezieller Fragen möglich
Methode	- ex post-Erhebung - persönliche mündliche Befragung - ca. 8.000 Personen (mindestens 14 Jahre alt und in Privathaushalten in Deutschland lebend) - Auswahl nach geschichteten, mehrstufigen Zufallsverfahren - Befragung jeweils im Januar und/oder Februar eines Jahres
Aussagen zum Mobilitäts- und Reiseverhalten	Quantitative Inhalte: - z. B. Reiseziel, -dauer, -begleitung, -zeitpunkt, -verkehrsmittel, -unterkunft, -ausgaben, Stellenwert der Reise, Organisationsform Qualitative Inhalte: - z. B. Urlaubsmotive, -aktivitäten, Erwartungen, Reiseerfahrung, Interesse an Zielgebieten Daneben Erhebung sozio-demographischer Merkmale
Nutzer/ Finanzierung	Nutzer: - Reiseveranstalter, Tourismusämter/-verbände, -Marketinggesellschaften, Bundeswirtschaftsministerium, Deutsche Zentrale für Tourismus e.V., Verlage u. a. Finanzierung: - Beteiligungsuntersuchung - Durchführung nur, wenn ausreichend Interessenten sicher, was im Vorfeld durch schriftliche Beteiligungserklärung verbindlich zugesichert wird

Weiterführende Literaturhinweise:
Dundler 1993, S. 155ff.; F.U.R. 2003a; Grosche 2002, S. 17; Lohmann 1998, S. 145ff.; Stenger 1998, S. 81ff.

Reisebiographien

Durchführendes Institut	Einmalig im Jahre 1993 durch die Universität Trier und das Europäische Tourismusinstitut GmbH durchgeführt.
Ziel	Erfassung des lebenslangen Urlaubsreiseverhaltens, um z. B. Prognosen zum Reiseverhalten abzusichern.
Gegenstand	Grundprogramm: - alle bis zum Befragungszeitpunkt durchgeführten Reisen wurden erfasst
Methode	- ex post-Befragung - 6.000 Befragte (5.000 in den alten Bundesländern und 1.000 in den neuen Bundesländern) ab 14 Jahre - Längsschnittanalyse
Aussagen zum Mobilitäts- und Reiseverhalten	Quantitative Inhalte: - z. B. Reiseverhalten seit der Kindheit, jährlich differenziert nach Reiseziel, -form, -begleitung und Verkehrsmittel, Reiseabsichten für die nächsten Jahre, Reiseveranstalter und -bürotreue Qualitative Inhalte: - z. B. Reisemotive, Landschaftspräferenzen, Zielgebietskenntnis und -interessen, Lebensstil
Nutzer/ Finanzierung	Nutzer: - z. B. Reiseveranstalter, Verkehrsträger, Tourismusorganisationen Finanzierung: - Universität Trier, Europäisches Tourismusinstitut GmbH, Einnahmen durch Verkauf von Einzelergebnissen

Weiterführende Literaturhinweise:
Becker 1993, S. 564ff.; Becker 1992b, S. 70ff.; Finkbeiner 1999, S. 84f.

System repräsentativer Verkehrserhebungen (SrV)

Durchführendes Institut	seit 1972 alle drei bis fünf Jahre von der Technischen Universität Dresden durchgeführt (1972, 1977, 1982, 1987, 1991, 1994, 1998, 2003)
Ziel	SrV wurde mit dem Ziel entwickelt, ein Erhebungsinstrument zur Gewinnung von städtischen Verkehrsdaten zu schaffen. Die daraus gewonnen Informationen sollen sowohl der kommunalen Verkehrsplanung vor Ort als auch den übergeordneten Entscheidungsträgern gleichermaßen von Nutzen sein.
Gegenstand	Grundprogramm: - Befragungen zum Personenverkehr sollen Haushalts-, Personen- und Wegedaten erheben - Bei den Wegedaten werden alle Wege an einem vorgegebenen Stichtag erfasst (= alltägliches Verkehrsverhalten)
Methode	- ex post-Befragung - Stichproben von 420 Haushalten mit 1.000 Personen für jede einbezogene Stadt, die zum alltäglichem Verkehrsverhalten am Stichtag befragt werden - pro SrV-Durchgang ca. 20.000 Personeninterviews, 2003 ca. 30.000 Interviews in 34 Städten - Interviews seit 2003 schriftlich und telefonisch
Aussagen zum Mobilitäts- und Reiseverhalten	Quantitative Inhalte: - Wege am Stichtag (z. B. Ausgangspunkt, Zweck/Ziel der Aktivität, Verkehrsmittel, Entfernung, Dauer, Zieladresse) Darüber hinaus werden Daten zu Eigenschaften der Verkehrsteilnehmer (z. B. Fahrerlaubnisse, Verkehrsmittel-Verfügbarkeit und -Nutzung, sozio-demographische Merkmale) sowie des Haushaltes (z. B. Haushaltsgröße, Berufstätigkeit) erhoben.
Nutzer/ Finanzierung	Nutzer: - z. B. Ministerien auf Bundes- und Landesebene, Kommunen, wissenschaftliche Einrichtungen Finanzierung: - 1972 bis 1987 durch Ministerium für Verkehr der ehemaligen Deutschen Demokratischen Republik - 1991 durch Bundesministerium für Verkehr - 1994, 1998 und 2003 im Auftrag von je mindestens 15 Städten

Weiterführende Literaturhinweise:
Ahrens/Badrow/Ließke 2002, S. 295; Badrow 2000

Tourismusanalyse

Durchführendes Institut	B.A.T-Freizeit-Forschungsinstitut, seit 1985 jährlich
Ziel	Erfassung des qualitativen und quantitativen Freizeitverhaltens der deutschen Bevölkerung
Gegenstand	Grundprogramm: - Kurzreisen, kürzere Urlaubsreisen (5 bis 13 Tage) und längere Urlaubsreisen (14 Tage und mehr) - Reiseverhalten sowie Reiseabsichten und Reiseziele für kommende Jahr Schwerpunkt- und Sonderthemen, z. B. Qualität im Tourismus, Tourismus im 21. Jahrhundert, Umwelt, Mobilität und Tourismus, Caravaning
Methode	Gesamtdeutsche Tourismusanalyse - ex post-Erhebung jährlich im Januar - persönliche mündliche Befragung von 5.000 Personen ab 14 Jahren - Auswahl nach geschichteten, mehrstufigen Zufallsverfahren
Aussagen zum Mobilitäts- und Reiseverhalten	Quantitative Inhalte: - z. B. Reiseziel, Reisedauer, Zahl der Reisen, Reiseabsichten und geplante Reiseziele für kommende Jahr Qualitative Inhalte: - z. B. Lieblingsreiseziele Daneben werden sozio-demographische Merkmale erhoben.
Nutzer/ Finanzierung	Nutzer: - alle an der Analyse interessierten Personen - Medien - Öffentlichkeit Finanzierung: - finanziert durch „British American Tobacco Germany" (Eigenuntersuchung)

Weiterführende Literaturhinweise:
Grosche 2002, S. 20; Stenger 1998, S. 107ff.; Wohlmann 1993, S. 558ff.

Tourismusbarometer

Durchführendes Institut	Deutsches Wirtschaftswissenschaftliches Institut für Fremdenverkehr an der Universität München und Ostdeutscher Sparkassen- und Giroverband (OSGV), seit 1998 jährlich
Ziel	Ziel ist die kontinuierliche und problemorientierte Beobachtung der Tourismusentwicklung in den neuen Bundesländern, Schleswig-Holstein und Niedersachsen.
Gegenstand	Grundprogramm: - Strukturdaten zur Angebots- und Nachfrageentwicklung, zum „grauen" Beherbergungsmarkt, zur Herkunft der Gäste und zur Entwicklung der sog. „Touristischen Wetterstationen" Spezialmodul: - Jährlich wechselnde vertiefende Untersuchung einzelner Marktsegmente, z. B. Städte- und Gesundheitstourismus Sparkassenmodul: - regionaler Branchenvergleich von Tourismusbetrieben
Methode	- Auswertung der amtlichen Statistik für Angebots- und Nachfrageentwicklung - zur Analyse des „grauen Beherbergungsmarktes" werden eigene Erhebungen (z. B. Befragung von Gemeinden zur Zweitwohnungssteuer) und Sekundärdatenanalysen durchgeführt - bei sog. Wetterstationen werden die monatlichen Besucherzahlen erhoben
Aussagen zum Mobilitäts- und Reiseverhalten	Das Sparkassen-Tourismusbarometer beobachtet kontinuierlich die Tourismusentwicklung in den Ländern und Regionen. Aussagen zum Mobilitäts- und Reiseverhalten werden so gut wie nicht getätigt. Eine Quelle für die Herkunft der Inlandsgäste ist die Zählung der Fremdabhebungen an den Geldautomaten der Sparkassen.
Nutzer/ Finanzierung	Nutzer: - z. B. Reiseveranstalter, Verkehrsträger, Tourismusorganisationen Finanzierung: - In den neuen Bundesländern wird Untersuchung vom OSGV (Brandenburg, Mecklenburg-Vorpommern, Sachsen, Sachsen-Anhalt) und Sparkassen- und Giroverband Hessen-Thüringen finanziert In den anderen Bundesländern individuelle Finanzierung

Weiterführende Literaturhinweise:
OSGV 2004; Feige 2002, S. 73ff.; Grosche 2002, S. 21; www.osgv.de, www.s-tourismusbarometer.de

Tourist-Scope

Durchführendes Institut	Infratest Burke, seit 1987 jährlich
Ziel	Als Monitoring-System erhebt die Untersuchung „harte" Marktdaten und Informationen zu Reiseplänen der deutschen Bevölkerung. Im Mittelpunkt der Untersuchungen stehen jedoch das Reiseverhalten und quantitative Aspekte.
Gegenstand	Grundprogramm: - es werden alle Urlaubsreisen mit mind. einer Übernachtung der in Deutschland wohnenden Bevölkerung untersucht (sowohl lange Urlaubsreisen, d. h. fünf Tage und länger (mindestens vier Übernachtungen als auch Kurzreisen mit der Dauer von zwei bis vier Tagen) - maximal fünf Reisen pro Befragtem werden in die Untersuchung aufgenommen Sonderfragen: - wechselnd und exklusiv geschaltet
Methode	- ex post-Erhebung - ca. 16.000 computergestützte Telefoninterviews - Stichprobenkonstruktion über ein eigens konzipiertes Telefonhaushalts-Sample - Personen ab 14 Jahre, lebend in Privathaushalten in Deutschland, - Volumen durch Daten erhöht, die bei Mobility als Tourist-Scope-relevant erkannt werden
Aussagen zum Mobilitäts- und Reiseverhalten	Quantitative Inhalte: - z. B. Zielland/-region, Reisedauer, -antrittsmonat, Verkehrsmittel, Unterkunft - bei geplanten Reisen: z. B. Reiseziel, Monat, Verkehrsmittel, Unterkunft Sonderfragen: - z. B. Zweck der Reise, Vertriebsweg, Reiseveranstalter, am Urlaubsort benutzte Verkehrsmittel Daneben Erhebung sozio-demographischer Merkmale.
Nutzer/ Finanzierung	Nutzer: - Reiseveranstalter, Tourismusverbände und –Marketinggesellschaften, Ministerien, Verkehrsträger und Reisemittler Finanzierung: - Als Beteiligungsuntersuchung konzipiert und damit von den interessierten Institutionen mitfinanziert

Weiterführende Literaturhinweise:
Grosche 2002, S. 18; Lettl-Schröder 1991, S. 199ff.; Seitz/Meyer 1995, S. 192ff.; Stenger 1998, S. 81ff.; Weissbarth/Troger 1993, S. 169ff.; Wohlmann 1993, S. 558ff.

Weitere Untersuchungen im Kurzüberblick (Alphabetisch geordnet)

„ADAC-Reisemonitor" (ADAC Verlag)
Der ADAC Verlag stellt mit dem ADAC-Reisemonitor seit 1995 Basisinformationen zum Reisemarkt zur Verfügung, wobei er bspw. die Urlaubspläne der Deutschen, das Urlaubsreiseverhalten, die Potentiale der Urlaubsländer, das Interesse an Fernreiseländer und das Informationsverhalten untersucht. Die Erhebung findet einmal im Jahr bei ca. 4.000 Privathaushalten statt, die Mitglied im ADAC sind. Die Erhebung wird durch die GfK-Panel-Services in Nürnberg durchgeführt.

Weiterführende Literaturhinweise:
ADAC Verlag GmbH 2003; www.media.adac.de

„DATELINE" (Design and Application of a Travel Survey for European Long-ditance Trips based on an International Network of Expertise) (Socialdata)
DATELINE ist ein Forschungsprojekt aus dem 5. Rahmenprogramm (Competitive and Sustainable Growth) der Europäischen Union (EU). Ziel des Projektes war die Entwicklung eines Konzeptes und einer Methode zur Erhebung von Fernverkehr (einbezogen wurden Reisen mit mehr als 100 km Entfernung, die in den letzten drei bzw. zwölf Monaten durchgeführt wurden) in allen Mitgliedsstaaten der EU und der Schweiz. Als Ergebnis von DATELINE wurden zwei zentrale Punkte ins Auge gefasst: Die Bereitstellung eines einheitlichen, beliebig oft wiederholbaren Untersuchungsdesigns zur Erhebung von Fernverkehrsreisen in europäischen Ländern einerseits und die Bereitstellung einer validen Datenbasis andererseits. Die Erhebung erstreckte sich in jedem Land über ein Jahr und berücksichtigte alle saisonalen Schwankungen im Reiseverhalten. Nationale Partner bei der Durchführung der Erhebung waren Institutionen in den jeweiligen Ländern, die auch in ihren sonstigen Aufgabenfeldern mit der Erhebung von Reiseverhalten betraut sind. Die Daten werden in einer einheitlichen Datenbank (European Long-distance Mobility Information System, ELMIS) bereitgestellt und in das statistische Programm von EUROSTAT (= Statistische Amt der Europäischen Union) integriert. Die Datenbank enthält zentrale Mobilitätsindikatoren und bietet weitere Analysemöglichkeiten, insbesondere die Erstellung von Matrizen zur Darstellung von Reiseströmen zwischen Herkunfts- und Zielregionen.

Weiterführende Literaturhinweise:
Internet: DATELINE 2001; www.socialdata.de, http://cgi.fg.uni-mb.si/elmis/

„Deutsches Kundenbarometer" (Deutsche Marketing-Vereinigung e. V.)
Das deutsche Kundenbarometer ist die umfassendste Untersuchung zum Thema Kundenzufriedenheit und -bindung in Deutschland. Daten werden z. B. für die Branchen Automobilclubs, Deutsche Bahn, Fluggesellschaften, Öffentlicher Personenverkehr, Reiseveranstalter, Stadt- und Kreisverwaltungen oder Urlaubsregionen erhoben.
Die Befragung wird seit 1992 jährlich bei privaten Letztnachfragern durchgeführt, die innerhalb der letzten 18 Monate tatsächlich Leistungen dieser Branche bzw. eines bestimmten Anbieters nachgefragt haben. Die Grundgesamtheit der Untersuchung ist die deutschsprachige Bevölkerung ab 16 Jahren, die in Privathaushalten der BRD leben. Der Stichprobenumfang je Branche beträgt zwischen 1.000 und 12.000 Befragten, so dass fast 200.000 Branchinterviews mit knapp 28.500 Kunden bzw. Abnehmern von Leistungen durchgeführt werden.

Weiterführende Literaturhinweise:
Meyer/Dornach 1995, S. 429ff.; Seitz/Meyer 1995, S. 206ff.

„Fahrleistungserhebung" (Bundesanstalt für Straßenwesen, BASt)
Die Fahrleistung von Kraftfahrzeugen, die vom Fahrzeug innerhalb eines definierten
Zeitraumes in einem definierten Straßennetz zurückgelegt werden, ist eine zentrale
Größe zur Beschreibung des motorisierten Straßenverkehrs. Insbesondere werden Fahr-
leistungsdaten zur Beurteilung und zum Vergleich des Sicherheitsniveaus verschiedener
Verkehrsteilnehmergruppen benötigt. Spezielle Fahrleistungserhebungen wurden zuletzt
in den Jahren 1990 und 1993 in Form von Halterbefragungen (Tachostandablesungen an
zwei aufeinander folgenden Stichtagen) vom Kraftfahrt-Bundesamt (KBA) durchgeführt.
a) Das KBA führte im Auftrag der BASt von 2001 bis 2003 die Befragung von Kraft-
   fahrzeughaltern durch. Mit wissenschaftlicher Leitung war das Institut für angewandte Verkehrs- und Tourismusforschung e. V. Heilbronn beauftragt. Aus dem
   Zentralen Fahrzeugregister wurden per Zufallsauswahl rund 127.500 Adressen privater und gewerblicher Fahrzeughalter sowie Halter von Fahrzeugen mit Versiche-
   rungskennzeichen gezogen. An diese Halter verschickte das KBA Fragebögen für
   die Anfangs- und Schlussbefragung. Auf den Fragebögen sollte zu einem bestimmten Stichtag – neben einigen Fragen zur Fahrzeugnutzung – der Kilometerstand des
   Fahrzeuges eingetragen wurden.
b) Im Rahmen der KBA-Erhebung wurden ausschließlich Daten zu Fahrleistungen von
   Inländern (in Deutschland und im Ausland) erhoben. Zur Ermittlung der Inlands-
   fahrleistung (von In- und Ausländern in Deutschland erbrachte Fahrleistung) war die
   Inländerfahrleistung um Fahrleistungen von Deutschen im Ausland zu bereinigen
   und von Ausländern in Deutschland zu ergänzen. Ziel dieses Teilprojektes ist die
   Ermittlung von Fahrleistungen im grenzüberschreitenden Verkehr für das Jahr 2002.
   Zur Ermittlung dieser Kennwerte wurden Zählungen und Befragungen an Grenz-
   übergangsstellen und an Tank- und Rastanlagen durchgeführt. In die Berechnungen
   flossen darüber hinaus die Ergebnisse weiterer Datenquellen zum grenzüberschreitenden Verkehr ein.

Weiterführende Literaturhinweise:
BAST 1994; www.bast.de, www.kba.de

Kraftfahrzeugverkehr in Deutschland (KiD) (TU Braunschweig)
KiD ist eine bundesweite Befragung von Kfz-Haltern zur Erforschung des Wirtschaftsverkehrs, d. h. des Personenwirtschafts- und Güterverkehrs mit Kraftfahrzeugen, im
Auftrag des Bundesministeriums für Verkehr, Bau- und Wohnungswesen (BMVBW).
Die Befragung wurde von der TU Braunschweig in Zusammenarbeit mit dem KBA
durchgeführt. Umfang und Struktur des Wirtschaftsverkehrs, zu dem alle Wege und
Fahrten von Personen in Ausübung ihres Berufes zählen (ohne den sog. Berufsverkehr),
sind weitgehend unbekannt. Verlässliche Ergebnisse liegen nur für den Güterkraftver-
kehr mit Fahrzeugen über 3,5 Tonnen Nutzlast vor. Aus dem Zentralen Fahrzeugregister
wurde für diese Untersuchung eine Zufallsstichprobe von ca. 150.000 Adressen privater
und gewerblicher Fahrzeughalter gezogen. Für die vom BMVBW beauftragte Bundes-
stichprobe liegen ca. 52.000 erfasste Fälle vor, die im Rahmen regionaler Aufstockun-
gen um weitere 25.000 Fälle ergänzt wurden. An die Halter der Fahrzeuge wurden vom
KBA Fragebögen verschickt, wobei für einen festgelegten Berichtstag Angaben zu allen
mit einem bestimmten Fahrzeug durchgeführten Fahrten erfragt wurden. Die Befragungen liefen von November 2001 bis Oktober 2002.

Weiterführende Literaturhinweise:
Wermuth et al. 2003; www.kba.de, www.verkehrsbefragung.de

„Reisebarometer" (Leif, Leipziger Institut für empirische Forschung)
Seit 1990 werden vom Leipziger Institut für empirische Sozialforschung (Leif) Daten zum Reiseverhalten der ostdeutschen Bevölkerung mittels des Reisebarometers erhoben, welches jeweils am Ende des Tourismusjahres durchgeführt wird. Im Rahmen einer repräsentativen Erhebung werden 1.200 Personen im Alter ab 16 Jahre „Face-to-Face" in den fünf östlichen deutschen Ländern befragt. Die Population entspricht hinsichtlich Alters- und Geschlechtergruppen, Ortsgrößenklassen- und Bundeslandzugehörigkeit einem etwa 11,5 Millionen Einwohner zählenden Reisemarkt. Wichtige Themen sind zum Beispiel Reiseinteressen, Reiseabsichten, touristische Standardfragen wie Dauer der Reise, Ausgaben, Unterkunft, Verkehrsmittel, Reiseform, Reisearten oder das Image von Destinationen, Urlaubsformen und Unternehmen, Konsumprioritäten, Medienrezeption und Werbung sowie zur Freizeit, Gesundheit, oder zum Reklamationsverhalten Winter- und Gesundheits- bzw. Kur-Tourismus.

Weiterführende Literaturhinweise:
Grosche 2002, S. 20; Schmidt 1998, S. 78f.; www.gruppeleif.de

„Single Source Tourismus-Panel" (A.C. Nielsen)
Im Jahr 1992 wurde vom Marktforschungsinstitut A.C. Nielsen das „Nielsen Single Source" entwickelt, bei dem derzeit 8.400 Haushalte teilnehmen. Das Panel erfasst Daten zum Konsum- und Mediannutzungsverhalten und hat von 1994 bis 1996 auch Daten zum Reiseverhalten und den Reiseabsichten der nächsten zwölf Monate erfasst. Im Rahmen des Reisepanels wurde ein 29 Fragen umfassender Fragebogen von den Teilnehmern nach der Rückkehr aus dem Urlaub gescannt und via Modem wurden die Daten in die Nielsen-Datenbank eingelesen und weiterverarbeitet. In Anlehnung an das Tourismusjahr vom 01.11.-31.10. wurden alle Reisen ab einer Übernachtung erfasst und halbjährlich hochgerechnet. Auch zu den Reiseabsichten wurden alle Panelteilnehmer zweimal jährlich befragt.

Weiterführende Literaturhinweise:
Brincken 1998, S. 169ff.; Seitz/Meyer 1995, S. 82ff.; Stenger 1998, S. 82ff.

„Verkehr in Zahlen" (Deutsches Institut für Wirtschaftsforschung)
Verkehr in Zahlen informiert seit 1972 durch die Ergänzung der amtlichen verkehrsstatistischen Informationen über nahezu alle Aspekte des Verkehrs einschließlich seiner Stellung in der Volkswirtschaft. Mittels Modellrechnungen und u. a. auf Grund gesamtgesellschaftlicher Entwicklungsdaten errechnet das Deutsche Institut für Wirtschaftsforschung (DIW) den Verkehrsaufwand und das Verkehrsaufkommen im inländischen Personenverkehr (= Inlandsverkehr, d. h. ohne Verkehr im Ausland).

Weiterführende Literaturhinweise:
DIW 2003; Lanzendorf 1997, S. 32ff.

Zeitbudgeterhebung 1991/1992 (Statistisches Bundesamt)
Die Zeitbudgeterhebung des Statistischen Bundesamtes wurde mit rund 7.200 Haushalten mit deutschem Haushaltsvorstand im Zeitraum Herbst 1991 bis Sommer 1992 im gesamten Bundesgebiet durchgeführt. Personen ab 12 Jahre wurden im Rahmen von vier Erhebungsperioden (Oktober 1991, Januar, April und Juli 1992) befragt. Die genutzten Verkehrsmittel wurden erfasst, Ergebnisse zur Verkehrsmittelnutzung sind jedoch nicht veröffentlicht. Wegen der fehlenden Erfassung zurückgelegter Entfernungen können daraus auch keine Aussagen zum Verkehrsaufwand gewonnen werden.

Weiterführende Literaturhinweise:
Lipps 2001, S. 122ff.; Lanzendorf 1997, S. 32ff.; Statistisches Bundesamt 1999

Anhang 3: Interviewerunterlagen für die Grundlagenuntersuchung im Harz

Standort:	Interviewer:	Datum:	Wetter:

1. Waren Sie schon häufiger Übernachtungsgast hier? ☐ nein, Erstbesucher ☐ ja, und zwar _____

2. Welche Unterkunftsart haben Sie während Ihres Aufenthaltes in welchem Ort gewählt? (1 Nennung!)
   ☐ Hotel/garni ☐ Pension ☐ Gasthof ☐ Ferienwohnung ☐ Sanatorium
   ☐ Ferienhaus ☐ Camping/Caravaning ☐ Privatquartier ☐ Ferienzentrum ☐ Jugendherberge
   ☐ Sonstiges, und zwar _____ **Übernachtungsort:** _____

3. Welchen Stellenwert hat Ihr gegenwärtiger Aufenthalt? (Bitte nur 1 Nennung!)
   ☐ Haupturlaub ☐ Kurzurlaub ☐ Wochenendreise ☐ Durchreisestopp
   ☐ Geschäftsreise ☐ Sonstiges, und zwar _____

4. Sind Sie alleine oder in Begleitung verreist?
   ☐ allein ☐ in Begleitung, wenn ja: Zahl der Erwachsenen insg. (inkl. befragter Person) _____
   Zahl der Kinder insg. (< 14 Jahren) _____

5. Welches Verkehrsmittel haben Sie für die Anreise in Ihren Aufenthaltsort benutzt? (1 Nennung!)
   ☐ zu Fuß ☐ Pkw als Fahrer ☐ Bus/Reisebus ☐ Flugzeug ☐ Motorrad/Mofa
   ☐ Fahrrad ☐ Pkw als Mitfahrer ☐ Eisenbahn, S-Bahn ☐ Sonstiges, und zwar _____

6. Welche der folgenden Aktivitäten haben bzw. werden Sie während Ihres Aufenthaltes ausüben?
   ☐ Gesundheits-/Kureinrichtungen genutzt ☐ leichte sportliche Aktivitäten ☐ Einkaufsbummel/Einkaufen
   ☐ Spaziergehen (kürzere Distanz) ☐ Wandern (längere Distanz) ☐ Zoo, Wildpark u.ä. besucht
   ☐ Freizeit-/Vergnügungsparks/Volksfest besucht ☐ Verwandte/Bekannte besucht ☐ Restaurants, Cafes besucht
   ☐ Kino, Theater, Konzert u.ä. besucht ☐ Disco/Nachtclub besucht ☐ Tagung/Kongress/Seminar
   ☐ Ausstellung, Museen, Messe besucht ☐ Picknick, Grillen im Freien ☐ Besuch von Sport-Events
   ☐ Kirchen, Schlösser, Denkmäler besichtigt ☐ Geschäftskunden/-partner besucht ☐ Ausflüge in Umgebung gemacht
   ☐ Spazierfahrt ohne festes Ziel/ins Blaue ☐ Sonstiges, und zwar _____

7. Welche sportlichen Aktivitäten haben bzw. werden Sie während Ihres Aufenthaltes ausüben?
   (Hinweis: Eine sportliche Aktivität kann unterschiedlich intensiv betrieben werden. Bspw. trainiert ein Leistungssportler während der Reise hart oder nimmt an einem Wettkampf teil und ein Freizeitsportler versteht unter einer sportlichen Aktivität eher eine freiwillig gewählte, spaß- & erlebnisorientierte Bewegungsaktivität mit sportl. Charakter, spielerischen Elementen & geselliger Note.)

Sportart	Häufigkeit	Sportart	Häufigkeit
☐ keine sportlichen Aktivitäten (➔ Mobilitätsfragen)		☐ Ski laufen (alpin, Snowboard) _____	Anzahl
☐ Wanderungen _____	Anzahl	☐ Ski laufen (Langlauf) _____	Anzahl
☐ Fahrrad fahren _____	Anzahl	☐ Inline-Skating _____	Anzahl
☐ Klettern/Bergsteigen _____	Anzahl	☐ Tennis _____	Anzahl
☐ Golf _____	Anzahl	☐ Schwimmen (Freien/Halle) _____	Anzahl
☐ _____	Anzahl	☐ _____	Anzahl
☐ _____	Anzahl	☐ _____	Anzahl
☐ _____	Anzahl	☐ _____	Anzahl

Hinweis für Interviewer: Frage 8 bis 11 nur für Personen ausfüllen, die sportliche Aktivitäten ausüben.

8. Wo üben Sie die sportlichen Aktivitäten überwiegend aus? (Mehrfachnennung möglich!)
   ☐ Beherbergungsbetrieb ☐ in freier Natur bzw. Landschaft
   ☐ Schwimmbad/Therme ☐ Sportroute (z.B. Rad-, Wanderweg, Loipe)
   ☐ Sporthalle (z.B. Kletterhalle) ☐ Sportanlage (z.B. Stadion, Sportplatz, Bolzplatz)
   ☐ Sport-Dienstleister (z.B. Sport-/Tanzschule, Fitnesscenter) ☐ sonst. Outdoor-Anlage (z.B. (Bogen-)Schießanlage)
   ☐ sonstige Indoor-Anlage (z.B. Kegelbahn) ☐ Sonstiges, und zwar _____

9. Warum üben Sie während Ihres Aufenthaltes hier sportliche Aktivitäten aus? (Mehrfachnennung möglich!)
   ☐ Zeit (im Urlaub) ☐ Training/Trainingslager ☐ Initiative vom Partner
   ☐ Sport zu Hause nicht ausübbar ☐ Wettkampf (z.B. Meisterschaften) ☐ Erwerb Trainer-/
   ☐ naturräumliche Voraussetzungen, wie z.B. Schnee, ☐ Empfehlung des Arztes Ausbildungsschein
   Wasser, zu Hause nicht vorhanden ☐ Sonstiges, und zwar _____

10. Welches Hauptmotiv verfolgen Sie bei Ihrer/n sportlichen Aktivität/en? (Bitte nur 1 Nennung!)
    ☐ Leistung/Ergebnis ☐ Gesundheit/Fitness ☐ Geselligkeit ☐ Spaß
    ☐ Entspannung ☐ Risiko ☐ Aktivität ☐ Sonstiges, und zwar _____

11. Haben Sie Geräte zu Ihrem Aufenthaltsort transportiert, die für die Ausübung einer sportl. Aktivität notwendig sind? (Bsp. Rad, Inline-Skate, Ski) ☐ nein ☐ ja, und zwar _____

© TU Dresden und Hochschule Harz   1
-Tourismuswirtschaft-

Im folgenden möchten wir Sie bitten, uns Auskunft über Ihr Mobilitätsverhalten am gestrigen Tag zu geben.

1. Wochentag (Stichtag des Befragungstages und Wetter angeben)	2. Wo war der Ausgangspunkt für Ihren 1. Weg am gestrigen Tag? □ Beherbergungsbetrieb □ anderer, und zwar: _____	3. □ Sofern Befragte gestern nicht weggegangen, nach Grund fragen! (Bitte Grund angeben!)

	Erster Weg	**Zweiter Weg**	**Dritter Weg**
Um wieviel **UHR** haben Sie diesen Weg begonnen?	_____ Beginn (Uhrzeit)	_____ Beginn (Uhrzeit)	_____ Beginn (Uhrzeit)
Zu welchem **ZIEL** bzw. **ZWECK** haben Sie diesen Weg unternommen?	Ziel/Zweck □1 □2 □3 □4 □5 □6 □7 □8 □9 □10 □11 □12 □13 □14 □15 □16 □17 □18 □19 □20 □21 □22 □23 □24 □25 □26 □27 □28 □29 _____ □ Sonstiges, und zwar _____	Ziel/Zweck □1 □2 □3 □4 □5 □6 □7 □8 □9 □10 □11 □12 □13 □14 □15 □16 □17 □18 □19 □20 □21 □22 □23 □24 □25 □26 □27 □28 □29 _____ □ Sonstiges, und zwar _____	Ziel/Zweck □1 □2 □3 □4 □5 □6 □7 □8 □9 □10 □11 □12 □13 □14 □15 □16 □17 □18 □19 □20 □21 □22 □23 □24 □25 □26 □27 □28 □29 _____ □ Sonstiges, und zwar _____
Mit welchem **VERKEHRSMITTEL** bzw. welchen Verkehrsmitteln sind Sie zu Ihrem Ziel gelangt?	Verkehrsmittel (Reihenfolge der Nutzung angeben!) □ zu Fuß □ Rad □ zu Fuß/mit Rad zum Verkehrsmittel □ Motorrad/Mofa □ Pkw als Fahrer □ Pkw als Mitfahrer □ Bus/Reisebus □ Eisenbahn, S-Bahn □ Sonstiges, und zwar	Verkehrsmittel (Reihenfolge der Nutzung angeben!) □ zu Fuß □ Rad □ zu Fuß/mit Rad zum Verkehrsmittel □ Motorrad/Mofa □ Pkw als Fahrer □ Pkw als Mitfahrer □ Bus/Reisebus □ Eisenbahn, S-Bahn □ Sonstiges, und zwar	Verkehrsmittel (Reihenfolge der Nutzung angeben!) □ zu Fuß □ Rad □ zu Fuß/mit Rad zum Verkehrsmittel □ Motorrad/Mofa □ Pkw als Fahrer □ Pkw als Mitfahrer □ Bus/Reisebus □ Eisenbahn, S-Bahn □ Sonstiges, und zwar
Mit **WEM** waren Sie unterwegs?	Begleitung □ allein *andere Haushaltsmitglieder* □ Kind(er) < 14 Jahre □ Haushaltsmitglieder > 14 J. (Bsp. Eltern/Geschwister/Partner) □ mit anderen Personen (Bsp. Verwandte, (Vereins-)Freunde) □ Sonstige, und zwar	Begleitung □ allein *andere Haushaltsmitglieder* □ Kind(er) < 14 Jahre □ Haushaltsmitglieder > 14 J. (Bsp. Eltern/Geschwister/Partner) □ mit anderen Personen (Bsp. Verwandte, (Vereins-)Freunde) □ Sonstige, und zwar	Begleitung □ allein *andere Haushaltsmitglieder* □ Kind(er) < 14 Jahre □ Haushaltsmitglieder > 14 J. (Bsp. Eltern/Geschwister/Partner) □ mit anderen Personen (Bsp. Verwandte, (Vereins-)Freunde) □ Sonstige, und zwar
Was war Ihr **ZIELORT**?	Zielort _____	Zielort _____	Zielort _____
Um wieviel **UHR** sind Sie dort angekommen?	Ankunft _____ (Uhrzeit)	Ankunft _____ (Uhrzeit)	Ankunft _____ (Uhrzeit)
Bitte schätzen Sie die **ENTFERNUNG** des Weges möglichst genau!	Entfernung ca. _____ km	Entfernung ca. _____ km	Entfernung ca. _____ km
Wie lange hat Ihre Aktivität vor Ort gedauert?	Dauer der Aktivität vor Ort _____ in Min.	Dauer der Aktivität vor Ort _____ in Min.	Dauer der Aktivität vor Ort _____ in Min.
Sind Sie weitergegangen/ -gefahren?	□ nein □ ja, dann nächster Weg, nächste Spalte	□ nein □ ja, dann nächster Weg, nächste Spalte	□ nein □ ja, dann nächster Weg, nächste Spalte

Mobilitätstagebuch für gestrigen Tag von 0.00 bis 24.00 Uhr

Wochentag (Stichtag) _____

	Vierter Weg	Fünfter Weg	Sechster Weg
Um wieviel **UHR** haben Sie diesen Weg begonnen?	_____ Beginn (Uhrzeit)	_____ Beginn (Uhrzeit)	_____ Beginn (Uhrzeit)

	Vierter Weg	Fünfter Weg	Sechster Weg
Zu welchem **ZIEL** bzw. **ZWECK** haben Sie diesen Weg unternommen?	**Ziel/Zweck** ☐1 ☐2 ☐3 ☐4 ☐5 ☐6 ☐7 ☐8 ☐9 ☐10 ☐11 ☐12 ☐13 ☐14 ☐15 ☐16 ☐17 ☐18 ☐19 ☐20 ☐21 ☐22 ☐23 ☐24 ☐25 ☐26 ☐27 ☐28 ☐29 _____ ☐ Sonstiges, und zwar ____	**Ziel/Zweck** ☐1 ☐2 ☐3 ☐4 ☐5 ☐6 ☐7 ☐8 ☐9 ☐10 ☐11 ☐12 ☐13 ☐14 ☐15 ☐16 ☐17 ☐18 ☐19 ☐20 ☐21 ☐22 ☐23 ☐24 ☐25 ☐26 ☐27 ☐28 ☐29 _____ ☐ Sonstiges, und zwar ____	**Ziel/Zweck** ☐1 ☐2 ☐3 ☐4 ☐5 ☐6 ☐7 ☐8 ☐9 ☐10 ☐11 ☐12 ☐13 ☐14 ☐15 ☐16 ☐17 ☐18 ☐19 ☐20 ☐21 ☐22 ☐23 ☐24 ☐25 ☐26 ☐27 ☐28 ☐29 _____ ☐ Sonstiges, und zwar ____
Mit welchem **VERKEHRSMITTEL** bzw. welchen Verkehrsmitteln sind Sie zu Ihrem Ziel gelangt?	**Verkehrsmittel** (Reihenfolge der Nutzung angeben!) ☐ zu Fuß ☐ Rad ☐ zu Fuß/mit Rad zum Verkehrsmittel ☐ Motorrad/Mofa ☐ Pkw als Fahrer ☐ Pkw als Mitfahrer ☐ Bus/Reisebus ☐ Eisenbahn, S-Bahn ☐ Sonstiges, und zwar	**Verkehrsmittel** (Reihenfolge der Nutzung angeben!) ☐ zu Fuß ☐ Rad ☐ zu Fuß/mit Rad zum Verkehrsmittel ☐ Motorrad/Mofa ☐ Pkw als Fahrer ☐ Pkw als Mitfahrer ☐ Bus/Reisebus ☐ Eisenbahn, S-Bahn ☐ Sonstiges, und zwar	**Verkehrsmittel** (Reihenfolge der Nutzung angeben!) ☐ zu Fuß ☐ Rad ☐ zu Fuß/mit Rad zum Verkehrsmittel ☐ Motorrad/Mofa ☐ Pkw als Fahrer ☐ Pkw als Mitfahrer ☐ Bus/Reisebus ☐ Eisenbahn, S-Bahn ☐ Sonstiges, und zwar
Mit **WEM** waren Sie unterwegs?	**Begleitung** ☐ allein *andere Haushaltmitglieder* ☐ Kind(er) < 14 Jahre ☐ Haushaltsmitglieder > 14 J. (Bsp. Eltern/Geschwister/Partner) ☐ mit anderen Personen (Bsp. Verwandte, (Vereins-)Freunde) ☐ Sonstige, und zwar	**Begleitung** ☐ allein *andere Haushaltmitglieder* ☐ Kind(er) < 14 Jahre ☐ Haushaltsmitglieder > 14 J. (Bsp. Eltern/Geschwister/Partner) ☐ mit anderen Personen (Bsp. Verwandte, (Vereins-)Freunde) ☐ Sonstige, und zwar	**Begleitung** ☐ allein *andere Haushaltmitglieder* ☐ Kind(er) < 14 Jahre ☐ Haushaltsmitglieder > 14 J. (Bsp. Eltern/Geschwister/Partner) ☐ mit anderen Personen (Bsp. Verwandte, (Vereins-)Freunde) ☐ Sonstige, und zwar
Was war Ihr **ZIELORT**?	**Zielort** _____	**Zielort** _____	**Zielort** _____
Um wieviel **UHR** sind Sie dort angekommen?	**Ankunft** _____ (Uhrzeit)	**Ankunft** _____ (Uhrzeit)	**Ankunft** _____ (Uhrzeit)
Bitte schätzen Sie die **ENTFERNUNG** des Weges möglichst genau!	**Entfernung** ca. _____ km	**Entfernung** ca. _____ km	**Entfernung** ca. _____ km
Wie lange hat Ihre Aktivität vor Ort gedauert?	Dauer der Aktivität vor Ort _____ in Min.	Dauer der Aktivität vor Ort _____ in Min.	Dauer der Aktivität vor Ort _____ in Min.
Sind Sie weitergegangen/-gefahren?	☐ nein ☐ ja, dann nächster Weg, nächste Spalte	☐ nein ☐ ja, dann nächster Weg, nächste Spalte	☐ nein ☐ ja, dann nächster Weg, nächste Spalte

Sofern mehr als 6 Wege unternommen wurden, bitte Zusatzbogen ausfüllen!!!

© TU Dresden und Hochschule Harz   3
-Tourismuswirtschaft-

12. Wenn Sie Ihren Aufenthalt insgesamt beurteilen, wie zufrieden sind Sie damit?

    ☐ ausgezeichnet   ☐ sehr zufrieden   ☐ zufrieden   ☐ weniger unzufrieden   ☐ nicht zufrieden

13. Wie viel Euro haben Sie für sich und Ihre Mitreisenden während Ihres Aufenthaltes ausgegeben?

	Nichts	⊘ Ausgaben pro Tag bezogen auf die bisherigen Aufenthaltstage	oder	Gesamtbetrag für den gesamten Aufenthalt
a) Unterkunft	☐	Euro		Euro
b) Verpflegung in Gastronomie - nicht nur Hauptmahlzeiten, auch Cafe, Pub, etc. - bei Vollpension an Zusatzgetränke denken	☐	Euro		Euro
c) Sport/Freizeit/Unterhaltung/Kultur (z.B. Eintrittspreis für Museen, Erlebnisbäder, Freizeit parks, Sport-Events, Benutzungsgebühren)	☐	Euro		Euro
d) Verkehrsmittelnutzung während des Aufenthaltes (z.B. ÖPNV, Taxi, Bergbahnen, Bootsfahrten, organisierte Ausflugsfahrten)	☐	Euro		Euro
e) Sonstiges (z.B. Parkgebühren, Kurmittel und -taxe, Kongress-/Tagungsgebühren, Dienstleistungen aller Art; Einkäufe für täglichen Bedarf, Anschaffungen)	☐	Euro		Euro

Auf wie viele Personen beziehen sich diese Angaben? _____ Personen

Wie viele Übernachtungen verbringen Sie hier? _____ Anzahl der ÜN

Zum Abschluss benötigen wir noch einige Angaben zu Ihrer Person!

14. Darf ich fragen, wie alt Sie sind? _____ Alter in Jahren

15. Welcher der folgenden Lebensphasengruppen würden Sie sich am ehesten zuordnen? (Nur 1 Nennung!)

    ☐ junge Unverheiratete (14-39 J./ledig/ohne Kinder im HH)   ☐ Familien/Alleinerziehende (mit Kindern nur < 6 J. im HH)
    ☐ junge Verheiratete (14-39 J./ohne Kinder im HH)   ☐ Familien/Alleinerziehende (m. Kindern auch > 6 J. im HH)
    ☐ ältere Erwachsenen-Paare (40-60 J./keine Kinder im HH)   ☐ Senioren-Paare (60 J. u. älter/keine Kinder im HH)
    ☐ ältere Unverheiratete (40-60 J./keine Kinder im HH)   ☐ Senioren (60 J. u. älter, ohne Partner, keine Kinder im HH)

16. Welche Stellung im Berufsleben trifft auf Sie zu? (Bitte derzeit vorwiegend ausgeübte Tätigkeit angeben!)

    ☐ (Fach-)Arbeiter   ☐ Selbstständiger   ☐ Hausfrau/Hausmann
    ☐ (leit.) Angestellter   ☐ Azubi, Schüler, Student   ☐ im Ruhestand
    ☐ Beamter   ☐ Wehr-/Zivildienstleistender   ☐ z. Zt. auf Arbeitsuche

17. Wenn Sie Ihren Hauptwohnsitz in Deutschland haben, wie lautet die PLZ Ihres Hauptwohnsitzes?
Wenn Sie Ihren Hauptwohnsitz nicht in Deutschland haben, in welchem Staat haben Sie diesen?

            Postleitzahl _____ Staat

18. Welche Verkehrsmittel besitzen Sie generell bzw. verfügen Sie während Ihres Aufenthaltes?

    ☐ Pkw-Besitz   ☐ Pkw-Verfügbarkeit während des Aufenthaltes
    ☐ Fahrrad-Besitz   ☐ Fahrrad-Verfügbarkeit während des Aufenthaltes
    ☐ Motorrad-/Mofa-Besitz   ☐ Motorrad/Mofa-Verfügbarkeit während des Aufenthaltes
    ☐ ÖPNV-Zeitkarten-Besitz (z.B. Wochen-/Monatskarte)   ☐ ÖPNV-Zeitkarte verfügbar (z.B. Wochen-/Monatskarte)
    ☐ Sonstige Fahrzeuge   ☐ Sonstige Fahrzeuge verfügbar

19. Sind Sie Mitglied in einem Sportverein?   ☐ ja, aktiv   ☐ ja, passiv   ☐ nein
Wenn ja, seit wie vielen Jahren sind Sie Vereinsmitglied? _____ Jahren

Geschlecht (Bitte ankreuzen!)   ☐ weiblich   ☐ männlich

Herzlichen Dank für Ihre Unterstützung

Hinweise zum Ausfüllen des Mobilitätstagebuchs

Für welchen Tag sind die Mobilitätstagebücher zu führen?
Das Mobilitätstagebuch sollte jeweils für den Tag vor dem Befragungstag ausgefüllt werden. Sofern der Befragungstag der Anreisetag ist, dies bitte vermerken und die bisherigen Wege aufnehmen. Es ist für das Projekt sehr wichtig, dass für den erhobenen Tag alle Wege bzw. Fahrten berichtet werden.
Das Mobilitätstagebuch beginnt jeweils um 0.00 Uhr und endet um 24.00 Uhr des entsprechendes Tages. Sollte ein Befragter am Berichtstag ein Weg vor 24.00 Uhr antreten und erst am nächsten Tag oder noch später zurückkehren, dann zählt dieser Weg/ diese Fahrt noch zum Berichtstag.

Was ist wie einzutragen?
- Im Mobilitätstagebuch soll über alle Wege bzw. Fahrten, die am Tag vor der Befragung unternommen wurden, berichtet werden (z.B. Abfahrts- und Ankunftszeiten, Entfernung und benutzte Verkehrsmittel)
- Für jeden Weg bzw. für jede Fahrt steht eine neue Spalte im Mobilitätstagebuch zur Verfügung. Dies gilt auch für Rückwege, d.h. für jeden Rückweg ist eine Spalte auszufüllen.
- Auch wenn nur kurz die Unterkunft verlassen wird, um z.B. zum Bäcker zu gehen oder eine Zeitung zu holen, ist dies ein Weg.

Beispiele:
Auf dem Weg zu einem Museum werden noch Einkäufe gemacht. Hier handelt es sich um **zwei** Wege: Das Ziel des ersten Weges ist der Supermarkt und das Ziel des zweiten Weges ist das Museum.
Auf dem Rückweg vom Museum geht der Befragte erst ins Kino und anschließend Essen. Hier handelt es sich um **drei** Wege: Der Weg zum Kino ist ein Weg, der Weg zum Essen der zweite Weg und der Rückweg der dritte Weg.

Ziel/Zweck
Beim Ziel bzw. Zweck des Weges wird nach dem Grund des Unterwegseins gefragt. Hierzu ist die „Liste der Aktivitäten für Mobilitätstagebuch" als Grundlage heran zuziehen. Bitte die entsprechende Nummer für die zutreffende Aktivität auswählen.

Wahl des Verkehrsmittels
Wenn mehrere Verkehrsmittel für einen Weg/eine Fahrt benutzt wurden, bitte alle benutzten Verkehrsmittel (auch Fußwege zu einem Verkehrsmittel, z.B. zur Haltestelle) in der jeweiligen Spalte ankreuzen. Wenn ein Befragter z.B. mit öffentlichen Verkehrsmitteln fährt und umsteigt oder mit dem Pkw bzw. dem Fahrrad fährt und dann auf öffentliche Verkehrsmittel umsteigt, bitte alle benutzten Verkehrsmittel in einer Spalte ankreuzen. Bitte zusätzlich die Reihenfolge der Nutzung angeben (1., 2., 3. usw. eintragen!).

Beispieltag mit 5 Wegen/Fahrten im Mobilitätstagebuch

Weg/Fahrt 1: Ein Tourist hat um 9.00 Uhr sein Hotel in Wernigerode verlassen und ist mit dem Auto nach Schierke gefahren. Er kam dort um 9.30 Uhr an und ist wandern gegangen.

Weg/Fahrt 2: Um 14.00 Uhr fuhr er mit dem Auto nach Wernigerode zum Einkaufen. Er kam dort um 14.30 Uhr im Supermarkt an.

Weg/Fahrt 3: Um 15.00 Uhr ist er mit dem Auto zurück zum Hotel gefahren. Er ist dort um 15.15 Uhr ankommen.

Weg/Fahrt 4: Um 18.00 Uhr ist er in die Innenstadt gelaufen und um 18.15 Uhr am ausgewählten Restaurant ankommen.

Weg/Fahrt 5: Um 21.30 Uhr hat er das Restaurant verlassen und ist zum Hotel zurückgelaufen, wo er um 22.00 Uhr angekommen ist.

Liste der Aktivitäten für Mobilitätstagebuch

Hinweis:
Bitte tragen Sie für die sportlichen Aktivitäten, die extra aufgelistet sind (Nummer 20 bis 27) nicht die evtl. auch mögliche Nummer 2 („leichte sportliche Aktivität"), sondern die jeweilige Nummer ein. Die Nummer 29 ist für weitere sportliche Aktivitäten vorgesehen, die extra genannt werden.

1 = Gesundheits-/Kureinrichtungen genutzt	2 = leichte sportl. Aktivitäten (außer Einzelsportarten)
3 = Einkaufsbummel/Einkaufen	4 = Spaziergehen (kürzere Distanz)
5 = Wandern (längere Distanz)	6 = Zoo, Wildpark u.ä. besucht
7 = Freizeit-/Vergnügungsparks/Volksfest besucht	8 = Verwandte/Bekannte besucht
9 = Restaurants, Cafes besucht	10 = Kino, Theater, Konzert u.ä. besucht
11 = Disco/Nachtclub besucht	12 = Tagung/Kongress/Seminar
13 = Ausstellung, Museen, Messe besucht	14 = Picknick, Grillen im Freien
15 = Besuch von Sport-Events	16 = Kirchen, Schlösser, Denkmäler besichtigt
17 = Geschäftskunden/-partner besucht	18 = Ausflüge in Umgebung gemacht
19 = Spazierfahrt ohne festes Ziel, ins Blaue	20 = Rad fahren/Mountainbiking
21 = Klettern/Bergsteigen	22 = Skilaufen (Alpin, Snowboard)
23 = Skilaufen (Langlauf)	24 = Inline-Skating
25 = Tennis	26 = Baden/Schwimmen im Freien/Halle
27 = Weg zur Unterkunft	28 = sonstige Sportart
29 = Sonstiges, und zwar	

Bitte Nummer für Wetter des Erhebungstages und beim Mobilitätstagebuch für Tag zuvor eintragen!

1 = sonnig/heiter   2 = wolkig   3 = bedeckt/stark bewölkt   4 = Regen   5 = Schnee

---

Mobilitätstagebuch für gestrigen Tag von 0.00 bis 24.00 Uhr (ZUSATZBOGEN)

Wochentag (Stichtag) _____

	Weg	Weg	Weg
Um wieviel UHR haben Sie diesen Weg begonnen?	_____ Beginn (Uhrzeit)	_____ Beginn (Uhrzeit)	_____ Beginn (Uhrzeit)
Zu welchem ZIEL bzw. ZWECK haben Sie diesen Weg unternommen?	Ziel/Zweck ☐1 ☐2 ☐3 ☐4 ☐5 ☐6 ☐7 ☐8 ☐9 ☐10 ☐11 ☐12 ☐13 ☐14 ☐15 ☐16 ☐17 ☐18 ☐19 ☐20 ☐21 ☐22 ☐23 ☐24 ☐25 ☐26 ☐27 ☐28 ☐29 _____ ☐ Sonstiges, und zwar ____	Ziel/Zweck ☐1 ☐2 ☐3 ☐4 ☐5 ☐6 ☐7 ☐8 ☐9 ☐10 ☐11 ☐12 ☐13 ☐14 ☐15 ☐16 ☐17 ☐18 ☐19 ☐20 ☐21 ☐22 ☐23 ☐24 ☐25 ☐26 ☐27 ☐28 ☐29 _____ ☐ Sonstiges, und zwar ____	Ziel/Zweck ☐1 ☐2 ☐3 ☐4 ☐5 ☐6 ☐7 ☐8 ☐9 ☐10 ☐11 ☐12 ☐13 ☐14 ☐15 ☐16 ☐17 ☐18 ☐19 ☐20 ☐21 ☐22 ☐23 ☐24 ☐25 ☐26 ☐27 ☐28 ☐29 _____ ☐ Sonstiges, und zwar ____
Mit welchem VERKEHRSMITTEL bzw. welchen Verkehrsmitteln sind Sie zu Ihrem Ziel gelangt?	Verkehrsmittel (Reihenfolge der Nutzung angeben!) ☐ zu Fuß ☐ Rad ☐ zu Fuß/mit Rad zum Verkehrsmittel ☐ Motorrad/Mofa ☐ Pkw als Fahrer ☐ Pkw als Mitfahrer ☐ Bus/Reisebus ☐ Eisenbahn, S-Bahn ☐ Sonstiges, und zwar	Verkehrsmittel (Reihenfolge der Nutzung angeben!) ☐ zu Fuß ☐ Rad ☐ zu Fuß/mit Rad zum Verkehrsmittel ☐ Motorrad/Mofa ☐ Pkw als Fahrer ☐ Pkw als Mitfahrer ☐ Bus/Reisebus ☐ Eisenbahn, S-Bahn ☐ Sonstiges, und zwar	Verkehrsmittel (Reihenfolge der Nutzung angeben!) ☐ zu Fuß ☐ Rad ☐ zu Fuß/mit Rad zum Verkehrsmittel ☐ Motorrad/Mofa ☐ Pkw als Fahrer ☐ Pkw als Mitfahrer ☐ Bus/Reisebus ☐ Eisenbahn, S-Bahn ☐ Sonstiges, und zwar
Mit WEM waren Sie unterwegs?	Begleitung ☐ allein andere Haushaltsmitglieder ☐ Kind(er) < 14 Jahre ☐ Haushaltsmitglieder > 14 J. (Bsp. Eltern/Geschwister/Partner) ☐ mit anderen Personen (Bsp. Verwandte, (Vereins-)Freunde) ☐ Sonstige, und zwar	Begleitung ☐ allein andere Haushaltsmitglieder ☐ Kind(er) < 14 Jahre ☐ Haushaltsmitglieder > 14 J. (Bsp. Eltern/Geschwister/Partner) ☐ mit anderen Personen (Bsp. Verwandte, (Vereins-)Freunde) ☐ Sonstige, und zwar	Begleitung ☐ allein andere Haushaltsmitglieder ☐ Kind(er) < 14 Jahre ☐ Haushaltsmitglieder > 14 J. (Bsp. Eltern/Geschwister/Partner) ☐ mit anderen Personen (Bsp. Verwandte, (Vereins-)Freunde) ☐ Sonstige, und zwar
Was war Ihr ZIELORT?	Zielort _____	Zielort _____	Zielort _____
Um wieviel UHR sind Sie dort angekommen?	Ankunft _____ (Uhrzeit)	Ankunft _____ (Uhrzeit)	Ankunft _____ (Uhrzeit)
Bitte schätzen Sie die ENTFERNUNG des Weges möglichst genau!	Entfernung ca. _____ km	Entfernung ca. _____ km	Entfernung ca. _____ km
Wie lange hat Ihre Aktivität vor Ort gedauert?	Dauer der Aktivität vor Ort _____ in Min.	Dauer der Aktivität vor Ort _____ in Min.	Dauer der Aktivität vor Ort _____ in Min.
Sind Sie weitergegangen/ -gefahren?	☐ nein ☐ ja, dann nächster Weg, nächste Spalte	☐ nein ☐ ja, dann nächster Weg, nächste Spalte	☐ nein ☐ ja, dann nächster Weg, nächste Spalte

Anhang 4: Fragebogen für die Befragung der Interviewer

Noch einmal herzlichen Dank für die Durchführung der Interviews! Da es bei der Erhebung nicht nur um die Daten, sondern auch um die angewandte Methodik (v.a. Mobilitätstagebuch) ging, möchten wir Ihnen hierzu einige Fragen stellen.

1. Konnten Sie alle Wege des Stichtages im Rahmen des Mobilitätstagebuches aufnehmen?

❑ Ja ❑ Nein, da sich die Befragten nicht mehr an alle Wege erinnern konnten

    ❑ Nein, da die Befragten ungeduldig wurden

    ❑ Nein, da _____

2. Bitte geben Sie an, wie die Befragten Auskunft zu den einzelnen Aspekten des Mobilitätstagebuches geben konnten!

	sehr gut	gut	befriedigend	ausreichend	mangelhaft
Beginn des 1. Weges (Uhrzeit)	❑	❑	❑	❑	❑
Zwecke/Ziele (Aktivitäten)	❑	❑	❑	❑	❑
Genutztes Verkehrsmittel	❑	❑	❑	❑	❑
Begleitung	❑	❑	❑	❑	❑
Zielort	❑	❑	❑	❑	❑
Ankunft (Uhrzeit)	❑	❑	❑	❑	❑
Entfernung	❑	❑	❑	❑	❑
Dauer der Aktivität vor Ort	❑	❑	❑	❑	❑

3. Wo gab es bei der Beantwortung des Mobilitätstagebuches die größten Schwierigkeiten?

_____

_____

4. Gab es altersspezifische und/oder geschlechtsspezifische Probleme bei der Erfassung der Wege und sonstigen Aspekten des Mobilitätstagebuches?

❑ Ja, altersspezifische Unterschiede   ❑ Ja, geschlechtsspezifische Unterschiede

❑ Nein, es gab weder alters- noch geschlechtsspezifische Unterschiede

5. Konnten auch die ausländischen Gäste die Fragen des Mobilitätstagebuches beantworten?

❑ Ja ❑ Nein, da _____

6. War die Interviewer-Anleitung verständlich und waren alle notwendigen Inhalte für die Befragung enthalten?

	sehr gut	gut	befriedigend	ausreichend	mangelhaft
verständlich	❑	❑	❑	❑	❑
vollständig	❑	❑	❑	❑	❑

Bitte erläutern Sie uns Ihre Bewertung, sofern diese „ausreichend" oder „mangelhaft" beträgt!

_____

_____

7. Wie schätzen Sie die Qualität der von Ihnen geführten Interviews ein? (Skala: 1= sehr schlecht bis 10 = sehr gut)

1	2	3	4	5	6	7	8	9	10
❑	❑	❑	❑	❑	❑	❑	❑	❑	❑

Anhang 5: Mobilitätsrelevante Ansprüche von touristisch Reisenden

Bereiche	mobilitätsrelevante Ansprüche
Leistungs-angebot	nachfragegerechtes Angebot = ausreichendes Fahrtenangebot im Rahmen eines an der Nachfrage orientierten Bedienungsstandards; Dispositionsfreiheit, jederzeit ohne lange Verzögerung Fahrtmöglichkeit ermitteln zu können sowie Wissen über das Angebot, auch während der Fahrt sollten Möglichkeiten der Umdisposition machbar sein
	Ausflugsfahrtenangebot = Angebot an Ausflügen in die nähere/weitere Umgebung
	Parkplatzangebot und -gebühren = Wunsch ist es, ohne längeres Suchen einen ordnungs-gemäßen, möglichst gebührenfreien Parkplatz zu finden
	Ausleihmöglichkeiten = es sollen Gelegenheiten bestehen, sich Fahrräder, Leihwagen, aber auch Sportgeräte, wie Skier, Inline-Skater u. ä. am Zielort ausleihen zu können
Reise-verlauf	Umsteigequalität = wenig Umsteigevorgänge, Anschlusssicherheit, geringe Dauer der War-tezeit, Vorhandensein von Gepäckwagen, Rollbändern, Gepäckträger
	Kontinuität der Wegekette = im gebrochenen Verkehr soll gewährleistet sein, dass für jeden Teil ein angemessenes Transportmittel zur Verfügung steht
	Reisezeit = kurze Reisezeiten vom Start- zum Zielpunkt sind wesentliches Kriterium für die Wahl des Verkehrsmittels
	Pünktlichkeit = v. a. wenn Reise an best. Ankunftszeit gebunden ist, spielt sie eine große Rolle (z. B. Geschäftsreisen), aber auch sonst ist Pünktlichkeit wichtig
	Unfallrisiko = möglichst geringes Unfallrisiko wollen Reisende haben
Komfort	Annehmlichkeit = stressfreies und komfortables Reisen, z. B. durch garantierten Sitzplatz, Sorglosigkeit zu genießen, während der Fahrt mit öffentlichen Verkehrsmitteln essen und trinken oder lesen usw. zu können
	Behindertenfreundlichkeit = wer in irgendeiner Form Einschränkungen unterworfen ist, benötigt behindertengerechte Zu- und Abgänge, Fahrzeugausstattungen
	Betreuung = nicht nur Menschen mit Handikap erwarten Betreuung
	Angstfreiheit im Fahrzeug = Sicherheit vor bspw. „Anmache", Vandalismus, Überfall
	Gepäcktransport = generelle Möglichkeit des Gepäcktransportes, Reisende, die ihr Gepäck nicht alleine tragen und verladen können oder wollen, erheben Anspruch auf einen adäqua-ten Gepäcktransport durch Dritte
	Kosten = geringe Kosten, aber auch Kenntnis über die Höhe der Fahrpreise wichtig
subjektive Einschät-zungen	Erlebnisgefühl = Verlangen nach Erlebnisgefühlen, wie Spaß, Freude oder Risiko während der Fahrt immer bedeutsamer
	Gruppenerlebnis = Geselligkeit/Unterhaltung mit Gleichgesinnten oder auch Fremden
	Individualität = im Gegensatz zum Gruppenerlebnis kann der Wunsch nach Individualität bestehen, wenn jemand z. B. allein sein oder Musik hören will
	Sicherheit beim Zu-/Abgang = kann auf die Wege zur Abfahrts- bzw. von Ankunftsstelle (Parkhaus, Haltstelle, Flughafen) bezogen sein
	Sinnliche Eindrücke = möglichst keine negativen Eindrücke bspw. durch Gestank, Lärm, Unrat, Helligkeit, Unruhe
	Sozialprestige = Selbstwerterhöhung oder -bestätigung kann Motiv für die Nutzung be-stimmter Verkehrsmittel sein
Informa-tion	einfaches Handling = benutzerfreundliche Handhabung in Vorbereitung und im Verlauf der Reise (z. B. begreifbare, umfassende Information)
	Info über Verkehrsmittel = Informationen über Ausstattung, Qualität und Service des Ver-kehrsmittels (z. B. Einstiegsverhältnisse, Türbreite, Radmitnahme)
	Info über Reiseverlauf = Kenntnis des Streckenverlaufes z. B. bei Zwischenhalten wichtig, impliziert Umsteigequalität und betrifft Fahrgastinformationen unterwegs

Quelle: vgl. FGSV 1998, S. 20ff.

Literaturverzeichnis

Aberle, G.: Verkehrswissenschaft als Beispielfall dynamischer, interdisziplinärer wirtschaftswissenschaftlicher Forschungsentwicklung, in: Klatt, S. (Hg.): Perspektiven verkehrswissenschaftlicher Forschung, Berlin 1984, S. 13-27

Aberle, G.: Transportwirtschaft – Einzelwirtschaftliche und gesamtwirtschaftliche Grundlagen, München/Wien 2000 (4. Auflage)

Agricola, S.: Freizeit – Grundlagen für Planer und Manager, München/Wien 2001

Ahrens, G.-A./Badrow, A./Ließke, F.: Mobilitätserhebungen zum Stadtverkehr, in: Internationales Verkehrswesen 06/2002, S. 295

Allcock, J.B.: Seasonality, in: Witt, S.F./Moutinho, L. (Hg.): Tourism marketing and management handbook, New York usw. 1994, S. 86-92 (2. Auflage)

Allgemeiner Deutscher Automobil-Club e. V. (ADAC) (Hg.): Mobilität, München 1987

Allgemeiner Deutscher Automobil-Club e. V. (ADAC) (Hg.): Verkehr in Fremdenverkehrsgemeinden – eine Planungshilfe für Ferienorte mit praktischen Beispielen, München 1993

Allgemeiner Deutscher Automobil-Club Verlag GmbH (ADAC Verlag GmbH) (Hg.): Reisemonitor 2003 – Trendforschung im Tourismusmarkt, München 2003

Anreiter, W.: Die Europäische Plattform für Mobilitätsmanagement (European Platform on Mobility Management – EPOMM), in: Stadt Münster/Europäische Kommission (Hg.): Schnittstellen im Mobilitätsmanagement – Neue Kooperationen, Techniken, Lösungen, Dortmund 2000, S. 75-77

ARTIST Konsortium (Hg.): Agenda for Research on Tourism by Integration of Statistics/Strategies – Final report, Brüssel 2000

Aumund, H.-J.: Mobilitätsmanagement zur Weltausstellung EXPO 2000, in: Forschungsgesellschaft Mobilität (Hg.): Mobilitätsmanagement – Grenzen überschreiten und Regionen erschließen (Tagungsband der 4. Europäischen Konferenz über Mobilitätsmanagement vom 17.-19.05.2000 in Bregenz, Österreich), Graz/ Schwarzach 2000, S. 19-23

Aurich, H./Konietzka, L./Heid, R.: Aufgaben und Einsatzmöglichkeiten eines Mobilitätsberaters – Strukturen und Wirkungsmöglichkeiten des Mobilitätsmanagements, München 1998

Aurich, H./Konietzka, L.: Mobilitätsmanagement, Mobilitätszentrale, Mobilitätsberatung, in: Internationales Verkehrswesen 05/2000, S. 203-206

Badrow, A.: Verkehrsentwicklung deutscher Städte im Spiegel des Systems repräsentativer Verkehrsbefragungen unter besonderer Berücksichtigung des Freizeitverkehrs, Dresden 2000

Bahrmann, M.: Die CHAID-Analyse als neue Methode der Marktsegmentierung im Tourismus – Multivariate Zielgruppendifferenzierung am Beispiel Rheinland-Pfalz, Trier 2002

Balsinger, P./Defila, R./Giulio, A. (Hg.): Ökologie und Interdisziplinarität – eine Beziehung mit Zukunft? Basel 1996

Bar-On, R.R.: Seasonality, in: Khan, M.A./Olsen, M.D./Var, T. (Hg.): VNR's Encyclopedia of hospitality and tourism, New York 1993, S. 705-734

Bastian, H.: Die touristischen Kernprozesse des Reiseveranstalters, in: Bastian, H./Born, K. (Hg.): Der integrierte Touristikkonzern – Strategien, Erfolgsfaktoren und Aufgaben, München/Wien 2004, S. 33-68

Bauer, W.: Mobilitätsverbund – Kombination von individuellem und öffentlichem Verkehr, in: Forschungsgesellschaft Mobilität (Hg.): Mobilitätsmanagement – Grenzen überschreiten und Regionen erschließen (Tagungsband der 4. Europäischen Konferenz über Mobilitätsmanagement vom 17.-19.05.2000 in Bregenz, Österreich), Graz/Schwarzach 2000, S. 257-260

Bäumer, D./Müller, G./Reutter, U.: Mobilität organisieren – Anforderungen an die Integration von Mobilitätsmanagement in Verkehrspolitik und -planung, in: Verkehrszeichen 04/1999, S. 4-8

Bayliss, D.: Verkehrsmanagement, in: Europäische Konferenz der Verkehrsminister (ECMT) in Zusammenarbeit mit der OECD (Hg.): Verkehrspolitik und Umwelt: Ministertagung der ECMT, Berlin 1991, S. 124-159

Becker, C.: Lebenslanges Urlaubsreiseverhalten – Erste Ergebnisse einer Pilotstudie, in: Becker, C. (Hg.): Erhebungsmethoden und ihre Umsetzung in Tourismus und Freizeit, Trier 1992, S. 70-82 (1992a)

Becker, C.: Aktionsräumliches Verhalten von Urlaubern und Ausflüglern: Erhebungsmethodik und Zielsetzungen, in: Becker, C. (Hg.): Erhebungsmethoden und ihre Umsetzung in Tourismus und Freizeit, Trier 1992, S. 83-128 (1992b)

Becker, C.: Reisebiographien, in: Hahn, H./Kagelmann, H.J. (Hg.): Tourismuspsychologie und Tourismussoziologie – Ein Handbuch zur Tourismuswissenschaft, München 1993, S. 564-566

Becker, J.: Marketing-Konzeption – Grundlagen des ziel-strategischen und operativen Marketing-Managements, München 2001 (7. Auflage)

Becker, U.: Grundzüge einer wirklich modernen Verkehrspolitik, in: Internationales Verkehrswesen 12/1998, S. 632-633

Beckmann, K.J.: Verständniswandel in der städtischen Verkehrsplanung – von den Chancen des Nachdenkens und Umdenkens für die Zukunft, Karlsruhe 1988

Beckmann, K.J.: Freizeitverkehr und Freizeitgroßeinrichtungen – Bedeutung, Veränderungstendenzen, Erschließungsanforderungen, Handlungsrelevanz, in: Beckmann, K.J. (Hg.): Tagungsband zum 3. Aachener Kolloquium „Mobilität und Stadt", Aachen 2002, S. 5-18

Beckmann, J./Meyer, B./Rabe, S.: Integrierte Mobilitätsdienstleistungen, Dortmund 1998

Benölke, H./Greipel, P.: Dienstleistungs-Management – Service als strategische Erfolgsposition, Wiesbaden 1994

Benthien, B.: Geographie der Erholung und des Tourismus, Gotha 1997

Berekoven, L./Eckert, W./Ellenrieder, P.: Marktforschung – Methodische Grundlagen und praktische Anwendung, Wiesbaden 2001 (9. Auflage)

Bernecker, P.: Wege und Zwischenbilanz der Fremdenverkehrsforschung, in: Bernecker, P./Kaspar, C./Mazanec, J. (Hg.): Zur Entwicklung der Fremdenverkehrsforschung und -lehre der letzten Jahre – Aus Anlaß des 50-jährigen Bestandes des Instituts für Fremdenverkehr der Wirtschaftsuniversität Wien, Wien 1984, S. 5-30

Bernhardt, H.: Schienenanbindung der deutschen Flughäfen, Stuttgart 1999

Bernhardt, S.: Planung/Konzeption von Großevents – Verkehrsbewältigungsereignisse in Großstädten am Beispiel des Ballungsraums Berlin, in: Internationales Verkehrszeichen 10/2003, S. 460-462

Bethge, H.-H./Jain, A./Schiefelbusch, M.: Bausteine für die Entwicklung von Reiseketten, in: Dienel, H.-L./Schmithals, J. (Hg.): Handbuch Eventverkehr – Planung, Gestaltung, Arbeitshilfen, Berlin 2004, S. 103-129

Beutler, F./Brackmann, J.: Neue Mobilitätskonzepte in Deutschland – ökologische, soziale und wirtschaftliche Perspektiven, Berlin 1999

Bieberstein, I.: Dienstleistungs-Marketing, Ludwigshafen 1995

Bieger, T.: Dienstleistungs-Management – Einführung in Strategien und Prozesse bei persönlichen Dienstleistungen, Bern/Stuttgart/Wien 1998

Bieger, T.: Management von Destinationen, München/Wien 2002 (bis 4. Auflage Management von Destinationen und Tourismusorganisationen) (5. Auflage)

Bieger, T. /Laesser, C.: Future Living Conditions and Mobility: Travel Behaviour of Alpine Tourists, in: Tagungsunterlagen zur Konferenz „Leisure futures" vom 11.-13.04.2002 in Innsbruck, Innsbruck 2002, S. 295-310

Biehusen, K.W.: Tourismus: Zu unernst für die Wissenschaft? in: Deutsche Universitätszeitung 09/1993, S. 18-20

Binnenbruck, H.-H./Hoffmann, P./Krug, S.: Mobilitätsmanagement im Personen- und Güterverkehr – Praktische Erfahrungen im Rahmen des europäischen Forschungsprojektes MOSAIC, in: Der Nahverkehr 09/1998, S. 19-24

Blaser, C./Redle, M.: Mehr Mobilität mit weniger Verkehr, in: Baccini, P./Oswald, F. (Hg.): Netzstadt – Transdisziplinäre Methoden zum Umbau urbaner Systeme, Zürich 1999, S. 125-129 (2. Auflage)

Blonk, W.A.G.: Mobilitätsmanagement im Fokus der Politik, in: Stadt Münster/Europäische Kommission (Hg.): Schnittstellen im Mobilitätsmanagement, Münster 2000, S. 29-34

Boltze, M.: Intermodales Verkehrsmanagement – mehr als eine Mode? in: Internationales Verkehrswesen 01-02/1996, S. 11-18

Boltze, M./Dinter, M./Schöttler, U.: Ergebnisse des Projektes FRUIT, in: Der Nahverkehr 10/1993, S. 40-48

Borghardt, J.: Tourismus und Raum – Eine kritische Bestandsaufnahme, in: Borghardt, J./Meltzer, L./Roeder, S./Scholz, W./Wüstenberg, A. (Hg.): ReiseRäume – Touristische Entwicklung und räumliche Planung, Dortmund 2002, S. 351-367

Bosold, J.: Gästebefragungen – Ein Leitfaden für Praktiker, Starnberg 1988

Bovy, P.: Mega sports event transportation and main mobility management issuses, in: European Conference of Ministers of Transport (ECMT) (Hg.): Transport and exceptional public events – Round Table 122, Paris 2003, S. 235-275

Bracher, T./Loose, W.: ÖPNV-Marketing, in: Apel, D./Holzapfel, H./Kiepe, F./Lehm-
brock, M./Müller, P. (Hg.): Handbuch der kommunalen Verkehrsplanung, 25. Ergänzungslieferung 12/1999, Bonn 1999

Brannolte, U./Axhausen, K./Dienel, H.-L./Rade, A. (Hg.): Freizeitverkehr – Innovative
Analysen und Lösungsansätze in einem multidisziplinären Handlungsfeld, Berlin
1999

Brehl, S./Surmann, M.: Wie wann wohin für wieviel? Reiseinformationen im ÖPNV,
in: Internationales Verkehrswesen 06/2001, S. 294-296

Bretthauer, I.: Marken und Allianzen im Verkehrsdienstleistungsbereich – Erfahrungen
und Perspektiven im Schienenverkehr, in: Meffert, H./Backhaus, K. (Hg.): Allianzen bei Verkehrsdienstleistungen – Perspektiven vor dem Hintergrund sich ändernder Wirtschaftsbedingungen, Münster 1997, S. 26-30

Bretthauer, I.: Deutsche Bahn AG: Marketing im Personenfernverkehr, in: Meyer, A.
(Hg.): Handbuch Dienstleistungs-Marketing (Band 2), Stuttgart 1998, S. 1549-1561

Brincken, C. v.d.: Marktforschung im Tourismus: Der Single-Source-Ansatz als innova-
tives Instrument zur Messung von Marktdaten im Tourismus, in: Haedrich, G./
Kaspar, C./Klemm, K./Kreilkamp, E. (Hg.): Tourismus-Management, Berlin/New
York 1998 (3. Auflage), S. 169-185

British Airports Authority (BAA) (Hg.): Heathrow Area Employee Travel Initiative,
London 1997

Brunsing, J.: Chancen und Potentiale des öffentlichen Freizeitverkehrs – unter besonderer Berücksichtigung differenzierter Freizeitaktivitäten, Aachen 1999

Brittner, A.: Die „Hundertwasser-Therme Rogner-Bad Blumenau" in der Steiermark
(Österreich), in: Steinecke, A. (Hg.): Erlebnis- und Konsumwelten, München/Wien
2000, S. 172-185

Brög, W.: Neue Marketing-Strategien für den öffentlichen Verkehr, in: Verkehr und
Technik 09/1984, S. 319-321

Brög, W.: Möglichkeiten der Verhaltensbeeinflussung – das Public Awareness Konzept,
in: Vereinigung der Stadt-, Regional- und Landesplaner e. V. (Hg.): Umweltorien-
tiertes Verkehrsverhalten – Ansätze zur Förderung der ÖPNV-Nutzung, Bochum
1990, S. 135-154

Brög, W./Erl, E.: Werben um gute Lösungen: Von der Öffentlichkeitsarbeit hin zu Social Marketing? in: Bundesministerium für Verkehr, Bau- und Wohnungswesen
(Hg.): Forschung im Dienste der Politikberatung: Innovative Forschung für eine integrierte und nachhaltige Verkehrs-, Bau- und Wohnungsbaupolitik, Bergisch-
Gladbach 2002, S. 230-246

Brög, W./Erl, E./Mense, N.: Nachhaltige Mobilität durch Dialog-Marketing – Erfolgreiche Beispiele für Stadt und Land, München 2002

Bruhn, M.: Internes Marketing als Forschungsgebiet der Marketingwissenschaft – Eine Einführung in die theoretischen und praktischen Probleme, in: Bruhn, M. (Hg.): Internes Marketing: Integration der Kunden- und Mitarbeiterorientierung; Grundlagen, Implementierung, Praxisbeispiele, Wiesbaden 1999, S. 15-44 (2. Auflage)

Bruhn, M./Tilmes, J.: Social Marketing – Einsatz des Marketing für nichtkommerzielle Organisationen, Stuttgart/Berlin/Köln 1994 (2. Auflage)

Brunsing, J.: Freizeitverkehrsgespräche, in: Nahverkehrspraxis 05/2002, S. 37-39

Brunsing, J.: Freizeitverkehr zwischen Weser und Elbe – ein Zug macht noch kein Konzept!, in: Bausch, T. (Hg.): Tourismus Forum 2003 – Beiträge aus Forschung und Praxis des Wissenschaftszentrums der ITB Berlin, Berlin 2003 (http://www.fvw.de/_pdf/brunsing.pdf, download vom 02.06.2003)

Buckley, P.J.: Role of research in tourism, in: Witt, S.F./Moutinho, L. (Hg.): Tourism marketing and management handbook, New York usw. 1994, S. 131-134 (2. Auflage)

Bundesanstalt für Straßenwesen (BAST) (Hg.): Fahrleistung und Unfallrisiko von Kraftfahrzeugen, Bergisch-Gladbach 1994

Bundesministerium für Verkehr, Bau- und Wohnungswesen (BMVBW) (Hg.): Dokumentation der Verkehrserhebungen in Bund, Ländern, Gemeinden, Bonn 2002

Bundesministerium für Verkehr, Bau- und Wohnungswesen (BMVBW) (Hg.): Mobilitätsmanagement – Ziele, Konzepte und Umsetzungsstrategien, Berlin 2004

Büro für Tourismus- und Erholungsplanung (BTE): Entlastung verkehrlich hoch belasteter Fremdenverkehrsregionen, Bonn 1998 (Forschungsprojekt im Auftrag des Bundesministeriums für Raumordnung, Bauwesen und Städtebau)

Busch, H./Leitner, B.: Urlauberbefragungen in Zielgebieten, in: Becker, C. (Hg.): Erhebungsmethoden und ihre Umsetzung in Tourismus und Freizeit, Trier 1992, S. 161-185

Canzler, W./Knie, A.: Möglichkeitsräume – Grundrisse einer modernen Mobilitäts- und Verkehrspolitik, Wien/Köln/Weimar 1998

Catenhusen, W.-M.: Mobilitätsmanagement im Fokus der Politik, in: Stadt Münster/Europäische Kommission (Hg.): Schnittstellen im Mobilitätsmanagement, Münster 2000, S. 21-24

Cerwenka, P.: Mobilität und Verkehr: Duett oder Duell von Begriffen? in: Der Nahverkehr 05/1999, S. 34-37

Chernushenko, D.: Sustainable sport management – running an environmentally, socially and economically responsible organization, Ottawa 2001 (unter Mitarbeit von Anna van der Kamp und David Stubbs)

Chlond, B./Manz, W.: INVERMO – Das Mobilitätspanel für den Fernverkehr, IfV-Report Nr. 00-9, Karlsruhe 2000

Chlond, B./Manz, W.: INVERMO – Das Mobilitätspanel für den Fernverkehr, in: Deutsche Verkehrswissenschaftliche Gesellschaft (DVWG) (Hg.): Dynamische und statische Elemente des Verkehrsverhaltens – Das Deutsche Mobilitätspanel, Bergisch-Gladbach 2001, S. 203-227 (2001a)

Chlond, B./Manz, W.: INVERMO – Datengrundlagen zur Simulation, IfV-Report Nr. 01-1, Karlsruhe 2001 (2001b)

Christl, A./Koch, A.: Die Ausgaben der Erholungsreisenden in neun ausgewählten süd-bayrischen Fremdenverkehrsorten, München 1957

City:mobil (Hg.): Stadtverträgliche Mobilität – Handlungsstrategien für eine nachhalti-ge Verkehrsentwicklung in Stadtregionen, Berlin 1999

Cohen, E.: Traditions in the qualitative sociology of tourism, in: Annals of Tourism Research 01/1988, S. 29-46

Corsten, H.: Dienstleistungsmanagement, München/Wien 1997

d'Oleire-Oltmanns, W./Eberhardt, R.: Combinig timetable, touristic and geographic information to improve public transport accessability for tourists, in: Forschungsge-sellschaft Mobilität (Hg.): Mobilitätsmanagement – Grenzen überschreiten und Re-gionen erschließen (Tagungsband der 4. Europäischen Konferenz über Mobilitäts-management vom 17.-19.05.2000 in Bregenz, Österreich), Graz/Schwarzach 2000, S. 304-305

Dalkmann, H./Reutter, O.: Konzeptpapier – Perspektiven einer nachhaltigen Gestaltung der Olympischen Sommerspiele in Düsseldorf Rhein-Ruhr 2012, Wuppertal 2002

Dann, G.M.S.: Paradigms in Tourism Research, in: Annals of Tourism Research 02/1997, S. 472-474

Daschkeit, A./Schröder, W.: Umweltforschung quergedacht – Perspektiven integrativer Umweltforschung und -lehre, Berlin usw. 1998

DATELINE-Konsortium (Hg.): Deliverable 2 „Final Survey Design for a European Travel Survey on Long-distance Mobility", München 2001

Datzer, R.: Informationsverhalten von Urlaubsreisenden – Ein Ansatz des verhaltens-wissenschaftlichen Marketing, Starnberg 1983

Datzer, R./Grünke, C.: Gästebefragungen, in: Haedrich, G./Kaspar, C./Klemm, K./ Kreilkamp, E. (Hg.): Tourismusmanagement, Berlin/New York 1998, S. 205-217 (3. Auflage)

Desmedt, B.: Das europäische „PROSITrans"-Projekt – Mobilitätsservice für Freizeit-und Versorgungsfahrten im Rahmen von SAVE II, in: Stadt Münster/Europäische Kommission (Hg.): Schnittstellen im Mobilitätsmanagement, Münster 2000, S. 159-164

Deutsche Verkehrswissenschaftliche Gesellschaft (DVWG) (Hg.): Dynamische und sta-tische Elemente des Verkehrsverhaltens – Das Deutsche Mobilitätspanel, Bergisch-Gladbach 2001

Deutsches Institut für Wirtschaftsforschung (DIW): Verkehr in Zahlen 2003/2004, Hamburg 2003 (herausgegeben vom Bundesministerium für Verkehr, Bau- und Wohnungswesen)

Diegruber, J.: Erfolgsfaktoren nationaler europäischer Linienflugverkehrsgesellschaften im Markt der 90er Jahre, Konstanz 1991

Dienel, H.-L.: Anreise zum Handbuch Eventverkehr, in: Dienel, H.-L./Schmithals, J. (Hg.): Handbuch Eventverkehr – Planung, Gestaltung, Arbeitshilfen, Berlin 2004, S. 15-24

Dienel, H.L./Schäfer, B.: An- und Abreise als Teil des Events: Neue Konzepte für Rei-seketten und Eventstraßen, in: Institut für Mobilitätsforschung (Hg.): Motive und Handlungsansätze im Freizeitverkehr, Berlin/Heidelberg/New York 2003, S. 227-239

Dienel, H.-L./Schmithals, J. (Hg.): Handbuch Eventverkehr – Planung, Gestaltung, Arbeitshilfen, Berlin 2004

Dierkes, M./Rammler, S.: „Die weite Ferne nebenan?" Freizeitmobilität und Tourismus im Spannungsfeld zwischen globalem Wachstum und Nachhaltigkeit. Überlegungen für ein neues Forschungs- und Politikfeld, in: Institut für Mobilitätsforschung (Hg.): Freizeitverkehr – Aktuelle und künftige Herausforderungen, Berlin usw. 2000, S. 169-209

Diewitz, U./Klippel, P./Verron, H.: Der Verkehr droht die Mobilität zu ersticken, in: Internationales Verkehrswesen 03/1998, S. 72-74

Dörnemann, M./Schüler-Hainsch, E.: Zielgruppen zur Gestaltung der Reise, in: Dienel, H.-L./Schmithals, J. (Hg.): Handbuch Eventverkehr – Planung, Gestaltung, Arbeitshilfen, Berlin 2004, S. 73-95

Dreyer, A.: Anwendung: Events als Aufhänger der Kommunikation von Destinationen, in: Bieger, T. (Hg.): Management von Destinationen und Tourismusorganisationen, München/Wien 1996, S. 247-262

Drexel, G.: Zur Paradigmenabhängigkeit des Erkennens, Bestimmens und Verstehens der Gegenstände der Sportwissenschaft, in: Digel, H. (Hg.): Sportwissenschaft heute – Eine Gegenstandsbestimmung, Darmstadt 1995, S. 99-134

Dülfer, E.: Internationales Management in unterschiedlichen Kulturen, München/Wien 2001 (6. Auflage)

Duff, A.: Achieving local transport objectives through innovations and partnership, in: PTRC Education and research services Ltd. (Hg.): Changing travel behaviour through innovations and local partnership, (Tagungsband der 2. Europäischen Konferenz über Mobilitätsmanagement vom 18.-20.05.1998 in Nottingham, Großbritannien), London 1998, S. 177-191

Dundler, F.: Die Reiseanalyse, in: Haedrich, G./Kaspar, C./Klemm, K./Kreilkamp, E. (Hg.): Tourismus-Management, Berlin, New York 1993 (2. Auflage), S. 155-159

Eckey, H.-F./Stock, W.: Verkehrsökonomie – Eine empirisch orientierte Einführung in die Verkehrswissenschaften, Wiesbaden 2000

Echtner, C.M./Jamal, T.B.: The disciplinary dilemma of tourism studies, in: Annals of Tourism Research 04/1997, S. 868-883

Egerer, A./Graichen, R.: Konzept und Projekt der Integration von Bahn und Flugverkehr in NRW, in: Internationales Verkehrswesen 04/2001, S. 146-150

European Conference of Ministers of Transport (ECMT) (Hg.): Transport and exceptional public events: Conclusions of Round Table 122 vom 07.-08. März 2002 in Paris, Paris 2002

Emmenegger, J.: Auto nach Bedarf für Hotelgäste, in: forum raumentwicklung 02/2002, S. 31

EMNID-Institut GmbH & Co. (Hg.): KONTIV 1989: „Bericht zur Methode" und „Anlagenband", Bielefeld 1989

Engelhardt, K./Follmer, R./Hellenschmidt, J./Kloas, J./Kuhfeld, H./Kunert, U./Smid, M.: Mobilität in Deutschland – KONTIV 2002: Methodenstudie mit experimentellem Design zur Vorbereitung der Erhebung, in: Internationales Verkehrswesen 04/2002, S. 140-144 (2002a)

Engelhaardt, K./Follmer, R./Hellenschmidt, J./Kloas, J./Kuhfeld, H./Kunert, U./Smid, M.: Mobilität in Deutschland – KONTIV 2002: Repräsentative Daten zum Personenverkehr/Design der Erhebung, in: Internationales Verkehrswesen 05/2002, S. 206-209 (2002b)

Enquete-Kommission „Schutz der Erdatmosphäre" des Deutschen Bundestages (Hg.): Mobilität und Klima – Wege zu einer klimaverträglichen Verkehrspolitik, Bonn 1994

Espich, G.: Business Travel Management, Kostenoptimierte und effektive Planung, Durchführung und Kontrolle von Geschäftsreisen, Renningen 2001

Ewald, R.: Aktuelle Entwicklungen im europäischen Luftverkehr, in: Landgrebe, S. (Hg.): Internationaler Tourismus, München/Wien 2000, S. 81-100

Faltlhauser, O./Schreiner, M.: München auf dem Weg zu einem integrierten Mobilitätsmanagement – Kommunikation als Fundament zukunftsorientierter Verkehrspolitik, in: Internationales Verkehrswesen 09/2001, S. 418-421

Fantapié Altobelli, C./Bouncken, R.B.: Wertkettenanalyse von Dienstleistungsanbietern, in: Meyer, A. (Hg.): Handbuch Dienstleistungs-Marketing (Band 1), Stuttgart 1998, S. 282-296

Feige, M./Feil, T.: Tourismusbarometer: Monitoring für die Marketingpraxis, in: Deutsches Seminar für Tourismus (DSFT) (Hg.): 38. Seminar für Führungskräfte – Dokumentation, Berlin 2002, S. 73-90

Feigl, L./Vennefrohne, K.: Handlungsmöglichkeiten zur Verkehrsverlagerung im Berufsverkehr durch Mobilitätsmanagement – am Beispiel des Unternehmens Erfurt & Sohn in Wuppertal, Hamburg 1999 (1999a)

Feigl, L./Vennefrohne, K.: Mobilitätsmanagement im Berufsverkehr – Potentiale und Hindernisse, in: Internationales Verkehrswesen 11/1999, S. 511-515 (1999b)

Fejer, S.: Zur Veränderung von Verbraucherverhalten durch Social-Marketing – eine Empirische Analyse am Beispiel umweltbewußten Konsums, Duisburg 1990

Felt, U./Nowotny, H./Taschwer, K.: Wissenschaftsforschung, Frankfurt/New York 1995

Ferguson, E.: A brief history of travel demand management, Dunwoody 1999 (http://docs. vircomnet.com/mobility.../Papers_FullDocuments_E.Ferguson_0002_0002.ht, download vom 21.09.1999)

Ferril, S.: Mobility Management for the Urban Environment. Das EU-Projekt MOMENTUM, in: Soziale Technik 04/1996, S. 13-14

Ferril, S./Preßl, R./Uranitsch, G.: Mobilitätsberatung – Internationale Erfahrungen mit einem neuen Berufsbild, in: Apel, D./Holzapfel, H./Kiepe, F./Lehmbrock, M./Müller, P. (Hg.) Handbuch der kommunalen Verkehrsplanung, 13. Ergänzungslieferung 03/1996, Bonn 1996

Fiedler, J.: Das differenzierte Bedienungsmodell – ein Vorschlag zur wirtschaftlichen Verkehrsbedienung ländlicher Gebiete, in: Der Landkreis 08-09/1982, S. 445-447

Fiedler, J.: Differenzierte Bedienung – ein Anwendungsfall logistischen Handelns im öffentlichen Verkehr, in: Verkehr und Technik 04/1989, S. 107-116

Fiedler, J.: Umweltverträglicher Touristikverkehr – Vision oder reale Chance, in: Stadt und Gemeinde 01/1995, S. 12-15

Fiedler, J.: Mobilitätsmanagement als zentraler Teil umweltschonender Verkehrskonzepte, in: Stadt Münster (Hg.): Forum für humane Mobilität, Münster 1997 (1997a)

Fiedler, J.: Herkömmlicher ÖPNV – Differenzierte Bedienung – Mobilitätsmanagement, in: Nahverkehrspraxis 11/1997, S. 4-6 (1997b)

Fiedler, J.: Damit können wir auch künftig in Bewegung bleiben – Mobilitätsmanagement als zentraler Teil umweltschonender Verkehrskonzepte, in: Die Bauverwaltung + Bauamt & Gemeindebau 05/1997, S. 233-236 (1997c)

Fiedler, J.: Am Anfang stand die Einführung von Sammeltaxen: Mobilitätsmanagement – was es ist und was nicht, in: Stadt und Gemeinde 04/1999, S. 150-153

Fiedler, J.: Pflichtgemäße Kommunikation – Basis des Mobilitätsmanagement, in: Deutsche Verkehrswissenschaftliche Gesellschaft e. V. (Hg.): Kommunikation und Beteiligung bei Verkehrsprojekten – Beschleunigung oder Behinderung? Bergisch-Gladbach 2001, S. 209-223

Fiedler, J.: Mobilitätsmanagement als Chance – Planungs- und Umsetzungsprozesse beschleunigen, in: Der Nahverkehr 01-02/2002, S. 23-26

Fiedler, J./Thiesies, M.: Mobilitätsmanagement – Was ist das? in: Nahverkehrspraxis 07-08/1993, S. 223-225

Finkbeiner, J.: Informationsgewinnung im Destinationsmanagement – Möglichkeiten der entscheidungsunterstützenden Informationsgewinnung im Destinationsmanagement, Trier 1999

Finke, T.: Monitoring and Evaluation of Mobility Management – Practical Experience with the MOST-Monitoring and Evaluation Toolkit (MOST-MET), in: City of Karlstad (Hg.): Proceedings of the 7. European Conference on Mobility Management (ECOMM 2003) vom 21.-23.05.2003 in Karlstad, Karlstad 2003 (www.karlstad.se/ecomm/program.shtml, download vom 13.06.2003)

Finke, T./Krug, S./Meinhard, D./Witte, A.: Erfolgsfaktoren für das Mobilitätsmanagement – Erkenntnisse, Empfehlungen und Hilfen für die Praxis aus dem Forschungsprojekt MOSAIC, in: Der Nahverkehr 09/1999, S. 7-11

Fischer, F.: Die Planung für Sydneys Olympische Spiele – Ein Prozeß der Stadterneuerung unter grünen Vorzeichen, in: Arbeitskreis Stadterneuerung an deutschsprachigen Hochschulen (Hg.): Jahrbuch Stadterneuerung 2000, Berlin 2000, S. 225-253

Fischer, P.: Mobilitätsmanagement – Ein internationaler Vergleich der Mobilitätszentralen in den USA, den Niederlanden und Deutschland, Kaiserslautern 1999 (unveröffentlichte Diplomarbeit an der Universität Kaiserslautern)

Flade, A.: Einführung, in: Flade, A. (Hg.): Mobilitätsverhalten – Bedingungen und Veränderungsmöglichkeiten aus umweltpsychologischer Sicht, Weinheim 1994, S. 3-13

Flade, A.: Mobilität definierbar? in: Internationales Verkehrswesen 07-08/1998, S. 345

Flaig, J.: Events – attraktive Ziele der Freizeitmobilität, in: Beckmann, K.J. (Hg.): Tagungsband zum 3. Aachener Kolloquium „Mobilität und Stadt", Aachen 2002, S. 163-171

Flaig, J./Kill, H.: Eventverkehrsplanung unter neuen Vorzeichen, in: Dienel, H.-L./ Schmithals, J. (Hg.): Handbuch Eventverkehr – Planung, Gestaltung, Arbeitshilfen, Berlin 2004, S. 65-72

Flaig, J./Schiefelbusch, M.: Event Travel – patterns, issuses and challenges for new tourist and transport solutions, in: Tagungsunterlagen zur Konferenz „Leisure futures" vom 11.-13.04.2002 in Innsbruck, Innsbruck 2002, S. 311-325

Flügel, M./Stettler, J.: Verkehrsmanagement in Ferienorten, in: integra 03/1999, S. 5-8

Focus Magazin Verlag GmbH: Communication Networks 7.0 – Geschäftsreisen/Urlaub, München 2003

Fontanari, M.L.: Integratives Management zur Bewerbung olympischer Spiele – Am Beispiel der Kandidatur Innsbruck-Tirol, in: Freyer, W./Meyer, D./Scherhag, K. (Hg.): Events – Wachstumsmarkt im Tourismus? Dresden 1998, S. 136-162

Fontanari, M.L./Hörning, F.: Informationssysteme für das Mobilitätsmanagement als integrativer Gestaltungsansatz am Beispiel der Projektkonzeption MoSys, in: Stadt Münster/Europäische Kommission (Hg.): Schnittstellen im Mobilitätsmanagement, Dortmund 2000, S. 246-248

Forschungsgemeinschaft Urlaub und Reisen (F.U.R.) (Hg.): RA 2002 – Die Reiseanalyse RA 2002 – Berichtsband, Kiel 2002

Forschungsgemeinschaft Urlaub und Reisen (F.U.R.) (Hg.): RA 2003 – Berichtsband – Die Reiseanalyse RA 2003, Hamburg/Kiel 2003 (2003a)

Forschungsgemeinschaft Urlaub und Reisen (F.U.R.) (Hg.): Informationsquellen und Internetnutzung, Kiel/Hamburg 2003 (2003b)

Forschungsgemeinschaft Urlaub und Reisen (F.U.R.) (Hg.): Erste Ergebnisse ITB Berlin 2003 – RA 2003, Kiel 2003 (www.fur.de/home/Reiseanalyse_2003.pdf, download vom 31.03.2003) (2003c)

Forschungsgemeinschaft Urlaub und Reisen (F.U.R.) (Hg.): Erste Ergebnisse ITB Berlin 2004 – RA 2004, Kiel 2004

Forschungsgesellschaft für Straßen- und Verkehrswesen (FGSV) (Hg.): Verkehrs-System-Management, Köln 1986

Forschungsgesellschaft für Straßen- und Verkehrswesen (FGSV) (Hg.): Öffentlicher Personennahverkehr: Mobilitätsmanagement – ein neuer Ansatz zur umweltschonenden Bewältigung der Verkehrsprobleme, Köln 1995

Forschungsgesellschaft für Straßen- und Verkehrswesen (FGSV) (Hg.): Hinweise für Arbeitsplätze zur interaktiven Bearbeitung von Aufgaben des Verkehrs-System-Managements, Köln 1996

Forschungsgesellschaft für Straßen- und Verkehrswesen (FGSV) (Hg.): Öffentlicher Personennahverkehr: Umweltfreundlicher Freizeit- und Fremdenverkehr, Köln 1998

Forschungsgesellschaft für Straßen- und Verkehrswesen (FGSV) (Hg.): Nachhaltige Verkehrsentwicklung, Köln 2003

Forschungsgesellschaft für Straßenwesen (FGS) (Hg.): Begriffsbestimmung – Teil: Straßenplanung und Straßenverkehrstechnik, Köln 1978

Forschungsinstitut für Freizeit und Tourismus (FIF) (Hg.): Verkehrsmanagement in Ferienorten – Lenkungsmaßnahmen, Akzeptanzprobleme, Implementierungsprozesse, Bern 1999

Fox, K.F.A./Kotler, P.: The Marketing of social causes: The first 10 years, in: Journal of Marketing, 03/1980, S. 24-33

Franck, J.: Erlebnis- und Konsumwelten: Entertainment-Center und kombinierte Freizeit-Einkaufs-Center, in: Steinecke, A. (Hg.): Erlebnis- und Konsumwelten, München/Wien 2000, S. 28-43

Franck, J./Roth, E.: Freizeit-Erlebnis-Konsumwelten: Trends und Perspektiven für den Tourismus in Deutschland, in: Kreilkamp, E./Pechlaner, H./Steinecke, A. (Hg.): Gemachter oder gelebter Tourismus? Destinationsmanagement und Tourismuspolitik, Wien 2001, S. 89-99

Franz, P.: Soziologie der räumlichen Mobilität – Eine Einführung, Frankfurt am Main/ New York 1984

Freudenau, H.: Mobilitätsmanagement durch Wohnungsunternehmen – Integrierte Mobilitätsdienstleistungen als neues Servicefeld für die Wohnungswirtschaft am Beispiel der Wohnungsbaugenossenschaft „Bauverein für Kleinwohnungen e.G." in Halle an der Saale, Wuppertal 2000

Frey Marti, C.: Verkehrs- und Umweltproblematik in touristischen Gebieten: Analyse, Lösungsansätze, Auswirkungen, untersucht am Beispiel Oberengadin, Bern/Stuttgart/Wien 1996

Frey Marti, C./Laesser, C.: Freizeitverkehr aus Sicht der Tourismusorte, in: Jahrbuch der Schweizerischen Tourismuswirtschaft 1996/1997, St. Gallen 1997, S. 73-91

Freyer, W.: Beitrag der Wirtschaftswissenschaften zur Tourismuswissenschaft, in: Nahrstadt, W./Piwodda, M./Vodde, T. (Hg.): Tourismuswissenschaft – Praxis und Theorie im Dialog, Bielefeld 1995, S. 99-132

Freyer, W.: Tourismuspolitik, in: Jenkis, H.W. (Hg.): Raumordnung und Raumordnungspolitik, München/Wien 1996, S. 259-286 (1996a)

Freyer, W.: Tourismus-Ökonomie oder Ökonomie des Tourismus? – Der Beitrag der Wirtschaftswissenschaften zur Theorie des Tourismus, in: Fischer, G./Laesser, C. (Hg.): Theorie und Praxis der Tourismus- und Verkehrswirtschaft im Wertewandel, Festschrift zur Emeritierung von Prof. Dr. Claude Kaspar, Bern usw. 1996, S. 49-68 (1996b)

Freyer, W.: Kulturveranstaltungen und Festivals als touristische Leistungsangebote, in: Dreyer, A. (Hg.): Kulturtourismus, München/Wien 1996, S. 211-242 (1996c) (wiederabgedruckt in: Freyer, W./Meyer, D./Scherhag, K. (Hg.): Events – Wachstumsmarkt im Tourismus? Dresden 1998, S. 17-50)

Freyer, W.: Tourismus und Wissenschaft – Chance für den Wissenschaftsstandort Deutschland, in: Feldmann, O. (Hg.): Tourismus – Chance für den Standort Deutschland, Baden-Baden 1997, S. 219-237 (wiederabgedruckt in: Burmeister, H.-P. (Hg.): Auf dem Weg zu einer Theorie des Tourismus, Loccum 1998, S. 219-238; Freyer, W. (Hg.): Ganzheitlicher Tourismus – Beiträge aus 20 Jahren Tourismusforschung, Dresden 2000, S. 23-42)

Freyer, W.: Tourismuswirtschaft an der TU Dresden: Chance für Wissenschaft und Praxis, in: Wissenschaftliche Zeitschrift der Technischen Universität Dresden 01/1998, S. 4-10

Freyer, W.: Reisebüro-Management: allgemeine Grundlagen, in: Freyer, W./Pompl, W. (Hg.): Reisebüro-Management, München/Wien 1999, S. 99-140

Freyer, W.: Verkehrliche Wirkung von Telekommunikation – Wirkungen aus Sicht des Tourismus, in: Freyer, W. (Hg.): Ganzheitlicher Tourismus – Beiträge aus 20 Jahren Tourismusforschung, Dresden 2000, S. 265-277

Freyer, W.: Tourismus – Einführung in die Fremdenverkehrsökonomie, München/Wien 2001 (7. Auflage) (2001a)

Freyer, W.: Sport und Tourismus: Megamärkte in der wissenschaftlichen Diskussion, in: Trosien, G./Dinkel, M. (Hg.): Sport-Tourismus als Wirtschaftsfaktor: Produkte – Branchen – Vernetzung, Butzbach-Griedel 2001, S. 32-65 (2001b)

Freyer, W.: Expansionsstrategien von touristischen Dienstleistungsunternehmen, in: Pompl, W./Lieb M.G. (Hg.): Internationales Tourismus-Management: Herausforderungen – Strategien – Instrumente, München 2002, S. 41-68

Freyer, W.: Sport-Marketing – Handbuch für marktorientiertes Management im Sport, Dresden 2003 (3. Auflage)

Freyer, W.: Tourismus-Marketing – Marktorientiertes Management im Mikro- und Makrobereich der Tourismuswirtschaft, München/Wien 2004 (4. Auflage)

Freyer, W./Dreyer, A.: Handbuch Sport und Tourismus Sachsen-Anhalt, Magdeburg 2004 (bisher unveröffentlicht)

Freyer, W./Groß, S.: Events im Sport und ihr Bezug zum Tourismus, in: Freyer, W./Groß, S. (Hg.): Tourismus und Sport-Events, Dresden 2002, S. 1-5 (2002a)

Freyer, W./Groß, S.: Anforderungen an eine Bewerbung um Olympische Spiele aus touristischer Sicht, in: Freyer, W./Groß, S. (Hg.): Tourismus und Sport-Events, Dresden 2002, S. 71-100 (2002b)

Freyer, W./Groß, S.: Tourismus und Verkehr – Die Wechselwirkungen von mobilitätsrelevanten Ansprüchen von touristisch Reisenden und Angeboten touristischer Transportunternehmen, Dresden 2003 (2003a)

Freyer, W./Groß, S.: Bewegung und Tourismus – Mobilität im Alltag und in der Freizeit, in: Wissenschaftliche Zeitschrift der Technischen Universität Dresden 05-06/2003, S. 105-109 (2003b)

Freyer, W./Lübbert, C.: Tourismus und Verkehr – Möglichkeiten der Ressourcenschonung durch touristische Beschilderung in Fremdenverkehrsorten, in: Wissenschaftliche Zeitschrift der Technischen Universität Dresden 05/1996, S. 89-95

Freyer, W./Naumann, M./Schröder, A. (Hg.): Geschäftsreise-Tourismus – Geschäftsreisemarkt und Business Travel Management, Dresden 2004

Freyer, W./Pompl, W.: Schlüsselkompetenzen für das internationale Tourismus-Management, in: Landgrebe, S. (Hg.): Internationaler Tourismus, München/Wien 2000, S. 114-130

Freyer, W./Scherhag, K. (Hg.): Zukunft des Tourismus, Dresden 1996

Füsser, K.: Stadt, Straße und Verkehr – Ein Einstieg in die Verkehrsplanung, Braunschweig/Wiesbaden 1997

Gabler-Wirtschafts-Lexikon: Band 6, Wiesbaden 1997 (13. Auflage)

Gerike, R./Becker, U.: Ziele von und für Verkehr – Wozu dient eigentlich unser Verkehr, und wie soll er aussehen? in: Wissenschaftliche Zeitschrift der Technischen Universität Dresden 03/2000, S. 2-6

Gesellschaft für behutsame Stadterneuerung mbH (S.T.E.R.N.) (Hg.): Leitfaden kommunales Mobilitätsmanagement – Konzepte – Strategien – Beispiele zur Förderung umwelt- und stadtverträglicher Mobilität, Berlin 1998

Getz, D.: Special events – defining the product, in: Tourism Management 06/1989, S. 125-137

Getz, D.: Festivals, Special Events, and Tourism, New York 1991

Getz, D.: Festivals and Special Events, in: Khan, M.A./Olsen, M.D./Var, T. (Hg.): VNR's Encyclopedia of hospitality and tourism, New York 1993, S. 945-955

Getz, D.: Event Management & Event Tourism, New York 1997

Gleich, M.: Mobilität – Warum sich alle Welt bewegt, Hamburg 1998

Götz, E.: Die Organisation des regionalisierten öffentlichen Personennahverkehrs – Organisationsprofile und Gestaltungsmöglichkeiten für Aufgabenträger, Genehmigungsbehörden und Nahverkehrsunternehmen, Hamburg 2002

Götz, K./Loose, W./Schubert, S. (Hg.): Forschungsergebnisse zur Freizeitmobilität – Zwischenergebnisse aus dem UBA-Projekt „Minderung der Umweltbelastungen des Freizeit- und Tourismusverkehrs", Frankfurt am Main 2001

Götz, K./Loose, W./Schmied, M./Schubert, S.: Mobilitätsstile in der Freizeit – Minderungen der Umweltbelastungen des Freizeit- und Tourismusverkehrs, Berlin 2003

Goldblatt, J.J.: Special Events – Best practices in modern event management, New York usw. 1997 (2. Auflage)

Goldblatt, J.J./McKibben, C.F.: The dictionary of event management, New York usw. 1996

Gonzáles, M./Schmidt, J.: Mobility management for the new San Francisco Giants Baseball Stadium, in: Forschungsgesellschaft Mobilität (Hg.): Mobilitätsmanagement – Grenzen überschreiten und Regionen erschließen (Tagungsband der 4. Europäischen Konferenz über Mobilitätsmanagement vom 17.-19.05.2000 in Bregenz, Österreich), Graz/Schwarzach 2000, S. 289-290

Grauer, M./Caspar, S./Sabbah, C.: Aktives Mobilitätsmanagement auf kommunaler Ebene – Modellhafte Entwicklung von Organisationsformen und erste Realisierungsschritte am Beispiel Tübingens, in: Der Nahverkehr 07-08/2002, S. 56-59

Greenpeace (Hg.): How green the games? Greenpeace' environmental assessment of the Sydney 2000 Olympics, Sydney 2000

Grether, T.: Umwelt-Ferkel Billig-Airlines, in: Touristik Management 11/2002, S. 14-17

Grosche, S.: Trends im deutschen Tourismus – Prognosen und Szenarien zum Reiseverhalten der Deutschen in den 90er Jahren, Dresden 2002 (unveröffentlichte Diplomarbeit an der Technischen Universität Dresden)

Groß, S.: Mobilitätsverhalten von Jugendlichen – Empirische Untersuchung zur Verkehrsmittelwahl und ihrer Determinanten als Beitrag zur Bindung Jugendlicher an den ÖPNV in Dortmund, Dortmund 1998 (unveröffentlichte Diplomarbeit an der Universität Dortmund) (1998a)

Groß, S.: Mobilitätsverhalten von Jugendlichen – Beiträge zur Bindung Jugendlicher an den ÖV, in: Verkehrszeichen 04/1998, S. 21-24 (1998b)

Groß, S./Geisler, D.: Mobilitätskonzepte – Verkehrsanforderungen bei sportlichen Großveranstaltungen, in: Reiseland Sachsen 01/2002, S. 20

Gyr, U.: Kultur für Touristen und Touristenkultur – Plädoyer für qualitative Analysen in der Reiseforschung, in: Kramer, D./Lutz, R. (Hg.): Reisen und Alltag – Beiträge zur kulturwissenschaftlichen Tourismusforschung, Frankfurt am Main 1992, S. 19-38

Haag, M./Hupfer, C.: Wirkungen von Verkehrsmanagement – systemanalytisch untersucht, Kaiserslautern 1995

Haefner, K./Marte, G.: Der schlanke Verkehr – Handbuch für einen umweltfreundlichen und effizienten Transport von Personen und Gütern, Berlin 1994

Hägele, W.: Integrative Sportwissenschaft, Leitidee oder Utopie? Szenario einer künftigen Sportwissenschaft, in: Digel, H. (Hg.): Sportwissenschaft heute – Eine Gegenstandsbestimmung, Darmstadt 1995, S. 90-98

Häußermann, P.: STORM – Integriertes regionales Verkehrsmanagement in der Region Stuttgart, in: Verein Deutscher Ingenieure VDI (Hg.): Mobilität und Verkehr – Reichen die heutigen Konzepte aus? Düsseldorf 1991, S. 167-183

Hall, C.M.: Hallmark Tourist Events: Impacts, Management and Planning, London 1992

Hamann, R.R.: Umweltfreundlicher Freizeit- und Fremdenverkehr im Rahmen umfassenden Mobilitätsmanagements keine Utopie, in: Der Landkreis 05/1999, S. 348-350

Hamann, R.R.: Mobilitätsmanagement – eine kritische Bestandsaufnahme, in: Verkehr und Technik 05/2001, S. 167-174

Hanemann, B.: Mit Bus und Bahn zur Hütte, in: Deutscher Sportbund (Hg.): Sport und Mobilität, Frankfurt am Main 1998, S. 55-59 (Dokumentation des 5. Symposiums zur ökologischen Zukunft des Sport vom 25.-26.09.1997 in Bodenheim/Rhein)

Harling, C./Weiss, S.: Internationale Reiseleitung im integrierten Touristikkonzern, in: Bastian, H./Born, K. (Hg.): Der integrierte Touristikkonzern – Strategien, Erfolgsfaktoren und Aufgaben, München/Wien 2004, S. 283-296

Harrer, B./Scherr, S.: Ausgaben der Übernachtungsgäste in Deutschland, München 2002

Hascher, M.: Vorgeschichte, Entstehung und institutionelle Entwicklung des Wissenschaftlichen Beirats beim Bundesverkehrsministerium 1949-1972, in: Bundesministerium für Verkehr, Bau- und Wohnungswesen (BMVBW) (Hg.): 50 Jahre Wissenschaftlicher Beirat, Bonn 2002, S. 65-94

Hautzinger, H.: Stichprobendesign für Erhebungen am Aktivitätsort, in: Hautzinger, H. (Hg.): Freizeitmobilitätsforschung – Theoretische und methodische Ansätze, Mannheim 2003, S. 21-32

Hautzinger, H./Knie, A./Wermuth, M. (Hg.). Mobilität und Verkehr besser verstehen. Dokumentation eines interdisziplinären Workshops am 05./06.12.1996 in Berlin, Berlin 1997

Hautzinger, H./Pfeiffer, M.: Auswirkungen von MIV-Restriktionen auf die lokale Fremdenverkehrswirtschaft, Heilbronn 1999

Hautzinger, H./Pfeiffer, M./Tassaux-Becker, B.: Mobilität: Ursachen, Meinungen, Gestaltbarkeit, Heilbronn 1994

Hebestreit, D.: Touristik Marketing – Grundlagen, Ziele, Basis-Informationen, Instrumentarien, Strategien, Organisation und Planung des Marketing von Reiseveranstaltern – Ein Handbuch für Praktiker, Berlin 1992 (3. Auflage)

Heine, W.-D.: Mobilitätsmanagement, in: Giese, E. (Hg.): Verkehr ohne (W)Ende – psychologische und sozialwissenschaftliche Beiträge, Tübingen 1997, S. 95-112 (1997a)

Heine, W.-D.: Ein differenziertes Verkehrsverhaltensangebot schaffen – mehr Nutzer-freundlichkeit für Um- und Aufsteiger, in: Stadt Münster (Hg.): Forum für humane Mobilität, Münster 1997, S. 70-79 (1997b)

Heine, W.-D.: Mobilitätsmanagement und Mobilitätspsychologie, in: Schlag, B. (Hg.): Fortschritte der Verkehrspsychologie 1996, Bonn 1997, S. 127-134 (1997c)

Heine, W.-D.: Mobilitätspsychologie – Psychologie für ein situationsangepaßtes Mobi-litätsverhalten, in: Zeitschrift für Verkehrswesen 01/1998, S. 22-70

Heinze, G.W.: Verkehrskonzepte von Mega-Events, Bericht für das 122. Round Table der Europäischen Verkehrsministerkonferenz (ECMT) zum Thema „Transport and Exceptional Public Events" am 07.-08. März 2002 in Paris (unveröffentlichte deut-sche Fassung) (erschienen als Heinze, G.W.: Transport and exceptional public e-vents, in: European Conference of Ministers of Transport (ECMT) (Hg.): Transport and exceptional public events – Round Table 122, Paris 2003, S. 9-60)

Heinze, G.W.: Klassifikation von Events, in: Dienel, H.-L./Schmithals, J. (Hg.): Hand-buch Eventverkehr – Planung, Gestaltung, Arbeitshilfen, Berlin 2004, S. 25-35 (2004a)

Heinze, G.W.: Akteure und ihre Interessen, in: Dienel, H.-L./Schmithals, J. (Hg.): Handbuch Eventverkehr – Planung, Gestaltung, Arbeitshilfen, Berlin 2004, S. 36-53 (2004b)

Heinze, G.W.: Der Status Quo in der Eventverkehrsplanung, in: Dienel, H.-L./Schmit-hals, J. (Hg.): Handbuch Eventverkehr – Planung, Gestaltung, Arbeitshilfen, Berlin 2004, S. 54-64 (2004c)

Heinze, G.W./Kill, H.H.: Freizeit und Mobilität – Neue Lösungen im Freizeitverkehr, Hannover 1997

Heinze, W.G./Kill, H.H.: Freizeitverkehr statt Tourismus – Auf dem Weg zu einer zu-kunftsfähigen Strategie für Deutschland, in: Kühn, Gerd (Hg.): Freizeitmobilität – Entwicklungen und Handlungsmöglichkeiten, Berlin 1998, S. 11-17

Heinzel, R./Zimmermann, M.: Handbuch Umweltschonende Großveranstaltungen – Leitfaden für Planung und Durchführung unterschiedlicher Veranstaltungstypen, Berlin 1990 (2. Auflage)

Henschel, K.: Zur Verflechtung von Verkehr und Tourismus und zum touristischen Vorgang: Ein Vorschlag zum Begriffssystem Tourismus, in: Revue de Tourism 01/1992, S. 9-11

Herrmann, H.: Konzept des Betriebsrates: Mit weniger Auto mobil zur Arbeit, in: V-DIREKT 01/1996, S. 4-7

Herrmann, H.: Modulares Verkehrskonzept Lufthansa Basis Hamburg, in: Dokumenta-tion der Konferenz „Perspektiven des betrieblichen Mobilitätsmanagements" vom 06.-07.07.1998 in Berlin, Berlin 1998

Herrmann, H.: Und plötzlich ist mein Parkplatz weg ..., in: Deutscher Gewerkschafts-bund (DGB) (Hg.): Clever Pendeln, Workshop „Betriebliches Mobilitätsmanage-ment" am 18.11.2002 in Berlin, Berlin 2002

Herry, M./Schuster, M./Reuss, M.: Modellvorhaben „Sanfte Mobilität – Autofreier Tou-rismus" – Mobilitätsanalyse Gemeinde Bad Hofgastein, Wien 1999 (1999a)

Herry, M./Schuster, M./Reuss, M.: Modellvorhaben „Sanfte Mobilität – Autofreier Tou-rismus" – Mobilitätsanalyse Gemeinde Bad Hofgastein, Wien 1999 (1999b)

Hertel, G.: Künftige Chancen einer nachhaltigen Mobilität, in: Internationales Verkehrswesen 04/2000, S. 132-135

Hesse, M.: Wirtschaftsverkehr, Stadtentwicklung und politische Regulierung – Zum Strukturwandel in der Distributionslogistik und seinen Konsequenzen für die Stadtplanung, Berlin 1998

Heuwinkel, D.: Freizeit- und Sporteinrichtungen, in: Akademie für Raumforschung und Landesplanung (Hg.): Handwörterbuch der Raumordnung, Hannover 1995, S. 331-336

Hilke, W.: Dienstleistungs-Marketing: Banken und Versicherungen – Freie Berufe – Handel und Transport – Nicht-erwerbswirtschaftlich orientierte Organisationen, Wiesbaden 1989

Hoenninger, P.: „MobiHarz"-project: Integrated mobility management and services for visitors, in: City of Karlstad (Hg.): Proceedings of the 7. European Conference on Mobility Management (ECOMM 2003) vom 21.-23.05.2003 in Karlstad, Karlstad 2003 (www.karlstad.se/ecomm/program.shtml, download vom 13.06.2003)

Hoffmann, P.: Vom Verkehrsbetrieb zum Mobilitätsdienstleister – Verkehrsunternehmen im Wandel, in: Der Nahverkehr 05/1997, S. 73-75

Hofmeister, B./Steinecke, A.: Einleitung: Zur wissenschaftsgeschichtlichen Entwicklung der Geographie des Freizeit- und Fremdenverkehrs, in: Hofmeister, B./Steinecke, A. (Hg.): Geographie des Freizeit- und Fremdenverkehrs, Darmstadt 1984, S. 1-13

Holz-Rau, C.: Integrierte Verkehrsplanung – die herausgeforderte Fachplanung, in: Informationen zur Raumentwicklung 07-08/1996, S. 391-415

Holz-Rau, C.: Ansätze eines distanzreduzierenden Mobilitätsmanagements, in: Stadt Münster/Europäische Kommission (Hg.): Schnittstellen im Mobilitätsmanagement, Dortmund 2000, S. 249-252

Holz-Rau, C./Kutter, E.: Verkehrsvermeidung: Siedlungsstrukturelle und organisatorische Konzepte, Bonn 1995

Hopfinger, H.: Theorien im Tourismus. Anmerkungen zur theoriebezogenen Anschlussfähigkeit der Freizeit- und Tourismusgeographie, in: Brittner-Widmann, A./Quack, H.-D./Wachowiak, H. (Hg.): Von Erholungsräumen zu Tourismusdestinationen: Facetten der Fremdenverkehrsgeographie, Trier 2004, S. 29-48

Hoyer, R./Klewe, H.: Fahrgäste online informieren – Modellprojekt für die Region Magdeburg, in: Der Nahverkehr 09/2001, S. 54-59

Huber, F./Brosch, K.: Strukturtypen von Freizeitgroßeinrichtungen und deren planerische Implikationen, in: Beckmann, K.J. (Hg.): Tagungsband zum 3. Aachener Kolloquium „Mobilität und Stadt", Aachen 2002, S. 33-50

Hunziker, W.: Die Fremdenverkehrslehre – eine systemkritische Betrachtung, in: Ender, W.A. (Hg.): Festschrift zur Vollendung des 65. Lebensjahr von o. Prof. Dkfm. Dr. Paul Bernecker, Wien 1973, S. 17-30

Huß, C.: Kooperatives Verkehrsmanagement München – ein neues Verkehrskonzept für den umweltgerechten Regionalverkehr, in: Bundesanstalt für Straßenwesen (Hg.): Verkehrssicherheit und modernes Verkehrsmanagement – Chancen und Risiken, Bergisch-Gladbach 1993, S. 25-40 (Symposium der Deutschen Verkehrswacht am 29.10.1992 in Stuttgart)

Ihde, G.B.: Sustainable Mobility (nachhaltige Mobilität), in: Bloech, J./Ihde, G.B. (Hg.): Vahlens Großes Logistiklexikon, München 1997, S. 1047-1048

Institut für Landes- und Stadtentwicklungsforschung des Landes Nordrhein-Westfalen (ILS) (Hg.): Kommerzielle Freizeit-Großeinrichtungen – Planungshilfen für Städte und Gemeinden, Dortmund 1994

Institut für Landes- und Stadtentwicklungsforschung des Landes Nordrhein-Westfalen (ILS): Mobilitätsservice für flughafenbezogenen Verkehr, Dortmund 1997 (unveröffentlichte Projektidee zum Ideenwettbewerb des Bundesministeriums für Bildung, Wissenschaft, Forschung und Technologie für Leitprojekte zum Themenfeld „Mobilität in Ballungsräumen")

Institut für Landes- und Stadtentwicklungsforschung des Landes Nordrhein-Westfalen (ILS): Standards für Mobilitätszentralen – ein Projekt des ILS NRW, Dortmund 2004

Jafari, J.: Structure of tourism: three integrated models, in: Witt, S.F./Moutinho, L. (Hg.): Tourism marketing and management handbook, New York usw. 1994, S. 1-7 (2. Auflage)

Jago, L.K./Shaw, R.N.: Special Events: A conceptual and definitional framework, in: Festival Management & Event Tourism 01-02/1998, S. 22-33

Jain, A./Schiefelbusch, M.: Einzelmaßnahmen zur Reisegestaltung, in: Dienel, H.-L./Schmithals, J. (Hg.): Handbuch Eventverkehr – Planung, Gestaltung, Arbeitshilfen, Berlin 2004, S. 159-207

Jansen, G.R.M./Vanderschuren, M.J.W.A.: Developing Tourism Mobility Policies: An Agenda for the Future, in: Center of Study on the Tourism Economy (CISET) (Hg.): Visitor and mobility management in tourism destinations – spatial behaviour, accessibility and information, Venedig 2000, S. 3-18

Job, H.: „Reisestile": Modell des raumzeitlichen Verhaltens von Reisenden – Ein raumwissenschaftlicher Diskussionsbeitrag zum Wandel der Gestalt touristischer Destinationen, in: Tourismus Journal 03/2003, S. 355-376

Jünemann, R.: Ruhrpilot – integriertes Mobilitätsmanagement für das Ruhrgebiet, in: Internationales Verkehrswesen 04/2001, S. 162-164

Jüngert, T.: Die Mobilitätsberater, in: fremdenverkehrswirtschaft international 04/2004, S. 48-50

Kagelmann, H.J.: Einleitung, in: Kagelmann, H.J. (Hg.): Tourismuswissenschaft – Soziologische, sozialpsychologische und sozialanthropologische Untersuchungen, München 1993, S. 1-8

Kagermeier, A.: Freizeit- und Urlaubsverkehr: Strukturen – Probleme – Lösungsansätze, in: Becker, C./Hopfinger, H./Steinecke, A. (Hg.): Geographie der Freizeit und des Tourismus: Bilanz und Ausblick, München/Wien 2003, S. 259-272

Kaiser, F.G.: Mobilität als Wohnproblem – Ortsbindung im Licht der emotionalen Regulation, Bern 1993

Kalwitzki, K.-P.: Aufgabenschwerpunkte und Qualifizierung von Mobilitätsberatern, in: Institut für Landes- und Stadtentwicklungsforschung des Landes Nordrhein-Westfalen (ILS) (Hg.): MobilitätsService in Regie von Verkehrsunternehmen, Dortmund 1998, S. 48-54

Kalwitzki, K.-P.: Der HarzTourService – ein Mobilitäts- und Tourismusservice für die Region Wernigerode, in: Verkehrszeichen 02/2003, S. 11-14

Kalwitzki, K.-P./Reiter, K.: Die MobilitätsberaterInnen-Ausbildung in Graz/Österreich, in: Verkehrszeichen 03/1993, S. 21-24

Kanatschnig, D./Fischbacher, C.: Regionales Mobilitätsmanagement – Möglichkeiten zur Umsetzung nachhaltiger Verkehrskonzepte auf regionaler Ebene, Wien 2002

Kaspar, C.: Management im Tourismus – Eine Grundlage für die Führung von Tourismusunternehmungen und -organisationen, Bern/Stuttgart/Wien 1995 (2. Auflage)

Kaspar, C.: Die Tourismuslehre im Grundriss, Bern/Stuttgart/Wien 1996 (5. Auflage)

Kaspar, C./Godau, A./Großmann, M.: Kooperation zwischen der Hochschule St. Gallen und der Technischen Universität Dresden auf dem Gebiet der Tourismuswirtschaft, in: Wissenschaftliche Zeitschrift der Technischen Universität Dresden 05/1993, S. 62-64

Keck, A./Pröschild, L.: Grundlagen des Pflegemanagements im Krankenhaus, Hagen 1995 (2. Auflage)

Kim, B.-S.: Dienstleistungsqualität als Erfolgsfaktor im Messewesen, Dresden 2003 (veröffentlicht unter: http://hsss.slub-dresden.de/hsss/servlet/hsss.urlmapping. MappingServlet?id=1060172545781-2286)

Kinder, U./Schäfer-Breede, K.: Aufbau eines Mobilitätsservice in Regie von Verkehrsunternehmen – neue Kunden und neue Märkte für den ÖPNV, in: Institut für Landes- und Stadtentwicklungsforschung des Landes Nordrhein-Westfalen (ILS) (Hg.): MobilitätsService in Regie von Verkehrsunternehmen, Dortmund 1998, S. 25-47

Kirchgeorg, M.: Makro-Marketing, in: Meffert, H. (Hg.): Lexikon der aktuellen Marketing-Begriffe – von Affinity- bis Zielgruppenmarketing; umfassende Erklärungen; fundierter Einstieg in die Materie, Wien 1994, S. 127-131

Kleehaupt, B.: Verkehrliche Mobilitätskritik aus ökonomischer Sicht, Frankfurt am Main 1997

Klewe, H.: Von RHAPIT, STORM und anderen FRUITS – Vom Verkehrssystem-Management zum Mobilitätsmanagement, in: Pastowski, A./Petersen, R. (Hg.): Wege aus dem Stau, Wuppertal 1996, S. 139-150 (1996a)

Klewe, H.: Von RHAPIT, STORM und anderen FRUITS – Vom Verkehrssystem-Management zum Mobilitätsmanagement, in: Politische Ökologie, 49/1996 (1996b)

Klewe, H.: Mobilitätsberatung – Mobilitätsservice – Stand und Perspektive einer neuen Dienstleistung, in: Apel, D./Holzapfel, H./Kiepe, F./Lehmbrock, M./Müller, P. (Hg.) Handbuch der kommunalen Verkehrsplanung, 13. Ergänzungslieferung 03/1996, Bonn 1996 (1996c)

Klewe, H.: Aspekte des Mobilitätsmanagements im Freizeitverkehr, in: Topp, H. (Hg.): Verkehr aktuell: Freizeitmobilität, Kaiserslautern 1997, S. 81-103

Klewe, H.: Mobilitätsmanagement als Ansatz zur Lösung verkehrlicher Probleme, in: Institut für Landes- und Stadtentwicklungsforschung des Landes Nordrhein-Westfalen (ILS) (Hg.): MobilitätsService in Regie von Verkehrsunternehmen, Dortmund 1998, S. 15-24

Klewe, H./Dorra, M.: MobilitätsService zur Förderung des Ruhrgebietstourismus, in: Institut für Landes- und Stadtentwicklungsforschung des Landes Nordrhein-Westfalen (ILS) (Hg.): Forschungsprogramm 1999, Dortmund 1999

Knapp, K.: Interpersonale und interkulturelle Kommunikation, in: Bergemann, N./ Sourisseaux, A.L.J. (Hg.): Interkulturelles Management, Heidelberg 1996, S. 59-79 (2. Auflage)

Knisch, H./Reichmuth, M.: Verkehrsleistung und Luftschadstoffemissionen des Personenflugverkehrs in Deutschland von 1980 bis 2010 unter besonderer Berücksichtigung des tourismusbedingten Flugverkehrs (Zwischenbericht im Rahmen des Vorhabens „Maßnahmen zur verursacherbezogenen Schadstoffreduzierung des zivilen Flugverkehrs" (ifeu-Institut, Heidelberg), Berlin 1996

Köberlein, C.: Kompendium der Verkehrspolitik, München/Wien 1997

Köhl, W./Turowski, G.: Systematik der Freizeitinfrastruktur, Stuttgart usw. 1976

Kollaritis, S.: Zur Konzeption von Mobilitätsstudien – Notwendige Planungsgrundlage oder überflüssiger Datenballast? in: SIR-Info 1-4/1993, S. 47-57

Kommunalverband Ruhrgebiet (KVR) (Hg.): Mobilität und Verkehrsverhalten im Ruhrgebiet – Eine Untersuchung zum Personenverkehr – mit kommentiertem Literaturverzeichnis, Essen 1996

Konegen, N./Sondergeld, K.: Wissenschaftstheorie für Sozialwissenschaftler, Opladen 1985

Kotler, P./Roberto, E.: Social Marketing, Düsseldorf/Wien/New York 1991 (Titel der amerikanischen Originalausgabe: Social Marketing – Strategies of changing public behavior, New York 1989, Deutsch von Hugo, H./Reinke, U.)

Krippendorf, J.: Der Ferienmensch – Für ein neues Verständnis von Freizeit und Reisen, Bern 1996

Krohn, O.: Immer frisch informiert: Die Bahn hat ihr Online-Angebot für moderne Mobiltelefone optimiert, in: mobil 01/2004, S. 43

Krug, S./Witte, A.: Bausteine eines Konzepts zum Mobilitätsmanagement – Das europäische Forschungsprojekt MOSAIC, in: Der Nahverkehr 01-02/1998, S. 15-19

Kuchlbauer, C.: Der Europäische Reise-Monitor, in: Haedrich, G./Kaspar, C./Klemm, K./Kreilkamp, E. (Hg.): Tourismus-Management, Berlin/New York 1993 (2. Auflage), S. 161-168

Küchler, R.: Öffentlicher Personennahverkehr bei Freizeitanlagen und Großveranstaltungen, in: Topp, H. (Hg.): Verkehr aktuell: Freizeitmobilität, Kaiserslautern 1997, S. 41-58

Kuhn, T.S.: Vorwort, in: Krüger, L. (Hg.): Die Entstehung des Neuen – Studien zur Struktur der Wissenschaftsgeschichte, Frankfurt am Main 1992, S. 31-46 (4. Auflage) (1992a)

Kuhn, T.S.: Neue Überlegungen zum Begriff des Paradigma, in: Krüger, L. (Hg.): Die Entstehung des Neuen – Studien zur Struktur der Wissenschaftsgeschichte, Frankfurt am Main 1992, S. 389-420 (4. Auflage) (1992b)

Kuhn, P.: Mobilität im anlagengebundenen Sport, in: Deutscher Sportbund (Hg.): Sport und Mobilität, Frankfurt am Main 1998, S. 27-35 (Dokumentation des 5. Symposiums zur ökologischen Zukunft des Sport vom 25.-26.09.1997 in Bodenheim/Rhein)

Kurtz, D.L./Clow, K.E.: Services Marketing, New York 1998

Kurtzman, J.: Economic Impact: Sport Tourism and the City, in: Journal of Sports Tourism 03/2001, S. 16-47

Kutschker, M./Schmid, S.: Internationales Management, München/Wien 2002 (2. Auflage)

Laakmann, K.: Mobilitäts-Marketing, in: Meffert, H. (Hg.): Lexikon der aktuellen Marketing-Begriffe – von Affinity- bis Zielgruppenmarketing; umfassende Erklärungen; fundierter Einstieg in die Materie, Wien 1994, S. 161-166

Lamb, B./Davidson, S.: Tourism and transportation in Ontario, Canada, in: Harrison, L./Husbands W. (Hg.): Practising Responsible Tourism: International Case Studies in Tourism Planning, Policy and Development, Chichester 1996, S. 261-276

Landert, P.: Grossveranstaltungen und Verkehr – Leitfaden für ein modernes, zukunftsbezogenes Mobilitätskonzept bei Grossveranstaltungen, Chur 1996

Landtag Nordrhein-Westfalen (NRW) (Hg.): Die Zukunft der Mobilität in Nordrhein-Westfalen: Problemanalysen – Perspektiven – landespolitische Handlungsansätze, Düsseldorf 2000

Lanzendorf, M.: Überblick über empirische Daten zum Freizeitverkehr, in: Deutsche Verkehrswissenschaftliche Gesellschaft (DVWG) (Hg.): Freizeitverkehr im Zeichen wachsender Freizeitmobilität, Bergisch-Gladbach 1997, S. 32-47

Lanzendorf, M.: Freizeitmobilität – Unterwegs in Sachen sozial-ökologischer Mobilitätsforschung, Trier 2001

Leerkamp, B.: Verkehrskonzept Westfalenhallen/-stadion Dortmund, in: Kagermeier, A./Mager, T.J./Zängler, W. (Hg.): Mobilitätskonzepte in Ballungsräumen, Mannheim 2002, S. 227-235

Lenk, U.: Den Fahrschein per Handy kaufen, in: Sächsische Zeitung vom 31.12.2003, S. 6

Lettl-Schröder, M.: Touristische Marktbeobachtung und Marktanalyse in Deutschland, in: Wolf, J./Seitz, E.: Tourismus-Management und -Marketing, Landsberg/Lech 1991, S. 199-210

Liaudat, C./Henderson, N.: Large event logistical and support traffic management, in: Tagungsunterlagen zur 2nd Swiss Transport Research Conference am 20.-22. März 2002, S. 1-22

Liebich, E.: Wie können Mobilitätszentralen langfristig finanziert werden? in: Verkehrszeichen 02/2003, S. 4-10

Lipps, O.: Variation im individuellen Mobilitätsverhalten und Anwendungsmöglichkeiten für die Verkehrsplanung, in: Deutsche Verkehrswissenschaftliche Gesellschaft (DVWG) (Hg.): Dynamische und statische Elemente des Verkehrsverhaltens – Das Deutsche Mobilitätspanel, Bergisch-Gladbach 2001, S. 122-155

Litke, H.-D./Kunow, I.: Projektmanagement, Planegg 1998

Lohmann, M.: Die Reiseanalyse – Sozialwissenschaftliche (Markt-)Forschung zum Urlaubstourismus der Deutschen, in: Haedrich, G./Kaspar, C./Klemm, K./Kreilkamp, E. (Hg.), Berlin/New York 1998 (3. Auflage), S. 145-147

Loose, W.: Verkehrswissenschaftliche Daten zur Freizeitmobilität, in: Götz, K./Loose, W./Schubert, S. (Hg.): Forschungsergebnisse zur Freizeitmobilität – Zwischenergebnisse aus dem UBA-Projekt „Minderung der Umweltbelastungen des Freizeit- und Tourismusverkehrs", Frankfurt am Main 2001, S. 20-29

Lorenz, K.S./Müller C.: Mobilitätsmanagement – ein Alptraum für Entwickler? Erfahrungen aus Potsdam, in: Gesellschaft für behutsame Stadterneuerung mbH (S.T.E.R.N.) (Hg.): Perspektiven des betrieblichen Mobilitätsmanagements, Berlin 1998, S. 1-15

Lübke, M.T.: Handlungsempfehlungen zur Umsetzung einer Konzeption des Mobilitätsmanagements – unter besonderer Berücksichtigung der Kooperation mit dem Verkehrsmanagement im Bereich des Informationsmanagements, Kaiserslautern 2002 (unveröffentlichte Diplomarbeit an der Universität Kaiserslautern)

Lung, E.: Das Modellvorhaben „Sanfte Mobilität – Autofreier Tourismus", in: Forschungsgesellschaft Mobilität (Hg.): Mobilitätsmanagement – Grenzen überschreiten und Regionen erschließen (Tagungsband der 4. Europäischen Konferenz über Mobilitätsmanagement vom 17.-19.05.2000 in Bregenz, Österreich), Graz/Schwarzach 2000, S. 109-111

Maatz, A.: Fußball-WM 2006 – Umwelt am Ball, in: Fairkehr 03/2003, S. 28-29

Malbeck, N.: Das Handy als Reiseführer, in: mobil 03/2004, S. 46-47

Manente, M.: Visitor and mobility management in an urban development strategy, in: Tourism 03/2000, S. 217-222

Mangold, K.: Mobilitätsmanagement – Konkrete Beiträge der Industrie zur Sicherung der Zukunft, in: Schaufler, H. (Hg.): Umwelt und Verkehr – Beiträge für eine nachhaltige Politik, München/Landsberg am Lech 1997, S. 71-79

Marris, T.: The Role and Impact of Mega-Events and Attractions on Regional and National Tourism Development, in: Revue de Tourism 04/1987, S. 3-10

Maschke, J.: Erlebnisbäder in Deutschland – Eine Marktanalyse anhand dwif-interner Forschungsergebnisse, in: Haas, H.-D./Meyer, A. (Hg.): Jahrbuch für Fremdenverkehr 1999, München 2000, S. 75-89

Meffert, H.: Einführung in die Themenstellung, in: Meffert, H./Backhaus, K. (Hg.): Allianzen bei Verkehrsdienstleistungen – Perspektiven vor dem Hintergrund sich ändernder Wirtschaftsbedingungen, Münster 1997, S. 1-5

Meffert, H.: Dienstleistungsphilosophie und -kultur, in: Meyer, A. (Hg.): Handbuch Dienstleistungs-Marketing (Band 1), Stuttgart 1998, S. 121-138

Meffert, H.: Marketing: Grundlagen marktorientierter Unternehmensführung – Konzepte – Instrumente – Praxisbeispiele, Wiesbaden 2000 (9. Auflage)

Meffert, H./Bruhn, M.: Dienstleistungsmarketing – Grundlagen – Konzepte – Methoden, Wiesbaden 2003 (4. Auflage)

Meffert, H./Perrey, J./Schneider, H.: Grundlagen marktorientierter Unternehmensführung im Verkehrsdienstleistungsbereich, in: Meffert, H. (Hg.): Verkehrsdienstleistungsmarketing – Marktorientierte Unternehmensführung bei der Deutschen Bahn AG, Wiesbaden 2000, S. 3-55

Meier, R.: Nachhaltiger Freizeitverkehr, Chur/Zürich 2000

Meyer, A.: Dienstleistungs-Marketing – Erkenntnisse und praktische Beispiele, München 1996

Meyer, A./Dornach, F.: Nationale Barometer zur Messung von Qualität und Kundenzufriedenheit bei Dienstleistungen, in: Bruhn, M./Stauss (Hg.): Dienstleistungsqualität – Konzepte – Methoden – Erfahrungen, Wiesbaden 1995, S. 429-453

Middleton, V.T.C.: Marketing in Travel and Tourism, Oxford usw. 1994 (2. Auflage)

Mijksenaar, P.: Ein Schild wird kommen, in: Die Zeit vom 05.02.2004, Nr. 07/2004, S. 63

Ministry of Transport, Public Works and Water Management (Hg.): Transportation Demand Management policy document, Den Haag 1999

Mieczkowski, Z.T.: The place of geography of tourism and recreation in the system of geography and in the field of leisure research, in: Sinnhuber, K.A./Jülg, F. (Hg.): Beiträge zur Fremdenverkehrsgeographie, Wien 1978, S. 87-94

Ministerium für Umwelt und Verkehr Baden-Württemberg (MUV) (Hg.): Telematik im Verkehr – Regionales Verkehrsmanagement Stuttgart: Das STORM Projekt Verkehrswissenschaftliche Bewertung, Stuttgart 1996

Mittelstraß, J.: Editorial: Auf dem Wege zur Transdisziplinarität, in: GAIA 05/1992, S. 250

MOMENTUM/MOSAIC Konsortien (Hg.): Mobilitätsmanagement – Benutzerhandbuch, Rijswijk/Aachen 1999

MOST Konsortium (Hg.): MOST Mobility management strategies for the next decades – Final report, Brüssel 2003

Müller, G.: Touristische Routen als Marketing-Instrument – Grundlagen, Analyse und Empfehlungen, Heilbronn 1994

Müller, G.: Mobilitätszentralen als wichtige organisatorische Verankerung von Mobilitätsmanagement – ein Überblick, in: Zweckverband Großraum Braunschweig (Hg.): Mobilitätszentralen – wichtiger Baustein für Mobilitätsmanagement und Fahrgastservice, Braunschweig 2000, S. 10-21

Müller, G.: Von Europa lernen – Zur Dynamik des Mobilitätsmanagements in Europa – Eindrücke von der ECOMM 2001 in Rom, in: Verkehrszeichen 02/2001, S. 4-9 (2001a)

Müller, G.: Betriebliches Mobilitätsmanagement – Status Quo einer Innovation in Deutschland und Europa, München 2001 (2001b)

Müller, G.: Mobility Management – Experiences from Germany, Paper for the RATP-Seminar „La Gestion de la Mobilité: apercu européen d'approches opérationelles" am 26. Juni 2002 in Paris, Dortmund 2002 (erschienen als Müller, G.: Management de la Mobilité – Les experiences allemandes, in: Régie Autonome des Transports Parisiens (RATP) (Hg.): Les services à la mobilité au cœur du Management de la Mobilité, Paris 2003, S. 92-119)

Müller, G.: Wie kann Mobilitätsmanagement organisiert werden? in: Institut für Städtebau und Wohnungswesen München der Deutschen Akademie für Städtebau und Landesplanung (Hg.): Fachtagung „Mobilitätskonzepte und Mobilitätsmanagement", Tagungsunterlagen zur Fachtagung am 08.-09.04.2003 in München, S. 1-27

Müller, G.: Mobilität organisieren – Rahmenbedingungen für ein effektives Mobilitätsmanagement, in: Internationales Verkehrswesen 09/2004, S. 371-378

Müller, G./Rabe, S./Stierand, P.: Standards für Mobilitätszentralen, Dortmund 2002 (Projektbaustein des Projektes „Standards für den Öffentlichen Verkehr – Instrument zur Steigerung der Effizient und Sicherung der Qualität" im Auftrag des Ministeriums für Wirtschaft und Mittelstand, Energie und Verkehr des Landes Nordrhein-Westfalen)

Müller, G./Wixey, S.: How to improve framework conditions for Mobility Management, in: City of Karlstad (Hg.): Proceedings of the 7. European Conference on Mobility Management (ECOMM 2003) vom 21.-23.05.2003 in Karlstad, Karlstad 2003 (www.karlstad.se/ecomm/program.shtml, download vom 13.06.2003)

Müller, H.: Freizeit und Tourismus – Eine Einführung in Theorie und Praxis, Bern 1999 (1999a) (8. Auflage, bis 6. Auflage als Krippendorf, J./Kramer, B./Müller, H.: Freizeit und Tourismus – Eine Einführung in Theorie und Praxis, Bern 1986)

Müller, H.: Verkehrsmanagement in Ferienorten, in: Revue de Tourism 02/1999, S. 65-77 (1999b)

Mundt, J.W.: Einführung in den Tourismus, München/Wien 1998

Mundt, J.W.: Die Entwicklung der Reiseveranstalter in Deutschland, in: Mundt, J.W. (Hg.): Reiseveranstaltung, München/Wien 2000, S. 21-70 (5. Auflage)

Nahrstedt, W.: Tourismuswissenschaft – Gibt es die? Zum Theorie-Praxis-Problem in der Fremdenverkehrsentwicklung, in: Nahrstedt, W./Piwodda, M./Vodde, T. (Hg.): Tourismuswissenschaft – Praxis und Theorie im Dialog, Bielefeld 1995, S. 17-56

Nahrstedt, W.: Freizeit-Event und Globalisierung – Der Beitrag des Tourismus zur Entwicklung einer Welt-Kultur, in: Freyer, W./Meyer, D./Scherhag, K. (Hg.): Events – Wachstumsmarkt im Tourismus? Dresden 1998, S. 112-134

Napp-Zinn, A.F.: Verkehrswissenschaft, Heidelberg 1968

Nexus – Institut für Kooperationsmanagement und Interdisziplinäre Forschung (Hg.): Forschungsprojekt Freizeitverkehrssysteme für den Event-Tourismus – 1. Ergebnisbericht, Berlin 2001

Nexus – Institut für Kooperationsmanagement und Interdisziplinäre Forschung (Hg.): Forschungsprojekt Freizeitverkehrssysteme für den Event-Tourismus – 2. Ergebnisbericht, Berlin 2002

Nickel, O.: Events – Ein neues Zauberwort des Marketing? in: Nickel, O.: Eventmarketing – Grundlagen und Erfolgsbeispiele, München 1998, S. 3-12

Niedersächsisches Landesamt für Statistik (Hg.): Beherbergung im Reiseverkehr in Niedersachsen, Hannover 2002 (http://www1.nls.niedersachsen.de/statistik/html, download vom 15. Oktober 2002)

Noack, J./Kirste, H.-J.: Touristik: Sport – Lebensweise – Lebenshaltung, in: Kramer, D./Lutz, R. (Hg.): Reisen und Alltag – Beiträge zur kulturwissenschaftlichen Tourismusforschung, Frankfurt am Main 1992, S. 203-205

Nolle, S.: Mobilitätsmanagement und Freizeitverkehr – Beeinflussung der Verkehrsmittelwahl von Freizeitparkbesuchern durch das Angebot von Mobilitätsdienstleistungen am Beispiel des Freizeitparks Ketteler Hof in Haltern, Dortmund 2000 (unveröffentlichte Diplomarbeit an der Universität Dortmund)

Nordwig, O.: Mobilitätsservice für flughafenbezogenen Verkehr, in: Institut für Landes- und Stadtentwicklungsforschung des Landes Nordrhein-Westfalen (ILS) (Hg.): Jahresbericht 1998, Dortmund 1999, S. 199-204

Nufer, G.: Wirkungen von Event-Marketing – Theoretische Fundierung und empirische Analyse, Wiesbaden 2002

Oelmann, H.: Nachhaltiges Mobilitätsmanagement in Metropolen – Das Beispiel Köln, in: Walcha, H./Dreesbach, P.-P. (Hg.): Nachhaltige Stadtentwicklung: Impulse, Projekte, Perspektiven, Stuttgart/Berlin/Köln 1998, S. 186-215

Opaschowski, H.W.: Tourismusforschung, Opladen 1989

Opaschowski, H.W.: Der rastlose Freizeitmensch: Folgen und Forderungen für die Mobilität von morgen, in: Forschungsgesellschaft für Straßen- und Verkehrswesen (Hg.): Verkehr wohin – Aspekte nach 2000, Köln 1990, S. 15-18

Opaschowski, H.W.: Events im Tourismus – Sport-, Kultur- und Städtereisen, Hamburg 1997

Opaschowski, H.W.: Umwelt. Freizeit. Mobilität – Konflikte und Konzepte, Opladen 1999 (2. Auflage)

Ostdeutscher Sparkassen- und Giroverband (OSGV) (Hg.): Sparkassen-Tourismusbarometer – Jahresberichte, Berlin laufendes Jahr

o. V.: Where action is promising – mobility management for tourism and for educational institutions, in: MOST-News 04/2002

o. V.: Bahnhofs-Check-In Magdeburg, in: airmail – aktuelle Nachrichten zur Region Mitteldeutschland 03/2003, S. 2

Page, S.J.: Transport and Tourism, New York 1999

Pepels, W.: Einführung in das Dienstleistungsmarketing, München 1995

Peschke, B.: Mobilitätsmanagement im Berufsverkehr – Struktur und Elemente einer betrieblichen Mobilitätsberatung, in: Beratende Ingenieure 07-08/1996, S. 40-46

Peter, K.: Mobilitätsmanagement im Tourismus, Dresden 2000 (unveröffentlichte Diplomarbeit an der Technischen Universität Dresden)

Petermann, T.: Entwicklungen und Folgen des Tourismus, Bonn 1997

Pfaff, S.M.: Erlebnismarketing für die Besucher von Sportveranstaltungen: Erlebnisstrategien und -instrumente am Beispiel der Fußballbundesliga, Göttingen 2003

Pickel, T./Zappe, F.: Mobilitätszentralen und Mobilitätsservice im ländlichen Raum, Kaiserslauten 1997 (unveröffentlichte Diplomarbeit an der Universität Kaiserslautern)

Pingel, J.: Der neue öffentliche Personennahverkehr (ÖPNV$_{Neu}$) – Eine marketingorientierte Einführungsstrategie, Berlin 1997

Piwodda, M./Vodde, T.: Perspektiven der Zusammenarbeit von Praxis und Wissenschaft im Tourismus, in: Nahrstedt, W./Piwodda, M./Vodde, T. (Hg.): Tourismuswissenschaft – Praxis und Theorie im Dialog, Bielefeld 1995, S. 200-212

Pompl, W.: Tourismuswissenschaft zwischen Paradigmensuche und Kompilation, in: Association Internationale d'Experts Scientifiques du Tourism (AIEST) (Hg.): Tourismus-Forschung: Erfolge, Fehlschläge und ungelöste Probleme, St. Gallen 1994, S. 233-248 (1994a)

Pompl, W.: Touristikmanagement 1 – Beschaffungsmanagement, Berlin usw. 1994 (1994b)

Pompl, W.: Touristikmanagement 2 – Qualitäts-, Produkt-, Preismanagement, Berlin usw. 1996

Pompl, W.: Das Produkt Pauschalreise – Konzept und Elemente, in: Mundt, J.W. (Hg.): Reiseveranstaltung, München/Wien 2000, S. 73-113 (5. Auflage)

Pompl, W.: Internationalisierung im Tourismus, in: Pompl, W./Lieb, M.G. (Hg.): Internationales Tourismus-Management: Herausforderungen – Strategien – Instrumente, München 2002, S. 23-39 (2002a)

Pompl, W.: Internationale Strategien von Luftverkehrsgesellschaften, in: Pompl, W./Lieb, M.G. (Hg.): Internationales Tourismus-Management: Herausforderungen – Strategien – Instrumente, München 2002, S. 183-208 (2002b)

Pompl, W.: Luftverkehr – Eine ökonomische und politische Einführung, Berlin/Heidelberg 2002 (4. Auflage) (2002c)

PORTAL Konsortium (Hg.): Mobilitätsmanagement, Information und Verkehrsverhalten, (www.eu-portal.net, download vom 08.12.2003)

Porter, M.E.: Der Wettbewerb auf globalen Märkten: Ein Rahmenkonzept, in: Porter, M.E. (Hg.): Globaler Wettbewerb – Strategien der neuen Internationalisierung, Wiesbaden 1989, S. 17-68

Porter, M.E.: Wettbewerbsvorteile – Spitzenleistungen erreichen und behaupten, Frankfurt am Main 2000 (6. Auflage)

Poser, F. von: Einige Sportgeräte fliegen gratis mit in die Ferien, in: Die Welt – Reisemagazin vom 01./02.03.2003, S. 5

Poser, H.: Geographische Studien über den Fremdenverkehr im Riesengebirge – Ein Beitrag zur geographischen Betrachtung des Fremdenverkehrs, Göttingen 1939

Potier, F.: National and International Tourism Mobility in Europe – Current Situation and Trends, in: Tourism 03/2000, S. 223-233

Potier, F.: Transport and mega-events: trends, development impacts and typological analysis, in: European Conference of Ministers of Transport (ECMT) (Hg.): Transport and exceptional public events – Round Table 122, Paris 2003, S. 167-204

Pradel, M.: Ansatz für einen Marketingplanungs- und Steuerungsprozeß im ÖPNV, in: Internationales Verkehrswesen 10/1994, S. 582-585

Probst, G.: Perspektiven des Kombitickets – Preis- und Leistungsbündel im ÖPNV-Marketing, in: Der Nahverkehr 05/1999, S. 46-49

Prognos AG (Hg.): Informationsbedarf für die Fremdenverkehrspolitik in der Bundesrepublik Deutschland, Basel 1976

Prognos AG (Hg.): Markt- und Potentialanalyse neuer integrierter Mobilitätsdienstleistungen in Deutschland – Untersuchung im Auftrag des Bundesministeriums für Bildung, Wissenschaft, Forschung und Technologie, Basel 1998

Raffée, H.: Marketing und Umwelt, Stuttgart 1979

Raffée, H./Wiedmann, K.-P./Abel, B.: Sozio-Marketing, in: Irle, M. (Hg.): Methoden und Anwendungen in der Marktpsychologie (Enzyklopädie der Psychologie, Themenbereich D: Praxisgebiete, Serie III: Wirtschafts-, Organisations- und Arbeitspsychologie, Band 5: Methoden und Anwendungen in der Marktpsychologie), Göttingen 1983, S. 675-768

Rahmann, B./Weber, W./Groening, Y./Kurscheidt, M./Napp, H.-G./Pauli, M.: Sozioökonomische Analyse der Fußball-Weltmeisterschaft 2006 in Deutschland – Gesellschaftliche Wirkungen, Kosten-Nutzen-Analyse und Finanzierungsmodelle einer Sportgroßveranstaltung, Köln 2000

Rammler, S.: Die Schnittstelle ist der Engpass, in: Arndt, W.-H. (Hg.): Beiträge aus Verkehrsplanungstheorie und -praxis – Referate zum Verkehrsplanungsseminar 2000 und 2001, Berlin 2002, S. 23-37

Reden, A. von: Evaluation des betrieblichen Mobilitätsmanagement an der Lufthansa Basis in Hamburg, Dortmund 2001 (unveröffentlichte Diplomarbeit an der Universität Dortmund)

Reinkober, N.: Neue Elemente eines zukunftsorientierten öffentlichen Nahverkehrs, in: Verkehr und Technik, 04/1995, S. 115-120

Reutter, O./Beik, U.: Kampagne „Umdenken – Umsteigen – Neue Mobilität in NRW", in: Stadt Münster/Europäische Kommission (Hg.): Schnittstellen im Mobilitätsmanagement, Dortmund 2000, S. 180-183

Richards, B.: How to market tourist attractions, festivals and special events – a practical guide to maximising visitor attendance and income, Harlow 1994

Riley, R.W./Love, L.L.: The state of qualitative tourism research, in: Annals of Tourism Research 01/2000, S. 164-187

Ritchie, J.R.B.: Assessing the Impact of Hallmark Events: Conceptual and Research Issuses, in: Journal of Travel Research 01/1984, S. 2-11

Rochlitz, M.: Mobilität und Tourismus – Suche nach neuen Szenarien, in: Hochschule für Verkehrswesen „Friedrich List" (Hg.): Europäischer Tourismusmarkt – Herausforderung für die Region, Dresden 1992, S. 49-57

Roche, M.: Mega-events and urban policy, in: Annals of Tourism Research 01/1994, S. 1-19

Roehl, S. von: Social Marketing Kampagnen – eine kommunikationswissenschaftliche Analyse am Beispiel der Kampagne zur Volkszählung 1987, Bergisch Gladbach/Köln 1991

Rogl, D.: Dem intermodalen Reisemanagement gehört die Zukunft – Mit oder ohne Reisebüros, in: fremdenverkehrswirtschaft international spezial 25.09.2001, S. 36-38

Rogl, D.: Lufthansa und DB starten Airrail Frankfurt-Köln – Mit dem ICE nach ganz oben im CRS, in: fremdenverkehrswirtschaft international 11/2003, S. 13

Romeiß-Stracke, F.: Tourismus – gegen den Strich gebürstet, München/Wien 1998

Rommerskirchen, S.: Mehr Mobilität – mehr Wohlstand? in: Zeitschrift für Verkehrswissenschaft 03/1991, S. 158-170

Roth, P.: Grundlagen des Touristikmarketing, in: Roth, P./Schrand, A. (Hg.): Touristik-Marketing, München 1995, S. 29-144 (2. Auflage)

Sam, F.W.G.M.: Mobilitätsmanagement für die Erreichbarkeit von Flughäfen, in: Stadt Münster/Europäische Kommission (Hg.): Schnittstellen im Mobilitätsmanagement, Dortmund 2000, S. 237-239

Sauer, A.: Die Methodik der Feldarbeit für das Deutsche Mobilitätspanel, in: Deutsche Verkehrswissenschaftliche Gesellschaft (DVWG) (Hg.): Dynamische und statische Elemente des Verkehrsverhaltens – Das Deutsche Mobilitätspanel, Bergisch-Gladbach 2001, S. 35-45

Schad, H.: Integrierte Mobilitätsdienstleistungen in Deutschland und der Schweiz – Potentiale, Kundenanforderungen und Kundenprofile, in: Stadt Münster/Europäische Kommission (Hg.): Schnittstellen im Mobilitätsmanagement, Münster 2000, S. 81-85

Schad, H./Riedle, H.: Neue integrierte Mobilitätsdienstleistungen – hohes Kundenpotential in Agglomerationsräumen, in: Der Nahverkehr 07-08/1999, S. 8-12

Schäfer, K.H.: Öffentlichkeitsarbeit in der Verkehrsplanung, in: Apel, D./Holzapfel, H./Kiepe, F./Lehmbrock, M./Müller, P. (Hg.): Handbuch der kommunalen Verkehrsplanung, 3. Ergänzungslieferung 09/1993, Bonn 1993

Schäfer, M.: Der Weg zu einer Tourismuswissenschaft – Organisationsform und Paradigma, in: Spektrum Freizeit 01/2003, S. 105-118

Schäfer, T.: Verkehrsmittelwahl bei der An- und Abreise zu Großveranstaltungen, in: Beckmann, K.J. (Hg.): Tagungsband zum 3. Aachener Kolloquium „Mobilität und Stadt", Aachen 2002, S. 185-191

Scheiner, J./Steinberg, G.: Mit dem Flugzeug zum Wandern – Tourismus und Verkehr, in: Borghardt, J./Meltzer, L./Roeder, S./Scholz, W./Wüstenberg, A. (Hg.): Reise-Räume – Touristische Entwicklung und räumliche Planung, Dortmund 2002, S. 106-120

Scheller, B.: Thematisierungsstrategie am Beispiel der Projektentwicklung Erlebniswelt Renaissance: Aspekte der Verkehrsplanung und Mobilität, in: Institut für Mobilitätsforschung (Hg.): Motive und Handlungsansätze im Freizeitverkehr, Berlin/Heidelberg 2003, S. 153-167

Schellhase, R.: Mobilitätsverhalten im Stadtverkehr – Eine Empirische Untersuchung zur Akzeptanz verkehrspolitischer Maßnahmen, Wiesbaden 2000

Scherhag, K.: Events – Eine Chance für die Tourismuswirtschaft? in: Freyer, W./Meyer, D./Scherhag, K. (Hg.): Events – Wachstumsmarkt im Tourismus? Dresden 1998, S. 84-100

Scherhag, K.: Events und Festivals – der inszenierte Urlaub, in: Fontanari, M.L./ Kottkamp, R. (Hg.): Tourismus- und Freizeitwirtschaft auf neuen Wegen, Trier 2001, S. 129-138

Scherz, S.: Intermodality at Frankfurt Airport – passenger transport, ICT Seminar am 27. Oktober 2000 auf dem London Manston Airport, Darmstadt 2000

Scherz, S./Fakiner, H.: Intermodalität am Flughafen Frankfurt – auf dem Weg zu einem integrierten Gesamtverkehrssystem Schiene/Luft, in: Tagungsband zu den 19. Verkehrswissenschaftlichen Tagen der Fakultät Verkehrswissenschaften „Friedrich List" am 22.-23.09.2003 (CD-Rom), Dresden 2003 (wiederabgedruckt in: Internationales Verkehrswesen 12/2003, S. 618-624)

Schiefelbusch, M.: Verkehr zu „Events" als Erlebnis, in: Der Nahverkehr 06/2002, S. 54-59

Schiefelbusch, M.: Die Umsetzung von Reiseketten in der Eventverkehrsplanung, in: Tagungsunterlagen zur Fachtagung „Raumpartnerschaften und Eventverkehr – Nachhaltige Wachstumschancen im Freizeitverkehr" vom 08.-09.05.2003 in Berlin, S. 1-4

Schiefelbusch, M./Fliegel, M.: Transport implication of events in different geographical Situations, in: Tagungsunterlagen zur Konferenz „Tourism and leisure research in the new millenium: progress in the German- and English-speaking worlds" vom 13.-15.09.2002 in Münster/Westfalen (CD-ROM)

Schimany, P.: Tourismussoziologie zwischen Begrenzung und Entgrenzung. Eine vorläufige Zwischenbilanz, in: Bachleitner, R./Schimany, P. (Hg.): Grenzenlose Gesellschaft – grenzenloser Tourismus? München/Wien 1999, S. 7-24

Schindler, C.: Chancen sanfter Mobilität in Österreich – Die Akzeptanz von Verkehrsberuhigungsmaßnahmen in Tourismusorten, Wien 1999

Schliephake, K.: Raumbezogene Verkehrsforschung in der Angewandten Geographie – Realitäten und Analyseansätze, in: Marquardt-Kuron, A./Schliephake, K. (Hg.): Raumbezogene Verkehrswissenschaften – Anwendung mit Konzept, Bonn 1996, S. 37-50

Schmidhauser, H.P.: Marktforschung im Fremdenverkehr, Bern 1962

Schmidt, H.: Reisebarometer analysiert Reiseverhalten der Ostdeutschen, in: fremden-verkehrswirtschaft international 26/1998, S. 78-79

Schmidt, H.-W.: Die Urlaubsreisen der Europäer, in: Eurostat (Hg.): Statistik kurz gefasst – Industrie, Handel und Dienstleistungen 15/2002, Luxemburg 2002, S. 1-7

Schmithals, J.: Beispiele für erfolgreiche Reiseketten: Lernen von der IGA, in: Dienel, H.-L./Schmithals, J. (Hg.): Handbuch Eventverkehr – Planung, Gestaltung, Arbeitshilfen, Berlin 2004, S. 208-233

Schmithals, J./Schophaus, M./Leder, S.: Kooperationsmanagement in der Event-verkehrsplanung, in: Dienel, H.-L./Schmithals, J. (Hg.): Handbuch Eventverkehr – Planung, Gestaltung, Arbeitshilfen, Berlin 2004, S. 130-145

Schmitz, B.B.: Mobilitätsmotive: warum ist der Mensch mobil? in: Flade, A. (Hg.): Mobilitätsverhalten – Bedingungen und Veränderungsmöglichkeiten aus umweltpsychologischer Sicht, Weinheim 1994, S. 103-112

Schnabel, W./Lohse, D.: Grundlagen der Straßenverkehrstechnik und der Verkehrsplanung (Band 2 Verkehrsplanung), Berlin 1997 (2. Auflage)

Schnell, R./Hill, P.B./Esser, E.: Methoden der empirischen Sozialforschung, München/Wien 1999 (6. Auflage)

Schollmeier, P.: Bewerbungen um Olympische Spiele – Von Athen 1896 bis Athen 2004, Köln 2001

Schrand, A.: Transdisziplinäre Tourismuswissenschaft. Ansätze, Chancen und Probleme, in: Bachleitner, R./Kagelmann, H.J./Keul, A.G. (Hg.). Der durchschaute Tourist – Arbeiten zur Tourismusforschung, München/Wien 1998, S. 75-80

Schreckenberg, W./Schühle, U.: Freizeitverkehr – Grenzen des Wachstums: Struktur und Entwicklung des Freizeitverkehrs und mögliche Maßnahmen seiner Beeinflussung, in: Institut für Verkehrsplanung und Verkehrswegebau der Technischen Universität Berlin (Hg.): Beitrag zur Verkehrswissenschaft, Berlin 1981, S. 176-247

Schreffler, E.N./Serwill, D.: Bewertung von Mobilitätsmanagement-Projekten: Wie kann Erfolg gemessen werden? in: Stadt Münster/Europäische Kommission (Hg.): Schnittstellen im Mobilitätsmanagement, Dortmund 2000, S. 46-52

Schreffler, E.N.: Mobility Management Monitoring and Evaluation in the United States, in: MOST Konsortium (Hg.): Combined Report of Workpackage 1 „Conceptual Framework" and Workpackage 3 „Monitoring and Evaluation", Deliverable D 3, Annex 3, Graz 2000

Schwafert, H.: Mobilitätsmanagement für Freizeiteinrichtungen – Mobilitätskonzept für das Freizeitprojekt „Elbersdrucke" in der Stadt Hagen, Dortmund 2001 (unveröffentlichte Diplomarbeit an der Universität Dortmund)

Schwarze, J.: Informationsmanagement: Planung, Steuerung, Koordination und Kontrolle der Informationsversorgung im Unternehmen, Herne/Berlin 1998

Seitz, E./Meyer, W.: Tourismusmarktforschung: ein praxisorientierter Leitfaden für Touristik und Fremdenverkehr, München 1995

Siefke, A.: Zufriedenheit mit Dienstleistungen – Ein phasenorientierter Ansatz zur Operationalisierung und Erklärung der Kundenzufriedenheit im Verkehrsbereich auf empirischer Basis, Frankfurt am Main 1998

Siefke, A.: Zufriedenheit mit Bahnreisen – Phasenorientierte Operationalisierung und Erklärung der Kundenzufriedenheit im Verkehrsdienstleistungsbereich auf empirischer Basis, in: Meffert, H. (Hg.): Verkehrsdienstleistungsmarketing – Marktorientierte Unternehmensführung bei der Deutschen Bahn AG, Wiesbaden 2000, S. 169-225

Sims, J.: Computer Transportation Services (CTS) – Mobilitätsberatung als professionelle Dienstleistung für Betriebe und Berufspendler, Geschichte, Rahmenbedingungen, Arbeitsweise, Kosten und Nutzen, in: Senator für Umweltschutz und Stadtentwicklung der Freien Hansestadt Bremen (Hg.): Mobilitätsberatung als Dienstleistung, Bremen 1995, S. 39-54

Sistenich, F.: Eventmarketing: ein innovatives Instrument zur Metakommunikation in Unternehmen, Wiesbaden 1999

Spode, H.: Zur Einführung: Wohin die Reise geht, in: Voyage – Jahrbuch für Reise- & Tourismusforschung 1997: Schwerpunktthema: Warum reisen? Köln 1997, S. 7-12

Spode, H.: Wie vor 50 Jahren *keine* theoriegeleitete Tourismuswissenschaft entstand, in: Bachleitner, R./Kagelmann, H.J./Keul, A.G. (Hg.): Der durchschaute Tourist – Arbeiten zur Tourismusforschung, München/Wien 1998, S. 11-19

Spörri, P.: Wie baut der Flughafen Zürich seine europäische Spitzenposition beim öffentlichen Verkehr weiter aus? in: Stadt Münster/Europäische Kommission (Hg.): Schnittstellen im Mobilitätsmanagement, Dortmund 2000, S. 233-236

Stabenau, H.: Verkehrsbetriebslehre, Düsseldorf 1994

Stadt Münster/Europäische Kommission (Hg.): Schnittstellen im Mobilitätsmanagement, Dortmund 2000

Staehle, W.H.: Management – Eine verhaltenswissenschaftliche Perspektive, München 1999 (8. Auflage)

Stahl, H./Hochfeld, C.: Go for Green Gold – Ziele und Wege für die nachhaltige Entwicklung von Sportgroßveranstaltungen, in: Öko-Institut e. V. (Hg.): Freizeitgesellschaft zwischen Umwelt, Spaß und Märkten, Freiburg 2002, S. 74-85

Statistisches Bundesamt (Hg.): Wo bleibt die Zeit – die Zeitverwendung der Bevölkerung in Deutschland, Wiesbaden 1999

Statistisches Bundesamt (Hg.): Tourismus – Tourismus in Zahlen 2003, Wiesbaden 2004

Statistisches Landesamt Sachsen-Anhalt (Hg.): Gäste und Übernachtungen im Reiseverkehr, Beherbergungskapazität, Halle 2002

Stauss, B.: Internes Marketing als personalorientierte Qualitätspolitik, in: Bruhn, M./Stauss, B. (Hg.): Dienstleistungsqualität – Konzepte – Methoden – Erfahrungen, Wiesbaden 1995, S. 259-276 (2. Auflage)

Stauss, B.: Management interkultureller Dienstleistungskontakte, in: Kutschker, M. (Hg.): Perspektiven der internationalen Wirtschaft, Wiesbaden 1999, S. 269-304

Steinberg, G./Kalwitzki, K.-P.: Das Projekt MobiHarz – Mobilitätsmanagement und -service für einen umweltfreundlichen Ausflugs- und Kurzurlauberverkehr, in: Verkehrszeichen 03/2001, S. 9-13

Steinecke, A.: Disziplingeschichtliche Entwicklung der Geographie des Freizeit- und Fremdenverkehrs, in: Kulinat, K./Steinecke, A. (Hg.): Geographie des Freizeit- und Fremdenverkehrs, Darmstadt 1984, S. 1-22

Steingrube, W.: Der bundesdeutsche Finnland-Tourismus – Eine motiv- und verhaltensanalytische Reiseroutenuntersuchung, Frankfurt am Main 1992

Stenger, M.: Repräsentativerhebungen im Tourismus – ein methodischer und inhaltlicher Vergleich, Trier 1998

Stettler, J.: Sport und Verkehr – Sportmotiviertes Verkehrsverhalten der Schweizer Bevölkerung: Umweltbelastungen und Lösungsmöglichkeiten, Bern 1997

Tessun, F.: Stuttgart Transport Operation by Regional-Management (STORM), Regionales Verkehrsmanagement Stuttgart, in: Bundesanstalt für Straßenwesen (BAST) (Hg.): Verkehrssicherheit und modernes Verkehrsmanagement – Chancen und Risiken, Bergisch-Gladbach 1993, S. 15-23

Teubner, W./Finke, M.: Essen auf dem Weg zu einem ÖPNV-Marketing-Konzept, in: Der Nahverkehr 07-08/1993, S. 61-62

Thiesies, M.: ÖPNV-Beschleunigung, Verkehrssystem- und Mobilitätsmanagement, in: Kolks, W./Fiedler, J. (Hg.): Verkehrswesen in der kommunalen Praxis (Band 1: Planung – Bau – Betrieb), Berlin 1997

Thiesies, M.: Mobilitätsmanagement – Handlungsstrategien zur Verwirklichung umweltschonender Verkehrskonzepte, Bielefeld 1998

Thomas, J.: Move – Kooperatives Verkehrsmanagement Hannover, in: Bundesanstalt für Straßenwesen (Hg.): Verkehrssicherheit und modernes Verkehrsmanagement – Chancen und Risiken, Bergisch-Gladbach 1993, S. 15-23

Tommasi, R. de: Vom „Managen" der Mobilität – Synthese der Forschungsprojekte ‚Verkehr und Umwelt' in der Schweiz, in: Verkehrszeichen 02/2001, S. 10-14

Tommasi, R. de/Flamm, M./Wagner, C./Kipouros, A./Güller, P.: Mobilitätsmanagement als neue verkehrspolitische Strategie – Konzepte – Stand in Europa – Pilotversuche in der Schweiz, Bern 2000

Topp, H.: Verkehrsmanagement in den USA, in: Walcha, H. (Hg.): Verkehr und Umwelt – Integrierte Verkehrskonzepte in den USA, St. Augustin 1993, S. 9-29 (1993a)

Topp, H.: Verkehrsmanagement in den USA, in: Der Nahverkehr 04/1993, S. 12-18 (1993b)

Topp, H.: Ansatz zur Reduktion des Verkehrsaufwandes – Weniger Verkehr bei gleicher Mobilität, in: Internationales Verkehrswesen 09/1994, S. 486-493

Travis, A.S./Croizé, J.-C.: The Role and Impact of Mega-Events and Attractions on Tourism Development: A Micro Perspective, in: Association Internationale d'Experts Scientifiques du Tourisme (AIEST) (Hg.): The Role and Impact of Mega-Events and Attractions on Tourism Development, St. Gallen 1987, S. 59-78

Tregel, B./Jochems, P.: TouristScope und Mobility, in: Haedrich, G./Kaspar, C./Klemm, K./Kreilkamp, E. (Hg.): Tourismus-Management, Berlin/New York 1998 (3. Auflage), S. 188-193

Tribe, J.: The indiscipline of tourism, in: Annals of Tourism Research 03/1997, S. 638-657

Tschamler, H.: Wissenschaftstheorie – Eine Einführung für Pädagogen, Bad Heilbrunn 1996 (3. Auflage)

Uhlworm, S.: Der Bus als Akteur im Freizeitverkehr, in: Institut für Mobilitätsforschung (Hg.): Motive und Handlungsansätze im Freizeitverkehr, Berlin/Heidelberg 2003, S. 251-255

Ulrich, H.: Die Unternehmung als produktives soziales System, Bern 1968

Umweltbundesamt (UBA) (Hg.): Mobilitätsmanagement zur Bewältigung kommunaler Verkehrsprobleme, Berlin 2001 (2001a)

Umweltbundesamt (UBA) (Hg.): Mobilitätsmanagement – Anwendungsbeispiele aus verschiedenen Handlungsfeldern des Verkehrswesens und des Städtebaus, Berlin 2001 (www.umweltbundesamt.de/uba-info-daten/daten/momcheck, download vom 10.04.2003) (2001b)

Umweltbundesamt (UBA) (Hg.): External costs of aviation, Berlin 2002 (www.umweltbundesamt.de/aviation.pdf, download vom 15.11.2003)

Uthoff, D.: Tourismus und Raum – Entwicklung, Stand und Aufgaben geographischer Tourismusforschung, in: Geographie und Schule 06/1988, S. 2-12

Vanhove, N.: Tourism and economics: what remains from a long research tradition, in: Association Internationale d'Experts Scientifiques du Tourism (AIEST) (Hg.): Tourismus-Forschung: Erfolge, Fehlschläge und ungelöste Probleme, St. Gallen 1994, S. 23-59

Verband Deutscher Verkehrsunternehmen (VDV) (Hg.): Mit Bussen und Bahnen ‚auf der Spur der Vernunft', in: Bus&Bahn 03/1994, S. 3

Verband Deutsches Reisemanagement e. V. (VDR) (Hg.): VDR Geschäftsreiseanalyse 2003, Bad Homburg 2003

Verkehrsclub Deutschland (VCD) (Hg.): Mobilitätsmanagement in Betrieb und Verwaltung, Bonn 1996

Verkehrsclub Deutschland (VCD) (Hg.): Nachhaltige Mobilität im Tourismus durch Optimierung der Reisekette, Bonn 2002

Verkehrsclub Österreich (VCÖ) (Hg.): Wege zum Autofreien Tourismus, Wien 1994

Vester, F.: Crashtest Mobilität – Die Zukunft des Verkehrs: Fakten – Strategien – Lösungen, München 1999

Vester, H.-G.: Tourismustheorie – Soziologischer Wegweiser zum Verständnis touristischer Phänomene, München/Wien 1999

Viviani, M./Pernter, M.-T./Tommasi, R. de: Promotion of the use of public transport to the Bologna football stadium, in: Forschungsgesellschaft Mobilität (Hg.): Mobilitätsmanagement – Grenzen überschreiten und Regionen erschließen (Tagungsband der 4. Europäischen Konferenz über Mobilitätsmanagement vom 17.-19.05.2000 in Bregenz, Österreich), Graz/Schwarzach 2000, S. 130-133

Vogelaere, L.E.: Mobility and the Euro 2000 Football Championship, in: European Conference of Ministers of Transport (ECMT) (Hg.): Transport and exceptional public events – Round Table 122, Paris 2003, S. 125-166

Wagener, H.: Verkehrswissenschaft, in: Teßmann, G./Wagener, H. (Hg.): transpress Lexikon Transport, Berlin 1981, S. 494-495

Walle, A.H.: Quantitative versus qualitative tourism research, in: Annals of Tourism Research 03/1997, S. 524-536

Walther, C.: Evaluierung neuer Anreisekonzepte im Freizeitverkehr, in: Tagungsunterlagen zur Fachtagung „Raumpartnerschaften und Eventverkehr – Nachhaltige Wachstumschancen im Freizeitverkehr" am 08.-09.05.2003, Berlin 2003, S. 1-5

Weber, B.A.: Ansätze für ein Mobilitätsmarketing – Untersuchung zur Entwicklung eines Marketingkonzeptes im Bereich Mobilitätsservice unter besonderer Berücksichtigung des CarSharing und der Zielgruppe junger Erwachsener, Kaiserslautern 2001 (unveröffentlichte Diplomarbeit an der Universität Kaiserslautern)

Wehling, P.: Sozial-ökologische Mobilitätsforschung und Strategisches Mobilitätsmanagement: Neue Ansätze für Verkehrswissenschaft und -planung, Frankfurt am Main 1998

Weidmann, W.F.: Interkulturelle Kommunikation und nationale Kulturunterschiede in der Managementpraxis, in: Scholz, J.M. (Hg.): Internationales Change-Management, Stuttgart 1995, S. 41-65

Weinspach, K.: Mobilität und Verkehr – Reichen die heutigen Konzepte aus? in: Verein Deutscher Ingenieure (Hg.): Mobilität und Verkehr – Reichen die heutigen Konzepte aus? Düsseldorf 1991, S. 1-28

Weissbarth, R./Troger, B.: TouristScope, in: Haedrich, G./Kaspar, C./Klemm, K./ Kreilkamp, E. (Hg.): Tourismus-Management, Berlin/New York 1993 (2. Auflage), S. 169-176

Welge, M.K./Al-Laham, A.: Erscheinungsformen und betriebswirtschaftliche Relevanz von Strategischen Allianzen, in: Macharzina, K./Oesterle, M.-J. (Hg.): Handbuch Internationales Management: Grundlagen – Instrumente – Perspektiven, Wiesbaden 1997, S. 553-578

Welttourismusorganisation (WTO): Empfehlungen zur Tourismusstatistik (deutsche Fassung herausgegeben vom Bundesamt für Statistik der Schweiz, Österreichischen Statistischem Zentralamt und Statistischen Bundesamt der Bundesrepublik Deutschland), Wiesbaden 1993

Wenzel, C.-O.: Einführungsreferat zu den einzelnen Segmenten der Freizeitindustrie, in: Tagungsunterlagen zur Fachtagung „Moderne Freizeitwelten als Wirtschaftsfaktor" am 26.04.2001 in München, München 2001, S. 1-19

Wenzel, C.-O.: Freizeit- und Erlebniswelten: Status Quo und Trends im Freizeitmarkt und Freizeitverkehr, in: Institut für Mobilitätsforschung (Hg.): Motive und Handlungsansätze im Freizeitverkehr, Berlin/Heidelberg/New York 2003, S. 137-151

Wermuth, M./Hautzinger, H./Neef, C./Stock, W.: Erhebung zum Kraftfahrzeugverkehr in Deutschland – Erhebungsmethode und Ergebnisse, in: Tagungsband zu den 19. Verkehrswissenschaftlichen Tagen der Fakultät Verkehrswissenschaften „Friedrich List" am 22.-23.09.2003 (CD-Rom), Dresden 2003

Wigger, B.: Gefragt: Internet an Bord, in: travel tribune 08/2004, S. 10

Wilde, K.D.: Database Marketing, in: Werbeforschung & Praxis 01/1989, S. 1-10

Wilhelm, A.: Insights into Mobility Management: The contribution of MOST, in: City of Karlstad (Hg.): Proceedings of the 7. European Conference on Mobility Management (ECOMM 2003) vom 21.-23.05.2003 in Karlstad, Karlstad 2003 (www.karlstad.se/ecomm/program. shtml, download vom 13.06.2003) (2003a)

Wilhelm, A.: Results from the MOST practice: schools, tourism, hospitals, site development, events, mobility consulting, in: City of Karlstad (Hg.): Proceedings of the 7. European Conference on Mobility Management (ECOMM 2003) vom 21.-23.05.2003 in Karlstad, Karlstad 2003 (www.karlstad.se/ecomm/program.shtml, download vom 13.06.2003) (2003b)

Willeke, R.: Weniger Verkehr bei gleicher Mobilität? Zur Entwicklung und Beurteilung von Verkehr und Mobilität in der Stadt, in: Internationales Verkehrswesen 1-2/1995, S. 13-19 (1995a)

Willeke, R.: 40 Jahre Verkehrswissenschaft und Verkehrspolitik, in: Zeitschrift für Verkehrswissenschaft 03/1995, S. 167-186 (1995b)

Willeke, R.: Verkehrswissenschaft als Begleiter der Verkehrsentwicklung und Verkehrspolitik, in: Zeitschrift für Verkehrswissenschaft 01/1997, S. 52-72

Willimczik, K.: Wissenschaftstheoretische Probleme der Sportwissenschaft – Ansätze einer vergleichenden Analyse, in: Willimczik, K. (Hg.): Wissenschaftstheoretische Beiträge zur Sportwissenschaft, Schorndorf 1979, S. 11-55

Wilken, D./Focke, H.: Zur Nutzungsintensität der Flughafenkapazitäten in Deutschland: Weiter zunehmende Konzentration oder eher gleichmäßige Verteilung der Nachfrage nach Flughafenkapazität? in: Tagungsband zu den 19. Verkehrswissenschaftlichen Tagen der Fakultät Verkehrswissenschaften „Friedrich List" am 22.-23.09.2003 (CD-Rom), Dresden 2003

Wilken, T.: Umweltverträglicher Urlaubssport – Probleme und Lösungsansätze, in: Wilken, T./Neuerburg, H.-J./Fehres, K./Sperle, N. (Hg.): Sport im Urlaub – Ökologische, gesundheitliche und soziale Perspektiven, Aachen 1993, S. 89-96

Winters, P.L.: Transportation Demand Management, TRB Millenium Paper of Committee on Transportation Demand Management, Washington 1999 (www.gulliver. trb.org/publications/millennium/00123.pdf, download vom 22.02.2003)

Witte, A.: MOSAIC – Einführung und Übertragbarkeit von Elementen des Mobilitätsmanagements, in: Stadt Münster/Europäische Kommission (Hg.): Schnittstellen im Mobilitätsmanagement, Dortmund 2000, S. 64-74 (2000a)

Witte, A.: Mobilitätsmanagement für Freizeit-Großeinrichtungen, in: Forschungsgesellschaft Mobilität (Hg.): Mobilitätsmanagement – Grenzen überschreiten und Regionen erschließen (Tagungsband der 4. Europäischen Konferenz über Mobilitätsmanagement vom 17.-19.05.2000 in Bregenz, Österreich), Graz/Schwarzach 2000, S. 187-191 (2000b)

Wochnowski, H.: Veranstaltungsmarketing – Grundlagen und Gestaltungsempfehlungen zur Vermarktung von Veranstaltungen, Frankfurt am Main usw. 1996

Wohlmann, R.: Repräsentative Reisebefragungen, in: Hahn, H./Kagelmann, H.J. (Hg.): Tourismuspsychologie und Tourismussoziologie – Ein Handbuch zur Tourismuswissenschaft, München 1993, S. 558-563

Wöhe, G.: Einführung in die Allgemeine Betriebswirtschaftslehre, München 1996 (19. Auflage)

Wöhler, K.: Ökologieorientiertes Tourismusmarketing, in: Wöhler, K./Schertler, W. (Hg.): Touristisches Umweltmanagement, Limburgerhof 1993, S. 35-108

Wöhler, K.: Perspektiven der Tourismusforschung im deutschsprachigen Raum, in: Bieger, T./Laesser, C. (Hg.): Jahrbuch 1999/2000 Schweizerische Tourismuswirtschaft, St. Gallen 2000, S. 1-22

Wöhler, K.: Tourismusmarketing, in: Tscheulin, D.K./Helmig, B. (Hg.): Branchenspezifisches Marketing: Grundlagen – Besonderheiten – Gemeinsamkeiten, Wiesbaden 2001, S. 189-202

Wolf, K./Jurczek, P.: Geographie der Freizeit und des Tourismus, Stuttgart 1986

Wondergem, J.-J.: Förderung des nachhaltigen Verkehrs durch Mobilitätsmanagement, in: Europäische Kommission (Hg.): Innovation in Urban Transport, Graz 1998, S. 69-77

World Business Council of Sustainable Development (WBCSD) (Hg.): mobility 2001 – world mobility at the end of the twentieth century and its sustainability (overview), Genf 2001

World Business Council of Sustainable Development (WBCSD) (Hg.): Move. Sustain. – Das Nachhaltige Mobilität Projekt, Genf 2002

World Tourism Organisation (WTO)/International Olympic Committee (IOC): Main results of the Conference, in: World Tourism Organisation (WTO)/International Olympic Committee (IOC) (Hg.): Sport and Tourism, 1th World Conference, Madrid 2001, S. 15-45

World Tourism Organisation (WTO): reach consensues in issues in Tourism Destination Management, in: wto news 04/2002, S. 5

Zanger, C.: Eventmarketing, in: Tscheulin, D.K./Helmig, B. (Hg.): Branchenspezifisches Marketing: Grundlagen – Besonderheiten – Gemeinsamkeiten, Wiesbaden 2001, S. 833-853

Zängler, T.W.: Mikroanalyse des Mobilitätsverhaltens in Alltag und Freizeit, Berlin usw. 2000

Zeiner, M.: Saisonverlauf im Reiseverkehr – Methoden, Ursachen und ökonomische Bedeutung, München 1986

Zimmer, P.: Umweltverträglicher und sozialverantwortlicher Tourismus auf dem Weg vom „Know why" zum „Know what", in: Wilken, T./Neuerburg, H.-J./Fehres, K./Sperle, N. (Hg.): Sport im Urlaub – Ökologische, gesundheitliche und soziale Perspektiven, Aachen 1993, S. 97-105

Zschocke, R.: Antworten der Geographie auf Fragen der touristischen Praxis, in: Nahrstedt, W./Piwodda, M./Vodde, T. (Hg.): Tourismuswissenschaft – Praxis und Theorie im Dialog, Bielefeld 1995, S. 187-189

Internetquellen

www.airport-hotel-schwaig.de, download vom 17.02.2004

www.bahn.de/imperia/content/pdf/diverse/146.pdf, download vom 09.08.2003

www.bahn.de/imperia/content/pdf/diverse/147.pdf, download vom 09.08.2003

www.bahn.de./pv/view/service/bhf/bahn_und_auto.shtml, download vom 15.04.2004

www.bahn.de./pv/view/home/aktion/rail _and_mail.shtml, download vom 15.04.2004

www.epommweb.org/epomm_faq.phtml?sprache=en, download vom 06.05.2004

www.mobilitaetsmanagement.nrw.de, download vom 13.05.2004

www.moses.de, download vom 11.06.2003

www.snowtropolis.de/artikel.php?artikel_pk=19, download vom 23.11.2003

www.taxipress.de/Pressespiegel/prsp_0899001.htm, download vom 18.08.2002

Sonstige Quellen

Lung 2003, schriftliche Auskunft per E-Mail am 20. Februar 2003 von Herrn Ernst Lung, Bundesministerium für Verkehr, Innovation und Technologie, Wien/ Österreich

Mertens 2003, schriftliche Auskunft per E-Mail am 22. April 2003 von Monika Mertens, Internal Manager der Publicis Sasserath Brand Consultancy, Wiesbaden

Trimborn 2003, schriftliche Auskunft per E-Mail am 12. Mai 2003 von Ralf Trimborn, Geschäftsführer der Fineis GmbH, Deidesheim/Heide

Walter 2003, schriftliche Auskunft per E-Mail am 29. Juli 2003 von Petra Walter, Deutsche Bahn AG – Hochschulmarketing, Frankfurt am Main

Aderhold 2004, schriftliche Auskunft per E-Mail am 15. April 2004 von Dr. Peter Aderhold, Geschäftsführer der Forschungsgemeinschaft für Urlaub und Reisen e. V., Kopenhagen/Dänemark

Abbildungsverzeichnis Seite

Abbildung 1: Gemeinsamer Erklärungsgegenstand 22
Abbildung 2: Tourismusdefinition der Welttourismusorganisation 33
Abbildung 3: Verständnis des Tourismus in der vorliegenden
Untersuchung 35
Abbildung 4: Mobilität als Gegenstand der Forschung 38
Abbildung 5: Personenverkehr 44
Abbildung 6: Zusammenhang zwischen Tourismus und Verkehr 46
Abbildung 7: Systematisierung von touristischen Verkehrsmitteln 47
Abbildung 8: Verkehrswege für den Tourismus 48
Abbildung 9: Mobility typologies 52
Abbildung 10: Systematisierung des Freizeitverkehrs
(Raum-Zeit-Schema) 53
Abbildung 11: Systematisierung des touristischen Verkehrs
(Raum-Zeit-Schema) 55
Abbildung 12: Die touristische Verkehrsspirale 60
Abbildung 13: Phasen der kommunizierenden Planung und Umsetzung 77
Abbildung 14: Konzeptioneller Aufbau des Mobilitätsmanagements 80
Abbildung 15: Mobilitätsdienstleistungen 85
Abbildung 16: Umsetzungsstufen des Mobilitätsmanagements nach dem
Common-Konzept 90
Abbildung 17: Handlungsfelder des Verkehrssystem- und
Mobilitätsmanagements 97
Abbildung 18: Einfache Makrokette einer Reise 100
Abbildung 19: Dienstleistungsorientiertes Betriebsmodell 102
Abbildung 20: Einfache betriebsbezogene Dienstleistungsketten
(= „Mikrokette") von Transportbetrieben 104
Abbildung 21: „Makrokette" bei einer Zugreise 105
Abbildung 22: Dienstleistungsorientiertes Betriebsmodell bei inter-
modalen Mobilitätsdienstleistungen während der Fahrt 107
Abbildung 23: Schnittstellenmanagement bei einer Zugreise entlang
einer Reise-/Wegekette 110
Abbildung 24: Kooperative Leistungserstellung im internationalen
Verkehr 112
Abbildung 25: Interkulturelle Dienstleistungskontakte im internatio-
nalem Verkehr 115
Abbildung 26: Zeitpunkt des Reiseantritts bei deutschen Urlaubsreisen ins-
gesamt und nach ausgewählten Verkehrsmitteln (in %) 120
Abbildung 27: Konzeptioneller Aufbau eines Mobilitätsmanagements
im Tourismus 124

Abbildung 28: Bisherige Kooperation von Mobilitätszentralen in
              Deutschland   126
Abbildung 29: Typen von möglichen Mobilitätszentralen   131
Abbildung 30: Kontaktmöglichkeiten von Mobilitätszentralen zu
              (potentiellen) Gästen   133
Abbildung 31: Potentielle Partner für ein touristisches Mobilitäts-
              management auf städtischer/regionaler Ebene   136
Abbildung 32: Von Mikro- über Makroansätze hin zum integrierten
              Mobilitätsmanagement   138
Abbildung 33: Bewertung der einzelnen Aspekte der Wegeprotokolle
              durch die Interviewer (n = 102)   153
Abbildung 34: Mobilitätsplan für ein Zielgebiet mit touristischem
              Schwerpunkt   155
Abbildung 35: Beispielhafte Entwicklungsstufen einer
              Mobilitätszentrale   157
Abbildung 36: Mobilitätsdienstleistungen entlang der touristischen
              Dienstleistungskette   165
Abbildung 37: Potentielle Einrichtungen für ein standortbezogenes
              Mobilitätsmanagement im Tourismus   181
Abbildung 38: Mögliche einzubeziehende Verkehrsarten beim
              standortbezogenen Mobilitätsmanagement   184
Abbildung 39: Organisatorische Umsetzung eines standortbezogenen
              Mobilitätsmanagements   186
Abbildung 40: Potentielle Partner für ein touristisches Mobilitäts-
              management auf standortbezogener Ebene   187
Abbildung 41: Anlässe für Events   194
Abbildung 42: Typen von Events   195
Abbildung 43: Event als primäres oder sekundäres Reiseziel   196
Abbildung 44: Einflussfaktoren auf ein Mobilitätsmanagement
              bei Events   199
Abbildung 45: Einbindung von Events in den Raum   201
Abbildung 46: Events und Marketing   204
Abbildung 47: Mobilitätsmanagement im phasenorientierten Event-
              Marketing   207
Abbildung 48: Ausdehnung des Erlebnisses auf die An- und Abreise
              zum Event   215
Abbildung 49: Ansatzpunkte für ein flughafenbezogenes
              Mobilitätsmanagement   223
Abbildung 50: AIRail Service am Bahnhof   227
Abbildung 51: Systematisierung der Freizeiteinrichtungen   235
Abbildung 52: Umsetzung mit Hilfe der Ziel-Mittel-Methode   245
Abbildung 53: P.A.I.R.-Schema   247

Abbildung 54: Das MOST-MET Toolkit und seine Bewertungsebenen 255
Abbildung 55: Marketingsystem einer Mobilitätszentrale   259
Abbildung 56: Das Public Awareness-Konzept   261
Abbildung 57: Dienstleistungsorientiertes Marketingmodell   262
Abbildung 58: Faktoren, die nach einer Expertenbefragung der
              Ausbreitung von Mobilitätszentralen entgegenwirken 268

Tabellenverzeichnis   Seite

Tabelle 1:   Auswahl an Tourismusarten und -formen   34
Tabelle 2:   Systematisierung mittels verschiedener Gruppierungs-
merkmale   43
Tabelle 3:   Gegenüberstellung von Mobilität und Verkehr   45
Tabelle 4:   Differenzierung des Freizeit- und Urlaubsverkehrs   51
Tabelle 5:   Verkehrsreduktionsmanagement in den USA   66
Tabelle 6:   Maßnahmen zur Beeinflussung des MIV und ÖPNV   69
Tabelle 7:   Träger des Mobilitätsmanagements   74
Tabelle 8:   Das 3-Ebenen-Konzept   81
Tabelle 9:   Typen von Mobilitätsservices   85
Tabelle 10: Vergleich der Mobilitätsmanagementansätze   94
Tabelle 11: Die unterschiedlichen Modi des Mobilitätsmanagements   101
Tabelle 12: Grundkriterien für die Klassifizierung von Service-
einrichtungen   132
Tabelle 13: Notwendige Inhalte einer Grundlagenuntersuchung   141
Tabelle 14: Studien der Tourismus- und Verkehrsforschung
im Überblick   143
Tabelle 15: Quotierung der Befragung   152
Tabelle 16: Mögliche Mobilitätsserviceleistungen einer Zielgebiets-
agentur   171
Tabelle 17: Mögliche Mobilitätsserviceleistungen einer Reiseleitung   172
Tabelle 18: Maßnahmen zur Verbesserung der Gepäckmitnahme   175
Tabelle 19: Dienstleistungsangebote eines beispielhaften Mobil-
Paketes im Zielgebiet   177
Tabelle 20: Strategien für unterschiedliche Einrichtungstypen   182
Tabelle 21: Aufstellung eines Mobilitätsplanes bei standortbezogenem
Mobilitätsmanagement   188
Tabelle 22: Event-Typen aus verkehrlicher Sicht nach Planungs-
erfordernis   198
Tabelle 23: Mobilitätsserviceleistungen für den flughafenbezogenen
Verkehr   229
Tabelle 24: Freizeiteinrichtungen nach ihren Bezugsräumen   233
Tabelle 25: Verkehrsmittelwahl und Einzugsbereich von ausgewählten
Freizeitgroßeinrichtungen   237
Tabelle 26: Mobilitätsserviceleistungen für Freizeitgroßeinrichtungen   240
Tabelle 27: Beispielmotive ausgewählter Akteure eines Mobilitäts-
managements   252
Tabelle 28: Monitoring and Evaluation Toolkit (MOST-MET) –
Beispiele für die einzelnen Bewertungsebenen   256

Abkürzungsverzeichnis

ABM =	Arbeitsbeschaffungsmaßnahme
ACT =	Association for Commuter Transportation
ADAC =	Allgemeiner Deutscher Automobil-Club
ADV =	Arbeitsgemeinschaft deutscher Verkehrsflughäfen
AIEST =	Association Internationale d'Experts Scientifiques du Tourisme
Anm. d. Verf. =	Anmerkung(en) des Verfassers
ARTIST =	Agenda for Research on Tourism by Integration of Statistics/Strategies
AST =	Anrufsammeltaxi
BARIG =	Board of Airline Representatives in Germany
BMBF =	Bundesministerium für Bildung und Forschung
BMVBW =	Bundesministerium für Verkehr, Bau- und Wohnungswesen
bspw. =	beispielsweise
BVWP =	Bundesverkehrswegeplanung
BWL =	Betriebswirtschaftslehre
CRS =	Computerreservierungssystem
DB AG =	Deutsche Bahn AG
DDR =	Deutsche Demokratische Republik
DSB =	Deutscher Sportbund
DFB =	Deutscher Fußballbund
DL =	Dienstleister
Dt. =	Deutsche/r/s
DWIF =	Deutsches Wirtschaftswissenschaftliches Institut für Fremdenverkehr e. V.
EC =	EuroCity
ECOMM =	European Conference on Mobility Management
Em. =	Emeritiert
EU =	Europäische Union
FGSV =	Forschungsgesellschaft für Straßen- und Verkehrswesen
FH =	Fachhochschule
GAST =	Gemeinschaft autofreier Schweizer Tourismusorte
GPRS =	General Packet Radio Service
GVFG =	Gemeindeverkehrsfinanzierungsgesetz
HBF =	Hauptbahnhof
HOV =	high-occupancy vehicles
IAKF =	Interessengemeinschaft Autofreier Kur- und Fremdenverkehrsorte
IC =	InterCity
ICE =	InterCityExpress

i.e.S.	im engeren Sinne
IHK =	Industrie- und Handelskammer
IR =	InterRegio
IOC =	International Olympic Commitee
KID =	Kraftfahrzeugverkehr in Deutschland
KONTIV =	Kontinuierliche Erhebung zum Verkehrsverhalten
M-DL =	Mobilitätsdienstleistungen
MIV =	motorisierter Individualverkehr
MM =	Mobilitätsmanagement
MOMENTUM =	Mobility Management for the Urban Environment
MOSAIC =	Mobility Strategy Applications in the Community
Moses =	Mobility Services for Urban Sustainability
MOST =	Mobility Management Strategies for the Next Decades
MusTT =	Multi-stakeholder European Targeted Action for Sustainable Tourism and Transport
NE-Bahnen =	Nichtbundeseigene Bahnen
NRW =	Nordrhein-Westfalen
ÖPNV =	öffentlicher Personennahverkehr
OSGV =	Ostdeutscher Sparkassen- und Giroverband
ÖV =	öffentlicher Verkehr
PORTAL =	Promotion of Results in Transport Research and Learning
PTA =	Personal Travel Assistant
RE =	RegionalExpress
RegG =	Regionalisierungsgesetz
S-Bahn =	Schnellbahn
SMS =	Smart Message Service
SPNV =	Schienenpersonennahverkehr
SrV =	System repräsentativer Verkehrserhebungen
TU =	Technische Universität
TUI AG =	Touristik Union International Aktiengesellschaft
VCD =	Verkehrsclub Deutschland
VDV =	Verband Deutscher Verkehrsunternehmen
VIP =	Very Important Person
VSM =	Verkehrssystemmanagement
VU =	Verkehrsunternehmen
W-Lan =	Wireless-Local area network
WM =	Weltmeisterschaft
WTO =	World Tourism Organisation

Freyer, W.

**Tourismus-Marketing – Marktorientiertes Management im
Mikro- und Makrobereich der Tourismuswirtschaft**

Touristische Unternehmen und Destinationen müssen ihr Handeln verstärkt nach modernen Markterfordernissen ausrichten. Dabei ist Tourismus-Marketing mit zahlreichen Besonderheiten gegenüber der traditionellen Marketinglehre verbunden. Das Buch gibt eine umfassende Darstellung der Grundlagen eines eigenständigen Marketing-Managements für die verschiedenen touristischen Unternehmen (wie Reiseveranstalter, -büros, Beherbergungsunternehmen) und Organisationen (wie Destinationen, Fremdenverkehrsvereine) im Mikro- und Makrobereich der Tourismuswirtschaft.

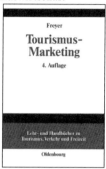

*4. Auflage, München/Wien: Oldenbourg Verlag 2004, ca. 800 Seiten, 44,80 Euro,
ISBN 3-486-20004-6*

Freyer, W.

Tourismus – Einführung in die Fremdenverkehrsökonomie

Reisen und die damit verbundenen Erlebnisse zählen für viele Menschen zu den schönsten Momenten ihres Lebens. Doch stellen die persönlichen und gesellschaftlichen Phänomene und Gesetzmäßigkeiten des Reisens nach wie vor eine rätselhafte Angelegenheit dar. Die Konzentration dieses Werks auf die wirtschaftlichen Aspekte des Tourismus ermöglicht Ökonomen, die sich mit touristischen Problemen zu beschäftigen haben, den Zugang zu tourismuswirtschaftlichen Fragestellungen sowie Nicht-Ökonomen, die im Tourismus tätig sind, zur ökonomischen Denkweise.

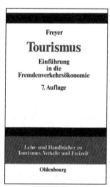

*7. Auflage, München/Wien: Oldenbourg Verlag 2001, 488 Seiten, 34,80 Euro,
ISBN 3-486-25617-3*

Freyer, W.

Ganzheitlicher Tourismus
– Beiträge aus 20 Jahren Tourismusforschung

Das Phänomen Tourismus ist komplex und vielfältig. Folglich ist es wohl am geeignetsten durch einen ganzheitlichen Ansatz zu erklären. Ein solcher ganzheitlicher oder modularer Ansatz ist in dem einführenden Lehrbuch „Tourismus: Einführung in die Fremdenverkehrsökonomie" ausführlich für den Wirtschaftsbereich dargestellt worden. Darüber hinaus sind im Laufe der Jahre zahlreiche Artikel entstanden, die ökonomische Teilaspekte des Tourismus intensiver behandeln oder weitere Bereiche am Rande oder außerhalb der Tourismuswirtschaft beleuchten. Diese Beiträge sind in sehr unterschiedlichen Quellen erschienen, die für Interessenten nicht immer einfach zugänglich sind. Ferner sind zwischenzeitlich immer mehr der Originalquellen vergriffen. Der Wunsch nach einer leicht zugänglichen Sammlung der verschiedenen Artikel, der vor allem von Studierenden im Bereich Tourismus an den Autor herangetragen wurde, war einer der Anstöße für den vorliegenden Tourismus-Reader.

Dresden: FIT-Verlag 2000, (aktualisierter Nachdruck 2003), 600 Seiten, 40 Euro, ISBN 3-925958-24-X

Freyer, W.

Sport-Marketing
– Handbuch für marktorientiertes Management im Sport

Das Buch gibt einen Überblick über die Bedeutung und Möglichkeiten des modernen Marketing im Sport und erläutert ausführlich die Marketing-Management-Methode, mit deren Hilfe Marketing-Konzepte für den Sport erstellt werden können. Es werden die Interessen des Sports und der Wirtschaft miteinander verbunden, damit sich beide Partner mit mehr Verständnis an einen Tisch setzen können und die Zusammenarbeit eine gleich berechtigte Partnerschaft werden kann: Es will zum einen den Sport mit den „Spielregeln" der Wirtschaft vertrauter machen. Nur wenn der Sport die in der Wirtschaft vorhandenen zielgerichteten und erfolgsbezogenen Denkweisen und die primär ökonomischen Zielvorstellungen mit seinen Werten verbinden kann, wird eine vermehrte Marktausrichtung erfolgreich werden. Es will zum anderen Vertretern der Wirtschaft die „Spielregeln" des Sports näher bringen und damit bei der Vermarktung des Sports mehr Verständnis für den Sport erreichen.

3. Auflage, Dresden: FIT-Verlag 2003, 600 Seiten, zahlr. Abb., 40 Euro, ISBN 3-925958-22-3

Freyer, W./Groß, S. (Hg.)

Tourismus und Sport-Events

Mit zunehmender Professionalisierung des Management von Sport und Tourismus nimmt auch die wissenschaftliche Auseinandersetzung mit den Themen zu.  Gerade in Deutschland ist das Thema aufgrund der Ausrichtung der Fußball-WM 2006 und der Bewerbung um die Austragung der Olympischen Spiele 2012 von hoher Aktualität. Der Lehrstuhl für Tourismuswirtschaft an der TU Dresden hat im Sommersemester 2002 eine Ringvorlesung mit dem Titel „Tourismus – Wirtschaft – Sport-Events" durchgeführt, um dieses Themenfeld zu beleuchten. Es kamen Fachleute aus verschiedenen Wissenschafts- und Praxisbereichen zu Wort, um den aktuellen Diskussionsstand aus interdisziplinärer Sicht darzustellen. Im vorliegenden Sammelband wurden die Beiträge der Referenten um Beiträge von weiteren namhaften Autoren ergänzt, um eine thematische Vielfalt zu erreichen und verschiedene fachspezifische Zugänge zu bündeln.

Dresden: FIT-Verlag 2002, 248 Seiten, zahlr. Abb., 35 Euro, ISBN 3-925958-28-2

Freyer, W./Naumann, M./Schröder, A.

Geschäftsreise-Tourismus –
Geschäftsreisemarkt und Business Travel Management

Anders als der Urlaubsreise-Tourismus wurden geschäftliche Reisen in touristischen Analysen bisher eher am Rande betrachtet. Diese Vernachlässigung  des Geschäftsreise-Tourismus motivierte die Autoren des vorliegenden Bandes, den Geschäftsreisemarkt sowie das Business Travel Management näher zu beleuchten. Ein einführender Beitrag liefert eine erste Annäherung zum Thema Geschäftsreisen. Neben der Darstellung grundlegender Besonderheiten von geschäftlich veranlassten Reisen wird insbesondere auf die Komplexität und Vielseitigkeit des Bereiches eingegangen. Teil B des vorliegenden Bandes befasst sich mit dem deutschen Geschäftsreisemarkt. Geschäftstouristische Angebots- und Nachfragestrukturen werden untersucht sowie aktuelle Entwicklungen in diesem Markt aufgezeigt. Mit dem Business Travel Management setzt sich Teil C auseinander. Der Darstellung wichtiger Akteure sowie deren Ziele im Geschäftsreisemarkt folgt die Einordnung des Business Travel Management in das Management von privatwirtschaftlichen Unternehmen bzw. von öffentlichen Institutionen.

Dresden: FIT-Verlag 2004, 200 Seiten, ISBN 3-925958-32-0, 30 Euro

Freyer, W./Groß, S. (Hg.)

Sicherheit in Tourismus und Verkehr
– Schutz vor Risiken und Krisen

Mit Zunahme von terroristischen Anschlägen, Natur-katastrophen, Entführungen von Reisenden und sonstigen Unglücken nimmt auch die wissenschaftliche Auseinandersetzung mit dem Thema „Sicherheit in Tourismus und Verkehr" zu. Gerade im Tourismus ist das Thema auf Grund der hohen Anzahl von gezielten Anschlägen auf touristische Objekte, als direktes oder symbolisches Opfer, von hoher Aktualität. Der Lehrstuhl für Tourismuswirtschaft der TU Dresden hat im Sommersemester 2003 eine Ringvorlesung zum Thema „Sicherheit auf Reisen" durchgeführt. Fachleute aus verschiedenen Wissenschafts- und Praxisbereichen haben dabei den aktuellen Diskussionsstand aus interdisziplinärer Sicht dargestellt. Damit ist es erstmals gelungen, die verschiedenen fachspezifischen Zugänge zu bündeln, sowie eine thematische Vielfalt zu dieser aktuellen Thematik zu erreichen.

Dresden: FIT-Verlag 2004, ca. 300 Seiten, 35 Euro, ISBN 3-925958-29-0

Groß, S./Schröder, A.

Low Cost Airlines in Europa
– eine marktorientierte Betrachtung von Billigfliegern

In der vorliegenden Untersuchung wird die Ent-wicklung der Low Cost Airlines in den USA und Europa aufgezeigt und die (Erfolgs-)Faktoren für diese Entwicklung – mit einer Schwerpunktbe-trachtung auf den europäischen Raum – heraus-gearbeitet. Die Betrachtung der Strukturen erfolgt aus ökonomischer Sicht mit Hilfe eines Marktmodells. Im Rahmen einer Marktanalyse werden die Anbieter- und Nachfrageseite untersucht. Daran anschließend werden die unternehmerische Zielstellung und die strategischen Erfolgspositionen sowie die strate-gischen Optionen innerhalb der Strategiebox der Low Cost Airlines untersucht. Darauf aufbauenden werden die Komponenten des Geschäftsmodells der systematisiert und im Einzelnen analysiert. Schwerpunkt der Analyse bildet dabei der Marketing-Mix. Die vorliegende Arbeit schafft einen umfassenden Überblick über das neue Segment des Luftverkehrs und zeigt die Besonderheiten des Geschäftsmodells der Low Cost Airlines auf. Abschließend wird ein Ausblick auf weitere Entwicklungs-möglichkeiten im Low Cost Bereich gegeben und zusammenfassend Chancen und Risiken für die Zukunft analysiert.

Dresden: FIT-Verlag 2005, 150 Seiten, 25 Euro, ISBN 3-92-5958-30-4

Reihe „Lehr- und Handbücher zu Tourismus, Verkehr und Freizeit" Oldenbourg Verlag München/Wien, herausgegeben von Prof. Dr. Walter Freyer

📖 Agricola: Freizeit, 2001

📖 Althof: Incoming-Tourismus, 2. Auflage 2001

📖 Bastian/Born: Kundenorientierung im Touristikmanagement, 2. Auflage 2000

📖 Bieger: Management von Destinationen, 5. Auflage 2002

📖 Bochert: Tourismus in der Marktwirtschaft

📖 Dreyer: Kulturtourismus, 2. Auflage 2000

📖 Dreyer/Dehner: Kundenzufriedenheit im Tourismus, 2. Auflage 2003

📖 Dreyer/Krüger: Sporttourismus, 1995

📖 Finger/Gayler: Animation im Urlaub, 3. Auflage 2003

📖 Freyer/Pompl: Reisebüro-Management, 1999

📖 Freyer: Tourismus, 7. Auflage 2001

📖 Freyer: Tourismus-Marketing, 4. Auflage 2004

📖 Günter: Handbuch für Studienreiseleiter, 3. Auflage 2003

📖 Henselek: Hotelmanagement, 1999

📖 Kaspar: Management von Verkehrsunternehmungen, 1998

📖 Krüger/Dreyer: Sportmanagement, 2004

📖 Landgrebe: Internationaler Tourismus, 2000

📖 Landgrebe/Schnell: Städtetourismus, 2005

📖 Müller: Tourismus und Ökologie, 2. Auflage 2003

📖 Pompl/Lieb: Qualitätsmanagement im Tourismus, 1997

📖 Schreiber: Tagungs- und Kongressmanagement, 2. Auflage 2002

📖 Steinbach: Tourismus, 2003

📖 Sterzenbach/Conrady: Luftverkehr, 3. Auflage 2003

Bestelladresse: FIT-Verlag, Am Berg 2, D-01156 Dresden
Fax: ++49-(0)351/4119913
E-mail tourism@mailbox.tu-dresden.de

Schriftenreihen des Fit-Verlages Dresden
Schriftenreihe Tourismus
Freyer, W./Tödter, N.: Kurortgesetzgebung in den neuen Bundesländern, 2. Aufl. 1993, 117 Seiten, 19 Abb., ISBN 3-925958-11-8, € 20,-
Müller, G.: Touristische Routen als Marketing-Instrument: Grundlage, Analyse und Empfehlungen, 1994, 212 Seiten, 21 Abb., ISBN 3-925958-12-6, € 30,-
Dehmer, S.: Die Kur als Markenprodukt: Angebotsprofilierung und Markenbildung im Kurwesen, 1996, 164 Seiten, 27 Abb., ISBN 3-925958-16-9, € 25,-
Ziegenbalg, M.: Chancenpotentiale der ambulanten Kur, 1996, 153 Seiten, 18 Abb., ISBN 3-925958-17-7, € 25,-
Freyer, W./Scherhag, K. (Hg.): Zukunft des Tourismus, 1996, 318 Seiten, zahlreiche Abb., ISBN 3-925958-18-5, € 35,-
Freyer, W. et al. (Hg.): Events - ein Wachstumsmarkt im Tourismus?, 1998, 262 Seiten, ISBN 3-925958-19-3, € 35,-
Freyer, W./Bähre, H. (Hg.): Tourismus in den Neuen Bundesländern – eine Bestandsaufnahme, 2000, 290 Seiten, ISBN 3-925958-23-1, € 35,-
Freyer, W. et al.: Wissenschaftliches Arbeiten im Tourismus, 3. Aufl. 2002, 72 Seiten, ISBN 3-925958-25-8, € 10,-
Freyer, W.: Globalisierung und Tourismus, 2. Aufl. 2002, 124 Seiten, zahlreiche Abb., ISBN 3-925958-26-6, € 30,-
Freyer, W.: Ganzheitlicher Tourismus – Beiträge aus 20 Jahren Tourismusforschung, 2000, (aktualisiert 2003), 600 Seiten, ISBN 3-925958-24-X, € 40,-
Kuschel, R./Schröder, A.: Tourismus und Terrorismus, 2002, 144 Seiten, zahlr. Abb., ISBN 3-925958-27-4, € 25,-
Freyer, W./Naumann, M./Schröder, A.: Geschäftsreise-Tourismus: Geschäftsreisemarkt und Business Travel Management, 2004, 200 Seiten, ISBN 3-925958-32-0, € 30,-
Freyer, W./Groß, S. (Hg.): Sicherheit in Tourismus und Verkehr – Schutz vor Risiken und Krisen, 2004, 300 Seiten, ISBN 3-925958-29-0, € 35,-
Groß, S./Schröder, A.: Low Cost Airlines in Europa – eine marktorientierte Betrachtung von Billigfliegern, 2005, 150 Seiten, ISBN 3-925958-30-4, € 25,-
Schriftenreihe Sport
Freyer, W.: Sport-Ökonomie oder Ökonomie des Sports, 1990, Reprint 2000, 44 Seiten, ISBN 3-925958-07-X, € 15,-
Freyer, W.: Strategisches Marketing im Sport: Planen mit Checklisten, 2. Aufl. 2003, 52 Seiten, zahlr. Abb. u. Checklisten, ISBN 3-925958-31-2, € 15,-
Freyer, W./Groß, S.: Tourismus und Sport-Events, 2002, 248 Seiten, zahlr. Abb., ISBN 3-925958-28-2, € 35,-
Freyer, W.: Sport-Marketing, 3. Aufl. 2003, 600 Seiten, zahlr. Abb., ISBN 3-925958-22-3, € 40,-
Schriftenreihe Tourismus-Forschung
Groß, S.: Mobilitätsmanagement im Tourismus, 2005, 380 Seiten, ISBN 3-925958-34-7, € 55,-
Bestellungen können über den FIT-Verlag (Adresse auf vorheriger Seite) oder in jeder Buchhandlung erfolgen.